江南文化研究论丛·第一辑
主　编　田晓明
副主编　路海洋

学术支持
苏州市哲学社会科学界联合会
苏州科技大学城市发展智库
苏州大学东吴智库
苏州科技大学文学院

本丛书获苏州市社科基金项目出版资助

江南文化研究论丛·第一辑

主编 田晓明
副主编 路海洋

苏州工业记忆·续篇

沈骅 著

苏州大学出版社
Soochow University Press

图书在版编目(CIP)数据

苏州工业记忆：续篇 / 沈骅著. —苏州：苏州大学出版社, 2022.12
(江南文化研究论丛 / 田晓明主编. 第一辑)
ISBN 978-7-5672-4195-4

Ⅰ.①苏… Ⅱ.①沈… Ⅲ.①工业史—苏州—20世纪 Ⅳ.①F429.533

中国版本图书馆CIP数据核字(2022)第241168号

书　　名	苏州工业记忆·续篇
	SUZHOU GONGYE JIYI·XUPIAN
著　　者	沈　骅
责任编辑	薛华强
装帧设计	吴　钰
出版发行	苏州大学出版社
地　　址	苏州市十梓街1号
邮　　编	215006
电　　话	0512-67481020
印　　刷	苏州市深广印刷有限公司
开　　本	787 mm×1 092 mm　1/16　印张20.5　字数336千
版　　次	2022年12月第1版
印　　次	2022年12月第1次印刷
书　　号	ISBN 978-7-5672-4195-4
定　　价	75.00元

图书若有印装错误，本社负责调换
苏州大学出版社营销部　电话：0512-67481020
苏州大学出版社网址　http://www.sudapress.com
苏州大学出版社邮箱　sdcbs@suda.edu.cn

文化抢救与挖掘：人文学者的历史使命与时代责任
——"江南文化研究论丛"代序

田晓明

世间诸事，多因缘分而起，我与"大学文科"也不例外。正如当年（2007年）我未曾料想到一介"百无一用"的书生还能机缘巧合地担任一所百年名校的副校长，也从未想到过一名"不解风情"的理科生还会阴差阳错地分管"大学文科"，而且这份工作一直伴随着我近二十年时间，几乎占据了我职业生涯之一半和大学校长生涯之全部。我理解，这也许就是人们常说的缘分吧！

承应着这份命运的安排，我很快从既往断断续续、点点滴滴的一种业余爱好式"生活样法"（梁漱溟语：文化是人的生活样法）中理性地走了出来，开始系统、持续地关注起"文化"这一话题或命题了。尽管"文化"与"大学文科"是两个不同的概念，但在我的潜意识之中，"大学文科"与"文化"彼此间的关联似乎应该比其他学科更加直接和密切。于是，素日里我对"文化"的关切似乎也就成了一种偏好、一种习惯，抑或说是一种责任！

回眸既往，我对"文化"的关注大体分为两个方面或两个阶段：一是起初仅仅作为一名普通读书人浸润于日常生活、学习和工作中的碎片式"体悟"；二是2007年之后作为一名大学学术管理者理性、系统且具针对性的理论思考和实践探索。

作为20世纪80年代初期的大学生，我们这一代人虽然被当时的人们羡称为"天之骄子""时代宠儿"，但我们自个儿内心十分清楚，我们就如同一群刚刚从沙漠之中艰难跌打滚爬出来的孩子，对知识和文化的追求近乎如饥似渴！有人说：在没有文学的年代里做着文学的梦，其灵魂是苍白的；在没有书籍的环境中爱上了读书，其精神是饥渴的。我的童年和少年就是在这饥渴而苍白的年代中度过的，平时除了翻了又翻的几本连环画和看了又看的几部老电影，实在没有太多的文化新奇。走进大学校园之后，图书馆这一被誉为"知识海洋"的建筑物便成为我们这代人日常生活和学习的主要场所，而且那段生活和学习的时光也永远定格为美好的记忆！即便是现在，偶尔翻及当初留下的数千张读书卡片，我内心深处仍没有丝毫的艰辛和苦楚，而唯有一种浓浓的自豪与甜蜜的回忆！

如果说大学图书馆（更准确地说是数以万计的藏书）是深深影响着我们这代读书人汲取"知识"和涵养"文化"的物态载体，那么，伴随着改革开放在华夏大地上曾经涌起的一股强劲的"文化热"，则是我们这代人成长经历中无法抹去的记忆。20世纪80年代，以李泽厚、庞朴、张岱年等为代表的一大批学者，一方面对中国传统思想文化展开了批评研究，另一方面对西方先进思想文化进行学习借鉴，从而引导了文化研究在改革开放以来再次成为社会热点。如何全面评价20世纪80年代的那股"文化热"，这是文化研究学者们的工作。而作为一名大学学术管理者，我特别注意的是这股热潮所引致的一个客观结果，那就是追求精神浪漫已然成为那个时代的一种风尚，而这种精神浪漫蕴含着浓郁的人文主义和价值理性指向。其实，这种对人文主义呼唤或回归的精神追求并不只是当时中国所特有的景致。

放眼世界，由于科学主义、工具理性的滥觞，人文社会科学日渐式微，人文精神也日益淡薄。而这种人文学科日渐式微、人文精神日益淡薄现象最早表现为大学人文学科的边缘化甚至衰落。早在20世纪60年代，国际学术界尤其是大学人文社会科学界就由内而外、自发地涌起了"回归人文、振兴文科"的浪潮。英国学者普勒姆于20世纪60年代出版的《人文学科的危机》，引发了欧美学界尤其是人文社会科学界的广泛关注和热烈讨论；美国学者罗伯特·维斯巴赫针对美国人文学科的发展困境发表感慨："如今的人文学科，境遇不佳，每况愈下，令人束手无策"，"我们已经失去其他领域同事们的尊敬以及知识大众的关注"；乔·古尔迪曾指出，"最近的半个世纪，整个人文学科一直处于危机之中，虽然危机在每个国家的表现有所不同"；康利认为，美国"20世纪60年代社会科学拥有的自信心，到了80年代已变为绝望"；利奥塔甚至宣称"死掉的文科"；等等。尽管学者们仅仅从大学学科发展之视角来探析人文社会科学的式微与振兴，却也从另一个侧面很好地反映出人类社会所遭遇的人文精神缺失和文化危机的现象。

在这样的大背景下，中国人文社会科学也不例外。作为一名大学学术管理者和人文社会科学研究者，我从未"走出"过大学校门，对大学人文精神愈益淡薄的现状也有极为深切的体会，这也促使我反复思考大学的本质究竟是什么。数年之前，我曾提出了自己对这一问题的认识：在归根结底的意义上，大学的本质就在于"文化"——在于文化的传承、文化的启蒙、文化的自觉、文化的自信、文化的创新。因为脱离了文化传承、文化启蒙、文化创新等大学的本质性功能，人才培养、科学研究和社会服务都会成为无源之水、无本之木，而大学的运行就容易被视作简单传递知识和技能的工具化活动。从这一意义上说，大学文化建设在民族文化乃至人类文化传承、创新中拥有不可替代的重要地位甚至主要地位。换言之，传承、创新人类文化应该是大学的历史使命与责任担当。

对大学本质功能的思索，也是对大学人文精神日益淡薄原因的追问，这一追问的结果还是回到了文化关怀、文化研究上来。由于在地的原因，我对江南文化和江南文化研究有着较长时间的关注。提及江南文化，"江南好，风景旧曾谙。日出江花红胜火，春来江水绿如蓝，能不忆江南"、"江南可采莲，莲叶何田田"、"人人尽说江南好，游人只合江南老"、"忽听春雨忆江南"、"杏花春雨江南"等清辞丽句就会自然而然地涌上我们的心头，而很多人关于江南的文化印象很大程度上也正是被这些清辞丽句所定义。事实上，江南文化是在"江南"这一自然地理空间中层累发展起来的物质文化、精神文化的总称。

从历史上看，经过晋室南渡、安史之乱导致的移民南迁、南宋定都临安等一系列重大历史事件，江南在中国文化中的中心地位日益巩固，到了明清时期，江南文化更是发展到了它的顶峰。近代以来，江南文化也并未随着封建王朝的崩解而衰落，而是仍以其强健的生命力，在中西文化冲突与交融的大背景下，逐渐形成了兼具传统性与现代性的新江南文化。在这个意义上，我们所说的江南文化，既是历史的，也是现代的，既是凝定的，也是鲜活的，而其中长期积累起来的优秀文化传统，已经深深融入江南社会发展的肌体当中。如果再将审视的视野聚焦到江南地区的重要城市苏州，我们便不难发现，在中国古代，苏州是吴文化的重要发祥地之一，也是江南文化发展的一个核心区域，苏州诗词、戏曲、小说、园林、绘画、书法、教育、经学考据等所取得的丰厚成就，已经载入并光耀了中华传统文化史册；在当今，苏州也仍然是最能体现江南文化特质、江南文化精神的名城重镇。

我们今天研究江南文化，不但是要通过知识考古的方式还原其历史面貌，还要经由价值探讨的方法剔理其中蕴涵的文化传统、文化精神及其现代价值与意义，更要将这些思考、研究成果及时、有效地运用于现实社会生活，从而真正达成文化的传承、弘扬与创新。

其实，世界上最遥远的距离并不在天涯海角之间，也不是马里亚纳海沟底到珠穆朗玛峰巅，而在于人们意识层面的"知道"与行为表达的"做到"之间。所幸无论在海外还是在本土，学界有关"回归人文、振兴文科"的研讨一直没有中断，政府的实践探索活动也已开启并赓续。2017年美国希拉姆学院率先提出"新文科"概念，强调通过"跨学科""联系现实"等手段或路径摆脱日渐式微的人文社会科学困境。如果说希拉姆学院所言之"新文科"是一种自下而上的、内生型的学界主张，那么我国新近提出的"新文科"建设则具有鲜明的中国特色。作为一名长期从事文科管理的大学办学者，我也深有一种时不我待的紧迫感和"留点念想"的使命感！十多年以来，无论是在苏州大学还是在苏州科技大学，我都是以一种"出膏自煮"的态度致力于大学文科、文化校园和区域文化建设的：本人牵头创办的苏州大学博物馆，现已成为学校一张靓丽的文化名片；本人策划、制作的苏州大学系列人物雕塑，也成为学校一道耀眼的风景线；本人策划和主编的大型文化抢救项目"东吴名家"系列丛书和专题片也已启动，"东吴名家"（艺术家系列、名医系列、人文学者系列等）相继出版发行，也试图给后人"留点念想"；本人在全国高校中率先创办的"苏州大学东吴智库"（2013年）和"苏州科技大学城市发展智库"（2018年）先后获得江苏省哲学社会科学重点研究基地和江苏高校哲学社会科学重点研究基地，且跻身"中国智库索引"（CTTI），本人也被同行誉为"中国高校智库理论思考和实践探索的先行者"……

素日里，我也时常回眸来时路，不断检视、反思和总结这些既有的工作业绩。我惊喜地发现，除了自身的兴趣和能力，苏州这座洋溢着"古韵今风"的魅力城市无疑是这些业绩或成就的主要支撑。随着文化自信被作为中华民族伟大复兴历史梦想的重要组成部分而提出、强调，在理论和实践层面实施中华优秀传统文化传承发展工程已经成为国家的一项重要发展战略。勤劳而智慧的苏州人对国家发展战略的响应素来非常迅速而务实，改革开放以来，他们不仅以古典园林的艺术精心打造出苏州现代经济板块，而且以"双面绣"的绝活儿巧妙实现了中国文化和世界文化的和谐对接。对于实施中华优秀传统文化传承发展工程的国家发展战略，苏州人也未例外。2021年苏州市发布了《"江南文化"品牌塑造三年行动计划》，目的即在传承并创造性转化江南优秀传统文化，推动苏州文化高质量发展，进一步提升城市文化软实力和核心竞争力。《"江南文化"品牌塑造三年行动计划》拟实施"十大工程"，以构建比较完整的江南文化体系，而"江南文化研究工程"就是其中的第一"工程"。该"工程"旨在坚守中华文化立场，传承江南文化，加快江南历史文化发掘整理研究，阐释江南文化历史渊源、流变脉络、要素特质、当代价值，推动历史文化与现实文化相融相通，为传承弘扬江南文化提供有力的学术支撑。

为助力苏州市落实《"江南文化"品牌塑造三年行动计划》，我与拥有同样情怀和思考的好友路海洋教授经过数次研讨、充分酝酿，决定共同策划和编撰一套有关江南文化研究的系列图书。在苏州市哲学社会科学界联合会大力支持下，我们以"苏州科技大学城市发展智库""苏州大学东吴智库"为阵地，领衔策划了"江南文化研究论丛"（以下简称"论丛"）。首辑"论丛"由9部专著构成，研究对象的时间跨度较大，上起隋唐，下迄当代，当然最能代表苏州文化发展辉煌成就的明清时期以及体现苏州文化新时代创新性传承发展的当代，是本丛书的主要观照时段。丛书研究主题涉及苏州审美文化、科举文化、大运河文化、民俗文化、出版文化、语言文学、工业文化、博物馆文化、苏州文化形象建构等，其涵括了一系列能够代表苏州文化特色和成就的重要论题。

具体而言，李正春所著《苏州科举史》纵向展示了苏州教育文化发达史上很具辨识度的科举文化；刘勇所著《清代苏州出版文化研究》横向呈现了有清一代颇为兴盛的出版文化；朱全福所著《"三言二拍"中的大运河文化论稿》以明代拟话本代表之作"三言二拍"为着力点，论述了其中涵纳的颇具特色的大运河城市文化与舟船文化；杨洋、廖雨声所著《明清苏州审美风尚研究》和李斌所著《江南文化视域下的周瘦鹃生活美学研究》，分别从断代整体与典型个案角度切入，论述了地域特性鲜明的"苏式"审美风尚和生活美学；唐丽珍等所著《苏州方言语汇与民俗文化》，从作为吴方言典型的苏州方言入手，分门别类地揭示方言语汇中包蕴的民俗文化内涵；沈骅所著《苏州工业记忆：续篇》基于口述史研究理念，对改革开放以来的苏州工业历史作了点面结合的探研；艾志杰所著《影像传播视野下的苏州文化形象建构研究》和戴西伦所著《百馆之城：苏州博物馆文化品牌传播研究》，从文化传播维度切入，前者着眼于苏州文化形象建构的丰富路径及其特点的探研，后者则着力于苏州博物馆文化品牌传播内蕴的挖掘。

据上所述，本丛书的特点大体可以概括为十六个字：兼涉古今、突出典型、紧扣苏州、辐射江南。亦即选取自古以来具有典型意义的一系列苏州文化论题，各有侧重地展开较为系统的探研：既研究苏州文化的"过去时"，也研究苏州文化的"进行时"；研究的主体固然是苏州文化，但不少研究的辐射面已经扩展到了整个江南文化。丛书这一策划思路的宗旨正在于《"江南文化"品牌塑造三年行动计划》所说的使苏州"最江南"的文化特质更加凸显、人文内涵更加厚重、精神品格更加突出，从而提升苏州在江南文化话语体系中的首位度和辐射力。

诚然，策划这套丛书背后的深意仍要归结到我对大学本质性功能的体认，我们希望通过这套可能还不够厚重的丛书，至少引起在苏高校人文社会科学类教师对苏州文化、江南文化、中国传统文化传承与创新的重视，希望他们由此进一步强化对自己传承、创新文化这一历史使命与时代责任的认识，并进而从内心深处唤回曾经被中国社会一定时期疏远的人文精神、人文情怀——即便这套丛书只是一个开始。

自　序

和全国其他地方一样，苏州市属工业国有（集体）企业在改革开放之初，一般通称为国营企业。[1]2018年夏，苏州市政协文化文史委的谢芳主任询问笔者，能否承担改革开放初期苏州国营企业职工的口述访谈工作。此前，笔者曾完成过"浒墅关古镇记忆""上方山民俗访谈"等口述史项目，对口述访谈略有心得，更重要的是，作为一个土生土长的70后，笔者对苏州国营企业借着改革开放的历史性机遇，乘势而起、弄潮浪头的那段历史同样有着鲜明直观的印象。因此，如果能够以访谈方式，去更深入地了解并记录那一代人的亲历、亲见、亲闻，从而为当年苏州国营企业的那段辉煌经历留下点口述史料，毫无疑问是一件非常有意义的事。于是，经过四年的不懈努力，其间屡屡受到疫情的影响，最后终于有了这本书。

本书的上篇，是针对苏州老国营企业职工的口述访谈。口述访谈，难度最大的其实不是访谈本身，而是能否寻找到合适的访谈对象。本书前后访谈共计50余人次[2]，对这些访谈对象的联系工作，得到了苏州市政协

---

[1] 1993年3月第八届全国人民代表大会第一次会议通过宪法修正案，将原宪法第十五条修改为"国家实行社会主义市场经济"，同时将第十六条、第四十二条的"国营企业"修改为"国有企业"。因此，以1993年全国人大八届一次会议为界，之前称为国营企业，之后称为国有企业。考虑到国营企业是一个沿用了将近半个世纪、有着浓厚时代特色的名词，且访谈对象多为老职工，他们对国营企业有着较为深厚的感情，故本书上篇的口述访谈部分仍采用苏州国营企业之称。实际上，本书所涉及的相关企业，在1993年以前统称为苏州国营企业，包括全民所有制和集体所有制两种类型，之后称为苏州国有企业，两者合称苏州市属工业国有（集体）企业，简称苏州市属工业国企，且主要分布在轻工、纺织、丝绸和电子等工业领域。

[2] 其中22位访谈对象（人次）的文字整理稿，已经出版（参见苏州市政协文化文史委员会编著：《苏州工业记忆》，苏州大学出版社，2021年版）。本书上篇为其余29位（30人次）访谈对象的文字整理稿，下篇为1978年到2000年苏州市属工业国有（集体）企业的发展历程和演变轨迹，故名《苏州工业记忆·续篇》。

文化文史委谢芳主任、王东军副主任的大力帮助（两人还曾数次参与口述访谈），并得到苏州市纺织协会和轻工协会的协助，尤其是纺织协会的吴庭浩秘书长和轻工协会的夏菁副会长兼秘书长，为笔者的访谈工作提供了大量帮助，除了帮助联系访谈对象、安排访谈地点外，访谈记录初稿完成后，还负责与访谈对象联系核实文字记录。而接受访谈的原苏州国营企业的老职工们，无一例外都是极力支持，或者为笔者提供更多老职工的联系电话，或者提供其他图片和视频材料。所有老职工们提供的珍贵图片资料，笔者都尽可能附入文中。可以说，如果没有上述部门和协会领导、所有访谈对象的支持，要完成这么多人次的口述访谈，是难以想象的，笔者在此致以真诚的谢意。

  不仅如此，从事口述访谈最令人快意的，莫过于结识热心支持者甚至是志同道合者。在一个偶然的机会，笔者得悉同小区的业主羊静女士供职于莱克电气，而莱克电气与原春花吸尘器厂颇有渊源，就冒昧地请她联系原来春花吸尘器厂的老职工。羊女士欣然同意，并为笔者联系到了原春花吸尘器厂的韩丽芳女士，韩女士又介绍了汤加林和马苏伟两位先生，马苏伟又介绍了张达人先生，张达人又介绍了朱传良先生，使得本书对长城电扇厂、春花吸尘器厂和香雪海电冰箱厂的访谈内容得以进一步充实。[1]同样，在寻找苏州丝织业的老职工时，笔者通过丝绸协会汤会长的介绍，有幸结识了原东吴丝织厂的何敏苏老师，她不但成为我的访谈对象，还为笔者介绍联系了多位苏州东吴丝织厂和振亚丝织厂的老职工，她还亲自陪同笔者前往采访其中的高龄长者，笔者在此由衷地向何老师表示感谢。作为东吴丝织厂的老职工，何敏苏老师个性开朗直率，充满了对丝绸事业的挚爱，不仅一辈子从事丝绸的生产、经营和销售，丝绸技术的研究和丝绸产品的开发，更在退休后主动开始了对东吴丝织厂退休职工的口述访谈，她的愿望，就是为后人留下更多关于东吴丝织厂的相关资料，这寄托了很多职工对原东吴丝织厂、对苏州丝绸行业的情怀。本书对东吴丝织厂一些职工的访谈就参考了何老师的口述资料。在笔者看来，就何敏苏老师掌握的东吴丝织厂原职工口述资料来说，足以专门出一本《东吴丝织厂老职工口

---

[1]　接受访谈时朱传良先生已经93岁高龄，依然身体硬朗、思路清晰，他和张达人两位先生的介绍，说清楚了香雪海电冰箱厂和长城电扇厂的早期创业历程，包括香雪海品牌的由来、香雪海125升冰箱的生产以及长城电扇厂的由来等。

述访谈》图书。

借助于相对真实而生动的口述访谈记录展开进一步的探讨和研究，应该说是口述史的真正价值所在。当然，仅仅依靠口述访谈记录是远远不够的，或者说，就像王国维先生所说的以"地下之新材料"补正"纸上之材料"的"二重证据法"一样[1]，口述访谈记录也需要实现与文献资料的充分印证和互相结合，这样才有可能获得相对令人信服的结论。本书的下篇就试图运用文献资料和口述访谈记录，对苏州市属工业国有（集体）企业的源起、发展、兴盛和衰落做一梳理。大体而言，苏州近代工业的最早源头可以上溯到江苏巡抚李鸿章驻任苏州期间设立的苏州洋炮局，苏州民族工业真正起步则始于《马关条约》签订以后，并在清末民初涌现出多个知名工业产品品牌。苏州的国营企业则肇始于20世纪50年代，资本主义工商业的社会主义改造完成以后，苏州出现了最早一批全民和集体所有制的国营企业，其中实力最突出的一批国营企业直接隶属于市政府相关职能部门，即苏州市属工业国企。改革开放后，苏州市属工业国企开启了新的征程，直到世纪之交才逐渐淡出历史舞台，这20余年间的兴衰和嬗变轨迹，正是本书下篇要关注和阐述的重点。

1978年12月，随着十一届三中全会的召开，改革开放的春风渐渐拂遍全国，此后到世纪之交的20余年，在历史长河里不过是白驹过隙、转瞬即逝，但对于大多数出生于20世纪60至80年代的中国人来说，却是印象极其深刻的20余年。这是在全国人民的共同期盼和全世界的关注中，改革开放开始启动并不断加速的20余年，是中国社会由社会主义计划经济向社会主义市场经济艰难转型的20余年，其中涌现出无数投身商品经济大潮、引领时代风气的改革者和先行者。这些尽管已经成为逝去的历史，但对于今天的很多人来说，仍然存留着新鲜生动的记忆。苏州当然也是如此。改革开放前的苏州，就已经拥有一批知名的国营企业，是省内甚至国内工业产品的重要生产基地之一。当改革开放的号角一吹响，也正是这些国营企业最先开始了破冰之举。春江水暖鸭先知，苏州市属工业国企凭借着近百年的工业积累和顽强的自身努力，敏锐地意识到了商品经济大潮之下的巨大商机和需求，于是在苏州率先开始了不断开拓市场的争先之路，开始了不

---

[1] 王国维：《古史新证》，清华大学出版社，1994年版，第2页。

断攀登高峰的奋进之路，开始了不断挑战自我的创新之路。其中，丝绸和纺织工业历来在苏州长盛不衰，改革开放后依然保持着强劲的发展态势；轻工和电子工业领域则异军突起，涌现出诸多全国性的知名品牌，其中的"四大名旦"铸就了20世纪80—90年代苏州轻工、电子行业的辉煌，成为苏州市属工业国企乃至苏州人的骄傲。[1]进入20世纪90年代后半期，苏州市属工业国有（集体）企业开始面临诸多压力，逐渐陷入困境，最终通过改制重获新生，市属工业国企在苏州改革开放史上翻过了浓墨重彩的一页。

应该说，这样的勾勒当然是粗线条的，受个人精力和识见的限制，其中牵强和缺漏之处在所难免，最多只能说是针对苏州国营企业老职工口述访谈资料的初步整理和利用，略献刍荛，祈盼方家指教。将来如果因此有更多专家和读者关注苏州市属工业国企的兴衰历程，当为幸事。

最后，还要感谢我的学生，包括研究生和本科生，口述访谈文字整理的工作量是巨大的，幸而有了他们的辛苦付出，我的工作效率才提高了不少。

沈　骅

2022年夏于箭阙寓所

---

[1] "四大名旦"指长城电扇、孔雀电视机、春花吸尘器、香雪海电冰箱。需要指出的是，20世纪八九十年代，侧重于生活消费品的名牌产品在江南各大城市都有涌现，如嘉兴轻工业也有号称"四大名旦"的益友冰箱、海鸥电扇、皇冠灯具、大雁自行车（参见裘建锋：《红极一时的嘉兴轻工业"四大名旦"》，《嘉兴日报》，2021年7月18日第3版）。

目 录

001	**上篇：苏州国营企业职工口述（1978—2000年）**
005	一　苏州手表总厂
005	吴志海
010	二　纺织产品研究所
010	查良中
015	三　吴县服装厂
015	沈洪波
021	四　特种纱线厂（原化纤纺织厂）
021	汪丽华
025	薛霞云
030	五　华盛造纸厂
030	鲍士金
039	六　红光造纸厂
039	陈毓林
044	七　红叶造纸厂
044	陈世衡
048	罗云龙
055	郝名学
058	八　孔雀电视机厂
058	薛苏刚
064	毛跃民

072	九	东吴丝织厂
072		何敏苏
089		张济中
097		毛寿康
103		徐慈生
105		李　伟
117		刘林梅
123		江小蝶
130		翁家林
146		陈惠卿
155	十	振亚丝织厂
155		施明干
165		何启煌
172		朱雯霞
180	十一	春花吸尘器厂
180		韩丽芳
189		汤松林
194	十二	香雪海电冰箱厂
194		马苏伟
204		张达人
212	十三	长城电扇厂
212		朱传良

217　下篇：逝去的辉煌——1978年到2000年的苏州市属工业国企

221　绪论
221　　一、研究背景：作为工业强市的苏州
226　　二、研究对象：改革初期的苏州市属工业国企
229　　三、研究方法：口述史与苏州市属工业国企

232	第一章	筚路蓝缕：苏州近代工业的历程
233		一、苏州近代工业的源头
238		二、苏州近代工业的起步
243		三、民国时期的苏州工业
246	第二章	曲折前行：苏州国营企业发展阶段
246		一、公私合营和苏州国营工厂的起步
251		二、计划体制下的苏州国营工厂
254	第三章	春江水暖：改革开放初期的苏州国营企业
254		一、计划体制的持续改革
259		二、苏州国营企业的辉煌
271	第四章	顺时应变：20世纪90年代的苏州国有企业
271		一、从"国营"到"国有"
275		二、苏州国企的不同发展道路
284	第五章	无奈谢幕：改制大潮下的苏州市属工业国企
284		一、世纪之交的改制大潮
290		二、市属工业国企的历史贡献
303	结语	

上篇：苏州国营企业职工口述（1978—2000年）

如前所述，国有（集体）企业在改革开放之初，常被称为国营企业，它们大都成立于20世纪50年代，活跃于改革开放的前20年，也即20世纪80—90年代，其中不乏拥有全国知名的产品和品牌。就改革开放初期的苏州国营企业职工们而言，他们是苏州改革开放前20年的亲历者、参与者，甚至是先行者，他们当然有资格向世人展示当年的奋斗与艰辛、创新与固守、成功与失败、快乐与辛酸等历程，因此，以口述方式记录下当年苏州国营企业职工们在市场经济大潮最初兴起时的亲身经历和感触，无疑是一件富有意义的事情，也可以说是今人的一种责任。毕竟，通过口述访谈所得到的资料，都是极其鲜活生动的，尽管可能不完全准确，但仍然可以在很大程度上补充正史的疏漏，与档案馆和图书馆收藏的相对枯燥、流水账式的资料互为补充，进而折射出中国改革开放前20多年翻天覆地的变化和历程。尤其是，时光荏苒、岁月如流，当年那些在市场大潮中倾力开拓、奋力争先的国营企业职工们，大多数步入了银发之年；当年那些新鲜生动的记忆细节和瞬间，也正在变得逐渐黯淡和模糊，这项工作已经到了必须开展的时间节点了。

众所周知，口述访谈的最大困难之一，就是寻觅合适的访谈对象。幸而得到苏州市政协文化文史委和市轻工协会、纺织协会等的大力支持，以及其他热心口述历史的同行和朋友的帮助，自2018年10月至2022年8月，笔者先后对50余位原苏州国营企业的职工进行了录音访谈，其中包括厂长、书记、总工程师、车间主任、工会主席、销售科长、技术骨干、营销人员、劳动模范和普通职工等。如果说厂长、书记等的口述更多是从宏观层面勾勒苏州国营企业的发展轨迹，那么普通职工的口述则给人增添一份亲近感和熟悉感，他们经历的生活和工作就曾发生在我们的周边。也许,这就是所谓口述史的独特魅力,兼具真实性、独特性和生动性。当然,这里所谓的真实性,主要指受访者们从个人亲历的角度出发,原汁原味地向公众呈现当年国营企业的发展历程,让后人从另一个角度了解在苏州这片热土上,当年国营企业的老职工,在轻工、纺织、丝绸和电子等相关工业领域的种种艰辛、努力和取得的收获,以及他们身为全民(集体)所有制企业职工的自豪感和荣誉感。

作为受访者的个人经历和观点,其真实性会受到个人眼光和际遇的一定限制,同时随着受访者年龄的增长,或许会出现记忆不够准确的情形。尽管绝大部分口述记录都得到了受访者本人的确认,笔者也作了一定程度的考订,但缺憾与不当之处依然在所难免,责任当由笔者承担。

一　苏州手表总厂

吴志海

访谈对象：吴志海，男，原苏州手表总厂书记
访谈时间：2018 年 10 月 16 日
访谈地点：园区摩利自动化控制技术有限公司董事长办公室
访谈人：沈骅、王东军
文字整理：雷永芳

沈：吴书记您好，感谢您接受访谈。请您先介绍一下自己。

吴：我叫吴志海，苏州手表厂破产之前是党委书记兼常务副厂长。我是 1969 年下乡的，1979 年 1 月进入苏州手表厂工作。当时我进厂，还有一个小插曲，进厂三天以后，就被分配到厂技术科。这在进厂员工中间，

图为吴志海。

引起了轰动，一个下乡知青，怎么刚进厂，就分在厂技术科工作？其实原因很简单，我们一批 30 多个人到劳动工资科报到，劳资科长说，等一会总工程师要来招一个人。总工程师来后，说你们中间看得懂生产图纸的请举手，我就举手；说会画图的请举手，我又举手了。总工程师说你跟我走，然后拿出一个手表机芯展开图，是一张大图纸，说明天要去开会，需要我

今天完成这张图纸。我一看,可以,第二天交给了他。劳动工资科就开调令了,调我到技术科。是这样一个插曲。

手表厂那时候很兴旺的,是很多返乡知青、青年人向往的一个工厂。工厂里有三类青年人,1973届的毕业生、转复军人和返乡知青。工厂生产60块钱一只的机械手表,苏州牌,要凭票购买。当时厂长上班,一般要先签批条,要两个小时以后,才能去处理公务,这也说明了当时手表厂的兴旺。

我进技术科后,参加试制带历手表工作。进厂时,工厂生产的机械手表是不带日历的,后来试制出带历手表。一年后大概是1980年,提倡干部要四化[1],经(厂里)和群众推荐,我被下放到夹板车间,这是手表厂的一个主要车间,我当党支部副书记。1983年左右又参加厂里女表试制,生活条件好了,女同志要带表。1985年,钟表元件二厂跟三厂合并,成立苏州手表总厂。以前是苏州手表厂,两个牌子一套班子,还有一个就是苏州钟表元件三厂,进厂后,如果是集体编制的就到三厂,全民编制的就到苏州手表厂。1985年工人编制都进入苏州手表总厂。

1985年时苏州机械表已经开始走下坡路了,女士手表销售量没有原来想象的那么大,没有达到预期效果,从1985年开始到1988年,又试制石英手表,俗称电子手表。我们试制电子表是走在全国前列的,厂里还特地引进了一条步进马达线,贷款56万美元。到最后,加上利息达到109万美元,按季度结息,利息没还就进入本金。1988年电子手表试制出来,很快进入高峰,但是好景不长,两年左右时间,大量的国外电子产品进入国内市场,所以手表厂开始走下坡路。手表厂可能是市轻工系统中人员最多的一个厂,最多时候有3 000多人,到90年代,还有2 700多人。到1992年,又引进一条电子手表夹板自动生产线,这条生产线的要求很高,材料要用进口的,要达到一定的平整度,国产材料不能用。后来没有用上,改制时候,被一个副厂长用3万元买下来了,说买回去留个纪念。

后来厂里困难了,1992年试行车间承包。厂里有些车间里的设备比较先进,可以面向社会接受加工,就由车间开始逐步承包,第一年车间承担

---

[1] 干部"四化",即干部队伍革命化、年轻化、知识化和专业化的简称,是改革开放初期中国共产党干部队伍建设的根本方针,1982年9月中共召开十二大时,干部"四化"标准被写入《中国共产党章程》。

奖金，第二年车间承担减半工资，第三年车间承担工资，第四年车间要向厂里交房租。厂里如果有生产任务，车间是要完成的。车间要交厂里钱，（用于）职工的医药费、学费、托费。当时（企业）是全能的，要办幼儿园，还有职工中专、卫生所，这个负担跟现在的企业是不能比的。

我以前当过车间支部书记，然后调任党委办公室主任，再担任党委副书记。陈大厦担任厂长时[1]，我担任党委书记。1997年工厂部分改制，陈厂长当时承包工具车间，成立了华海表面精饰有限公司，有35个职工加入，厂房是租手表厂的。手表厂有一部分固定资产就是原来的设备，作为股份入股，当时手表厂的厂房土地已经抵押给银行了，不能作为股份入股。改制的时候，领导都来的，当时是第一家部分改制的企业。1998年市领导来厂里视察，就安排到那个改制车间去看，陈厂长那时候的主要精力就放在那里，他那个车间工人的收入还可以的，但工厂还是特困企业。

当时厂里一正四副，一个厂长、四个副厂长，局里要求下岗工人、债务债权，由书记负责起来，其他几个厂长每人带一个车间改制。转制后，我负责下岗工人和债权债务，资不抵债，最后属于国务院破产领导小组（处理）的范围，我们打报告后得到批准，这是为厂里职工争取的最后一点福利。[2]厂里还有900多人，享受提前5年退休的大概近300人，年轻的职工就买断工龄，上面给我们的政策是按市里的平均工资，1680元一年工龄，比其他单位翻了一番。当时局里也担心厂里的改制，但是没有一个人上访，顺利结束。我自己办的是协保，就是养老金交到退休。我当时50岁，现在讲起来正好是年富力强的时候。[3]

手表厂就是这么一个情况，从发展到兴旺，到2003年结束，全部职工档案整理好后，送到档案部门。

沈：刚才您提到，厂里是一正四副，每个厂长都承包了一个车间，那么其他副厂长承包车间的效益怎么样？

吴：他们效益都还可以，债务都在手表厂。厂房、土地都抵押给银行

---

[1] 陈大厦，原苏州手表总厂厂长，其口述访谈见苏州市政协文化文史委员会编著：《苏州工业记忆》，苏州大学出版社，2021年版，第73-84页。
[2] 按当时政策，企业自己破产不享受国家政策，手表厂破产是政府同意的，所以能享受相关优惠政策。
[3] 改制时职工的分流方法包括：提前5年退休，男55岁、女45岁，退休后拿退休工资；协保，养老金交到退休；更年轻的职工是买断工龄。一般都有一定优惠。

了，主要资产都是国有的。从 1997 年开始，每年开一个公司，到 1999 年，共三个。

沈：手表厂在 80 年代时，整体情况还是不错的吧？

吴：我在技术科是 1979 年，当时开始试制带历机械手表，那时机械表卖得好，要增加品种、增大附加值，所以开发带历手表。经过半年多努力，带历手表就出来了。1980 年，我到车间去担任支部副书记。后来，又开始试制带历女表，1983 年就把我调到了女表车间。生产出来的手表都是中百公司包销的，到后来卖不动了。

当时手表厂的辉煌体现在哪？ 有两部大客车是厂车，专门接送客人、接送职工上下班的，在市里面跑。就像现在的班车，从石路开到手表厂。还有在工厂周边，兴建了 6 栋职工楼，现在还在，就在日规路永林新村里面。还有自己的幼儿园、托儿所、医院等。

沈：从带历手表，到女款、石英表，说明手表厂的市场竞争、产品更新意识还是很清楚的？

吴：是的。后来电子表为什么一下子垮了呢？ 电子表批量生产出来、发货出去，但里面的电池、线路板一受压后都出问题了，于是大量退货，还要派人去运回来。

其实工厂那时人员每年在减少，每年也能还掉一点债务，逐渐也有一点起色的。至少债务不像以前逼得那么紧了，如果不是破产，工厂是可以维持一段时间的。

沈：夏总，当年您也是手表厂的职工，也请介绍一些当时的经历。

夏菁[1]：我是 1978 年进去的，差不多是工厂最好的时候。其实那时候最好的工厂可能是电子系统的，我进了轻工系统，轻工系统最好的厂之一就是手表厂。我是做检验的，穿个白大褂，看显微镜，检验零件。

厂里边环境好，全部中央空调，因为要恒温，而且很多设备是进口的，像我在动件车间，滚齿机是进口的，是 1975 年到 1977 年进口的，我看到的设备很多是进口的。生产大楼的一楼是自动车间，二楼是夹板车间，三楼是动件车间，四楼是装配车间，后面是工具车间，模具车间都在附

---

[1] 夏菁，女，原为苏州手表总厂职工，后为苏州轻工控股（集团）有限公司副总经理、苏州市轻工行业协会副会长兼秘书长。笔者对苏州轻工系统原企业职工的访谈主要由夏菁联系和陪同。

楼，最后面是理化车间，西边是办公大楼，厂后面是仓库，东面前面是苗圃、后面是食堂，我们都在食堂里吃饭，当时条件各方面都是非常好的。但是我待的时间不长，后来就去读书了。

工作环境好、福利好，乘厂车上班，产品在市场上（紧俏），刚刚改革开放，老百姓都需要手表，市场上供不应求。厂房也是新造的，四层的新大楼。当时要结婚的职工（还有福利分房），有的是住一个直筒间，有的是两家合一套。直筒间有时也分给单身职工。

我当时是高中毕业，招工分配进厂的，是虚岁18岁、17周岁进去的。进去时好像有三四十个人，全是青年人。厂里还有宣传队、剧团等，在（系统里）也是有一定实力的。工资1978年时是每月17块，再上去是21、23块，满四年我是35.8块。这个全苏州都是一样的，就只是全民和集体的相差一两块。一开始没有奖金的，1980年左右厂里开始发奖金。

二　纺织产品研究所

查良中

访谈对象：查良中，男，原纺织产品研究所所长
访谈时间：2019年5月8日
访谈地点：苏州市纺织工业协会（养育巷405号）
访谈人：沈骅
文字整理：史媛芳

沈：查所长您好，请先介绍一下您自己，再介绍一下您在纺织产品研究所的相关经历。

查：好的，我叫查良中。1951年，苏州纺织除了苏纶纱厂、元康（音）纱厂、苏州纱厂外，还有几个小布厂，没有纺织学校。苏州第十中学的创办人王季玉，她也是振华女中的创办人，她的妹妹王季常在苏州办了一个五一纺织技校，这个技校的目标很明确，不是搞纯理论的研究。

王季玉、王季常姊妹都是办教育的，王季常办的五一纺织技校，是苏州第一家纺织学校，之前苏州没有纺织学校。两年以后，1953年我们快毕业时，又加办了一个纺织机械班。我们毕业时一共有50个学生，其中有一个生病退学了，真正毕业的只有49个。我们49个毕业生，一出学校便被无锡、上海、南通这几个纺织比较发达的地区"抢"去了，苏州只留下一个，我去了上海工作。那时候，毕业的学生有多少，工厂要多少。上海是纺织老基地，很需要纺织技术工人，纺织学校的学生供不应求。我们大部分学生都在上海，一部分在无锡，一部分在南通。

我毕业后，五一纺织技校经过国家批准，改名叫苏州纺织工业学校，后来就和无锡一个纺织学校合并，并且搬到无锡惠山下。再过几年，就改

名无锡轻工业学校,增设了食品系,变成无锡轻工业学院。我们在苏州读书时的老师都转到无锡去上课,我们后来去探望老师,都是到无锡轻工业学校去的。

我到上海后,当时上海的工厂是两班制,12个小时一班,后来敲锣打鼓地改成三班制,8小时一班。这时候也还没有上海纺织学校,我通过考试后,进了上海纺织技术训练班,后来改建成华东纺织工学院,再后来改成中国纺织大学,现在改成东华大学。可以看出,从第一个五年计划开始,中国的纺织业就开始起步了,纺织工业也在建立之中,当然中国早期的工业基础(总体还是)很薄弱的。这是我讲的一个和纺织教育相关的发展情况。

第二个要讲的,是国家要大规模发展纺织工业,目标是增加全国税收的百分之四十。当时力量最强的就是上海、无锡、南通这几个基地,苏州那时候还是小弟,只有苏纶厂。国家就从这些纺织重镇抽取基干力量前往几个产棉区,像石家庄、天津、北京、西安等,这些地方都要发展纺织工业。我们就开始分散了,有到北京的,有到郑州的,有到石家庄的。1956年我本人被调到石家庄。石家庄虽然是采棉区,但是纺织技术比较弱。石家庄造了一个国棉四厂,本来有一厂、二厂、三厂,但是规模比较小。四厂有大约3 696台织机,12万纱锭,纺、织两大块都有。这个国棉四厂是当时河北全省最大的纱厂,从上海抽调了厂长、书记、技术员共300多人去建设。我们去的时候,就是平地一块,厂房刚刚开始建造。我从1956年到1966年,在石家庄工作了10年。工厂从平地开始,到厂房兴建完成、设备全部安装好、工人全部培训好,最后产品生产出来,一共用了10年。实际上3年后就投产了,生产出来的产品很多都是出口的。1966年,我到湖北省荆州,当时叫沙市,参加援建沙市棉纺织印染厂的工作,纺、织、印染一条线,当时估计这个厂有1 000台布机、10万纱锭,在整个湖北省是比较大的。

1972年我因为家庭原因,回到了苏州,被安排在丝绸研究所。丝绸研究所是专门研究丝绸的,当时还有两个人是从上海调回来的。因为我们不是研究丝绸的,学的专业和丝绸不相关,我们三个人就成立了一个纺织研究室,我是室主任,承接纺织方面的课题。到1980年,我被从纺织研究室抽出来,安排去泰国建厂,工厂的名称译成中文就是泰曼乐(音)。这一块工作是我擅长的，从设备安装到工人培训，到产品出来，我去了一年。厂房也是国内搞土建的队伍兴建的，用的所有设备都是国家出口的，从纺到织的整套设备，（可能是）1980年出口的纺织机械中最大的一笔。一年后工厂就投产了，到1981年我回国，前后有一年多时间。

回来后仍然回到丝绸研究所。到1981年，苏州的纺织体系改变了，以前是纺织局，局里有丝绸、有纺织。现在局被撤掉，改成纺织公司，另外还有一个丝绸公司。本来是一个纺织局，丝绸、纺织在一起的，现在变成两块。丝绸公司下边有很多工厂，还有一个丝绸研究所。纺织公司下面也有12个工厂，我做过调查的，但是纺织公司下面没有研究所，只有工厂，而丝绸公司下面有研究所。领导就把我和其他6个人调出来，成立了纺织产品研究所，别的不搞，就研究产品，这是很明确的。1981年我就在筹建、成立这个纺织研究所，这样丝绸有研究所，纺织也有研究所了。纺织研究所的地点在景德路城隍庙里面，挂了一块牌子。为什么放在城隍庙这个地方呢，因为里面有个棉纺厂。没想到就在纺织研究所挂牌之前，这个棉纺厂发生火灾，全部烧掉了。

正在这时，苏州正式确定要建设南环路纺织一条街，于是统一规划，在南环路西边兴建一个热电厂，东边一路过去，印象中是印染厂、针织厂、针织总厂、化纺厂等。这个规划是很好的，南边都是厂，北边是生活区，一条南环路，全部给了纺织厂，所有工厂的供气供电都由热电厂承担，各个工厂就不用自己供电了。这时城隍庙的棉纺厂已经被烧掉了，但是我们研究所的牌子还挂在那边门口，感觉很不方便。研究所还有个工厂，是一个很小的纺织厂，就在阊门外的北浩路口。局里就把这个厂作为研究所的实验工厂，1982年研究所的牌子正式挂在阊门外北浩路口，在景德路留一个小的纺织测试室，后来并入了苏州质量监督局。

就是这样，我到上海、到河北、湖北，再回到苏州。我们这些学纺织的学生从学校出来后，都分散了，（国外）有到尼泊尔的，有到越南的，有到阿尔巴尼亚的，我到的是泰国，亚洲、欧洲、非洲都有我们的足迹。我们国家的纺织力量，从1951年起步，发展很快，苏州也发展得很快，一直到现在纺织也还是主要行业，当然苏州的纺织业现在分散了。在我们国家，纺织业是老大哥，苏州市的纺织业规模也比较大，苏州在纺织上的贡献功不可没，当然也是在相对薄弱的基础上慢慢壮大的。

现在南环路上的纺织工业基本没有了,这个轨迹值得研究。我就研究过它的分散轨迹,苏州大市(范围内),吴江的丝绸化纤在全国都有名,棉纺织在张家港,服装在常熟,太仓现在是网络丝的集中地,昆山基本没有纺织工业,只有几个小厂,吴县(现吴中区)也没有多少。我上次去看张家港一个毛纺厂,全国排第二,工厂很大,(产品)大部分出口,参观工厂要乘汽车。因此从大市范围来看,苏州的纺织力量是很强的,丝绸、化纤等标准的发布,都是以吴江为主。原来的纺织厂大都在市内,后来苏州市里面(指古城区)发展旅游业,风景区周边不适合发展劳动密集型工厂,而纺织业属于劳动密集型,于是以前的四大纺织厂都分散到外面去了。原来吴江、张家港也有一些纺织厂,开始的规模不是很大,但是后来发展得很大。市里虽然看不见(纺织厂)了,丝织厂也没有了,但是不要忘记,(市区外的)这些厂,规模从小到大都离不开苏州市里原来纺织厂、丝织厂的帮助。那时候乡镇企业的发展,是从无到有,是从农村种田到建设工厂一步步来的。我到张家港、常熟、吴江去讲课,告诉他们纺织厂怎么建、怎么利用原料、生产什么产品,包括一整套东西,后来这些地区的纺织业逐渐发展起来了,相对容易赚钱,投资时间也短。因此,苏州市区的纺织厂、纺织企业,包括很多科技人员,为周边乡镇企业的发展做了很大贡献,如果没有我们这一批技术人员去上课、去指导,乡镇企业不会发展得这么快。虽然现在很多人说苏州(市区)的纺织没有了,但是大市范围的纺织力量还是很强的,而且在全国都是占优势的。这是我要讲的苏州纺织业的简单发展过程。

沈:查所长,纺织产品研究所有没有什么比较先进的、代表性的成果?

查:1981年时,我们研发了新产品,当时国内基本上还没有的,就是网络丝[1],本来化纤贴在身上会让人感到很热、很闷,用高压喷头把它变成一截一截的丝,这样处理后穿在身上就比较凉爽。这个产品出来后,很受欢迎。后来广东、广西都知道了,我们研究所派了好几个技术员过去,专门到广东,帮助他们建网络丝工厂。现在太仓是网络丝的集中地,太仓的纺织产值主要靠网络丝。我已经一二十年不接触网络丝了,他们应

---

[1] 网络丝是指网络状结构的丝,网络是指产品结构,和今天的网络(互联网)是不同的概念。

该是在网络丝的基础上开发了更多的新产品。另外还帮广东南海、佛山生产网络丝。

另外是开发抗菌产品，但是没成功，实际上我们搞得很早，就是穿在身上抗菌的纺织产品。我们研究的产品有三个方向：抗菌、防污、阻燃。其中阻燃用在工业上。纺织产品的用途一是服装，二是装饰，三是工业用途，一般来说服装、装饰研究得较多，而我们也研究用于工业的阻燃产品。服装领域的抗菌、防污产品，我们研究的时间很早，但是上海纺织研究院规模比较大，研究得也很早，他们联合中国纺织大学，再联合昆山 AB 工厂，教学、生产一条线，生产抗菌针织产品，还请了苏州针织总厂的总工程师吴鸿烈去，结果一炮打响，成为名牌产品。这是我讲的第二个产品，搞得很早，但没有抓住机遇，我们的力量不如上海强大，只有三五个人，他们 100 多人，结果没有成功。

我后来既承担国家课题，又接受公司交给我们的任务。1995 年我退休，两年后纺织产品研究所改制，后面的历史就不清楚了。

三　吴县服装厂

沈洪波

访谈对象：沈洪波，男，原吴县服装厂厂长、吴县中艺美术品总厂厂长

访谈时间：2019年5月8日

访谈地点：苏州市纺织工业协会（养育巷405号）

访谈人：沈骅

文字整理：史媛芳

沈骅：沈厂长好，您亲身经历了上个世纪80—90年代苏州国企的变迁，又是吴县服装厂的一把手，请您介绍一下当年的经历。

沈洪波：好的，我叫沈洪波，苏州吴县（今吴中区）人，1959年出生。1977年2月参加工作，当时是到吴县布厂，2000年10月作为厂长，参与企业改制，整整24年，在苏州的县属工业企业从工人到厂长，可以说是见证了苏州工业企业的发展。70年代和80年代苏州工业企业是非常兴旺的，90代开始遇到问题，到2000年改制，这个过程我全部经历了。听了你们在做口述历史的事后，我就想一定要来讲一下，有好多事情现在已经淡了，甚至被误解了，作为经历人，我想来讲一讲。

我想分三个阶段讲，第一个（阶段）是激情燃烧的80年代，第二个（阶段）是困难重重的90年代，第三个（阶段）是企业改制的90年代后期。

我是1977年2月参加工作的，那时候很珍惜这份工作，一是工作来之不易，工资待遇各方面也不错；再一个当时是供给制，比如要用布票买布，我们觉得能用自己的劳动，解决布的供应问题，能为社会做出贡献很

自豪；还有，老工人的言传身教也起到了很大的作用，让我们非常珍惜这一工作，都不计较工作时间。我做学徒时是拜师傅的，白天在车间跟着师傅学习安装布机，晚上学保养，没人逼着我们做，都自觉地工作16个小时。我们都积极地动脑筋，老一辈工人大都是不识字的，甚至我们厂长都不太认识字。我们是应届高中毕业生，原来拼一台车要三五天，但是我们把工作法写在墙上，背下工作法，用这种办法一天就完成了。

那时候还有种要向生产标兵学习的氛围，每个行业每个岗位都有标兵，甚至挡车工打一个结也要比速度，我们不断地打破企业的操作纪录。车间里还有操作运动会，每个工人都以打破企业的操作运动会纪录为光荣。我也是受益者之一，进厂后连续三年都是以百分之二、百分之三的（速度提升）。

我进厂不到一年，就被送到江阴去参加培训，当时江阴也是苏州地区的八个县之一。我去培训了6个多月，这一年间，吴县布厂就拔地而起了。进厂报到的时候，厂区还是一片农田，然后出去参加培训，半年过去，厂房已经起来了，就参加机器安装工作，布机、浆纱机、锅炉机等我都参加安装的。我很幸运，跟着师傅很快就上手了，还当了平车队队长。以前都是要从四号手升到三号手，三号手升到二号手，再升到队长的，我则一开始就是队长了，所以整个布机的操作自己都是参与的，那时候我才19岁，刚高中毕业。8年时间，我从一个普通的技术工人做到车间主任，再到技术副厂长。

那个时候企业里（人与人之间的）摩擦、矛盾是很少的，企业内部都是有计划、按部就班的，领导带头，干部、群众都是一起的，吃饭都在食堂里，包括我，后来自己做厂长，也到食堂排队吃饭，没有任何特殊待遇。工人之间，包括企业之间也是相互帮忙的。按理说作为一家新开办的布厂，江阴布厂和我们应该是竞争对手，但是我们去培训时，他们也是毫无保留地教我们技术的。

90年代是我们的企业开始面临困难的时候。那时候，我已经做了好几年厂长了，先当副厂长，到吴县服装厂时是一把手厂长。我记得困难很多，厂里连续出了三件事情，第一件就是退休工人生病来报销医药费，没钱；第二个是供电局来催电费，没钱付；第三个是厂里有个患精神疾病的员工，医院来催付钱。当时我给了他们一个承诺，半年之后来找我，希望他们给我一段时间,后来这些问题都解决了。

当时主要有三个困难。第一个是国际出口受阻,1989年以后国际份额几乎没有了。服装厂是出口企业,只有日本和澳大利亚的一点订单,其他国家的订单几乎没有。第二个困难是乡镇企业、外资企业发展比较快,来大量挖人才,而且行政资源(向外资企业倾斜),严重挤压了苏州本地企业的生存发展(空间)。第三个是高福利带来的影响,企业小而全,每个企业都有医务室、医院、学校、托儿所,还有一大堆生活设施,这种负担严重影响了企业(发展)。我做厂长时深有体会,很多精力都放在这些和生产经营没有关系的事情上面,做得好对生产没有大的帮助,做得不好工人不高兴,这样就让一个企业的负担很重。

我作为一把手,想了很多办法。第一个办法是加强内部考核,精兵简政。压缩二线、三线,这样做是要出冤家的呀(笑),有些员工是领导的亲戚,我就靠着自己的公正,靠自己的带头作用来管理。

第二个办法是放开营销手段,扩大营销人员的自主权,收入和业务挂钩。我当时采用分散考核的办法,厂里三百多人分为三个分厂,让它们之间互相竞争。

第三个是和外企合作,吸取外企的经验,通过招商引资,我先后搞了三个合资企业。另外就是减轻负担,破墙开门开店。当时我们的布厂就开在当时甪直最繁华的步行街上,一共三层楼,后来成功地将布厂底楼改成了大商场,二层、三层还是生产车间。如果不这样做,企业就没有办法生存,我也从一个普通的厂长变成了总厂厂长,兼党委书记。这就是困难重重的90年代,我们是从中磨炼出来的,当时吴县[1]还在我们厂里开过现场会。

第四个办法是企业改制。我很有体会,整个改制过程中,没有一个企业员工上访,这一点我是很骄傲的。我那时问过(政府相关部门),一年有多少钱用于解困,回答说超亿。当时有一百多家企业,我们是其中一家。其实我当时觉得很悲哀,作为厂长,不光不赚钱,还问政府要钱,但当时是没有办法的。还有一个原因,是国有企业工业产值占GDP总值的比重下降,外资企业起来了,本来国企一遇到问题,政府马上就有反应,后来政

---

[1] 1995年6月,吴县撤销,设立吴县市(县级),2000年12月撤销吴县市,改设苏州市吴中区和相城区。

府的财政收入有土地（转让收入）了，不再只靠企业了。再加上企业本身有问题，招工难、工人老化等，都造成当时特殊的情况。所以改制的时候，我们一个总厂，有8个分厂、1个研究所，怎么改，确实很复杂。在这方面，吴县市属企业是按部就班的，首先政府开会发文件，要求动员，然后公布改制程序，包括拿出方案，都要职代会、党员会的同意，大家接受、确认之后，再进行资产评估，最后招投标、签合同、公证等，都有一系列的程序。其实当时都不愿意改，没人愿意去参与的。就我来说，我本来是一个国家干部，一下子变成了一个私人老板，心理上是根本不想改的。前前后后整整两年，到最后走完程序，变成净资产，先是向社会公开招投标，最后因为没人投标，被迫自己拿下来了。幸运的是，土地厂房增值了，就解脱了，这是后话。其实当时靠那个价格，靠那个产业是很困难的，而且当时对所有员工都要养（管）到退休的，有人说员工是负担，但我觉得是财富。当时我们的县长说，无产阶级要解放全人类，你连自己的员工都解放不了，还怎么解放别人呢！（笑）

大致情况就是这样，我上面讲的就是我们苏州工业企业走过的三段历史。

沈骅：好的，沈厂长您刚刚提到的总厂是什么情况？

沈洪波：是吴县中艺美术品总厂。中艺美术品总厂本来是工艺公司的，我是丝绸公司的。我们厂的业绩比较好，但是发展遇到瓶颈了，厂在甪直，但好多事情是在苏州做的，我就和工艺公司的领导谈，正好他们8个企业中，7个企业都是亏损的，就一下子全部交给我。就是兼并了，这个是经过市里批准的。我是从吴县布厂，到吴县服装厂，再到把属于工艺系统的7个厂合并。他们的7个厂有做缂丝、做领带的，还有工艺美术研究所。

沈骅：那您做得最好的时候是在哪个阶段呢？

沈洪波：应该说我管的人最多的时期，是吴县布厂，有千把人；后来中艺美术品总厂也有千把人。

我首先是国家培养出来的，也希望把自己的所学能够用上，这么多年来，我手里基本没有亏损的企业。我是高中毕业的，后来又读了两年大专。考上大专时，因为是厂里的技术员，书记和厂长不太肯放我走，就跟我说："小沈，你是家里的老大。好不容易工作了，还要去读书给家里造成负担。你看这样好不好？你今年好好地工作，明年送你出去！"然后第二年真的送我去了无锡轻工业学院（后为江南大学）。厂里领导的讲话是很有水平、拨动心弦的，说你好不容易工作了，家里负担减轻了，还去读书，那就是增加父母的负担了，我被感动得一句话都没有（笑）。

沈骅：吴县服装厂和工艺美术品厂有没有一些有名的产品？

沈洪波：服装厂有衬衫，保圣牌衬衫[1]，吴县领导送出去的礼品都是这个保圣牌衬衫。这个衬衫是牛津布衬衫，是我们新开发的品种，国内没有，我读纺织专业的时候，当时的老布什[2]就喜欢穿牛仔衬衫。我们就用吴县国棉厂纺的纱，然后染色，再做成服装和衬衫，一下子扭亏增盈，企业彻底活过来了。这种牛津布衬衫是120支纱的，不起皱，全棉免烫。我们在得克萨斯州销售时，卖了好几万件，这大概是1993年，老布什当政的时候。

当时苏州有两个广告，一个是"波司登"，一个就是我们的"保圣"，我们的广告在人民路上做得很厉害。但因为我们是市属企业，不能随随便便借钱，要经过很多程序，再加上分管我们的领导突然去世，否则的话服装厂还可以再做大。当时，政府部门本来（准备）给两千万，要我们完成两个亿（产值）、两千万的利润，结果因为领导突然去世，资金只到位一部分，后来企业就改制了。应该说，当时企业的潜力很大，不过负担也重，总共有300个员工在职，退休工人还有200多，差不多一个养一个，那时还不是社会（保险）承担养老，是企业承担的。现在我们企业员工的退休工资都不低，因为以前交的多。再一个，每年大概有五六个退休工人去世，去世前是一定要抢救的，不可能不抢救，医疗费全部报销。还有员工生病去医院看病的费用，也是报销的，最后发展到什么程度，员工说我自己煎药，煎药要用锅子，买锅子的费用要报销。这样的负担，企业肯定是受不了的。如果没有这些负担，和乡镇企业、外资企业（的竞争）还能维持下去，问题是它们没有这些成本的，这个（竞争）是不平等的。

我在国企和民企都做过，我的感觉，肯定还是国企比民企做得好，人

---

[1] 甪直有千年古刹保圣寺，原名保圣教寺，始建于梁天监二年（503年），寺内罗汉塑像1961年被列为全国首批重点文物保护单位。

[2] 老布什，即乔治·赫伯特·沃克·布什（George Herbert Walker Bush），1924年出生，1988年当选为美国第41任总统，2018年去世，常被称为老布什。

才多，还有员工的心态不一样。现在我们厂每年都会出一份社会责任报告，培养员工的社会责任感。其实，我还是想回到以前的国企，国企如果充分调动员工的积极性，每个员工都会活力四射，人才又多，而且职工对自己所做的工作都有自豪感。对民企员工来说，现在就是打工。我现在打造的（企业），首先企业里没有任何一个亲戚，我的老婆、兄弟姐妹都不进来，让员工感到平等。其次是社会公益活动力所能及的都尽量参加，就是想让员工觉得，工作不仅仅是为了养家糊口，更是对社会做了一点贡献，这也是重要的。

沈骅：这种心态在老国企员工身上更加顺理成章？

沈洪波：对，根本不需要讲的。企业文化不一样，我记得80年代的时候，我已经当厂长了，1985年下大雪，公路都封掉了，我在苏州市里开会，只能坐船回去，因为船（河）没有冻住。回到厂里，我看到厂房的屋顶上都是铲雪的人。因为雪太重，要把屋顶压塌的，我们的员工都主动爬到屋顶上去铲雪。那时候已经是半夜十二点钟了。这种情况在民企是不大可能出现的，我当时也很感动，有一种工厂是我家的感觉，现在是通过责任制来（实现）的。

企业那时候也没有计算机，所有的财务账都是靠人算的，员工不算清账，相差一分钱是不下班的，这个工作量很大。当然现在时代不一样了，生产力得到极大提高了。

沈骅：改制是哪一年呢？最后评估下来情况如何？

沈洪波：1999年开始资产评估，2000年10月拿营业执照。我正好做了几年厂长，负资产被我消化掉了，有净资产、有盈余的，所以有人和我开玩笑：搞了几年买了自己赚的钱。不过说到底还是国家培养了我，我从一个学生到厂长，有能力也是国家培养的结果，国家培养了我，我是要为国家做贡献的。

沈骅：原先的品牌也延续下来了？

沈洪波：对，这个品牌我们延续下去了，现在滴滴代驾、美团、饿了么的衬衫、马甲都是我们生产的。这个就是我们的社会责任报告（展示报告），客人来考察我们厂，都觉得我们的厂不一样，和别的企业不一样，有社会责任感在里面。我们的客人也都是老客人，希望长久合作。

四　特种纱线厂（原化纤纺织厂）

汪丽华

访谈对象：汪丽华，女，1960年出生，原特种纱线厂工会主席

访谈时间：2019年5月8日

访谈地点：苏州市纺织工业协会（养育巷405号）

访谈人：沈骅

文字整理：史媛芳

沈：汪老师，请您来介绍一下您在特种纱线厂的相关经历。

汪：我叫汪丽华，1960年10月出生。苏州纺织产品研究所的前身，是我们苏州化纤纺织厂，在北浩弄口，现在这块地（改建成）别墅了。1980年我们在南环路建新厂时，原厂分成两个，纺织搬到南环，织布留在北浩弄变成研究所，有一部分人算事业单位的，一部分人算企业的。到南环的化纤纺织厂的技术力量和领导，一部分是苏纶厂调过来的，另外，厂里本身也有一部分领导。

（南环路上）我们的厂正对着南环新村，西面是针织总厂。我是1979年进厂的，在纺布车间做了一年挡车工。当时有一批人从滨海（指江苏北部的滨海县）下放回到苏州，我也在那一批里。当时有两个选择，一个是去丝织厂，一个是去纺织厂。我选择了纺织厂。当时我家住在北面，如果到丝织厂去，就是锦绣丝织厂，但是我外婆家就在北浩弄边上，就选择了纺织厂，就这么去了。

那时候真的蛮好的，厂里重视人才培养，自己报名就可以去读书。苏纶纺织技校招生，我们都可以报名参加，考取后两年脱产学习。这个学校是技工学校，针对纺织厂员工的学习是没有正式文凭的，但厂里认可。从

1980 年到 1982 年，我去带薪学习，学的是棉纺专业。这个学校培养了很多纺织人才，苏纶纺织厂、苎麻纺织厂、化纤纺织厂等纺织系统的有志青年，都可以去申请、去报考，录取了就可以去学习。我记得那一年我们厂里去了 7 个人。学习结束后回到厂里，按道理我是要从事棉纺工种的，但是厂领导看我性格蛮活泼的，就让我去做政工，就是搞宣传，属于车间的政工师。从 1983 年到 1986 年，我又到厂里的宣传科、政工科，做了几年宣传方面的工作。后来我又回到技术岗位，当时我的思想很单纯，领导让去哪里，我就去哪里。不管到哪个岗位，我都做好自己的本职工作。

薛厂长（指薛霞云）调过来后，我去过劳动科、厂办公室，在厂办做内务工作。后来又有了一个学习的机会，我去参加高考，但差了三分没有考上，不过有电大，以企业委托培养的方式，我又去学习了两年，是半脱产学习，学的专业是行政管理，这个学历国家承认的。1996 年薛厂长从我们厂调走，原来的工会主席做厂长，我就当工会主席了，一直到 2003 年工厂压锭，最后工厂关闭。我经历了这个企业的发展、萎缩，到最后压锭、关门的整个过程，其中也有阵痛的经历。2003 年企业关门时，我们留守的一批人也没有出路。像我就是协保，我的养老保险从我离开厂一直到退休的费用，由工厂折算交到社保中心。我自己从厂里出来，除了拿两年的失业金以外，是没有拿到一分钱的，然后就自谋职业，其实就是自生自灭了（笑）。也有一批人提前退休了，只要在一线工作满多少年就可以，一般是女的 45 岁、男的 50 岁以上，可以提前退休，我的年龄达不到。

在特种纱线厂时，我有两个感觉，领导很器重，我本人也很努力，但最后没有（大的成就）（笑），当然这也是受大环境影响，没有办法的，个人命运总是与社会发展相联系的。从建国一直到现在，发展确实是一条大的主线，苏州的纺织行业从辉煌到转移，是转移到乡镇和外部县市了，市区是没有了，现在即使有也发展不下去，纺织行业是劳动力密集型产业，像我们过去工作这么辛苦，肯定招不到人了。

沈：您提到工作比较辛苦，怎么辛苦法？

汪：太辛苦了。你想想，我们过去上的是"大三班"，7 个早班，7 个中班，7 个晚班。后来改成了"两两班"，两个早班，两个中班，两个夜班，再两天休息，这样一共 8 天，这比以前肯定好多了，但其实也蛮辛苦的。当然我没做多长时间，做了一年"大三班"，"两两班"没做，后来就是常日班了。

我其实是有机会出去的,但是厂长挽留过我,我也想为企业做贡献,最后就没有离开厂。虽然出去的人有的很好,但我还是很朴实的想法,既然组织上培养了我,我就要为企业付出,所以一直工作到企业关门。后来我再到外面的企业工作,别人都会(这样)评价我,说到底是全民所有制企业、国企里出来的,素质好的,能够得到别人的认可,我也蛮自豪的。现在我退休了在家。

沈:特种纱线厂最好的时候是在哪个阶段?

汪:最早叫化纺厂,化纤纺织厂,最好的时候工人有1 300多人。后来就慢慢地萎缩,那时候每年上交国家的利润有几百万元呢。

我们搬到南环的是一个老车间,后来又扩建新的厂房。但是因为大环境不好,车间基本上没用过,租出去了。那时我们的几任厂长,都是很认真的,我们吴厂长是原来苏纶厂的技术科长,晚上要来车间好几次,薛厂长(指薛霞云)也是的,她就住在厂对面的南环新村,一有什么事情,工人都找到厂长家里去的。

薛(插):我家的窗户就对着厂门,所以我当厂长时就说,干部都不用值班了。值班也没用,反正有事情工人都会到我家去的。

沈:新厂房有多大? 修厂房和买设备的资金哪里来的?

汪:新厂占地不小的,有40多亩。修厂房和买设备的资金,有些是借的,有些是厂里自己的资金。我们厂利润其实也很好的,特别是前面阶段,生产经营蛮好的,一年要上交几百万利润,利润多的时候厂长还要囥一点[1]。吴厂长比较勤俭持家,好的时候想到以后可能有困难的时候。吴厂长也是从苏纶厂过来的,苏纶厂是出干部的地方,在纺织领域肯定是苏州的老大哥、老前辈了。我们厂规模小,但也是全民性质的。

沈:您对当工会主席有什么感受吗?

汪:工会主席,就是为职工服务吧。全民企业在生产和生活方面的规章制度,真的是很齐全的。技术上有帮教员,帮助提高职工的技术。职工的生产操作都是有规范的,像接线有时间(限制),每个月都要比赛,哪个人领先还有奖金的。一个车间有三四个帮教员,属于技术部门管的,前纺

---

[1] 囥,苏州方言,实为北方古音,音抗,藏起来的意思。

有前纺帮教员，后纺有后纺帮教员。操作有操作规范，每个程序都有，真的很规范。整个工厂就是按照规范的企业制度来管理的。比如厂长负责制，每个月要开生产计划会议，要做预算，很规范的。后来是承包制，就慢慢有点变化了。我们工会也有帮教、培训，负责职工福利等，还有家访，哪个职工生病、生孩子，或者生活有困难，都要上门了解情况。我怀孕六七个月了，还去职工家里奔丧，照道理大着肚子是不能去的。还有一般性的送温暖等。毕竟是全民制企业，所以煤气费、房屋补贴等报批后都要发放给职工，有各种福利。

我的经历比较简单，从进厂开始就一直在这个厂里。曾经想离开，有机会，但没敢和薛厂长提，薛厂长也不肯放（笑）。

薛霞云

访谈对象：薛霞云，女，原苏纶厂厂长、特种纱线厂厂长，1954年出生

访谈时间：2019年1月11日（第一次）和5月8日（第二次）[1]

访谈地点：苏州市纺织工业协会（养育巷405号）

访谈人：沈骅

文字整理：史媛芳

薛：我今天还想跟你们一起聊聊我离开苏纶厂的八年半时间里在苏州的另外一个纺织企业，叫苏州特种纱线厂，原来叫苏州化纤纺织厂的经历。

沈：好的，薛厂长您请说。

薛：我是1989年去特种纱线厂的，1997年再回到苏纶厂。当初（苏州）整个

图为薛霞云。

纺织业只有一家企业亏损，就是化纤纺织厂，其他几十家纺织企业都还顽强地生存着，只不过效益跟以前相比有些下降，而有1 200名职工的化纤纺织厂已经亏到过不了日子的程度，整个厂面临着没钱维持生产的情况。经过8年时间，我们非常艰苦地走了三大步，把那个厂救活了，而且到最后，当其他纺织企业包括苏纶纺织厂都不太行、都亏损的时候，化纤纺织厂却站起来了，在华东地区都小有名气。

第一大步是处理闲置资产。刚去的时候，这个厂买的一批新设备气流纺织机还躺在地上，都没有安装，因为安装好后也没有钱去开动机器，征

---

[1] 对薛霞云女士的访谈共有两次，其中第一次的主题是苏纶纺织厂（参见《苏州工业记忆》，苏州大学出版社，2021年版，第125—132页），现将第一次访谈中与特种纱线厂相关的内容，以及第二次访谈中以特种纱线厂为主题的内容整理合并在一起。

来的 20 亩土地都闲置着，长的草比人还高。所以我们立刻处理闲置资产，毕竟工人没饭吃、工资发不出来，（当厂长的）是睡不好觉的。

第二步是开发新品。苏州其他纺织厂的很多产品都没法跟苏纶厂比，有了苏纶厂其实就很难有其他普通纺织厂的立足之地，技术、管理、产品品质都比不上，所以对其他普通纺织厂来说，只有靠创新。我是搞技术出身的，就发挥我的特长，我跟史总（指史博生）差不多，对其他不太关心，就是一门心思读书，钻研技术，在苏纶厂也做车间主任，但主要精力都放在技术上。我到特种纱线厂后，就主抓产品研发，每年搞出一两个填补国内、省内空白的新品，这个非常不容易。我们曾经搞了一个氨纶包芯纱，当时全国没有一家厂成功生产过，不少厂试着生产，都没有成功。后来我们组织了一个产品开发团队，真的是千方百计、夜以继日地研发，挖空脑子把自己所有的知识本领都用上去了。最后我清清楚楚地记得，在大年夜晚上，把氨纶包芯纱这个产品做出来了。氨纶纱和氨纶丝是不同的产品，我们平时用的原料都是棉花、化纤，氨纶丝看都没看见过，到哪里去搞氨纶丝也不知道，国内当时也没有专门的氨纶丝生产厂家。后来通过努力，在一个亲戚那里打听到，江苏靖江有一家袜厂是用氨纶丝进行生产的，但这家厂不是生产氨纶丝的。我们千方百计让这家袜厂卖给我们一筒氨纶丝，120 块钱，就是一辆自行车的价格。人家也想不通，花这么多的钱买这样一个东西回去干什么，实际上当时我们开发那个新产品就参考了氨纶丝。

氨纶是可以伸长、拉伸的，就是现在的莱卡，在我们没有生产出氨纶包芯纱这个产品之前，我们国家是没有类似弹力牛仔裤这种产品的，也没有这种概念。我们在这个可以拉伸的莱卡原料上，把短纤维均匀地包在外面，看上去就跟正常纱线一样，但是这个纱线是有弹性的，不能有的地方有棉纱、有的地方没有棉纱，这样是不行的。这个产品，我们当初是填补了国内空白的。莱卡纱生产出来后，有了弹性，但没有工厂会织这种布，因为当时织造车间都不织造弹力纱，全国没有哪一家工厂会织弹力纱。后来也算是吉人多助，我和朱玲玲书记通过各种关系找到舟山一家民营企业，那个企业老总也真是了不起，他敢于来试织这种弹力纱，结果织出了全国最早的一批弹力布，而且是色织，不是白织。在这基础上，开发出各类延伸产品，有各种规格、各种粗细的，最后，棉、毛、丝、麻都可以用氨纶来包覆。这个产品为我们企业的起死回生起了决定性作用。现在买到的产品，比如女同志的内衣、真丝呀，甚至高档的几万块的西装，面料中都有氨纶丝，棉、毛、丝、麻各种面料只要有弹力，都是有莱卡成分的。这种产品肯定贵，因为原料贵，而且生产工艺比较独特。

开始是用短纤维包氨纶，后来发展成用长丝来包缠，有包芯、包缠、包覆三种不同的工艺。做这个包缠也是很辛苦的，没有相关的生产设备。后来得到一个消息，纺织部曾经在深圳一个厂家投资过一台设备，但是不成功，荒废着，要卖掉。我们得知后，就去和深圳的这个厂家谈，用较低的价格买回来，再用自己的技术力量开发、改进。雪尼尔纱也是我们发明的，看起来毛绒绒，但里面都包起来的，有一阵子非常流行，最赚钱的时候原料才每吨1万多元，成品可以卖到每吨7万多元，一吨雪尼尔纱就能赚好几万。纺纱（人都）知道，纺织产品20支也好、40支也好，一吨纱赚几千块钱是不得了的事情，而我们做的填补空白的新品，一吨纱可以赚五六万。所以后来大量棉纺织企业都不行了，而我们那个小小的化纤纺织厂还能生存，更名叫苏州特种纱线厂，就主要是靠新品开发，走技术创新之路，这是第二步。

第三步路是走得最艰难，也是走得最成功的，就是减员增效。当时，全国还很少有地方提出来让职工下岗，或者说当时还没有下岗这个概念。而我们上马了特种纱线以后，不像以前生产普通纱那样要很多生产人员，设备也不需要那么多，也没有那么多资金进行大量生产，所以提出要减员增效。从科室干部开始，每个岗位都要竞争上岗，从1 200人开始减，减到最后，就是1997年我离开特种纱线厂时，大概只有200多人了。这里面朱书记功劳很大，我专门管品种开发，她专门管减员增效，那么多人减下来，不是那么容易的。我们两个人曾被关在办公室里，不让吃饭，不让回家，甚至到我们家把刀放在桌子上威胁，在家里吐痰，所以我说是一肚子苦水。等到我们这步走通后，其他地方的（这种情况就）多起来了，就是减员增效、下岗分流。我们先走有什么好处呢？人员好安排，在朱书记的努力下，人民商场好多职工都是我们厂最早输送过去的，后来大家的关系也比较好，厂里对分流的职工不是一推了之，而是千方百计帮职工介绍、安排工作，所以现在好多人还感激说，幸亏走得早、再就业快，走得晚就麻烦了（笑）。

就是靠了这三步，一是处置闲置资产，二是开发高科技、高附加值产品，三是减员增效。市委杨书记主持工作的时候，让我们在苏州市的扭亏增盈大会上介绍经验，我们还获得了苏州市首批改革试点先进单位的荣誉称号。当时，我们的小日子过得蛮好的，每年都生产一些有利润的新产品。

还有一个事情，我觉得和朱书记做得很得人心，就是解决职工的房子问题。我俩开始进厂搭档时，厂里面有37户是两个职工合租一套房子，大家都有小孩，两家合租一套房子，合用一个卫生间，那时候的合租房不像现在的大房子，都是小户、中户，最多六七十平方米。在资金困难的情况下，我们动足脑筋地做各种工作，企业帮一把，自己出一点，想办法弄一点（指向政府有关部门申请求助），用三合一的办法，到我离开特种纱线厂的时候，全部变成职工独住一家，所以职工在这方面是很称赞我们的。

沈：薛厂长，上次您就介绍过在特种纱线厂的一些经历，我觉得特种纱线厂很能体现当时的国企在改革开放大潮中的主动竞争精神，所以今天请您再补充介绍一下您在特种纱线厂的相关经历。

薛：好的，我上次就讲过，特种纱线厂的小日子过得很好，要是我不去苏纶当厂长，继续留在特种纱线厂，那么这个厂肯定会成为一个成功的改制企业。因为工厂已经压锭[1]，员工也大幅度精简，留下的相对来讲都是生产骨干，人数只有200多人。当时这个企业，可以选择改制，但最后（没有改制），那个时候我已经不在厂里，调到（轻工）局了。但是，我从心底里是非常希望这个厂能改制的。我认为这个企业改制是有希望的，有土地、有厂房，债务之类也都没有，而且通过压锭，工厂规模缩减，不是那种人员臃肿的状态。但是，后来职工也好，领导班子也好，经过职工代表大会讨论通过后，还是选择了关闭这条路。我觉得非常可惜，局里当时也觉得关闭可惜，还想让张家港的华纺来接手。毕竟当时特种纱线厂还是赚钱、有盈利的，不是亏损企业。这家企业最后选择不改制，而选择关门，我个人认为有这几点原因：第一，从客观上分析，他们的班子成员思想统不统一不太清楚，但是没有技术人才，厂里的特种设备虽然还在，但

---

[1] 压锭即减少纱锭的数量、限制纱厂的生产规模。从全国范围来看，1997年12月中央经济工作会议也要求全国纺织行业压缩淘汰1 000万落后棉纺锭，到1999年年底基本完成，国有棉纺织企业的结构调整取得了实质性进展。

搞产品研发的主力人员不在了。就是说，当时厂里开发特种纱线的技术力量已经相对薄弱。第二，后来的厂长原先是政工干部，不大熟悉专业技术，也不熟悉经营管理，所以没有底气。

当时已经是第二轮全市改制了，其实在第一轮改制时，也就是1999年或2000年，热电厂、纺织厂、印染厂都已改过，那时我已经在局里做副局长，我非常看好我曾经奋斗过的化纺厂，就是后来的特种纱线厂，我坚决要求回到特种纱线厂参加改制，但是局里不同意。第二轮改制的时候，我在局里当一把手了，就不可能让我来参加改制了。我觉得特种纱线厂不改制是可惜的，局里有大大小小企业70多家，特种纱线厂的资产质量属于比较好的，但是最后选择了不改制。另外，特种纱线厂如果改制下来，可能会更早地赶上南环路拆迁和高架路工程。

现在无锡市还有纯国有的纺织企业，南通有国有混合式的纺织企业，曾经和苏纶厂平起平坐甚至落后的那些大厂，也有一些生存下来了。从计划经济走向市场经济，这是一个大趋势，有利条件和不利条件都有，为什么我们的苏纶厂、特种纱线厂会走到那样一个境地？毕竟无锡、南通的国有纺织企业也处在同样的大趋势下呀。我觉得，政府有一小半（的责任），另外和企业班子的领导、决策、经营等大有关系。当然，苏州大市范围内的（纺织业）现在是相当不错的，这其实和国有企业退出后，人才、技术向民营企业转移有着很大关系。

再讲一个，当厂长时这颗心永远是吊着的，听见外面救护车声音，不管是星期天还是节假日，如果救护车不是往我所在那个厂的方向开，我的心就定了，如果是，我心里就着急得要命，想着厂里千万不要出什么事故啊！还有，当厂长总感觉会面临一个连着一个的问题，心里总是绷紧的，接不到订单要着急，接了订单生产任务安排不下去要着急，安排下去后生产出来的产品质量不好要着急，交了货万一对方挑刺不付款又要着急，这个产品在这个环节上遇到问题，那个产品在那个环节上遇到问题，所以厂长的心老是紧紧地揪着，很少有舒心的日子。

另外，当时国企中的福利是不错的，有分房福利，像我结婚登记后也有一套房子，在吴县唯亭，现在属于工业园区。对我们来讲，80年代的记忆是特别好的，我们唱《二十年后再相会》这首歌，真的是特别有感触，我们当时就是那么想的，前两天我们同学聚会时还讲起这些事情。

五　华盛造纸厂

鲍士金

访谈对象：鲍士金，男，原华盛造纸厂厂长，1953 年出生

访谈时间：2020 年 8 月 4 日

访谈地点：苏州市轻工协会（浩力大厦 906 室）

访谈人：沈骅

文字整理：赵安琪

图为鲍士金。

沈：鲍厂长，很高兴见到您，今天请您讲讲您在华盛厂的一些经历。

鲍：沈教授好，我就从华盛造纸厂的诞生开始讲，一段段讲，一直到华盛厂停业，还要讲一下轻工企业从辉煌到衰落的原因。

华盛造纸厂的历史比较长，大概是全省第一家纸厂，建厂是在 1919 年。当

时有一个人叫蔡际云，是华盛造纸厂的创始人[1]，家里条件比较好，所以去日本留学。留学回来后，开始经商。当时日本的造纸业比中国发达，中国的市场也需要纸张。以前包装东西，用荷叶或者纸，后来开始用盒子。我小的时候，是没有现在这种瓦楞箱的，都是盒子。盒子上面贴一张白纸，蛮漂亮的。蔡际云开始是把日本的商品贩到中国来卖，把中国的商品贩到日本去卖，这个以前叫贩卖，现在叫贸易（笑）。后来他觉得中国在造纸上是个空白，与其贩卖不如自己来造纸，就弃商开始造纸。

造纸业有一个特点，工艺比较复杂。纸是用什么做的呢？稻秆、麦秆。收购稻秆、麦秆后，要放在大的蒸球里面，用蒸汽加工，蒸的时候加碱，让稻秆烂掉，烂掉以后洗干净，再打浆变成纤维，最后出纸，这是一个比较复杂的过程。所以，那时中国的造纸企业还是比较少的。蔡际云就是在这样的背景下，不做生意了，在石路的广济路桥堍的一家旅馆招股。

沈：广济路那边的旅馆是比较多的，以前通铁路。

鲍：是的，阊门外面的大马路[2]有一家汇中旅馆，蔡际云就在那里设立招股筹备处，他自己没有那么多钱到日本去买设备，就把亲戚、认识的人拉过来，一起入股。两个月之后，资金差不多够了，就在今天的枫桥那边买了几十亩土地，近西环路，那里有条小河，有座桥叫凤凰桥，所以华盛造纸厂的产品就叫凤凰牌。

凤凰牌是老牌子，民国的时候就是注册商标。为什么造纸厂要建在河边上？因为造纸要用大量的水，生产 1 吨纸按照以前的标准大概要用 100

---

[1] 蔡钟麟，原名保銮，又名保麟，字吉士，号际云，1871 年出生于太湖洞庭西山，早年经商并考取秀才。1902 年自设商号于日本大阪，名为华盛祥，后改称泰记麻号及鼎记合资会社。他在旅日华侨中较有威望，曾任大阪中华总商会总董。蔡际云与日本的同盟会关系良好，先后捐出数千大洋资助革命，孙中山先生曾亲笔写信致谢，1916 年蔡锷将军赴日治病期间，蔡际云多次探望并提供治疗费用。后决定回国发展实业，1917 年年初公开招股，集资 30 万元，分 6 000 股，成立华盛制造纸板股份有限公司。1920 年 2 月，在上海一品香旅社召开公司成立大会，股东共 49 位，包括张一鹏、严家炽等知名士绅和当地政要。该公司章程第五条还规定，入股股东仅限中国人。后在阊门外凤凰桥堍购地 50 亩，1919 年开工生产，是苏州近代较早成立的工厂。因工厂位于枫桥附近的凤凰桥畔，遂以凤凰牌为注册商标。1949 年更名为苏州华盛造纸厂。（参见夏冰：《苏州士绅》，文汇出版社，2012 年版，第 29-31 页）

[2] 1906 年沪宁铁路上海至苏州段筑成通车，1908 年辟筑自苏州火车站至阊门、胥门、盘门外的道路，统称大马路。故 20 世纪初，苏州地图一般将今天的石路及其往北至火车站，往南经胥江、盘门外向东折至觅渡桥西青旸地，标作大马路。后苏州马路数量增多，称其为城外大马路。原大马路钱万里桥至鸭蛋桥段，1966 年改称延安北路，1980 年改名广济路。（参见《金阊区志》编纂委员会：《金阊区志》，东南大学出版社，2005 年版）

吨水，后来降到 70 或者 80 多吨，用水量相当大，污染也比较大。生产设备是去日本买的，其中烘缸是多用缸，每只烘缸要五六吨重，有 30 多只，这些设备都不是小设备，所以车间很大，一个车间要 200 多米长。马达则是德国买的。后来我当了厂长，到厂里看到这些机器，我说都可以进博物馆的（笑）。

我能不能前后穿插讲呢？

沈：没有问题，您按照您的思路讲。

鲍：好的。当时市里决定华盛造纸厂关厂的时候，我提出一个建议，说是否可以建一个博物馆？华盛造纸厂这些老的造纸机和老的德国设备，保护得蛮好的，马达上面贴的都是德国牌子。但一是设备占地面积大，二是当时的（保护）意识还不够，（没有建成博物馆）。我又去找教委，说希望组织中小学生来看看老一代的造纸机器，来参观造纸的整个过程，造纸、切草、蒸球、洗涤、漂洗等，这些过程都全的呀。我说再不看就没有了，造纸虽然是我们中国发明的，但是机器造纸是外国人发明的。华盛当年从日本引进造纸机后开始生产，一直到关厂，造纸机一直在运作，没有停过，而且机器的烘缸也没有换过。当然，这台造纸机器是老式的，还要专门配个加油工人，一上班就加油。但是产量高，日产量在当时大约是 30 吨，主要生产的是黄板纸，质量比较好。这位老兄（指蔡际云）头脑是比较活的，1921 年正好有个国际博览会，他就把华盛的黄板纸送出去展览，还得了奖。所以，开工几年蔡际云赚了不少钱，就继续买设备扩大生产，买了第二台造纸机。造纸机不通用的，买的第一台造纸机生产的是厚的硬板纸，叫黄板纸，以前又叫马粪纸，为什么叫马粪纸呢？因为是稻秆、麦秆做的。买的第二台造纸机生产的是薄印纸，就像老式的道林纸。

蔡际云发达以后，其他人也就跟着投资纸业。1921 年，红叶造纸厂开始建厂，所以红叶也是一家老纸厂，厂址在（苏州）浒墅关。上海建了一家竟成造纸厂[1]，也是老厂，广东、重庆也都开厂。这么多人投资设厂以后就不一样了，产品就不大卖得掉了，毕竟市场的需求量只有这些，特别

---

[1] 上海竟成造纸厂，1924 年王叔贤集资创办，主要生产黄板纸、灰板纸。

是 1924 年军阀混战[1]，苏州地区的铁路、水路交通都停运，纸张就运不出去。一般人可能不清楚这个问题的严重性，纸的产量高，一天几十吨，华盛增加了一台机器后，一天产量要五六十吨，这要多少地方存放？ 再说要占用多少资金？ 于是在军阀混战的背景下，华盛的产品运不出，陷入了困境。因为之前华盛厂向苏州的一个银团借过钱，后来就抵押给了对方。[2]

第一段历史大约有 6 年，有过辉煌，但最后还是关门。当时的市场需求还是有的，但是整个造纸行业的产量太高，市场需求量还没有发展到（这个程度）。

第二个老板姓黄，他知道苏州华盛的设备是好的，就到苏州，找到银团谈租赁。黄老板本人在上海有工厂，还做证券交易，所以在上海脱不开身，委托别人在苏州开这个厂，他在上海遥控指挥。这个厂在黄老板手里时，经营应该说还不错，但他在做证券交易的时候，就像现在所说的被股票套牢，他的资金就东抽西抽，拆东墙补西墙，最后资金都填了进去，华盛造纸厂的生产资金也都抽弄光了，只有走人。这是从 1924 年到 1930 年，也接近 6 年。这就是第二段。

第三段一直到新中国成立，有一个老板叫曹廉逊。曹廉逊在上海和别人合作开过纱厂、面粉厂，他本来就想来苏州发展，听说华盛这家厂关掉了，就到苏州通过朋友介绍，先认识银团的高管，银团方面也觉得华盛已经停工了，不好处理，就低价租赁。

曹廉逊的儿子叫曹镇榕，从小到大一直在上海，说上海话，后来加入了民主党派。

曹廉逊租下华盛以后，从 1930 年开始正常生产，他有经营手段，也有魄力。因为有两台造纸机，第一年先租一台，第二年把另一台也租下来。租赁生产的过程中，因为他和银团谈得比较好，就用租金抵充机器款，把两台造纸机买了下来，花了 3 年，把欠银团的钱款结清，就是说 3 年后他

---

[1] 指发生于 1924 年 9 月至 10 月间的江浙战争，主要爆发于江苏督军齐燮元与浙江督军卢永祥之间，又称齐卢战争。又因 1924 年是甲子年，也称甲子兵灾。江浙战争是第二次直奉战争的导火索。

[2] 到 1926 年，因无法偿还 3.5 万元借款及利息，华盛董事会只能将工厂全部资产抵偿给维顺银团。

就盘下了这个厂，自己当老板了。到1934年，他又花了十几万块钱再买进一台日本薄型机，称三号机，在当时都是先进的。这台三号机一直开到接近关厂。有一只大烘缸，20世纪30年代生产的烘缸，它的直径比房子还要大，估计要三四米，非常大，也都是日本生产的。

设备买回来后，日方派技术人员来安装、试车，提供一条龙服务。这台机器的车速比较快，产量一天10吨左右，生产的薄型纸，可以用来印刷报纸、生产本子。但是好景不长，很快日本人打过来，一开始华盛的生产还是正常的，没有受到影响，但是由于产品销售量大、能赚钱，到1938年就有日本商人眼红看中了。这个日本商人在上海有纸业株式会社，到苏州来找曹廉逊谈合作，就像强盗一样硬租。谈了几次后，曹廉逊迫于压力只能服帖[1]，然后厂就让给日本人经营，他就只拿一点股息，没有经营权了。日本人还派了士兵守在工厂门口。当时华盛厂的产量，全部机器加在一起要五六十吨，量比较大，而且纸的品种比较多，有厚有薄，所以华盛厂比红叶厂吃得住[2]。

抗战后期，日本投降前，曹廉逊通过种种办法，收回工厂、恢复生产。没过多久，国民党回到南京，成立了一个负责清算敌伪产的部门，当时有一个主任姓张，到苏州来调查有没有敌伪产。调查后，就说华盛厂跟日本人合作过，门口有过日本兵站岗，马上贴封条，勒令停工，所以华盛厂多灾多难呀。曹廉逊就通过其他方式，包括贿赂，终于在1945年年底，要回了华盛造纸厂。从1945年开始一直保持生产，各方面也比较正常。

华盛造纸厂有两三千个员工，所以整个枫桥镇，都有华盛造纸厂的工人居住生活。我们有一个老员工，是解放以前老板手下的职员，曾经说过他们当时凭华盛造纸厂的徽章，到石路去吃面吃饭，可以赊账，因为（徽章）背后有号，一查就知道是哪个员工。

1950年，华盛造纸厂所有产品被上海的中国土特产出口总公司收购，属于统包统销，这样生产很稳定，工厂运营一直蛮好。50年代开始公私合营，华盛是苏州第一批公私合营的企业之一，市里派工作组进来，曹廉逊也很快同意了，说要怎么做就怎么做。我在华盛造纸厂当厂长的年数算长的，其他（厂长）换得很快。后来在接近关厂的时候，我和办公室主任

---

[1] 服帖，苏州方言，意思是服软、顺从。
[2] 吃得住，苏州方言，意思是经营得好。

说，要把华盛的所有材料转交到档案馆去，相关资料保管保存得非常好，专门有两间房存放。其中关于公私合营的材料也有，1954年11月批准，有公方代表、工会代表等4个人（签字），4个私方代表（签字），曹廉逊一个，（他的签字）是毛笔，字写得漂亮的。公方入股后是控股，经营权归公方。华盛厂就成为地方国营企业，曹廉逊后来是挂名的副厂长，本人到上海去了，有工资，再拿点股息，日子也很好过。

公私合营后，厂就回到人民手里了，人民当家作主了，华盛的生产搞得轰轰烈烈，产量得到大幅提高，后来增加到4台造纸机，生产一直不错。后来因为"武斗"停了一段时间。华盛厂本身属于县团级企业。苏州轻工系统（造纸行业）的县团级企业我印象中只有两家，红叶和华盛，两家造纸厂的人多，产量也大。

华盛造纸厂在20世纪80年代之前，在江苏省内甚至国内都是有一定知名度的，江苏省不少纸张的标准，都是华盛制定的。华盛厂的年产量是2万多吨，销售额在9 000万元左右，一个亿不到。和红叶厂比，后者的产量更高，但是红叶厂不生产薄印纸，全部都是黄板纸，华盛的档次要高一点，利润也是华盛高。（华盛）纸的层次高，各个品种都有，比如扑克牌纸、文化用纸等。华盛造纸厂比较辉煌的时候，厂长姓于（音），他之前也在红叶纸厂工作过，这个时期正是国家从计划经济向市场经济转变的时期。计划经济时有各种硬性规定，工资是不能动的，产量是下达指标的，（产品是）统包统销的。转制之后可以发奖金了，超产的部分工厂可以自己做主。于厂长就处于那个阶段，国家政策相对松动，又是紧缺经济，产品销售没有问题。

就说超产发奖金，别看当时只发几块钱，但效果很好的，（职工的生产）积极性很高，产量提高了百分之二十左右。造纸行业如果连续生产，成本可以降低，产量可以提高，比如一天预计生产30吨，实际生产了36吨，那么平均成本就可以降低，包括电、水、人员工资，还有原料，所以华盛那时候的产量、利润都达到了历史顶峰，利润达到了七八百万元。汽车来（拉货）都要排队的。当然，那时整个国家的市场都很兴旺，所有物资都缺，所以那一时期是我们轻工行业大发展的时期，开始向市场经济转型，企业生产经营情况非常好。但在日子好过的同时，隐藏的危机也出来了。因为计划经济时期，要上什么项目、要生产什么产品，都要（上面）

批准的，企业基本上是动不了的，手和脚像蟹一样被绑住的，这样供应市场的商品是不足的。转型过程中，工厂一看这个商品紧缺，就加大生产量，超得很多，但是产品质量很一般。毕竟还是紧缺经济，所以人家（用户）也不提意见。

一家工厂这样做，别的工厂也这么做，造纸业的总产量就提高了。到1990年，造纸的产量比改革开放前翻了一番，外面造纸厂的数量增加了很多，产品就开始卖不动了。于厂长调走后，华盛厂的产品也开始卖不动了，开始积压。产品要有地方（存放），一般造纸厂的库存能放几天呢？最多3天，超过3天就没有地方放了，因为体量太大。没有办法，造纸机器只好开开停停，这样成本就上升了。还有一个，这时市场上大家买东西已不是抢（着买），而是看价格、看质量、看服务，甚至还要看人际关系，这就要靠厂长的经营手腕。华盛厂后来又换了一个倪厂长（音），很快调走了。他走之后，华盛短短5年换了4个厂长，生产一落千丈，接近停产。

后来轻工局领导找我谈话，让我去做厂长，因为没有人去当呀，定了几个人都不肯去。领导当时就和我讲，组织决定让你去做厂长。谈话之后，隔了两三天到局里去正式谈话。局里还不知道我的情况，要我厂长、书记一肩挑，我说我不是共产党员，以前在另外一个厂只做厂长，后来就再派来了一个书记。

沈：这是什么时间？

鲍：应该是1995年2月。

轻工企业大约都有这样一个（阶段），就是有一段时间日子特别好过，但是危机也隐藏在里面。当时有不少人说市场不行了，其实市场还在，只是（占领市场的）是别人的产品了。为什么好了之后突然不行呢？这和都是国营企业有一定关系，与工人、中层干部、领导班子等的思想（想法）有关系。国营企业大都有一个弊端，有一部分人吃饭不做事，工厂的整体效率偏低。

我是1995年年初去的华盛造纸厂，到了之后就逐步恢复生产。我去的时候，其实市场已发生转变了，前一阶段产品卖得好，大家就一哄而上增加产量，最后大家都卖不掉，实力弱的一些厂家就先被淘汰了，谁撑不过谁就先出局，所以外面造纸厂停工的也比较多。

恢复生产后，先开一台机器，开的是在日本买的一号机。二号机已经拆掉了。再恢复三号机生产，这样逐步逐步地恢复生产。1994年华盛亏损了大约700万元，我1995年去了以后就开始扭亏为盈，当年赚了60多万元，1996年赚了90多万元，基本上能保持工厂的正常运转和职工的工资。

实际上当时华盛能够这样撑过去，另外还有原因。华盛厂生产的纸，由于设备老，河里的水也污浊，质量一般，全面复产压力很大，当时就想和别人合营，让人家来租机器。那时有三家厂来租设备。第一家是上海的造纸公司，他们的厂关掉了，说有原料、有销路、有市场，谈好租华盛一台造纸机，华盛负责供水、供电、供气，还有一个车间的工人全部包给对方，一台机器的租金一年要96万元，这是华盛的纯利润呀，自己开工也不一定能赚这么多。对方租了一年多下来，觉得不划算，就不肯租了。还有一家南京的纸业有限公司，通过朋友介绍，要租一台造纸机。谈过后，对方说租金太贵，要半价，然后还是老办法，供给对方电、气，大概生产了一两年，后面也不行了。

还有一家合作得不错。厂里造纸过程会有残渣水，水里有纤维垃圾，环保处理以后都要扔掉的，有家单位找过来，说要购买纤维垃圾去做包装纸。商谈后一吨300元，一天约定多少吨就付给厂里多少钱。对方把这些纤维垃圾全部运走，再生产成包装纸，运到浙江去销售。浙江人是有办法的，一是有技术，可以用这个纤维垃圾生产包装纸；二是用的工人真的少，一台造纸机只要3个人就能生产，这样成本就低。

我当时就是和这三家公司合作的，租金和收益可以补贴到厂里，（弥补）不足。华盛厂还有沿枫桥大街的房子，就把墙劈掉（推倒），拆墙开店。通过店面房出租，一年也能收入七八万元。

这时候，我的使命也差不多了。1998年太湖流域治理污染，我们厂在市里是重点企业，（记者）到厂里来报道，总挑负面的拍摄。拍完以后，我把两个记者请到会议室，记者问这里风景挺好的，还有一个寒山寺、铁岭关，怎么会有个造纸厂开在这里？我就说，寒山寺虽然说是建于梁代，但是五次毁灭、五次重造，最后一次是太平天国时期，（寒山寺）全部烧掉了。1906年，江苏巡抚到了苏州，寒山寺才一点点重新修成规模[1]，而

---

[1] 咸丰十年（1860年），太平军二度攻破湘军江南大营后，顺势攻占苏州，寒山寺被一场大火化为灰烬。至同治、光绪年间，寒山寺依然荒草萋萋。1906年，江苏巡抚陈夔龙集资重修，1910年，另一位江苏巡抚程德全再筹资修缮，至此，寒山寺尽复旧时盛况。

且那个时候没有环保的说法（笑）。当然，我也从正面回答了如何解决污染的问题。最后，大概在 1998 年中期，厂里把所有的纸浆生产设备全部停掉，环保局、轻工局一起在厂里切草车间开现场会，电视台也在。1999 年太湖治理全部结束，我还被评为江苏省太湖治理专项运动先进个人。

  到了 1999 年，工厂其实也能开下去，但实事求是讲，是比较艰辛的。市政府考虑，寒山寺是重点风景区，一个造纸厂在这里确实影响环境，不行的，要求我们逐步关停，当然搬迁也可以。当时我提出两个方案，但是都没有通过，一直拖到 2000 年，政府决定关，所以在 2000 年 4 月 1 日，华盛造纸厂就全部停掉了。最后这个（决定）不是我宣布的，3 月 31 日下午上面来了一个领导，到华盛造纸厂会议室召开全体中层干部会议，宣布决定关停。华盛造纸厂历经 81 年，和人一样，年龄大了也要结束的（笑）。3 个月后地皮让出，一分为三，一部分成为江枫园，一部分作了钟楼碑楼，还有一部分开发成楼盘。华盛造纸厂停下来时，现金有 2 300 万元，支付职工的下岗工资是足够的。

  翻翻华盛厂历史，我干了 7 年多，差不多是做得最长的厂长了。

  沈：好的，鲍厂长您的介绍已经非常详细了，您本人是 1995 年 2 月进的华盛，那么先前是在哪个厂呢？

  鲍：红光造纸厂。

  沈：也就是说您见证了华盛造纸厂最后的这七八年时间，在您接手的时候华盛厂的经营怎么样呢？

  鲍：当时华盛厂已经停掉了。我去以后，没有钱怎么办？我人脉还好，人家欠华盛造纸厂的钱也蛮多的，我就去要，人家也给面子，讨回来了四五十万元。

六　红光造纸厂

陈毓林

访谈对象：陈毓林，男，原红光造纸厂厂长，改制后为董事长
访谈时间：2020年8月4日
访谈地点：苏州市轻工协会（浩力大厦906室）
访谈人：沈骅
文字整理：赵安琪

沈：陈厂长您好，请您介绍一下您的相关经历。

陈：我和鲍士金厂长是1970年一起进的红光造纸厂。红光造纸厂就在横塘[1]桥下，刚刚办这家厂的时候，应该是在晋源桥边上。红光是1954年建厂的，最早生产的是糙纸，用3头牛踩踏纸浆、纸板，再

图为陈毓林。

后来慢慢发展起来。红光造纸厂在我1970年进厂之前的情况，我大体就知道这么些。

那时候都是手工生产，后来慢慢机械化了，第一台造纸机是从华盛造

---

[1] 横塘，位于苏州古城西南，1954年，横塘由吴县划入苏州市郊区，1999年，横塘乡撤乡设镇，2000年更名为苏州市高新区（虎丘区）横塘镇，2003年，撤镇改设横塘街道。

纸厂拆过来的，实际上就是华盛造纸厂1919年的造纸机，现在还在。红叶造纸厂也拆了一台运过来，其他制浆设备、打浆设备和造纸设备，都是从各个厂拆过来的。3家造纸厂（指华盛、红叶、红光）中我们最小，最后关停时属于集体企业性质，只有华盛造纸厂是国营的，浒墅关红叶造纸厂也是集体企业。红叶的规模比华盛还要大，有7台造纸车，工厂占地也比华盛要大。

我们70届的毕业生，全班当时有27个女的、28个男的进了红光厂。我进厂的时候，老厂生产的是油毛毡，属于建材，或者说装饰材料。这个产品在当时的市场上还是很紧俏的，甚至可以用这个产品换钢材。生产油毛毡比较辛苦，人进入（车间）后要戴好风帽，只能留一双眼睛，因为油毛毡要用柏油熬、再用油浸，这样才能防水。柏油一不当心就要烧起来的，我们以前在横塘的时候，一年中总要发生一点火灾。后来上面同意我们造新厂，我在老厂待了两年多，就调到新厂去了。新厂房在横塘晋源桥东面，老厂在西面。

新厂一开始也生产油毛毡原纸、塑料模型纸，用在印刷机上。从1970年开始，我们研究塑料模型纸，投资了一笔钱去买设备。以前是靠铅字印刷，塑料模型纸经过高温高压后，压成模板，可以直接印刷，而且耐磨性好，可以印刷很多次，不像铅模会磨损得比较快。（研制）出的塑料模型纸，还获得过轻工部颁发的奖项。一直到关门，我们厂的主要产品都是工业用纸，民用纸不生产的，华盛造纸厂是生产民用纸的，包括凸版纸、书写纸等。我们生产的工业用纸有包装纸、油毛毡、滤油纸等，滤油纸就是（用来）过滤油的，到现在滤油纸还有生产。2006年停下来后，用户还向我们订购这种纸，说相信我们的纸的（质量），一直到最后，这个产品都销售得最好。

红光造纸厂有3台造纸机，一号机先生产油毛毡原纸，后来生产沙管（音）纸，二号机专门生产滤油纸，再生产包装纸，三号机专门生产牛皮纸、壁纸原纸。中间有一段时间还和上海联营了一两年，这是在没有并入华盛厂之前。上海一家厂看中了我们厂里的一个壁纸品种，和我们联营生产，但是联营没有多长时间。造纸厂的吞吐量比较大，每天的进出量要上百吨，原料进来几十吨，产品出去几十吨，再加上用电、用煤等都是大头，煤一个月要用几百吨，所以到后来我们的运输量很大，环境（要求）

也越来越高。

　　1984年和华盛厂合并，我们变成了华盛厂的一个车间，叫第五车间。到1988年，恢复红光厂，华盛厂派来了（新的）厂长，这时鲍士金做销售科长，我在车间里管设备。大概到了1993年，华盛厂的经营不行了，我们厂里的沈厂长（音）调回华盛，鲍总（指鲍士金）和我还在红光，他是厂长，我管设备、他管销售。1995年，鲍总被调去华盛厂，他还兼红光厂厂长，我就开始负责红光厂的生产了。

　　2000年6月开始改制，成立红光纸业有限公司，那时候局里要求我们全部买断，就是把这个企业全部买下来，但是大家资金不够，虽然员工有几百个人，但是都不大敢买。局里派小组到厂里来开职工代表开会，就是做大家工作，我是常务副厂长，鲍总还兼厂长。鲍总过来和大家讲得很清楚，中层干部要带头，班组长也要比一般工人多入点股，工人也都可以入股，愿意入的每人入一股。最后总共有150多个股东，我现在兼董事长，只占全部股份的百分之二还不到，算股份最多的。第二个占股多的是鲍总，所以如果要定什么事情，我这个董事长说话不算数的（笑），比如我后来和领导讨论拆迁时，只能说我把意见带到董事会。2003年鲍总调到局里工作，按规定不能参与持股，他把他的股份转让给我和工会主席两个人。现在还是我在管理这个公司。红光厂的发展情况大体上就是这样。

　　沈：那么改制后企业的经营怎么样呢？

　　陈：企业经营应该说还可以。2000年改成股份制企业后，3年中把入股的钱都还给了大家。比如说当年入股时拿出来一万块，拿回时两万块都不止。成为股份制企业之后，采取的办法也蛮多的，比如规定3个月以内如果产量升上去，每个人加工资，班组长加一级工资，一般优秀职工半级，这样就促使大家一起把产品的质量、产量都搞上去了，因为我们生产的都是工业用纸，不怎么愁销路，主要是来不及生产。

　　2004年，市里造南环高架路，这一来就把我们进厂的路切断了，我们每天的物资进出量要150多吨，没有汽车怎么行呢。后来我就到拆迁办，说市里要造高架路（我们）肯定是支持的，（但是）我们这么多职工总是要生存的，我们这个厂1954年就在这里了，不是最近才开在这边的，只要给我们一条通道、车子能进出就可以了。后来指挥部很快给我们在边上修了一条路，从厂门口一直修到外面，这样造桥归造桥，不影响我们厂的生产，我们当然没有意见了。这次拆迁，厂传达室被拆掉，办公室被拆掉一半，分流下岗了80个人，那时候我们和市政府开协调会，市里补贴厂里3万元1个工人，一共补贴240万元。另外，拆迁的房子作为门面房处理。赔偿的钱一分也没用掉，我全部存起来。一直到2006年4月15日再拆迁，工厂就彻底停了。

红光厂从1954年成立，开了52年。我是1970年进厂的，在厂里36年。我是1953年出生的，和鲍总同年。

沈：这个时候厂的经营怎么样呢？

陈：从前面造高架开始，工厂的经营实际上已经走下坡路了，为什么呢？因为环保要求越来越高、越来越紧。我们厂里用的不是自制纸浆，都是商品纸浆，从外地收购（高质量的）木浆，再生产工业用纸。污染方面（控制得）还算好的，比如说一杯（运河）水，里面的成分达到什么要求，我们排出去的水，绝对是和河水一样的。后来环保局要求（我们的排水），比河水的标准还要高，那我们就达不到了。到2006年再拆迁时，就和环保局协商说停掉吧，没有办法再开了。另外，再拆迁是因为当时要新造一个闸，要形成封闭式水循环，大运河那段大概有18个闸，为了造这个闸就把我们的纸浆车间拆掉了，也就没有办法生产了。

这次拆迁（善后）我是比较苦的，因为我们是股份公司，自己的公司，当然都是自己的事。一般的补偿标准是（职工）一年700元，我们把补偿（标准）放宽了，自己定的（赔偿标准）是职工1 000元一年，班组长1 100元。比如工人工作了20年，就拿2万元赔偿回去，工人都不肯的呀。有些合同工已经工作了十来年，按照工龄一次性解决回家，12年就给12 000元，工人都不肯回去，来和我吵。我只有请派出所来协调，和工会主席一起做工作，因为属于股份公司，上面不管我们的，只能自己解决，苦得不得了。这么搞了大概3年，才将这些职工慢慢安抚好，剩下的房子就出租处理。关停后我手里还保管着1 000多万，说起来我们股份公司关停了，剩下的钱就要分给股东啊，但是这笔钱要用来交职工的养老保险，职工的身份没有转变。

沈：你们那时候不是已经是股份公司吗，怎么职工身份没有转变？

陈：对啊，职工的身份没有转变，我们只是把厂房设备买下来，土地没有买，没有钱。当时如果把土地买了下来，倒是发了，当时的地是3万元一亩，一共 50 亩，150 万元就解决了。但当时我们胆子小，不敢买，如果全部买下来，那么也要把这些工人包下来，哪怕工厂经营不善，也要负责这些工人到退休的，所以不敢全部买下来。最后，150 多位股东没有地方开会，我就在办公室楼上，和下面的股东把道理和方案讲清楚，大家最后都签字了。

沈：总体来讲，你们厂还是挺有特色的，而且改制还是成功的。

陈：是的，如果没有改制，我们厂早就没有了。华盛规模大，我们规模小，他们有千把个人，我们的工人最多时也就 400 多个，等到实行股份制之后，也就 200 多个工人，因为下岗、分流了一批。人多反而不好做事情。我现在传达室不用一个人，全都靠监控，所有监控都装好，传达室封闭，一年的费用也就两万元。

七　红叶造纸厂

陈世衡

访谈对象：陈世衡，男，原红叶造纸厂党委书记、厂长
访谈时间：2020 年 8 月 6 日
访谈地点：苏州市轻工协会（浩力大厦 906 室）
访谈人：沈骅
文字整理：赵安琪

沈：陈厂长好，您是 1981 年进入红叶造纸厂的，请您介绍一下当年在红叶造纸厂的亲身经历。

陈：我是 1981 年 7 月进厂的，之前从部队里退伍回来，先到苏州印刷厂，后来到轻工局从事保卫工作，被保卫科借过去两次，有 8 年时间。后来保卫科由于体制改革要撤销，就把我安置到企业里面去。开始在苏州灯泡厂待了一段时间，大概 10 个月。当时这个厂也遇到了问题，危险品多，因为生产灯泡要用氢气、氧气，有危险性，而厂在弄堂里面，这肯定不适合的，就进行调整，当时叫关停并转，就是转产。后来这家工厂所在地段好，被手表公司看中了，作了手表公司的办公地点，这个厂的（几乎）所有人员包括退休工人全部被手表公司"消化"了。我被安排到红叶造纸厂，前面就是这么一段经历。

沈：那您是直接担任红叶造纸厂的厂长兼党委书记的吗？

陈：不是的。我 1981 年去红叶造纸厂后，当了一年副厂长和一年副书记，1983 年开始当党委书记，到 1993 年兼厂长，党委书记、厂长一肩挑。到 1996 年调整，后来工厂是以破产的名义，按照政策（关门的），这个后面再讲。

1981年去当副厂长、副书记的时候，印象最深的是刚好碰到企业整顿。我那时（负责）专门成立的企业整顿办公室，先从政治上梳理，再开展各项整顿，恢复原来老厂的一些优良传统，围绕"三项建设、六好企业"[1]的目标，做了大量的工作，企业由原来比较混乱的状态逐步走向正常，经济效益也逐步回升。这样，通过建设职工队伍，确立起以经济效益为中心的指导思想。

红叶造纸厂历史上对国家做过很多贡献，当时属于地方国有企业，所以属轻工局领导。那时候企业还讲级别，红叶厂是县团级大厂。企业整顿搞了一年多点时间，从1983年开始，逐步开展体制改革，开始酝酿厂长负责制，这也是邓小平同志鼓励的。企业实行厂长负责制后，紧跟着制定了3个条例，一个是中国共产党基层组织条例，一个是职工代表大会条例，还有一个是厂长工作条例。[2]对我这个党委书记来讲，要以这3个条例为指导，协调各方面的工作。有的厂实行了厂长负责制之后，党政关系处理不好，这种转变有些书记是想得通的，有些则不一定，因为原来一直是党委领导下的厂长负责制，但是我们比较注意团结，比较能适应新的体制。这一段时间主要就是协调三方面的关系，处理好党政关系，围绕经济效益这一中心，树立起厂长指挥行政体系的权威地位。

具体是通过自我学习，既要保证完成（上级）下达给党委的工作任务，又要保证好厂长的行政指挥权，包括干部体制的变化。例如以前任命中层干部，全都是党委决定的，后来行政干部由厂长提名，提交党委讨论一下就行，这是一个重大的变化。有的书记想不通，（干脆）都不管了，我们那时候在这方面的尝试比较早，工作也比较深入，还写了论文，确立了党委的工作责任和内容。（新形势下）的党委工作虽然有条例，但是党委部

---

[1] 改革开放初期，中央提出企业全面整顿的要求就是"三项建设，六好要求"。"三项建设"是通过全面整顿，逐步建设起既有民主、又有集中的领导体制，逐步建设一支又红又专的职工队伍，逐步建设起一套科学文明的管理制度；"六好要求"是通过"三项建设"，使企业能够正确处理国家、企业、职工个人三者之间的经济关系，完成国家计划，成为三者兼顾好、产品质量好、经济效益好、劳动纪律好、文明生产好、政治工作好的"六好"企业。

[2] 1986年9月，中共中央、国务院颁发《全民所有制工业企业厂长工作条例》《中国共产党全民所有制工业企业基层组织工作条例》《全民所有制工业企业职工代表大会条例》，指出改革企业的领导制度，是城市经济体制的一个重要组成部分。11月又发出补充通知，指出从党委领导下的厂长负责制到厂长负责制的转变，是企业领导体制的重大改革，企业中的党组织要积极支持厂长（经理）行使职权。

门具体究竟做什么,工作职责是什么,我们作了深入的研究探讨。在厂长负责制的实行过程中,我们(指厂长和党委书记)磨合的时间短,但配合得比较好,所以对企业经济效益的提高起到了一定的作用,这是一个方面。

接下来的工作,就是 80 年代中期,主要围绕企业的两步"利改税"[1]。当时红叶造纸厂的经济效益冲到了历史最高,一直到 1989 年,其中 1984 年到 1987 年冲得最高,是红叶厂经济效益的顶峰。市场经济体制改革的不断深化,对国有企业的影响有好的一面,红叶厂原来(生产)的纸张都是由中百公司调派(收购)的,后来厂里有了自主销售一部分产品的权限,这部分(产品)的利润就由企业支配。红叶厂的利润后来达到 800 多万元,税利合计超过 1 000 万元。我记得当时市里一位副市长和财政局局长到厂里来,在鼓励开展承包工作时,要求实现不低于 500 万元的利润,这个基数还是蛮大的。

红叶厂 1989 年以后走了一点下坡路,一年后换厂长,1991 年开始亏损,到 1993 年扭亏为盈,1994 年也还可以,1995 年、1996 年又遇到困难,这个困难是环保的任务很艰巨。苏州老的造纸厂,为什么后来都调整关闭?原因都在环保上。要符合环保,就要花很大的资金,老旧企业要改造,不是一件容易的事情,整个流水线不改造,产品结构不改造,相关的环保要求是很难达到的。这样(投入大),企业经济效益就会下降,出现亏损。

后来我接任厂长,我的思路就是千方百计搞中外合资,建新厂丢老厂。我根据这个思路,把罗厂长(指罗云龙)请出来,请他分管合资企业的筹备工作,我们一起经常跑省里,一个月要跑两次,这一段时间就是忙这个事情。忙到最后也是有效果的,就是我们争取到了世界银行的贷款,钱批下来了,3 200 万美元的贷款。但是这笔钱我们没有用到,因为后来市里领导认为,老厂重新恢复起来是很难的,市里有一句话,叫修锅还不如砸锅(笑)。所以,后来红叶虽然借助世界银行的支持,和新加坡、印度尼西亚的金鹰集团进行联营,但联营以后,红叶厂走了关闭的道路,对方就

---

[1] 两步"利改税",指原来国有企业以利润上缴国家的部分改为用税收形式上缴的两步改革。从 1979 年开始,我国进行"利改税"的试点工作,1983 年国家开始启动第一步"利改税"改革措施,1984 年紧接着实施第二步"利改税"改革措施。

把这个项目转移到常熟去了。后来常熟成功建厂，这也是在我们的基础上建的。当时作为谈判的班子成员，他（指罗云龙）还到常熟去干过一段时间。

到 1996 年 12 月，市政府根据政策批准红叶厂以破产的名义关闭，当时厂里有 1 000 多个职工，也争取到了很多政策。其中一个政策是从事脏累苦工种的工人，可以提前退休，这就解决了一部分年纪较大的同志的问题，厂里面男同志 50 岁、女同志 40 岁以上的正式列入社保体系，这一部分社保费用由破产后的费用统一结算，解决了三四百个人。还有一部分叫买断工龄，实际上是以工龄进行折算，每年补贴多少钱，然后自行离职、自谋职业，这也走了一部分。剩下的 300 多个工人，都是年龄不高不低的，一部分享受下岗的待遇，当时待遇（每个月）有几百块钱，还有厂里留用了大约 20 来个人，作为留守工作人员，在工业投资总公司的领导下开展工作。

这个工作我后来坚持了 8 年，一直到 2004 年，把账面上的 300 多个人全部（安置好）。该一次性解决的一次性解决。还有一部分协保，协议保留原来的身份，交纳一部分社保费用，这些是有一定工作能力的人，实际上经济利益不受影响，他另外找到职业，可以拿两份，社保不受影响，退休的时候也不会少拿。所以，红叶厂的破产（善后）工作总体上还是比较稳定的，没有产生负面的影响，后面也没有留下什么后遗症，当时市里也蛮担心的，要求我们一定要抓好稳定工作。

全部工作结束后，我到 2004 年 11 月也退休了，这是我个人在改革开放当中的体会和经历。我们今天来的这些人，当时都是亲历这些事情的，改革开放过程中的酸甜苦辣都尝试过了（笑），包括中外合资的（模式）也试过。我们个人艰苦一点，但是国家没有什么大的损失。

沈：好的，陈厂长您刚才讲红叶厂最好的时候，就是从 1984 年到 1988 年？

陈：对，1987 年是顶峰，1988 年基本保持着，经济效益还可以。

沈：那个时候销售怎么样？产品都要给中百公司吗？

陈：有一部分是自销，我们在广东专门设立了一个办事处，跟顺德（音）公司合作，这一块罗厂长熟悉的。

罗云龙

访谈对象：罗云龙，男，原红叶造纸厂副厂长
访谈时间：2020年8月6日
访谈地点：苏州市轻工协会（浩力大厦906室）
访谈人：沈骅
文字整理：赵安琪

沈：罗厂长好，请您介绍一下您在红叶厂的一些经历。

罗：我（进红叶厂）比较晚，1969年时有"四个面向"[1]，我的同学大都下乡了，到农场、矿山，或者就是插队。我没下乡，这是根据政策的，家中老大可以留，或者上面有一个下乡后，第二个可以留。

我是1969年12月份在寒山寺参加完学习班，坐轮船到红叶造纸厂的，厂里专门有个船码头。在一线车间我工作了11年，从工人开始，做到班长，然后做团支部书记。十一届三中全会以后，厂里开始重视文凭，厂里在1980年把我送出去读书，当时轻工（系统）有一个干部训练班，是中专，读了两年。1982年我回到厂里，正好赶上企业整顿，我先到双增双节办公室，再去企业管理科。1983年到二车间做副主任，1984年企业又把我送出去读大专，所以1984年到1987年我是在读书。1987年是红叶造纸厂产量最高、效益最好的一年，我记得当时《苏州日报》头版头条有一篇文章叫《横向到边　竖向到底》，（内容是）红叶造纸厂积极实行承包制，这篇文章就是我写的，获得了厂里、市里的奖金，奖金记得好像是3 000多块，那个时候蛮高了。大学毕业以后，我没有回车间，而是到了经营部，待了几个月再安排我到销售科。当时企业的管理架构（进行）调整，成立了技术开发总公司和销售总公司，一直到1989年，我是销售总公司的经营部副部长兼销售科科长。我在经营部的时候，红叶厂在广东顺德龙江纸板厂设了一个（销售）点，我跟广东方面大概打了有3年交道，我负责的销量应该占红叶造纸厂产量的百分之七十以上。

[1] 1966年下半年，全国学校相继停课，到1968年年初，66届、67届和即将毕业的68届三届毕业生都还在校内，中央制定了"面向边疆、面向工矿、面向农村、面向基层"即"四个面向"的分配政策，与当时声势浩大的知识青年上山下乡运动相呼应。

沈：全部卖到广东去的？

罗：对，因为当时红叶厂的产品主要是纸箱用纸，还有包装纸，我接手销售的时候，给中百公司销售的产品主要就是黄板纸。以前我们打针时，那个小的针管叫安瓿瓶，存放安瓿瓶要用纸盒，这个盒子就是黄板纸做的。红叶厂还有瓦楞原纸，这个产品在80年代得过国家的银质奖。

以前苏州市税务部门要销毁的老发票，银行要销毁的老纸币，以及其他部门要销毁的粮票等票证，都是在红叶厂的四号机上完成销毁的。（票证）打洞后，对方要派人来，公安、银行、厂里保卫科等全部要派人到场，哪怕漏出一张（边）角也不行，要重新放进机器中，打（成浆），全部过程都要受到严格监督。

1990年我做办公室主任，1991年提副厂长，（还是）党务委员兼办公室主任，还兼技术开发总公司总经理、销售总公司总经理。1991年碰到洪水，那一场水很大，厂周边农民都到红叶造纸厂的食堂里来打饭，因为水都到他们家里了。发洪水不是红叶厂的责任，关键是水里夹杂了厂里的废纸角，水退以后，农民家里（留下的）都是纸角，就是悬浮物和纸纤维，要发臭的，农民就来闹。我记得很清楚，市公安局内保科的一位赵科长也到厂里来。那时候一般人都感觉红叶厂的污染很厉害，因为厂里处理后排出的废水，（使得）大运河（水面呈现）两种颜色，一直要流到十里亭、白洋湾那个地方，运河水才会清。后来一位国务院副总理到苏州来，看到运河水，说这个污染要治理的。而且还会不时发生一些事故，比如影响下游的渔业，导致鱼塘养的鱼死了。我们还要和苏州钢铁厂去交涉，我们认为是苏钢厂的水有问题、红叶厂排出的水没问题，苏钢厂则认为红叶厂排出的水污染太大。实际上，环保上有两个标准，一个叫生物耗氧量，一个叫化学耗氧量，这两个耗氧量对鱼类、渔业都有很大的影响，不达标就会憋死鱼。

1989年后，红叶厂的经济效益就逐步下降了。那时候（退休）职工的退休工资还不是社保发的，都是厂里发退休工资，1 900多个工人要养着900多个退休工人，所以厂里的负担也重。

陈（插）[1]：（职工人数）账面上最多时在职2 004人，退休有1 000

---

[1] 陈世衡、罗云龙和郝名学三人同一天先后接受访谈，其间稍有交叉，文中用"（插）"表示，下同。

多人。所以关厂的时候市里领导讲,红叶厂涉及上万人的安定,因为还有家庭成员。

罗:红叶造纸厂因为规模大,不管是在行业内还是在市里、省里,确实是举足轻重的。1975年我记得原料不够,还到苏北大丰农场去考察,准备收购麦草,当时苏北已经采用联合收割机了。但是后来发现买好麦草、打好包后,却没法运回来,因为距离有点远,运回来的成本太高,后来那边的麦草原料就没有买成。其实红叶厂不仅生产厚纸板,也为国家解决了污染的问题,这些麦草,农民或者烧掉,或者放在田里等着烂掉。后来,大家的环保意识都比较强了,就选择买国外的商品浆,不再以稻草为原料生产了。

造纸业的污染总归是有的,红叶厂后来上马了碱回收项目,但是碱回收的成本非常高,影响到企业的经济效益。所以在造纸界,关于造纸原料,解放后一直有个"草木之争",到底是用木纤维还是草纤维,争论了几十年。现在是以木纤维为主,国际上也是,在污染处理方面,也是木纤维的好处理,可以采用碱石灰澄出的方法。麦草也可以碱回收,但是稻草不行。红叶厂的环保(办法),是斜板沉淀,弄一个沉淀石,慢慢把水中杂物沉淀掉,再把沉淀物挖走,这样陆陆续续地处理,水相对来讲会清一点,油污物少一点,当然这不能从根本上解决问题。红叶厂到最后,作为原料的稻草基本上用得很少了,事实上稻草的利用率也低,而是以麦草为主,还可以回收。

沈:当时上马的碱回收项目大概是哪一年? 效果如何?

罗:大概是在1990年,各地都来参观的。造纸厂怎么处理污染,是影响企业效益很重要的一个方面。另外产品也在升级,我感觉1989年以后,企业也在积极地想办法,减少稻麦草,特别是稻草的用量,然后寻求进口废纸,那时候叫美国废纸。美国废纸里含有的主要成分就是木纤维,所以我们上马了一套从日本进口的AOCC系统,专门处理进口的美国废纸。说到美国废纸,就要说到紫兴这个项目,这个项目其实是从我们红叶开始的。当时是先和我们谈的,前期是我接待,就在红叶厂厂部楼上的会议室谈的。谈的内容就是10万吨的美国废纸处理,称10万吨AOCC分拣项目,准备放在十里亭那个地方,专门分拣美国废纸。美国废纸要先分拣,里面有什么巧克力和其他食物之类的(东西)。但是后来市里不同意,把这个项目直接转走了,这才有了后来的紫兴。到1994年,紫兴项目正式上马,当时红叶造纸厂已经陷入困境了。

厂里让我去联系世界银行贷款,我通过宁波造纸厂的一个厂长朋友,认识了金鹰集团在香港的一个负责人,姓梁,他是驻香港的。我和他第一次接触,在杭州黄龙饭店(音)。到1995年,项目基本上是拿下了,我们到印尼考察过,轻工局领导也到芬兰考察过。那一段时间确实很忙,我1995年飞了19次北京,跟着领导一起,还要安排对方派人来考察。我们的资金哪里来呢? 交给环保局的环保费返还一部分作为启动资金,也可以说是取之于环保、用之于环保。世界银行当时的驻地是北京钓鱼台国宾馆,所以我到过钓鱼台,回来感觉不错,说钓鱼台都去过了(笑)。这个项目最后拿(批)下来是3 200万美金,拿下来时我还在印尼,书记发信息给我,说市里通过了,给了3家企业。但是红叶接下来破产了,就没有拿到。

这个项目总名称叫京杭大运河治理项目,我们只是里面的一个子项目。现在的金红叶和金华盛,为什么取红叶和华盛两个厂的名字? 因为市政府跟对方有过协商,要安置好原来两个厂的退休和下岗工人,不然的话不会让用这个厂名的,后来也有一些红叶老职工去金红叶上班。1995年企业停产之后,红叶厂和玻璃厂同时进入破产流程,根据上级安排,要互相派一个副厂长去主持,我被派到了玻璃厂。

说起来我在红叶造纸厂待了27年。红叶厂实际上并不是经营不善,而是卡在环保上。

沈:1989年对红叶厂来说是一个分水岭,之前经营得挺好,表现在什么地方? 或者说除了上缴利税多以外,有没有一些其他特点?

罗:特点是,在这一段时间,我们开发了很多新产品,包括自熄纸、瓦楞原纸,还有牛皮箱板纸,三号机原来是生产黄板纸的,后来改生产牛皮箱板纸,开发的新产品在这一段时间是最多的。

郝(插):那个时代本来是计划生产,产品全部由中百公司包销,红叶厂的主要产品以包装板纸也就是黄板纸为主。后来,我们可以自主销售一部分产品,就根据市场需求,市场要什么纸,红叶厂就生产什么纸。毕竟改革开放刚起步,商品经济在发展,什么产品都要外包装,哪怕农民卖的水果都要纸箱,不管是质量好的还是差一点的瓦楞纸箱都需要。还有,我们生产的箱板纸更漂亮、强度更高,就是牛皮箱板纸。另外,改革开放之后，兴起了化纤工业，化纤绕起来需要一个管子，这个管子用黄板纸是不好做的，要用到木浆纸，叫纱管纸。这种纸只用稻草是生产不出来的，里面要掺废纸、掺木浆，才能做成，价格也比黄板纸要高。而我们的产品符合市场需求，所以效益好。我们为什么要到广东去设销售点？是因为广东那边对纱管纸的需求量大，对包装板纸的需求量也大。

罗：和国民经济的发展确实是有很大关系的，那一段时间，电器、洗衣机、冰箱等家用电器大量上市，都需要包装。苏州很多地方都设立了纸箱厂，因为看到了这个商机。化纤行业要发展，电子行业要发展，都需要用包装纸。还有建筑行业，现在是用冷胶，以前都是用油毛毡纸，所以红叶厂的产品销售是不错的。

沈：技术肯定是要更新的，就是说当时新产品还是比较多的。

陈（插）：红叶造纸厂从1920年设立到现在，如果还存在的话就有一百年了，这个厂先属于私人老板，公私合营后属国营，在社会主义商品经济下，一步一步发展。形势在不断发展，我们这个厂也在不断发展，每个时间段都有它的特色。改革开放期间，一是重视技术开发，自熄性绝缘纸就是和北京轻工部的造纸研究所合作开发的。包括机器的改造，六号机的烘干率提高、车速提高，都是运用了新的技术，红叶厂也出现了新的生机。二是有了自主经营权，在计划经济背景下，国有企业是没有什么自主权的，改革开放后，我们拥有了一定的自主权，经济效益自然就提高了。

还有一个我要补充的，就是从1986年开始，（我们）办了一所造纸职业中学，工厂办学，培养了一批造纸工人，也为整个苏州大市范围培养了一批人才。后来这所职业中学并到轻工技校去了，属于其分校。1986年到1989年期间，造纸职业中学培养的学生都是到红叶厂工作的，这样一来，红叶厂招收的就不是没有知识的工人，而是有造纸专业知识的新工人了，职工队伍的素质，无论政治素质还是业务素质都提高了，这也是改革开放给我们带来的升级。像苏州钢铁厂早就有了职工子弟学校，但是红叶厂办的是专门学校、专业学校，开设的是造纸制浆班、造纸机械班等，还有英语班、日语班等。可以说，企业的效益跟这些因素都有一定关系，经济效益的提高是方方面面因素造成的。

沈：罗厂长，您当时是兼销售总公司总经理，销售体制上有没有什么变化或者难忘的经历？

陈（插）：刚开始的时候，企业里负责销售的是供销科，后来市场经济发展以后，划出来一个销售科，销售科后来再升级为营销公司。到我当厂长的时候，单独成立了一个营销总公司，有一个副厂长兼营销总公司的总经理。下面再分条线，有的人专门负责广东地区的销售，有的人负责跑国内另一条线，就是分工负责，从产品出去到货款回笼，都由销售总公司负责。老实讲，厂里发工资的时候，我就要到销售总公司去，催回笼货款，不然的话一千多个人吃饭问题怎么解决。反倒是计划经济时期，这种事情厂长不大要管的。

罗：营销总公司，除了管销售以外，还管供应。刚才也讲了，1975年企业到苏北去买麦草，其实已经有这个供应意识了，希望降低原料成本。80年代我们主要还是开拓市场，当时从国外进口的废纸，包括美国废纸，质量相对好一点，但是进口渠道受限，所以我们也在国内积极寻找木浆生产厂家，包括到佳木斯去过，到安徽全椒去过，贵州铜仁也去过。安徽全椒是木浆，贵州铜仁好像是竹浆。在进口受限的情况下，我们积极开拓供应渠道，希望建立原料供应基地。后来煤的供应也不足，我们也改过烧油。至于销售渠道，当时主要是中百，后来中百的体制也转变了，（通过）中百的销量下降了，我们就积极开拓广东市场，我认为红叶厂在广东市场的开拓是成功的。

沈：能不能介绍一下这个开拓过程？

罗：就是通过一个点，带动了广东这个面。红叶厂和广东的纱管纸厂（合作），因为（对方）要用红叶厂的纱管纸，双方谈好一年之内要购买红叶多少数量的产品，然后我们就在广东设立了一个销售点。设立销售点以后，再通过这个点试着向广东四周进行市场拓展。广州周围，从顺德一直到开平，后来都有销售量。具体是先和厂家建立关系，然后和当地的镇，比如和龙岗镇的一个工业开发总公司联合，专门在那里设立与红叶厂合作的销售公司，互派代表，负责发往那边的产品。这样操作还是比较成功的，因为红叶厂的产量在扩大。在我们周边市场，应该是无锡地区的销量比较大，和太仓几个纸箱厂也有很好的合作。

沈：就是说改革开放以后一直到1989年，还是有很多市场化的动作的？

罗：是的，包括经营手段，步鑫生[1]的工厂，我们去学习过，关键是实行不了啊，还有马胜利[2]的造纸厂，我们也去石家庄考察过。

1989年以后，国家政策也在变，等于说，以前企业都是国家包的，现在要自己找食吃。还有，我们的订货会是放在广东开的，开到大概1995年。

沈：1995年还在开订货会，说明广东那边的需求量还是很大的？

罗：是的，广东办事处有位负责人姓沈，原来是我们的销售，他后来也开了一个纸板厂。

沈：市场需求始终是有的，只不过因为环保的原因没办法开下去，不纯粹是经济效益问题？

陈（插）：对对对，后来的关键问题就是环保。不是产品在仓库里卖不出去，生意是好做的，但是不赚钱了，环保要求高了。在环保上花掉的钱，产品卖出去挣不回来。所以市里认为，我们这个厂没有必要保留了。

---

[1] 步鑫生（1934—2015），浙江嘉兴人，曾任浙江省海盐衬衫厂厂长、副书记，海盐县二轻总公司副经理等。20世纪80年代，步鑫生大胆改革创新，打破大锅饭，使企业迅速发展，引领风气之先，得到党中央和浙江省委的肯定与推广。2018年12月，党中央、国务院授予步鑫生同志改革先锋称号，颁授改革先锋奖章。

[2] 马胜利（1939—2014），回族，1984年毛遂自荐承包石家庄造纸厂，率先在国有企业打破"铁饭碗""铁工资"制度，使造纸厂迅速扭亏为盈。1987年，组建中国马胜利纸业集团。两次获得全国五一劳动奖章，中国共产党第十三次全国代表大会代表。

郝名学

访谈对象：郝名学，男，原红叶造纸厂工会副主席
访谈时间：2020年8月6日
访谈地点：苏州市轻工协会（浩力大厦906室）
访谈人：沈骅
文字整理：赵安琪

沈：郝总，请您先自我介绍一下，再介绍您在红叶厂的相关经历。

郝：好的，我叫郝名学，1958年参加工作，一开始工作不是在红叶厂，1960年调到红叶厂。我从基础的工人干起，干了几年后到供销科。红叶厂发展较快，最早是公私合营的厂，只有两台造纸机，到1958年进了三号机，我到红叶厂的时候，四号机还没有正式投产。这台四号机（当时）也是江苏省唯一一台生产油毛毡原纸的，将破布鞋底打烂以后去生产建筑上用的油毡纸（即油毛毡）。

红叶厂的原料，主要以稻草、麦草为主，用量是很大的，1吨纸耗掉的稻草，一般要3吨左右。到60年代五号机投产，还建了新的厂房，所有（配套）设备都是新的，只有一些烘缸用旧的。后来再上六号机，这台机器还上了国家的新闻纪录片，六号机是当时世界上非常先进的（造纸机），车速很快，一分钟有150米纸出来，当然这个速度在现在不稀奇，现在先进的纸机一分钟300米、500米都有。后来又引进了厂里唯一的一台长网纸机，但是门幅比较窄，准备试验生产比较高档的纸。红叶厂本来生产的纸，是以包装板纸为主，但是这台长网纸机可以生产高档的自熄性绝缘浸渍纸。这种纸的用处比较大，比如现在电子产品里的复通板，手机里面也有一小块，就要用到这种绝对绝缘的纸。

我到红叶厂后，在生产车间里干过一年多，后来到供销科，再到工会，当过两年工会副主席。正巧要编写厂史，党委书记说红叶厂资历很老，前面的有些事情越来越不清楚了，所以要收集资料。我就收集了很多红叶厂的（资料），包括当年的资本家老板为什么要花很多钱建这个厂，我去调查访问了很多人。我也简单说一下，当时的黄纸板是要进口的，外国的纸运进来，白纸和黄板纸的运费是一样的。以前的白纸叫道林纸，道林

纸1吨（的价格），抵得上黄板纸8到10吨的价格，但两种纸的运费一样，那么（黄纸板）的运费就贵了，在中国国内生产划算。红叶厂是1920年建厂的，在1917年成立的华盛造纸厂之后，（当时）老板到德国去买了二手机器，当时的浒墅关还没有电，但是在大运河边上，生产厚纸板也就是黄板纸要用大量的水，就选在了浒墅关。

　　中国最早的一些老板、资本家，包括搞造纸的，都是很有水平的。进口外国机器贵，就进口国外更换下来的设备，红叶厂就是买的德国生产薄型纸的二手造纸机，车速快，当地没有通电，工厂就自己用蒸汽机发电。自发电不稳定，机器速度就上不去，后来红叶厂请了一个姓方的工程师，他从日本学成回来，把那台长网纸机改造成专门制作纸板的圆网纸机，这是不容易的。造纸的过程是很烦琐的，（比如纸出来后）先要除水，用滚筒压榨，挤出湿纸里面的水分，挤得越干越好。当然不可能百分之百地挤干，纸中剩下来的水分，就到烘缸上烘干。烘到最后，纸要干到和香菜饼一样。最后纸中大约还含有百分之八的水分，如果纸张的质量差一点，那就是百分之十、百分之十二，甚至百分之十四的水分。

　　红叶厂最高的年产量是在1987年，年产量5.7万多吨，当时红叶厂是整个江苏省产量最高的造纸厂。华盛厂的产品以白纸为主，也生产少量的板纸。红叶厂的主要生产过程之一，是把稻草、麦草蒸煮打成浆，华盛的生产过程跟红叶基本上一样，也用稻草和麦草为主要原料，这里面就有一个原料供应的问题了。

　　当时红叶造纸厂一般年产4万到5万吨纸板，（每吨纸）耗掉的稻草和麦草起码要乘3或者4，要15万吨甚至20万吨的稻草、麦草。当时的稻草，也是国家计划分配的，规定吴江县、常熟县、昆山县，还有吴县和太仓县的一部分地区的农村稻草由红叶厂来收购，红叶厂在外面有负责收购稻草的职工和收购点。稻草都在农民、生产队和公社那里，卖到红叶厂（在当地）设的点后，堆在那里，到一定数量后再用船运回来，如果数量多就用轮船队（运），存放在厂里的空场地上。红叶厂正常生产的时候，船队一直在运输，后来红叶厂关掉了，不需要稻草了，农民兄弟的稻草、麦草就没地方去了，有一部分被烧掉，这实际上也是一种资源的（浪费）。但是用（稻草造纸）又会造成污染，红叶厂最后也是因为污染的原因而关厂的，所以这里总归有矛盾。对造纸过程中产生的污染，厂里也想过很多办法，比如说麦草用碱回收，稻草用石灰蒸煮，用石灰处理后的水对人没有什么影响，可以直接排到大运河里，但是外相难看，颜色呈棕色的、黄色的。

  我个人后来也到过生产车间，当过两年不到的副主任，再后来就是搞厂史，带着一批小青年帮着搜集资料。后来江苏省造纸协会、江苏省造纸公司指定红叶造纸厂编史，而当时的许厂长喜欢研究纸业发展史，我是他的秘书，他就让我帮着写，还找了3个人当我的助手，一起搜集资料，我动笔写，后来一起完成了一本江苏省造纸简史。

  红叶厂对招商引资也花了很大的力气，极力争取和新加坡的金鹰集团合作，争取世界银行的贷款。最后由于种种原因，红叶厂关停了，新加坡金鹰集团就在常熟兴建了外商投资企业即常熟亚太纸业（后称芬欧汇川）。常熟亚太的建成，也有红叶厂的前期努力，我后来在常熟亚太那边工作了10年。那个项目投资大概要10多亿美金，占地大约两平方公里，先来考察过红叶厂，嫌地方小。造纸要烘纸，烘纸一般（用）蒸汽，红叶厂本来用锅炉，锅炉烧蒸汽，蒸汽烘纸。常熟亚太那个厂的蒸汽先发电，发过电后再到烘缸上去烘纸，利用效率就高了，相对经济，当然这是要先投资建设的。

八　孔雀电视机厂

薛苏刚

访谈对象：薛苏刚，男，原孔雀电视机厂销售经理
访谈时间：2020 年 9 月 25 日
访谈地点：三香路万豪酒店一楼咖啡店
访谈人：沈骅
文字整理：徐晓红

沈：薛总您好，您是苏州电视机厂的老职工，今天想请您介绍一下您在电视厂的相关经历。

薛：我是苏州人，从小生在平江路，就读于苏州第一中学。我是 78 届的，有点特殊，因为按照通常的政策，我在家中是老二，本来要下乡的。正好恢复高考，我报考的是文科，没有考取大学，就到浒墅关的中专读电子专业，学了两年。

大概是 1981 年的春节，我被分配到苏州电视机厂。我现在还有比较深的印象，电视机厂在拙政园的后门，我第一次进电视机厂，进去以后，看到的是一个花园式的工厂。后来知道，电视机厂有一部分厂区，原来在拙政园的范围内。进入电视机厂后，给我的感觉就是，第一像花园，第二全是年轻人，像我这样的年轻人有两三千个。我到现在还能记得，进到车间，第一次看到光亮的流水线，（生产的）是黑白电视机，我就觉得这是一个大厂。我第一次看到电视机大概是 1976 年，当时就有个梦想进电视机厂，这也算实现了梦想。我在车间里实习了 3 个月，学会了电视机装配，然后被分配到刚刚成立的销售服务科。

沈：刚刚成立？

薛：是的，刚刚成立。我还有一位同学姓王，我们两个人被分配在外勤组，外勤组要出差到全国各地，负责修电视机，我第一站出差就到了北京。我做修理工，从1981年到1984年，做了4年。在苏州，我们是接单子后去服务的。我的同学就有负责老干部（家的电视机维修），知识分子这一块是我负责。所以我有幸接触了一些苏州大学有名的教授，其中有一位陈先生，给我留下很深的印象，后来我去服务的时候，他看到我的文学功底不错，还教了我3年。我到现在是文科大专，南京师范大学的大专。

十一届三中全会后，中国开始以经济建设为中心，而我所学的电子专业，尤其是电视机产业，就是从1980年真正发展起来的。苏州电视机厂的前身是玩具厂，后来厂里说要生产电视机，（工厂转型对）那些老厂长（来说是）不容易的。以前生产9英寸电视机，我进厂时生产12英寸，售价大约400块钱，一般家庭的（年）收入差不多就这么多，所以当时哪一家有一台电视机，相当于家里有一辆汽车了（笑）。我当时的师傅姓钱，也是最早的职工之一。

我进厂后，做了3年的修理工和销售，也见证了老一代的销售人员，他们出差时每天8毛钱的补贴，去北京的路上都是自带饭盒，在火车上吃。后来，电视机厂有一段时间情况非常糟，有几万台库存的电视机卖不掉。苏州电视机厂后来的发展，有一位人士必须要提到，就是孙水土。

沈：是孙水土厂长吗？

薛：是的。我认为他的思维是非常超前的，对苏州的电子工业起过开拓性作用。他是长桥（今属苏州吴中区）人，中国科技大学毕业。我进厂的时候，孙水土还是设计所的所长，后来市里任用知识分子，任命他来当电视机厂的厂长。据说，朱镕基总理当时在电子工业部说过一句话：如果我们的大型国有企业像长虹的倪润峰、像苏州的孙水土一样，我就睡得着觉了。朱镕基当（上海）市委书记时，到苏州电视机厂来过一次，当副总理时又来过一次。

说起苏州电视机厂发展的节点，黑白电视机在1984年评到了全国银质奖。当时只有10个品牌获奖，上海有3个牌子，是金星、飞跃、凯歌，江苏是南京熊猫、无锡红梅、苏州孔雀、南通三元，南方省市占到7个，北方有3个，北京是牡丹牌、天津是北京牌、西安还有一个牌子。黑白电视机当时（知名）的品牌，就是这10个，这些牌子现在大多数人已经不知道了。1984年，中国开始引进日本的彩色电视机生产流水线。我们厂就引进了日本索尼的流水线。索尼的产品跟别的厂家不同，别的彩电都是按旋钮（选频道）的，索尼是遥控的。这条流水线引进以后，从遥控彩电起步，孔雀开始大踏步发展。

1984年的春节，我们一些销售人员是在北京过年的，负责王府井商场（销售），住在人民日报招待所，要为首都人民服务。孙厂长来看望我们，和我们一起吃饭。我们当时都是年轻人，我跟同学都是每个月36块工资收入的中专生，学徒工是18块。孙厂长吃饭的时候提了一个问题，说邓小平同志提出（当）万元户，你们年轻人算算账，什么时候当万元户？大家立刻算了一下，算下来的结果是不吃不喝要40年，这是按照大概每个月18块工资（水平）算的。我是个文科生，那个时候不太爱讲话，孙厂长对我说，秀才，你说说。我当时就说了比较狂的一句话，说30岁如果还做不到万元户，那就不是有理想的革命青年，孙厂长当时也没说啥。回来以后，我就有了一个绰号叫"万元户"。

1984年5月，我们本来都要跟着师傅去修电视机的，孙厂长却叫我到他办公室，说小薛你去跟钱师傅做销售，所以我又回到销售科，负责华东区域。先是让我去黄山西海宾馆，对方第一次引进日本索尼彩电，上午我跟着钱师傅去开箱（调试）。我那时24岁，体质有点弱，又比较瘦，上午出发上山，那时应该也没有缆车，到了山顶大概下午五点半了，然后我马上打了一盆水给师傅洗脚，师傅有点感动，就说收我当徒弟。我之前没有学过销售，从黄山回来后，钱师傅就带着我这个修理工正式做销售了。我的师傅负责安徽、浙江、江西、福建、广东、广西几个省（的销售），他说他年纪大了，仍然负责安徽省的销售，其他地方可以全由我来负责。

然后我就去出差了，第一次出差是去广州。当时出差到广州的（补贴）是每天1块钱，我出差前先向厂里借了500块钱，当时还没有100块面值。到广州出火车站已经晚上8点多了，还是灯火辉煌，出站后去吃了个煲仔饭。我算是比较丢脸的（笑），吃好煲仔饭，给了10块钱，我想这顿饭1块钱差不多吧，已经算贵了，我们在北京吃饭都是只舍得花几毛钱。结果他找了我5块，我想他还要找我几块钱的。结果他（指老板）就说了一句话，你是上海人吧，我说你怎么看出来的，他说只有上海那边来的人（以为）煲仔饭1块，不是的，要5块钱的！我这时就有点明白了，为什么有些人不肯到南方来做销售。

我那个时候胆子是有点大的，第一次打出租车，（给司机）说到最热闹的地方去。司机就把我送到了广州南方大厦[1]，一看是真的热闹，苏州没有这么热闹的。广州晚上10点钟是人刚刚出门，人山人海，这是在1984年。我就觉得在南方搞特区试点是对的，我们这边包括人的观念上都有差距。我当时还背个包，身上带有介绍信，在南方大厦到处看，看到一排索尼彩电正在展示，我就转到后面去看，想看是不是made in China，如果是，那就很可能是我们厂（生产）的。我这么一个举动被一个人看到，后来知道他是广州南方大厦的陈副总。他听我口音，就说哦你是上海来的，给我发了张名片，我还是第一次见到名片，觉得挺先进（稀奇）的。聊了以后他把我送到宾馆，说你先住下，我一看（住的宾馆标价）要上百块，我想我们电视机厂的住宿（标准）是一天30块，到广东出差特批是60块，有点犹豫，陈副总就对前台说他来签字。后来我就和陈副总谈生意，陈副总说，我看你那天转到索尼彩电后面，就估计你（很可能）就是那个工厂（指彩电厂家）的。我说我姓薛，是苏州电视机厂的。陈副总说，厂里供给他们的彩电，供货价是1 346块钱，他们（指南方大厦）零售的标价是3 800元，买的人是不多，但还是有人买的，然后他说能不能先（供货）10台。我第一次做销售，口气有点大，说多点也没有问题。之后经我手销售的电视机，一大部分就是在南方大厦卖掉的。我后来到各地去跑销售，住了几十年的宾馆，但是20多岁和这位陈副总打交道的经历印象（深刻），我看到了差距，他们喝早茶都在谈生意、谈金融。

再来讲苏州，苏州的发展当时也很快，工业产值大概在百亿左右。我清楚记得，苏州"四大名旦"出去搞销售活动时，是非常有面子的。有的时候出去联合销售，特别是在南边，（商家）招待各个厂家时，我们坐的都是主桌。彩电后来变成紧俏产品，黑市价的一张彩电票要卖到接近1 000元。市里要购买粮食，就拿彩电票去（换），这是1989年之前的事。

这段时间全国的电视机产业都发展得非常好，但是到了1989年，长虹等其他品牌（兴起了），价格战也打起来了，开启了中国家电的春秋战国时期。这方面我们苏州人是有弱点的，有小聪明，战略眼光也有，但是胆量

---

[1] 广州南方大厦百货商店曾为我国最大的综合性百货商店之一，1983年的商品销售额、实现利润均名列全国各百货商店之首。

不大。不过，苏州电视机厂还是保持着发展趋势，孙厂长这个人是有战略眼光的，开始跟飞利浦谈合资。双方的合资谈判谈了好几年，叫中外合资，框架是设计好的，中方占股百分之四十九，外方控股占百分之五十一，这是没办法的。当时主要是以市场换技术，他们给我们技术，来换我们的市场。直接参与谈判的，还有一位副市长，我作为销售人员，经历了这个过程。我们销售部门的直接领导姓陈，他是中国最早的一批销售人员，非常熟悉市场，一本账清清楚楚，还有一个经营厂长，他们看市场、看事物的眼光，都比我们（远），我们几个只是销售部的，当时也号称"八大金刚"（笑），我是南方区的一个。

我记得谈判时，孙厂长想要维护孔雀集团的利益，也想要保护自己的民族品牌，但是市里可能不是这么考虑的，是要加快步伐。如果双方谈不拢，对方不来苏州投资，就可能去其他地方，竞争确实是非常激烈的。所以这个谈判，对我们来讲也是一种学习。合资谈好后，就（将职工）分成两批，一批到新区，当时新区还是农田一片，原厂还留800人左右，也有职工嫌远不愿意去。我留在老厂，但销售上有些事要过去（处理）。销售也分两批，两边都要我，但孙厂长不放。（新厂和原厂）两边工资的差距比较大，在原厂这边，我就拿几百块钱，如果到新区的厂，就完全不一样。

后来我们提出要生产大屏幕彩电，有天晚上大家商议商标，这是1993年之前的事情。我当时提出虎丘是苏州的象征，但虎丘作为品牌有点土，而且有虎丘相机、虎丘味精品牌了，可以把丘字拿走，苏州人文雅，就叫雅虎，意思是文雅的老虎。其他人不同意，大家都叫我阿薛的，说阿薛你太书生气，飞利浦是外国名字，我们也要取外国名字，中国名字不行的。孙厂长后来选了天王星的音译，就是英文 uranus 的中文发音，叫优拉纳斯。但是，我们这边不能生产彩电，否则飞利浦要提意见的。后来我们生产了全中国比较早的42寸彩电，但是生产后，（飞利浦）就进行了抗议。

还是在1991年，无锡红梅电视机厂创了个全国第一，（销售额）突破10亿，当时还有一位国家领导人给无锡红梅题了字：红梅电器走向世界。孙厂长当时也很重视销售，提出电视机厂明年也要争取全国第一的销售额，还让分管销售的负责人开会研究。后来厂里提出了销售"四千"精神，就是千言万语、千家万户、千山万水、千辛万苦。孙厂长在会上讲话，说最后钞票一定要拿回来（回笼），这样工厂才能发展。后来我们的销售也确实冲到了第一名。还有关于孔雀电视机的领导题字，孙厂长有天找我说，江泽民同志当电子工业部部长的时候，跟我们苏州的一位周老局长是朋友，给周老局长写过一首诗，其中最后一句是"开屏孔雀上天堂"，让我去找周老局长试试看能不能要到这首诗。以前有一次到越南参观考察中越边贸，我跟周局长正好住在一起，他的态度非常亲切，我们的关系不错。我就去看望这位老局长，老局长说你来看我肯定有什么事情，我就说了这个事情，他说小薛你叫个人过来，把（那首诗）拍成照片，再抠个字体就行了。所以，电视机厂的"孔雀"是江泽民同志的字，但并不是他给我们题的。后来孔雀产品在电子工业部展览，正好江泽民同志走过来观看，厂里一位女摄影师反应很快，她就跟过去，给正在观看孔雀产品的江泽民同志拍了个照。那时候大家做这些事，可以说都是为了（给厂里）争荣耀。

毛跃民

访谈对象：毛跃民，男，1960年出生，原苏州电视机厂、苏州飞利浦消费电子有限公司（简称苏飞公司）员工

访谈时间：2021年12月14日

访谈地点：苏州吴中区民生综合服务中心

访谈人：沈骅

文字整理：李兆健

图为毛跃民。

沈：毛先生您好，您是苏州电视机厂的老员工，我们最近在做20世纪80至90年代苏州国营企业老职工的访谈，想把你们在改革开放初期、面对市场经济大潮时所经历的一些事情，以口述的方式记录下来，所以今天请您来谈谈您当时在苏州电视机厂的一些经历。

毛跃民：我叫毛跃民，出生于1960年，从个人来看，经历了一个不平凡的历史时期。我1978年高中毕业以后进入苏州市技工学校读书，电子专业，两年后进入苏州电视机厂，在五车间工作。当时的工作是组装电视机，我记得当时我的工作是插件的焊接。

（进厂后）正逢全国电视机产品评选金奖，苏州电视机厂名落孙山，正是不太景气的时候。那一段时间孙水土厂长带领大家发奋图强、努力拼搏，工厂经过调整，随后在下一次全国金奖评选中，我记得是获得了3个金奖，电视机厂重新开始走向辉煌。

当时我们厂都是生产黑白的、分立元件的电视机，说实话那时候集成电路还很少见，都是分立元件，而且只有14吋。大约在1985年上半年，苏州电视机厂引进了日本索尼公司的彩电生产技术，生产了当时全国第一台

彩色遥控电视机。当时我也有幸在车间参加了这项工作，在日本专家的指导下进行成批量生产。这个产品在全国也受到了很大欢迎，因为当时国内遥控电视是没有的，都是手动调节的，所以我们生产的电视机成为热门货，不单苏州市场，全国市场也供不应求。我当时担任调试组的组长，负责生产工序的最后一道。就在那一年（指1985年）我调离了那个生产车间，到劳动人事科去，从事人事管理工作，一直到1994年苏州（电视机厂）和飞利浦合资，我加入了苏州飞利浦公司。这是我个人在电视机厂的经历。

沈：您正好经历了电视机厂的创业和高峰时刻啊，当时电视机厂员工的数量、规模怎么样？

毛：我记得进厂后，厂里就蛮少招工了，因为人数多，后来厂的规模扩大得也不快，正式招工的人数很少。1978年到1980年进厂的那批人其实是厂里生产的中坚力量，这批人蛮多的，最近几年都退休了。在合资以前，电视机全厂有1 400人左右，彩电生产车间有三、四、五、六，一共4个车间，其他还有设计部门、辅助部门、技术部门和一些金属加工的部门。

沈：合资以前，也就是1994年以前，苏州电视机厂的生产经营情况怎么样？

毛：当时受到外边品牌的冲击，包括日本索尼、东芝、松下、日立等国外品牌，销售情况不是太好。后来就谈合资，市政府也很重视我们这个合资项目，毕竟是和飞利浦合作的一个大投资项目，而且当时在新区，外资、合资企业不是很多。当然谈判经过了很长时间，用了几年时间，才合资成功，有一位副市长担任我们（中方）的董事长。

沈：您刚才提到在和飞利浦合资之前，电视机厂就已经在和日本厂商合作了？

毛：那是技术合作。我们当时向他们购买配套的产品，然后再组装。索尼把他们生产的元器件、线路板、外壳、零部件统统卖给我们，在苏州进行组装，组装完就是索尼电视机，就是OEM（贴牌生产）[1]。过了一段时间，我们吸收消化对方的技术后，也生产类似的产品，在经得对方同

---

[1] OEM即Original Equipment Manufacturer，我国称为"贴牌生产""代工生产""委托生产"等，一般指拥有优势品牌的企业，委托其他企业进行加工生产，最终产品贴上委托方的商标。这一生产模式实现了品牌与生产的分离，自20世纪80年代开始，广泛流行于国内。

意以后，贴牌孔雀对外销售。

沈：您刚才提到1985年就已经合作了，孔雀一开始用的是索尼的技术？

毛：对的，技术合作。索尼在当时彩电行业中是比较高端的，同类产品中它的价格也是比较贵的。我记得不只是和索尼合作，和三洋也有合作，它的元器件进口过来，组装以后，在中国市场上销售。

沈：这个当时大家都不知道，老百姓都只知道和飞利浦合作的。

毛：飞利浦是最后合资的，合资也是生产电视的，当然现在这个公司已经关掉了。

沈：那么收入情况怎么样呢？

毛：当时苏州电视机厂是苏州"四大名旦"之一嘛，收入总的来说是不错的。我记得技校毕业刚进厂的时候，工资才36元多一点，另外有奖金，一个月大概5块、10块，最多不会超过20块。收入和其他单位相比，还算不错。那一段时间整个国家的经济发展也比较迅速，员工的收入增加也比较快，我记得到1994年离开公司的时候是（每月）300多块钱。

沈：80年代初期的工资状况您有没有印象？

毛：那时候工资都是国家规定的，说实话，当时工资不是太多，奖金发得比较多，有时候会有两三百块。时间有点长，这些很难回忆起来了。我记得1985年以前，苏州的工业产值不如无锡，无锡当时是江苏的老二，南京第一。当时无锡有个红梅电视机厂，我们为了赶超红梅电视机的产量，连夜加班，当时尽管是兄弟企业，但竞争也是蛮激烈的。有一年年底，工人连夜加班，就是想要（让）产量超过红梅。

沈：您后来做人事工作，主要是从事什么呢？

毛：一个是干部的管理，还有大学生的招聘、管理，还有人员晋升等。当时我是人事科的科员。

沈：您刚才提到电视机厂招聘的人也不多？

毛：后来招聘主要是招大学生，比如1985年引进了一部分职中、技校的学生，对社会面的招聘几乎没有，基本上都是一些技术工人，数量也不是太多，一年大概有个二三十人。

沈：有大学生吗？

毛：有啊，每年都招大学生。我记得当时苏州市每年春节有个人才招聘会，我们年年都要去摆摊招聘。多的时候一年招四五十个应届大学生，少的时候招10个左右。当时我们有个花名册，大专以上的职工有400多人，全厂1 000多人，作为技术力量的员工比例还是蛮高的，而且每年都有补充。就像何（敏苏）老师的爱人，他是东南大学毕业的，当时在杭州电子研究所工作，是引进到厂里来的。

沈：这些大学生一般都是哪些学校毕业的？

毛：南京的学校比较多，如东南大学、南京理工学院电子系等，还有苏州大学、桂林电子学院、西安交大、上海交大等，清华也有。一般招专业和电视机产业配套的，比如电子和机械专业，我们每年都要到学校去招聘。

当时电视机厂是很重视（技术）人才培养的，我们和苏州电大合办了一个电大班，这好像是在1979年。我去的时候，这批学生刚毕业，有30多个人到厂里车间来工作，属于定向培养。这批人在技术上也发挥了很大的作用。

沈：当时也给这些大学生开了一些优惠条件吧？

毛：工资上国家都有规定的，工厂不能自己定工资，都是按照国家政策来的。我记得第一年就是40多块钱的基本工资，定级转正之后再加一点，奖金是另外的。我们电视机厂是国营单位，不可能自己搞一套工资体系。（给大学生）主要的优惠是，电视机厂在后面的煤球厂招待所，建了一个大学生宿舍，大概有二十几间房，提供给应届生住宿，因为应届毕业生很多都是外地的，苏州本地的大学生不多。我们的品牌在当时比较响，所以很多人都愿意到我们厂来工作，当然要进厂也是不容易的。苏州当时只有几个厂比较热门，"孔雀"在电子行业可以说是领头羊吧，所以有很多大学生愿意来。

沈：您从1994年后到了和飞利浦合资的公司，仍然负责人事工作吗？合资厂的情况怎么样？

毛：对。我是1994年到2002年在和飞利浦合资的公司工作，后来飞利浦把股权卖给冠捷集团。其实我感觉到，当时电视机厂有些员工对合资企业是有抵触的，大概是对外资企业的管理不适应、不了解。原来和飞利浦签订的合同是，电视机厂的全体员工全部转到新的合资企业中，但是有不少员工不愿意去。我当时是作为合资企业的人员,到电视机厂去签转移合同的,我记得开始时有三分之二的员工是不愿意签的,最后有近一半的员工没签,留在了电视机厂。在转移过程中,领导一直和我们来谈,要求我们做工作,尽力把员工全转移过去,但是员工对外资企业的管理和制度好像不理解,有一点抵触情绪,就是不太愿意,还有一个(因素)是觉得(上班)路远。

沈:这里是不是涉及一个身份认同的问题,毕竟原来电视机厂是全民所有的?

毛:也不全是,电视机厂中也有集体所有制的(职工),从1978年到1981年这4年期间,从社会上招的高中生就是集体的。其实,我觉得倒不是对身份的认可,还是对外资企业的情况不了解而产生的一种担忧心理吧,误以为太严格了。当时国营厂的制度当然也是有的,而且很全,但执行是另外一回事。其实,飞利浦合资厂的(管理)还是比较人性化的。关键是制度有了,外资方能执行到位,我们是有了制度,执行方面可能比较欠缺。其他方面,我个人觉得没什么区别,相对来说,我个人还是比较适应合资企业的管理,要不然我也不会待这么长时间。所以,总体来说还是不了解。还有就是,孔雀的商标以一定的金额(转让)给飞利浦了。

沈:这个您如果了解,也可以讲讲。

毛:我记得当时我们合资企业的一个总经理,知道孔雀(电视机厂)还在生产电视机后,就带着一部分人到电视机厂去指责他们。后来电视机厂只能停产,因为违约了,合资合同有说明,电视机厂不能再生产电视机。当时我们的孙厂长还想振兴孔雀,(重新)生产电视机,在签合资合同前还特地注册了一个电视品牌,我记得很清楚,叫尤纳拉斯(优拉纳斯),(但是)孔雀商标被买断了,我记得合资厂支付了一大笔费用,而且电视机也不能生产。[1]

沈:是这样啊,不允许生产电视机,这个好像不太好理解。

毛:是啊,当然合资也有好处。后来(电视机厂)电视机不能生产了,只能开发其他产品,比如生产当时还不怎么时兴[2]的VCD、电热马桶盖、电子门锁、指纹门锁,现在这些产品是时兴了,但是当时还没成规

---

[1] 双方合资后,孔雀集团不能生产带显示屏的产品,但孔雀商标仍可使用。
[2] 苏州方言,流行意。

模地推向市场。孙厂长是真的很有远见，我记得还没合资以前，他就抽出十几个技术人员专门组成一个小组，去研制电瓶车、电动自行车，而且也生产出来了，但是好像没有很好地策划（推广），那个产品最后就不了了之。这些产品都是有前瞻性的，也花了一定代价。因为当时合资企业是要给孔雀一定回报的，有了这个钱才能去研发，要不然也没有资金去开发。产品是蛮好的，也有前瞻性，（可惜的是）没有规划好，最后没有推广出来。

当时飞利浦（指合资厂）生产的彩电在同类产品中是比较贵的，我觉得当时引进的生产线等设备，在国外来说可能不是最先进的，对国内电视机行业来说是部分（先进的），比如有个自动插件就是 AI 控制的，比较高档，其他的流水线和我们的也差不多。当时在苏州合资的主要是一个生产基地，开发主要是在新加坡，在 1995 年又另外成立了一个生产显示器的分厂，就是电脑用的显示器，两家工厂不在一起，显示器分厂在狮子山的背后，现在不清楚在不在。显示器分厂的厂房刚开始是租的，狮山路的合资公司把地皮买下来，自己盖厂房，两个厂加起来有 3 000 多人，规模也是比较大的。

沈：当时和飞利浦合资后的生产线完全是新的吗？

毛：我看着不完全像新的，孔雀也有几条生产线搬进去的。

沈：合资后的公司也进了一些生产线吗？

毛：进了一些设备，像机械臂，但是没有用多长时间就坏了。应该说合资厂的技术，是飞利浦的技术，包括设计、元器件的认定等，都是飞利浦的产品体系。生产设备有一些还是原厂的，有些生产设备是我们电视机厂自己研制开发的，飞利浦不提供设备，只提供整套的生产材料。

沈：飞利浦还提供什么？

毛：元器件的认定，比如说要采购哪家企业的元器件，要通过一定的质量测试，通过质量考核后才能用到飞利浦品牌的电视机上。我记得当时认定元器件，是要带到新加坡去的，国内还没有质量测试的条件。有一些元器件是现成的，原来飞利浦彩电在新加坡也有工厂，那边的供应商再转给我们，我们去采购就行了。飞利浦对产品质量是重视的，一定要监控，包括材料的质量、生产的质量，但是生产的流水线还是电视机厂原来那些。

线路设计肯定也是飞利浦的，当时的研发中心在新加坡，新加坡来的工程师也挺多的，基本上每天都有人来，后来我们的研发中心改在台湾地区了,每天都有台湾地区的人来。一些大的技术问题,包括设计、元器件认定等,都要通过他们去解决。尽管当时我们也有开发部,表示有这个能力去解决,但是人家不相信。另外就是管理,也是按照飞利浦的那个路子,包括质量管理、行政管理等。

沈:您后来在2012年是退休了,还是自己出来做?

毛:2012年因为工厂关掉了,我就自谋出路。我1981年2月进入工厂,在车间里做操作工,1985年工厂推荐我去读电大,读的是人事管理,后来就改行了。当时市劳动局和人事局一起开了一个电大班,一个是人事管理班,另三个是劳动管理班,就相当于现在的人力资源管理。

沈:那应该说您对于全厂的员工还是比较熟悉的吧?

毛:是的,刚才你讲的几个已经访谈过的职工我是知道的。

沈:还有,和飞利浦合资的新厂(指苏飞公司)的收入怎么样?

毛:新厂的收入比老厂高,基本上要翻个倍,一般员工月收入有五六百块,原来的厂只有两三百块,但是有的人就是不愿意啊,最后大概有700人过去。之前你讲的那两位职工(指笔者之前访谈过的)就是留在电视机厂的,没去飞利浦(指苏飞)。当时我们的厂长也不是完全心甘情愿的,也鼓励一部分人留下来,还希望重振孔雀。

沈:飞利浦方面对于销售渠道应该蛮重视的吧?

毛:销售渠道全都给飞利浦了,当时孔雀拥有的全国整套销售网络都过去了。其实电视机厂的设备、技术不值几个钱,销售网络是很厉害的。记得当时飞利浦的销售科就有100多人,刚开始是这样,后来慢慢把销售划到上海,这样销售和工厂分开,我们这边单纯就是工厂了。毕竟飞利浦是老牌子,管理和销售还是有一套的,在上海有个中国总部,销售是很厉害的。苏州后来成立了一个显示器厂,然后再合并,再改变为股份(制)。孔雀原来(占股)是49%,飞利浦是51%,飞利浦又收购了孔雀20%或者30%的股份,变成大股东,就把消费电子的业务卖给了台湾地区的冠捷。这样,飞利浦就退出了(电视机生产领域),但是还委托冠捷生产(飞利浦品牌的彩电),而飞利浦拥有更多的自主权,它也可以委托给了别的厂商生产。

沈:卖给冠捷是什么意思?

毛:和飞利浦合资的工厂2006年卖给了冠捷,公司就改名叫冠捷科技。老牌子公司（指飞利浦）知道制造业不好干，就把整个消费电子CE[1]业务给抛掉了，电视、显示器都属于消费电子业务，所以整个业务全部卖给了冠捷。不过自己还握有品牌，东一块、西一块的，到处下订单，就是OEM，到现在还有，这样可以把价格压下来，如果自己生产，成本压不下来。

沈：孔雀早期的路还是走得比较成功的，走出了一条自己的路，有没有艰苦的经历？

毛：那是肯定的。当时第一次（评奖失败）对我们冲击挺大的，自己又没有技术，只能生产黑白电视机，（于是）就去引进索尼品牌，我们再消化它的技术。这个摸索的工作是蛮辛苦的，而且当时的彩色电视机显像管等技术，都掌握在外国人像韩国人和日本人手里，我们没有这个生产能力，所以市场上的竞争是很激烈的。再加上国内的一些品牌，像长虹、TCL，也在慢慢起来。

沈：孔雀也是意识到危机的？

毛：是啊。厂里领导一直感觉危机比较大，我们做工人的就感觉没这么厉害（笑），后来合资应该说是一个机遇，当时这是飞利浦在苏州市最大的一个投资项目，政府领导也比较看重这个。

沈：合资是没有问题的，但是自己的品牌电视机不生产了，好像有点可惜。

毛：当时合资时的意向是想让全体员工都转移到合资企业去的，谁知道有员工不愿意去啊。我记得当时签合同一直签到了晚上12点钟，但还是留下来几百个员工。后来调离走掉了一部分人，厂里要养活（剩下）这部分人，就自己找出路，来了新领导，开发电热马桶、指纹锁等产品。如果都按合同走，员工全部过去，就不存在这个问题了。

沈：说明这个方案还是有点问题的，不管怎么样，孔雀是一个很好的牌子。

毛：对。孔雀应该说是经过了两代人的努力，孙厂长上台后，经过那一段的拼搏开拓，把品牌树起来了，应该说在全国也是有一定影响力的。

沈：好的，非常感谢您接受访谈。

---

[1] CE，即英文Consumer Electronics的简称，是指供日常消费者生活使用的电子产品。

九 东吴丝织厂

何敏苏

访谈对象：何敏苏，女，东吴丝织厂品种科科长、经营处处长[1]
访谈时间：2021年10月15日
访谈地点：苏州吴中区民生综合服务中心会议室
访谈人：沈骅
文字整理：朱雪

图为何敏苏。

沈：何老师您好，今天很高兴请您过来做一个口述访谈，您是苏州丝绸的专业人士、专家，又一直在苏州东吴丝织厂工作，所以想请您介绍一下您在这方面的主要经历。

何：好的，我叫何敏苏，1979年高中毕业，没考上大学，就等分配工作。

---

[1] 何敏苏，1961年6月出生，工程师、中华传统工艺大师，苏州大学纺织与服装工程学院特聘教师，"宋锦"国家标准主要制定人之一。1989—1996年，任职东吴丝织厂品种科，先为科员、后为科长；1996—2009年，任计划经营处科长，后兼总经理助理；2009—2018年，任吴江鼎盛丝绸有限公司（苏州上久楷丝绸科技文化有限公司）副总经理、产品研发中心主任；2018—2019年，任苏州钱锦丝绸实业有限公司执行顾问；2020年6月被聘为苏州中国丝绸档案馆高级顾问。东吴丝织厂和振亚丝织厂访谈对象的个人介绍，均由何敏苏老师提供。

1978年改革开放后，丝绸行业需要大量工人，招工人数很多。而这个时候技术层面上特别是设计领域出现了断层，有点青黄不接。1979年年底，苏州丝绸公司下属的振亚（招17人）、东吴（招6人）、光明（招10多人）、新苏（招10多人）、丝织试样厂（招20人左右）、丝绸印花厂（招10多人）等6个厂就决定在应届高中毕业生中招一批设计人员，开办技术训练班（简称技训班），训练毕业后就到厂里的设计室上班。这个班的学生有两个方向，一个是（从事）花样设计，还有一个是（从事）品种设计。花样设计要求绘画好，我没有什么绘画基础，只能急来抱佛脚，找在苏州民间工艺厂工作、擅长绘画的同学母亲教我画画，凑合着画了一张水粉牡丹花去报了名。我是冲着品种设计去的。经过几轮画画考试和文化考试，被东吴厂录取了。因为工种不错，坐办公室并且是常日班，报考的人是相当多的。如果单考绘画我是肯定不行的，但我功课比较好，高考只差一点没考取，当时高考（录取）率很低的。1980年1月21日我到东吴厂报到，开始了丝绸人生。我出生在丝绸世家，爸妈都是振亚丝织厂的中层干部，我生出来56天，就进了振亚厂托儿所。所以说振亚厂影响了我一生，2018年在苏州丝绸博物馆举办"百年振亚"纪念活动时，我做了一个演讲，就说振亚思想（精神）影响了我一生，毕竟我是在振亚厂长大的。

沈：出生56天就进托儿所了？

何：对，没有人领就进托儿所，那时振亚厂是苏州最好的工厂之一，丝绸行业里面最好的一批，和其他行业工厂相比也是很好的。振亚是国营大厂，有5 000多个职工，福利各方面都是很好的，有医院、浴室、食堂等，老百姓需要的都有。我妈是供销科、储运科、物资公司等部门的领导，我爸做过成品车间主任、计划科、基建科、经营科、劳动工资科等的科长，他做（涉及）的行业比多，因此我对丝绸工厂的了解就比较多。我爸为什么叫我进入这个行业？因为丝绸行业最核心的部分之一就是设计，丝绸公司刚要开这个班时，我爸就叫我去报名。（后来）年轻人都喜欢我给他们上课，因为年轻人进入职场，最喜欢做的工作之一就是设计，设计可以任思绪飞翔，可以结合智慧将核心技术融合进去。我从小就在振亚厂的氛围中成长，可以说是沉浸式体验，对丝绸有一种热爱，因为有方向，就坚持到了今天（笑）。

1980年丝绸公司开的设计班，我们当时叫技训班，请的都是试样厂的设计师做老师,老师们都是有实力的,包括现在有名的钱小萍老师。当然钱老师那时还没这么大名气,还很年轻,大约 40 岁。我爸跟我说,你要读好这个(专业),以后可以到广交会采风,我就很认真地学。技训班的老师都是"文革"前的大学生,在业余时间晚上给我们上课。我们四大绸厂的同学们,白天画画做功课或者去公园写生,晚上老师们给我们上纹样设计和纹织学(课)。那个时候(指改革开放初),大家都对学习迸发出了极大热情,都是很想要学习的。学绘画、学图案设计,学品种设计,像吴文寰老师教的纹织学就深深地吸引了我,我也打下了扎实的基础。学习了半年以后,回到厂里,东吴厂为我们专门成立了设计室,并且安排我们到各个工种去实习。

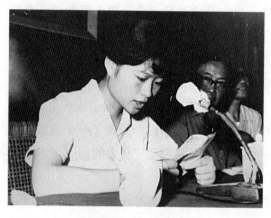

1980 年 7 月何敏苏代表技训班毕业生发言。

1980 年丝绸公司设立了纺工职大,三年制、大专学历,我知道后马上到教育科去报名,教育科长说你正在学习,明年再报吧。第二年,我就考上了纺工职大,脱产学习 3 年丝织工程学。我本来学的是设计,读大专后学了材料学、丝织学、纹织学、纺织工程学、工厂设计等,其中纹织学我是第二次学了,还是吴文寰老师教,我理所应当学得最好。就在前两年,吴老师送给我一张他保存下来的当年教我时我考了 100 分的考卷,他对我说不容易啊,这么难你居然考了 100 分,我惊讶和感激! 毕业以后,我回到东吴厂,照道理是可以回到设计室的,但这时的厂长是陈惠卿,他是从振亚厂调入东吴的,和我爸妈认识,就跟我妈说,年纪轻轻是设计不出什么好品种的,应该从基层做起,特别要熟悉丝绸工艺和技术。就派我去了技术科,让我学工艺、搞技术、抓质量。这就比如说一个人要设计房子,如果土木工程、减排水、材料学都不懂,那这个房子的设计是不会好的。明白了这个道理,我在技术科里就虚心向每一位老师傅学习,认真做好每一项工作。当时我们每个科员都有指标,每个人的业绩和分管车间的产量、质量挂钩。当时东吴厂的品种多、产量高、生产难度大,绝大多数产品都是出口的,质量要求特别高。

我为什么进了东吴厂而不进振亚厂? 是不想在爸妈的羽翼下(工作),振亚厂的领导我大都认识,东吴厂就没有什么人认得。而且,东吴厂花色品种繁多,产品名气响,我想搞丝绸设计,那就要进东吴厂。厂长说我一定要熟悉这个(指丝绸生产工艺)才能搞好设计,我就有方向地去研究工艺。东吴厂80年代开始引进设备,以前是传统织机,陆陆续续引进喷水织机、剑杆织机、喷气织机,一个企业要发展,技术是一定要进步的,固守传统是不行的。1985年先引进了20台日本的喷水织机,逐步到了300台。在技术科里我最年轻,研究新工艺、抓产品质量的担子就压到我身上。东吴厂有个传统,做事情都要高标准、严要求,产品风格要新、质量要好、产量要高、成本要低,要经得起市场的考验,最好争全国第一。1980年塔夫绸已经获得了(全国第一块)金牌,那么喷水织机产品(尼丝纺)也要创优,完成创优申请材料的任务交给了我。在全厂上下的共同努力下,我也开始了报创优项目的工作,一次次地跑市、省、部相关部门。我一直蛮认真的,后来不负众望,3个尼丝纺产品获得了3项部优质产品称号。

其实人生真是点点滴滴串联起来的,那个时候我就开始搞项目、搞技术,研究引进设备的新工艺、新材料、新原料和新产品。1985—1990年是计划经济和市场经济互相渗透的阶段,计划已经满足不了市场的需求了,全国的市场都在发展。比如面料,我们一开始都是出口的,(后来)内销市场也大量需要,慢慢地,国家也不包销了。产品只要能够卖得掉,我们肯定是要做(生产)的,市场的要求就是我们的要求,客户有要求我们就做,还要不断地去学习,跟日本人学,跟客户学。东吴厂一直有一句话:"人家能做的,我们肯定能做;人家不能做的,我们都会做。"这就是东吴厂(产品)好卖的重要原因。

由于我是学产品开发的,对东吴厂的传统产品本能地感兴趣。丝绸行业是个传统行业,没有规范的工艺手册,以前老师傅们也有一个产品相关参数规格单,和一个记录准备、力织工艺参数的小本本,相对来说比较简单、不成系统,有点杂乱无章。我在王玉英科长的要求下,整理了一个工艺手册,按照产品序号排列。因为我懂品种,做起来得心应手。而且借着这个机会，我将东吴厂的产品档案全部整理了一遍，这个对我后来也很有好处，2002年恢复宋锦时，我用的就是那时备份的装造图。提高产品质量的关键是搞"三基"工作，设备、工艺和操作，基础工作一定要扎实。东吴有完整的管理体制，从传统管理到现代管理，目的是（为了）使成本最低、效率最高、质量最好。所以说到制造，东吴制造可以说是中国制造，只是现在没有了。

市场开放后，东吴厂的产品开始卖不掉了，市场供大于求。东吴厂经营科是1980年就有的，差不多是苏州丝绸业的第一家。即使这样，因为供求关系变化，必然会有卖不掉的时候。当产品卖不掉时，经营科不会说产品不吃香、不对路，而会说产品质量有问题，说我们技术科没有抓好质量，次品多。经营科没有问题，都是技术部门的问题。其实销路不好至少有两方面的原因：质量不好或者品种不对路。这时技术科的喻玉文老科长就对我说，你不是会设计产品吗，那就（新）设计两个吧。当时的体制是经营科接单负责销售，计划科按外贸计划和经营科的内销计划安排生产。工厂规模已经很大，工人很多，没东西做（生产）是不行的。计划科科长沈洪雷也说可以跳过经营科，让我开发几个品种（主要是化纤产品）试试，然后和我一起去跑苏州纺站，纺站如果有需求，计划科可以直接卖给对方。[1]接下来，我在技术科兼负责开发产品，因为我有懂丝绸工艺的优势。1988年的全国仿真丝佳丽丝比赛，东吴厂以17个产品为代表的仿真丝系列获得"金丝杯"金杯。产品开始风靡北京、上海、东北等地，供不应求，还接到了外销订单。正是因为这样，厂里才发现产品开发的重要，决定成立品种开发组（吴功伟为组长，宦杏春和我为设计员，共3人），隶属于计划经营科。1989年11月，我从技术条线换（调）到产品开发条线，考核指标是新品产值率以及国家、部、省、市级的科研项目，开始以市场需求为关注目标，不过那时外销还是有计划的，主要是内销。化纤是新兴产品，包括仿真丝、仿毛、仿麻系列产品，结合我们厂引进的新型喷水、剑杆织机进行生产。我在技术科安排品种生产时，都是制定好各道工序的具体生产工艺再下达到车间，例如车速、张力、定型温度、时间等上机参

---

[1] 1959年,设立江苏省商业厅苏州纺织品采购供应站、苏州市纺织品公司,两块牌子、一套机构,后分开。1978年,恢复江苏省纺织品公司苏州分公司、苏州采购供应批发站、苏州市纺织品公司,三块牌子、一套机构。

数，保证产品风格、质量和运转率，车间不能随便生产。我到品种开发组后，技术科就让我把这部分工作带过去，我也很乐意，因为和技术科没有脱节。这段时间，业绩不错，收获也很大。三届全国"佳丽丝"金丝杯，东吴厂全是第一名，我也获得了很多荣誉。

正因为东吴厂产品多、效益好、管理好，1990年东吴厂荣获国家一级企业（称号），全国丝绸行业仅此一家，整个苏州企业仅东吴厂一家。国家一级企业要求是很高的，一是要有规模效应，二是要有管理水平。90年代后，厂里有梭织机、剑杆织机、喷水织机等新型织机设备，还有中外合资服装厂、各大联营厂、东吴商行等，工厂员工5 000多人，东吴厂就在那个时候达到了一个高峰。东吴的产品比振亚和其他丝织厂的都要繁难，大都是人家生产不出来或者不愿生产的，客户的要求也高。东吴从"上久坎"开始，就生产高难度的（产品）。我为什么选择东吴，就是（看中它）产品多、好看、质量高。东吴厂第一个金牌（指塔夫绸获得的金质奖）当之无愧。苏州丝绸档案馆上次拍了一个口述四大绸厂的纪录片，开场就是由我介绍塔夫绸。丝织厂如果塔夫绸能做好，那其他产品都会做了。另外，东吴厂的职工福利也是相当好的，东吴公寓是为职工买的公寓福利房，十七层高楼，是当时三香路上的地标建筑。

1994年后丝绸业开始慢慢走下坡路，苏州其他行业上来了，（丝绸厂）没办法吸引人才了。我在80年代初期那届（毕业生中）算得上是优秀毕业生之一，到了90年代就很少有优秀（毕业）生到丝绸厂来了，好的毕业生都去了高新技术工厂。整个丝绸行业也（呈现）滑坡趋势，市场不景气，产品再好、质量再好，就是卖不掉，整个行业萎缩了。1994年陈惠卿厂长退休，杨洪星厂长接任。到1996年下半年，杨厂长觉得，还是应该从产品营销着手，而营销要用懂技术的年轻人，他可能认为我是这样的人才，所以要我到营销岗位上去。当时，我是品种开发科科长，我对杨厂说我是技术型人才，营销工作可不会，厂长说营销（岗位）最锻炼人，是对人基本素质的全方位锻炼，本来你只是理想主义者，应该去面对市场，去跟客户谈，因为你懂产品、懂技术，客户需要什么、市场需要什么，你脑子立马可以想得出，还会安排工厂生产。杨厂长还说东吴可以支持你，让你独立工作，在工作中增长见识，让你试错甚至犯错，可能还会为你的一支笔造成的错误买单。

当时每月销售的真丝绸有30多万米，合计销售金额1 000多万元，担子不轻的。这时已经是市场经济为主了，我就冲着对人基本素质的全方位锻炼这一条，接受了挑战。我没有（经过）当业务员这个过程，立马上任经营科科长，可以说是负重前行。我要安排整个工厂每天生产的品种，最低指标就是产销平衡，还有压缩库存的要求，货款回笼要求百分之百。尽管不是一线，其实就是一线。开门七件事，都要钱。财务要你拿钱来，买煤、买油、买原料，都要钱。杨厂长在瑞士留过学，通晓英文，他认为厂里的产品，第一步要摆脱卖给中间商、中间商再卖到外贸公司的销售方式，要直接卖到外贸公司；第二步最好直接卖给国外的第一手客人。1998年，我们就开始到国外去开（参加）展销会了。在东吴厂，我是中层干部中出国最多的，因为要走向世界，就到法国、德国、美国、日本以及（中国）香港地区开展览会，法国展览会一年参加两次，北京、上海的展览会参加得更多，和客人直接见面谈。因为我识产品、懂工艺，对客人下的订单，可以告诉对方产品的难点和重点，通过打样、一次次地提供服务，客人发现我懂技术，能够解释清楚，这样就增加了客人的信任感。碰到生产难度大的品种，我就会和生产部门的同事们一起探讨生产工艺，一起解决质量问题。在东吴厂经营位置上工作的十多年，我真切体会到了学以致用（的道理），个人的基本素质得到全方位提高，所以我一直感恩东吴厂对我的培养。

东吴厂的管理是一流的，一直在不断地进步和提高，从传统管理到全面质量管理，再到运用ISO9000质量管理体系，每一样事情都要记录下来，所有（操作）都按照程序文件来执行。每一个产品都归档，有据可查、有根可寻，所以生产出了很多经得起市场考验、一直好卖的经典产品。2000年前后苏州其他丝绸厂大多倒闭了，而东吴厂2003年还正是好的时候，由引进喷气织机开发的人丝里料绸，获得德国一家大公司的大订单，产品用集装箱直接装运出口，这是全国其他工厂几乎不可能有的生意。真丝绸及其交织产品大量销往意大利、美国、日本、韩国、土耳其、巴西等地，客人遍天下。我们从亏本慢慢走向盈利，那个时候我们都想要好好干的，杨厂长也热爱丝绸，所以我们的名气很响。直到2004年开始退出古城区、进入高新区。

2004年3月底，东吴厂开始拍卖，其实这时东吴厂是历史上最好的，论客户、论产品结构、论盈利,都是最好的。2000年左右,吴江盛泽等地一些东吴的老客户,都相继开厂了,做起民营企业的老板,包括恒力的老总也曾经到东吴厂买废丝。而东吴厂(因为)在苏州市区,喷水织机生产时有污水,要慢慢淘汰,(厂又在城中心的)人民路,大卡车不能进出,不允许烧煤,只能用油锅炉,这些都增加了东吴厂的成本。当时,每天有多少车进出东吴厂,每天有多少职工进出东吴厂,原料要进厂多少,丝绸要出厂多少,可以说成了人民路上的一道风景线,但是工厂的发展确实是受限的。后来,工厂要搬迁到新区滨河路782号。新区处于刚开发阶段,希望我们这类国营企业去买地皮,振亚厂买在竹园路,东吴厂买在滨河路,但是买下来后一直是空关着,因为要前期建设。东吴厂开始拍卖时,工人不理解,半条人民路都堵掉了。最后新诚化纤的朱老板买了下来,东吴厂就开始改制。一直到5月18号复工。我的客人有很多,(但是东吴厂的生产)就像高速公路上急速奔驰的车突然停了,损失很大也没有办法。工人开始分流,最后变成1700多人的工厂。改制后一年多时间,工厂陆续搬迁,到2005年整个工厂从人民路全部搬到滨河路,经营处是最后搬离的。

我留在了东吴厂,一部分经营处的同事没有留下。朱老板找我谈了话,我说东吴厂换领导对我来说没关系的,我进东吴厂时第一任是陈锡寅厂长,第二任陈惠卿厂长,第三任杨洪星厂长,第四任厂长是你朱总。我认的是东吴,对我来说东吴是舞台,我是演员,客人是观众。后来朱总给予我更大的责任,聘请我为经营处处长、品种开发科科长、总经理助理。作为民营企业家,朱总对丝绸产品其实不大熟悉,管理也是,就放手让东吴人自己管理。当时的邓总经理不止一次地说过,东吴人的基本素质相当好,确实是这样的。2004年到2009年,东吴厂的工人表现得更自觉,大家迸发出了爱东吴的激情,认为质量做得不好要被人家笑话的,我们怎么会做不好呢? 所以,东吴厂的产品质量更加好(笑)。民营企业家(也)更尊重你,该给的福利、钱都不少,假期也都按国家规定办,管理上也相信你。到2009年,又改制了,这次是彻底将东吴改没了。

东吴厂百年企业,从人民路搬到新区滨河路,一直是盈利的。股东想上市但没有成功。我离开东吴厂是2009年5月底,外面人都说东吴倒闭了,其实没有倒闭,这个公司还在营业,只是不继续织造丝绸了,做其他业务了。大家(观念中)觉得东吴厂是织丝绸的,现在企业没有了织机,所以外面传说东吴厂倒闭了。

沈：就是不从事生产了？

何：对，不从事生产，商贸做得很大的。

后来我就去了吴江鼎盛。2008 年 7 月底，我找到吴建华，吴总，不是他看上我，是我先去找了他。那时候吴建华 42 岁，我觉得应该找年轻的人（合作），他一看到我就很热情，说他年轻的时候就仰慕东吴厂，就跟我说能不能去帮他，我说现在还不能，我要做到在东吴厂退休，在东吴厂"毕业"。我为什么要在那个时候找他呢，因为我隐隐约约感到，厂里原料已经开始买得少了，有些订单已经没法接，接了以后没法做。我那个时候 48 岁，还是蛮年轻的。我的客人很多，都要买我这边的（产品），如果东吴厂关掉，客人对我说，我到哪里（他们）就跟着买哪里的产品。客人都很相信我，说你们不做了（指不提供丝绸）那我们（一下子）怎么办呀，而且几十年一直用东吴厂的产品，用习惯了，其他产品用不惯的。一想到产品没法满足客人需要，耽误客人以及客人的客人（有些客人我也认得），我的心里就不安。我还有一种想法，东吴的产品是属于世界的，将来如果追究起来，工厂可能会将责任推到经营上，说经营不善、持续亏本，那我就是百年东吴的替罪羊了。我有点不买账，所以我要去找一个工厂，设备要跟我们的差不多，也有剑杆机、有梭织机，也是生产真丝绸的，最好还没有名气，没有管理团队。我想找到那种厂一起合作，用自己的实力证明真丝绸是可以做下去的。我到现在还一直认为，丝绸业延续了几千年，是可以一直做下去的，首先有市场需求，然后通过产品更新、设备更新、原料更新、理念更新、用途更新，如果一直更新，那永远会有市场。至于亏本问题是可以解决的，只要满足客人需要，紧跟市场，根据需要来生产，总会有利润的。

我找到吴建华的鼎盛丝绸（公司），他的工厂当时有 66 台有梭织机、20 多台剑杆织机，工厂建立了 7 年，差不多处于瓶颈期，产品一直上不了台阶。我和他说，我们能不能唱同一首歌，他说可以啊，只要你说，我来做就是。他说聘我当总经理，我推辞了，总经理还是他当合适，我带领东吴团队过来。先要有过渡期，我把一些客人的订单放在他那里试着生产。丝绸生产过程是不简单的，工序长、工艺复杂，如果环境不同、设备不同、操作手法不同等等，那么做出来的产品风格就不一样。东吴厂的产品价格贵，客人为什么还需要而不用人家的产品呢？因为手感风格不一样、质量不一样。我们的客人很多，德国、意大利、法国、美国、韩国、日本，还有土耳其、摩洛哥、巴西等等，全世界都有客户。他们为什么要买我们的产品？因为我们的产品质量和人家的就是不一样。他们要生产高档的服饰，非常注重服饰的悬垂感、手感、光泽等细节，这些方面东吴厂的丝绸产品是可以满足的。我付出多少年的心血了，在整个丝绸产业链的生产环节上，我都有研究和实践，如果不懂就讨教，所以能够满足客人的需求。

  我那时候真有一种使命感，所以我一定要去找一个（工厂），一是客人不放我走，二是我自己想（证明）一下丝绸产品能够有市场。当然也有很多客户请我去他们的单位，找的人很多，因为我有核心技术，口碑不错，有客户（订单），而且不贪。还有我对这个（指丝绸业）有热情，就是喜欢从事这个行业。我就是想要证明，这个产品是能做好的，别人不会做我会做，这也可以说是一种信仰。我找吴建华合作还有另一个理由，我向我的团队也说明的，要找个不认识的人，如果和不认识的人磨合也能成功，那和认识的人（合作）就更简单了。当时鼎盛没有管理人员，还没有建立起科室，有一个生产车间、一个仓库，是一个刚兴起的工厂。我和我的团队成员前去参观，第一印象相当好，环境干干净净，设备和货物堆放都整整齐齐，工人认认真真，给人一种欣欣向荣的感觉。他们的员工来自吴江各个比较好的工厂，那时盛泽的一些国营企业也在慢慢萎缩。吴总当时还没有名气，但积极向上。我的客人都问，你怎么找这个人合作呀，我说他有三大优点，第一是年轻，第二是要好[1]，第三算得上热爱丝绸。吴总当时是可以办化纤工厂的，可以迅速赚很多钱，但是他有情怀，他喜欢真丝。他告诉我真丝绸的客户基本素质都比较好，外国人也比较多，他喜欢和基本素质好的人为伍，哪怕钱赚得少甚至不赚钱。所以，我就觉得我们可以唱好同一首歌。我进鼎盛还有一个原因，鼎盛有我一个东吴的老同事郭副厂长，和我年龄一样大，管理设备的本事很大。（他）2007年就过去了，原本是只有他一个东吴人在鼎盛，后来是我们联手，我将产品规格和要求给他，他清楚客人的要求，生产出来的产品能符合客人要求。

  吴总让我们在苏州建立办事处，给我们配了车。我在苏州办事处天天

---

[1] 苏州方言，意思是有上进心。

有电话、传真,吴总让刚从苏州大学毕业的小包跟着我执行命令、传递信息、学习本事,必要时老板亲自开会协调,我每星期五带团队部分成员去一次盛泽工厂,现场指导,落实要求。坚持了9年后离职。这期间做了很多事情,包括把百年东吴的产品移植了很多,把管理经验和产品质量管理方法、产品开发、客户渠道等都带了过去,基本上没有保留。我一直跟团队成员说,一定要铆足劲将鼎盛顶上去。在东吴的前15年我从事的是生产技术管理,搞项目、执行标准,认识了一批丝绸领域的领导和专家,后15年搞营销、搞开发、搞市场,认识了面广量大的一批深度加工单位和产品用户。在鼎盛的时候,正好将这种优势发挥到极致,新产品开发多样化、常规产品精品化、深度化,把产品做得更优、更精,这也是我和吴总的共识。当时我告诉吴总,苏州丝绸织造的今天就是5年后的盛泽,一定要往中、高端方向发展,向深度化、品牌化发展。我和吴总去过苏州丝绸博物馆、丝绸档案中心等,去拜会过钱老师(指钱小萍)等。后来开始文化创意产品的深度开发,2011年同丝绸博物馆合搞了唐、宋、明、清典型纹样的四大系列产品开发,广泛用于面料、围巾、服装、床品等终端产品。(这些产品)在2012年4月创博会独立大展位上闪亮登场,再加上赶出来的一款宋锦包包,宋锦"姑苏民居"系列装饰画,一下子轰动丝绸圈,这都是首创,也是鼎盛第一次将文化创意产品广而告之。

坊间说鼎盛买进了东吴厂,这是不对的,鼎盛只是买入了生产真丝绸的全套设备以及工器具和最后的库存,这些货物也是很多的,因为东吴厂很大。我和吴总说,东吴厂的织机比你们工厂的好,鼎盛的是K611织机,东吴厂的是K274织机,生产出来的有梭真丝绸质量好,欧美、日本的尖端客人特别看重。另外,东吴厂准备车间的设备是法国、意大利进口的。一个工厂的产品要做得好,加工设备也需要配套好。所以东吴厂很多(真丝)生产设备他都买下来了,包括剑杆织机、有梭织机和配套设备。但是,搬去后他们也有排斥,不大会弄(操作)这种机器,东吴厂有几个负责保养设备的工人也被招聘去的,但是势单力薄,而且离家太远,也都相继辞职了,后来吴总没办法就将K274织机卖掉了。

后来随着市场的发展,我们的工作开始延伸,向终端和品牌化发展。2011年,鼎盛的第一家门店"罗马世家丝绸体验馆"在苏州人民路乐桥开办,营业员都是东吴办事处的人兼的,我们每天忙得不亦乐乎。林师傅

（原东吴厂进出口部资深跟单负责人）负责跟单、小朱（原东吴厂品种开发科副科长）负责产品开发、刘师傅（原东吴厂计划经营处练厂跟单和业务员）负责业务对接，起先还有小闵（原东吴厂进出口部负责人）负责进出口生意，后来辞职了。鼎盛的东吴团队，还有两位是住在盛泽的，一位是（从事）质量检验的王师傅（原东吴厂质检科副科长），一位是准备车间的保养工陈师傅（原东吴厂劳动模范）。（东吴团队）是一支能干很多事的队伍。

  2011年11月的《苏州日报》上有一篇文章，内容是钱老师（指钱小萍）谈宋锦，她说宋锦这么好却没有人生产，我拿着这个报纸给吴建华看，说钱老师是我老师，可以和钱老师合作生产点宋锦。宋锦是小众产品，近代历史上苏州只有织锦厂和东吴厂生产，因为很耐磨，大多用于包装装饰。而且，宋锦产品由于装造复杂、花型精致，其他工厂不大会做，懂的人很少，现在属于"非遗"产品。他听后没有应答。2012年3月，我爸大清早拿着报纸对我说市委领导提出要振兴苏州丝绸，我就把报纸寄给吴建华。他一看到立刻就让我去找钱老师，可钱老师那时太忙，我们就自己做，改造了一台剑杆机，花费近200万元。吴总要求在当年4月底的创博会前赶出作品，参加展出。我拿出一直保存着的东吴"定胜四方"、"龟背纹"和东吴厂厂史封面上裱的"圆福纹"的样品，还有东吴宋锦的织造装造图档案资料来做参考。我认为所谓传承创新，就是做出来的产品风格要（和传统）一模一样，但是使用的设备和纹样制作方法可以是现代化的。为了让生产出的宋锦更有权威性，我找了苏州丝绸博物馆的王晨馆长，她是宋锦传承人，和我是技训班同学，我们商量后决定挑战难度更高的、有收藏价值的宋锦艺术作品。我和她合作开发了第一台用现代工艺织宋锦的剑杆织机，创意开发了宋锦"姑苏民居"系列装饰画。我把开发出的第一米宋锦（定胜四方纹）给吴总看，他的第一反应是要做一款高档的女款包，兼国际大牌包包的风范和东方神韵，应该是会成功的。现在有人对我说，复活宋锦的相关人员中，好像你们两个人的名字被忽略了（指何敏苏和王晨），我说我们做幕后，只要丝绸有人感兴趣、有人买，我们就开心了，不在乎什么名和利的。

  宋锦获得成功后，吴建华让我取个类似老字号一样的商标（名），我脱口而出"上久楷"。这个是作为东吴前身的公司的名称，几乎没有人知道，一查果真没有人注册，寓意也非常好，是长长久久永永远远的意思。后来吴总打电话给我，想将坎字换成凯歌的凯，或者是楷模的楷，我就说换成楷模的楷，以东吴为楷模就会长长久久，"上久楷"就这样诞生了。2012年创博会，宋锦包包一炮打响，从实用品到艺术品，惊艳亮相，从此鼎盛丝绸、上久楷宋锦走入高光时刻。我也更忙了，申报项目、申请专利、参加制定宋锦国家标准，还开发文创产品、推广宋锦和宋锦制品，接受采访，我对老板说，鼎盛让我更上了一个台阶，就是拓展到文化领域。宋锦在2014年APEC亮相，之前我们做了很多工作。2013年我跟王晨到外交部，给年轻的外交官宣传丝绸历史、讲解"非遗"宋锦的精髓。鼎盛专门布置了一个宋锦产品展厅，让经过的外交官来看。上久楷宋锦要作为国礼产品，先要（能使人）有沉浸式体验。宋锦是苏州文化、中国文化深沉的结果（晶），也是中西文化交融的结果。我们生产的宋锦包包也很有技术（含量），含纳米、三防技术，无论从什么角度拍出来都是闪亮的，这样就把传统行业和时尚行业相结合，把制造业和文化业相结合，把科研化和产业化相结合。

  我之前没有接触过文化产业，也可以说鼎盛给了我这样一个舞台。因为要做文化创意产品，我开始研究云锦、中国服饰文化、宋朝文化等。宋锦在几千家公司中脱颖而出，被APEC会议选用后，各大设计师就到我们这来考察，我拿出东吴厂以前的样品，他们从来没见过这么好的样品，（这）凝聚了多种工艺方法，体现了最顶尖的东吴织造水平。后来我们又和苏州丝绸博物馆、苏州档案中心合作，将很多老的纹样，参考现代时尚进行配色、进行文创开发，成绩斐然。我们又跟钱老师合作，做了很多作品。我在鼎盛9年，真的做了很多事，也学到了很多。2018年5月，因为规模扩大，鼎盛门店要搬到斜塘去，我就借这个台阶退出了。因为路太远，通勤时间长，要浪费我很多时间。但是，我现在还关注上久楷，会把一些客人和生意介绍过去。2018年6月我到平江路钱锦丝绸公司，继续推广宋锦（主要是钱老师研发的宋锦产品），体验丝绸在平江路的营销方式。一年后也就是2019年5月份我离任了。

  沈：这个过程相当丰富多彩。

  何：是的，我留下了好多笔记资料，包括很多产品的样品、规格单，以及和部分客人业务往来的资料，我要理好以后捐给档案馆，存放在那里，完整记录我这 40 年，（以及）从我这个角度看过去的东吴厂和鼎盛丝绸。

沈：我再请问一下，2004 年东吴厂不是经营出现问题，说明当年作为国企的东吴厂，至少到 2004 年是没有亏损的吧？

何：是的，现在（很多资料）介绍东吴厂时，就写到 2004 年倒闭。实际上，2004 年东吴厂正是发展好的时候，那个时候的报表我还有，包括库存报表、计划单，包括 2005 年安排的计划都有。我那时候负责营销，关注焦点是以客户为中心，东吴厂的方针也是立足一流，永不满足。东吴厂胜在技术设备经常更新，产品开发紧跟国际潮流，还有营销开拓市场、技术保证质量是关键。

沈：刚听您讲东吴厂的经营没什么问题，那当年没有坚持下来是有点可惜的，尤其丝绸还是苏州的名片。

何：是的，我和其他职工一样，都有浓浓的东吴（厂）情结，但（市里）是要转制。

沈：当年东吴厂在设备引进方面的情况，能不能再介绍一下？

何：这方面我来给你介绍更专业的人。

沈：何老师您前面提到的塔夫绸，是怎么回事？

何：我不是当事人，不过塔夫绸是东吴的经典产品。塔夫是法文的音译，"Taffeta"，就是平纹织物的意思。东吴厂最早的品牌是"上久坎"，1919 年在人民路间邱坊、皮市街、因果巷这一块，成立了东吴丝织厂。振亚厂（成立）是 1917 年。所以"上久坎"这个名字也是有历史的，上上久久永永远远，坎，在八卦里是泉水。所以，我在鼎盛时就提（出将）这个名字作为商标（名）。

东吴厂 1919 年成立以后，开始织造，产品大部分出口朝鲜。后来有个来定制的舶来品，就是塔夫绸。丝织厂以前都是手拉织机，民国以后有铁木电力织机，东吴厂拿到塔夫绸的样品后，第一个在电力织机上试织成功，振亚厂也生产过塔夫绸。

塔夫绸是一种色织平纹织物，密度很大，风格是薄而丰满、柔和坚挺，还要无瑕疵，这在丝绸产品生产中差不多是难度最大的。其主要用途是做礼服，欧洲卢浮宫里油画中贵族女性的礼服，能撑起来的，并且闪着珍珠般光泽的，就是使用的塔夫绸。一般丝绸放在那里是要塌下去的，而塔夫绸像张纸一样平挺，很薄、很密，一般丝绸一薄就透明，或者会出现纰裂[1]，塔夫绸像纸很薄但不透明。所以说塔夫绸的精髓就是薄而丰满，用的丝很少，但是很丰满、柔软，还很坚挺。这样的要求，就很难生产。

东吴厂生产的塔夫绸品质最好，最后成为独家经营。用东吴厂出产的塔夫绸做的礼服，能撑起来，有珍珠般的光泽，走路的时候还有丝鸣的声音。像1981年戴安娜王妃举行婚礼时穿的就是塔夫绸礼服，那个丝绸的颜色不是染的，织出来就是成品，所以难度很高。为了生产出这样的品种，原料要求本身就很高。塔夫绸还可以做羽绒服、羽绒被，因为塔夫绸的密度很大，所以里面的羽毛不会钻出来。以前生产既要保暖、又要防风防雨的登山服，只能用塔夫绸。还有刺绣上用的最好底料，也是塔夫绸。因为密度大，绣上去没有针眼，卢浮宫里有很多绣品，底料就是塔夫绸，其中象牙白色和古铜色最合适。这些是塔夫绸的一般用途。丝绸还有一个好处是没有静电，在适当的温湿度下可以保存很长时间，棉纱、羊毛都要风化的。塔夫绸现在为什么被淘汰了呢，因为现在有了化纤面料，通过涂层，同样可以防水防雨。

东吴厂的塔夫绸自成体系，有20多个品种、100多个颜色，有花塔夫绸、素塔夫绸、条子塔夫绸、格子塔夫绸、漾波塔夫绸、敦煌塔夫绸等，颜色百种以上。最可贵的是，东吴厂塔夫绸的颜色都有编号的，比如1070黑色、1071粉红色，这个颜色从诞生起到现在，一直是一模一样的，前后没有变化。我收藏有很多色卡。60多年来做得一模一样是很不容易的，这样客人补货就很容易。塔夫绸面还要求没有瑕疵，或者说很少瑕疵，瑕疵一多就是次品，次品没人要，而东吴厂管理好，能够做到这一点。塔夫绸在国内没有人买，只有少数客户像英国皇室要买，（他们）出得起这个价格，当年1匹塔夫绸（三十码）可以换回1吨钢铁。所以说，东吴制造也可以代表中国制造。

东吴厂能生产出这么好的产品，还有什么产品做不好、不会做呢？我有很多样本，塔夫绸样本最多，（当然）也有现在新产品的样本，我把产品看成自己的孩子来养（笑）。东吴厂的名牌产品就是一塔夫、四缎、一锦、一被面。四缎是织锦缎、古香缎、金玉缎、克利缎；一锦是宋锦；一被面

---

[1] 纰裂是指织物纰裂，或称缝口脱开程度，是反映织物缝合性能的一个指标。

是大富贵织锦被面。宋锦也是中国的传统名牌产品，东吴厂是1973年开始生产的。宋锦那时候都是内销的，销往工艺系统。所谓的外销也是随着工艺品一起外销，用在裱装盒上，如唐三彩盒子、麻将牌盒子、碧螺春盒子、檀香扇盒子、恒孚银楼金饰品盒子等，还有古吴轩的书画裱装，也可以用宋锦裱装。1973年后，中国对外建交的国家增多，大量工艺品出口，外包装上都有宋锦的身影，苏州织锦厂来不及做，而东吴厂技术力量雄厚，纹工技术出色，能规模化生产。还有织锦被面，结婚都要用的，这个产品也蛮难做的。

再说一下塔夫绸，生产了60多年从没有间断，一直到90年代。1980年差不多生产量达到顶峰，影响也最大，因为戴安娜王妃结婚时选用了塔夫绸，这个影响力惊人。在此之前，东吴塔夫绸已经拿了全国质量第一块金牌。到80年代末，塔夫绸的生产就慢慢减少了，因为喷水织机生产出的尼丝纺、涤塔夫（涤丝纺），有部分功能可以替代塔夫绸，一般羽绒服、登山服可以不用塔夫绸了。一般性的婚纱也不需要用塔夫绸了，可以用涤丽纶替代，产量巨幅增长，价格要便宜得多，塔夫绸就逐渐被替代了。因为塔夫绸的生产和质量要求高，所以东吴厂里（不少领导）都是从做塔夫绸出来的，这些人心灵手巧、责任心强。塔夫绸用的原料也是最好的，挑剩下来的原料做织锦缎等四缎，织锦缎剩下的原料做宋锦，宋锦的原料相应差一点，因为大都是满地小花纹，对原料要求不是太高。但是，宋锦的花型是有考究的，意匠[1]一定要细心、用心。这样，宋锦的原料蹩脚，但是花型考究，就把原料的缺陷掩盖了。而塔夫绸就是清水货，一点都不能有瑕疵，所以难度最大。（花样）对挡车工是没什么关系的，但是对品种设计、意匠人员来说是比较难的。所以，一个团队如果能把所有成员、生产品种相融会，就是好团队了。

沈：1980年戴安娜王妃订购了什么呢？

何：订购的是深青莲色塔夫绸，大约14匹、420码，任务紧，有订单有合同，后来就轰动了。她出场的礼服用的颜色是象牙白塔夫绸，这是常规产品，一直生产供应对方的。后来说要深青莲色，深青莲色就是深紫色，生产的难度最大，东吴厂平时也很少生产，这属于高定。为什么难生

---

[1] 意匠，指通过构思布局，实现花纹的精美化、艺术化。

产呢,赤、橙、黄、绿、青、蓝、紫,紫色波长最短,最容易闪色。这种颜色,肤色不好的穿是 hold(压)不住的,属于高贵颜色。(英国方面)平时不大订这个颜色,那一次是指明要的,从省外贸到东吴厂都很重视。现在只有档案馆、丝绸博物馆才有这个样品,我也没有,外面也很少见。

东吴丝织厂 1996 年开发出烂花绡,1997 年该产品获得江苏省科技进步三等奖,2000 年风靡国内外,一直生产到 2004 年,产品包括丝巾和服饰等,东吴丝织厂能够在这十余年保持较好的经济效益,烂花绡这一产品功不可没。图为东吴的烂花绡攻关获奖团队,前排中为杨洪星厂长,前排右二为何敏苏。

1978 年,国家开始申报优质产品,东吴厂(塔夫绸的材料)差一个时辰没有来得及递上去。1979 年毛寿康厂长再去递材料,后来得了金牌,全国丝绸行业第一块金牌。毛厂长在中南海领的奖,当时的《苏州日报》都登了,这也是苏州的荣誉,第一个金牌产品。东吴厂还是(苏州)第一个一级企业,这个荣誉的分量也很重,所以,成功都是一步一个脚印走出来的。

张济中

访谈对象：张济中，男，1941年出生，原东吴丝织厂供应技术进步科科长[1]

访谈时间：2021年10月22日

访谈地点：苏州吴中区民生综合服务中心会议室

访谈人：沈骅

文字整理：刘丹彤

沈：张老师您好，您是东吴丝织厂的老职工，对当年的市场开拓和销售比较熟悉，所以今天对您作一个访谈，请您介绍一下自己当年的一些亲身经历。

张：我叫张济中，念书比较早，爸妈不识字，虚岁6岁就让我去上学了。一般上学是秋天，他们不大懂，

图为张济中。

过了年就让我上学，所以我不到6周岁就读小学一年级，在班级里是比较小的。虚岁11岁时就读中学，就是后来的市四中。1957年我初中毕业，因为家里比较穷，就去那时比较流行的技校，考取了南昌技校。毕业后被派到西北，到苏联人帮助兴建的一个学校去当实习老师。去了以后学校没建起来，就选择回来。

回到苏州后，当时大家的文化水平都比较低，因为我读过技校，所以

---

[1] 张济中，1941年生于苏州，1958年进入东吴丝织厂，历任科研室主任、发展办主任、技术进步科科长、供应技术进步科科长等，2001年退休。张济中先生称，东吴厂自建立以来，一直是以品种、质量、效率为先，学习、改革、改造、创新不断，一直要争取第一，所以标准高、要求严。英国的工业革命是从珍妮纺纱机开始的，东吴厂想要始终立于不败之地，就要保持设备更新，这样产品和企业就会长盛不衰。为此，他43年一直在东吴厂从事织机和配套设备的技术改造、技术引进，目的是提高质量、提高效率、降低成本，个人也在工作过程中锻炼成长，他把一生奉献给了东吴厂。

1958 年东吴厂招工，我就进去，在金工车间当学徒。当时厂里有一个很有名的工程师，叫沈大宝，他是东吴厂的总工程师，去过苏联，他搞技术革新，正在做一个简易铁机的项目。当时东吴厂的设备比较落后，在木机上架上一个铁机，就是简易铁机。他看我以前读过技校，会制图，就要我出来制图。我就帮他把改的东西，画成图推广。我到 1960 年（的工作）基本上就是画图，画图包含设计。（纺工）厅里有个丝绸处，处长姓金（音），1961 年有一次到苏州来开会，要把织机（指简易铁机）的型号定下来，就从 4 个厂，即东吴、光明、振亚、新苏抽人出来成立了一个铁木机改造小组。振亚的厂长担任总组长，我当时担任制图设计小组的一个组长。

东吴厂的创始人是陶老板[1]，他的第 9 个儿子是陶景钰，后来到设备科当科长，我在设备科当科员，跟他很熟。他讲过好多事情（给我听），他说晚清南京有江宁织造，里边一个（规模）比较大的机户叫李宏兴，织绸的。李宏兴有 3 个儿子，到民国后分家，分了 3 个厂，当时牌子还叫李宏兴，3 个厂分别叫福记、禄记、祥记。福记、禄记都在南京，小儿子在苏州，他那个厂后来就叫李祥记，老板是李嘉麟，实际上全称是李宏兴祥记，生产的丝绸的花色品种比较多。据说东吴厂原来的老板，是在李宏兴厂里做学徒的，学到本事以后，就自己做了（指创建上久坎纱缎庄）。东吴厂（原来的老板）姓陶（指陶耕荪），能够开拓市场，不仅自己有织机，还租人家的织机来干活。我到东吴厂时，厂已经比较大了。当时跟我关系比较好的（陶景钰）跟我说，丝绸比较古老，但是后来欧洲包括英国的丝绸业发展很快，那个塔夫绸就是销往中国的。后来东吴厂织出塔夫绸后，英国人反过来买东吴厂的产品，东吴厂就到英国去注册商标。为什么后来全中国的出口丝绸都是用东吴厂的牌子？因为东吴厂在英国注册了"水榭"牌，所以国外就知道了。查尔斯王子结婚时，要买世界名牌，看到在英国注册的"水榭"牌真丝，就买了。这说明老东吴能够辉煌的原因之一就在

---

[1] 上久坎纱缎庄创建于 1898 年（光绪二十四年），创建人陶兰荪，他 1909 年去世后，子陶耕荪接替，他 1919 年抽调上久坎部分资金创办东吴丝织厂。陶耕荪有 9 个儿子，长子陶伯渊，当过老东吴厂的总经理，后自杀。第 9 个儿子陶景钰复旦大学毕业，新中国成立前后在东吴驻上海办事处负责供销采购，公私合营后到 1967 年，在东吴设备科当科长。老东吴厂的老板多受过良好教育，新中国成立前就在英国注册"水榭"商标，所以英国皇家的采购单上有东吴厂的产品和品牌，塔夫绸以及东吴厂的很多产品都是用"水榭"商标出口的。公私合营后，"水榭"牌商标成为国家真丝绸的出口商标，东吴的代码自然而然就成为"CAA"（C 指中国，第一个 A 指苏州，第二个 A 指东吴厂）。以上据何敏苏对张济中的访谈。

于（眼光）开阔，能够知道到国外去注册，然后外销。

我想讲讲丝绸设备。我们的丝织机原来是比较老的，后来我跟欧洲（客户）接触多了以后，知道织机制造业从英国慢慢转移到意大利，又从欧洲转移到日本，日本发展起来后就在上海开厂。东吴厂要生产比较精细的品种，就要引进国外的设备。东吴厂的前道设备倒是较先进的，络丝、捻丝、并丝三种设备，都有型号的，k051是络丝机，k071是并丝机，k091是捻丝机，在当时是比较先进的。但是主机落后，主机主要分两种，一种是杭州五菱铁工厂出产的，通称叫五菱机；一种就是江苏离太（音）铁工厂出产的，叫离太机。这两种机器有什么不同？ 主要是卷取的方法不一样。五菱机是间歇式卷取，离太机是连续运动的。为什么五菱机要间歇呢？ 因为生产的品种不一样。我当时就对厂里的机器进行改造，搞了一个适合东吴厂的641型机器，这种机器只有东吴厂用，其他厂都不用，因为不生产相关品种。比如《毛主席去安源》《长江大桥》都是丝绸（人物）风景照（作品），就要用这种织机。总体来讲，东吴厂的这种织机是比较落后的。当然改革开放以前，厂里也有引进的国外设备，但这些引进设备实际上不是厂里自己去买的，是部里买了以后再给厂里用的。1977年部里给东吴厂配了两种织机，一种是法国的剑杆大提花织机，8台，另一种是瑞士鲁蒂公司的，叫多臂自动换纡织机，20台。另外，振亚厂分到的是捷克的喷水织机。

1978年国家开始改革开放，厂里成立了一个科研室，我作为科技人员到科研室去工作。有一次厂里叫我去拍照，我就去了，后来这张相片登在《纽约时报》上，不过登出来的时候我并不知道，直到今年（指2021年），别人把照片给了何老师（指何敏苏），何老师给我看，我才知道了这张照片。照片的（内容是）"三结合典范"，我是科技人员，车间里的工人再加上技

图为《纽约时报》登出的东吴厂"三结合"照片（张济中提供）。

术工人，这样就是三结合（出示照片），美国人认为中国在改新技术了。

沈：您在照片上是哪一位？

张：我是最左边的这个，戴眼镜的。另外两个，中间是黄银师傅，他是车间里的，右边是刘林梅师傅，他技术比较好，在技革组里面。

沈：哦，就是一线工人、技术人员，然后您是研究人员？

张：是的，所以是三结合。实际上那个时候控制还是很紧的，当时东吴厂也有外国人来参观，我们老职工都知道，可以和外国人笑一笑就直接走，不能随便讲话。后来我到科研室，当时丝绸系统有一个电大，叫我去当辅导员。学校当时在中街路，校长在那里办公，我去学校一看，就问校长我能不能读，他说你也可以，给我办了一个单科的学习证，各科都可以去学。我的高等数学不行，初等数学学得比较好，但后面没有接着学，后来在电大里学了3年高等数学，还学了模拟电子和数字电子，以及英语等。当时还比较空，我爱写文章，有几篇文章刊登在《丝绸》刊物上。比如织机上的电机，停下来一般要制动，停在哪个角度，这个技术必须要有。我有一篇文章介绍法国织机的电机自带制动，关机停下来就是67度，我从理论上分析，认为它是用电容充放电来进行制动的，分析下来跟实际差不多。

后来，欧洲的苏尔寿织机到中国来展览，我去现场看了苏尔寿的喷气织机。当时喷水织机已经淘汰了，因为喷水的缺陷比较大，（要求）织物纤维必须是疏水性的，亲水的不行，只有这样才能不沾水，而喷气织机，疏水、亲水都可以。苏尔寿喷气织机的力比较大，门幅也比较大，达到5米，而我们的织机门幅在两米以内。我们还试着把我们的产品拿到他们的织机上去生产，确实是可以的，但是他们（织机）的价格太高，买不起。

欧洲的织机比较先进，但是价格太高，后来日本仿制欧洲的喷水织机。日本人在上海有个项目，和上海纺织局在青浦合建了一个织布厂，通过补偿贸易的方式，上海引进了一些喷水织机。全国好多工厂都去参观，我们也去了。这个织机的效率很高，但是属于早期的喷水型，即只有一个喷头的单喷。后来新苏丝织厂决定购买日本的这种喷水织机，成为苏州第一家引进日本喷水织机的丝织厂。我们看到新苏买回来这种喷水织机后，效果不错，也想要引进。当时厂长、书记跟我商量买哪一家的，欧洲的买不起，日本主要有两家，一家是日产，主要生产汽车，附带生产喷水织机，我一看工艺性不强；另外一家是津田驹，位于苏州的友好城市金泽，专门生产丝织机。

津田驹刚推出来的是200型，还没有（完全）成熟，我们准备先引进20台。先到日本去考察，去的是厂长、书记，丝绸公司的一位副局长和设备科长，带了我1个（技术人员），5个人再加上外贸人员。当时我闹了一个笑话，1984年出国是非常稀奇的事，出去前一个星期要在外办专门学习外事纪律。我这个人胆子比较小，（外事办）工作人员说你们在东京和日本方面谈判以后，草稿纸一定要烧掉，不能扔掉，撕掉也不行。我们到日本后，每个人一个房间，住宿的房间比较小，由我来烧草稿，就在房间里的一个大烟灰缸里烧。我不知道房间装有烟感喷头，国内没有见过，烟感喷头（监测）到烟后，（水）自动喷淋下来，把我全身和床铺都弄湿了，只好请服务员来换掉。回国以后，还要集中学习一个礼拜，我就讲了这个事情，我说犯了错误，在外面淋得一塌糊涂，结果外事办（的人）说你是坚决执行外事纪律，是好事。所以接下来我出国，政审没有问题了，后来出国越来越松。

引进喷水织机后，生产我们厂的花色品种还是有局限性的，只能生产疏水的化纤，不能生产真丝。后来就去买可以生产真丝的剑杆织机，是到意大利买的。但是在剑杆织机上生产真丝还是比较难，因为中国传统的织机比较长，而西方的机身比较短，这样真丝的张力不够。后来厂里生产量加大，就买了两批剑杆织机，但总的来说价格太贵、引进成本太高。织机买回以后，说老实话，只能赚利息，本钱还不了。还有一个，引进设备的配件的国产化难度高，所以买国外的机器，配件成本要占一半，如果还要长期进口配件，就维持不下去。比如阀门，很高级，防高温、防高压又不泄漏，国内（的同类产品）就做不好，总是泄漏。当时我们搞一个项目，花钱请苏州阀门厂开发，也做不好。再比如喷水织机上的探纬，外面有个接插头，不能漏水，请上海接插件厂开发，拿过来用了一阵就不行了。后来还是浙江一家公司，他们拿来接插件给我们用，说不收钱先试用。进口的一个可以用半年，自己开发的用一个礼拜，浙江人开发的可以用一个月，性价比最高，后来就买浙江人（生产）的。

东吴厂最后是债转股，欠中国银行1000多万美金，欠工商银行人民币四五千万，算下来是一个多亿。后来争取到国家的债转股指标，不要还银行债了，让银行来参股，这样负债转成股，工厂就没有负债了，如果亏本就没有分红。债转股后，国家就不管企业了，这也有不好的地方，因为国有企业享有一些优惠，包括财政补贴、贴息等，如果不是国有企业，就没有这些优惠。后来东吴厂卖掉，是另外一码事。

　　沈：您前面提到的津田驹是什么样的企业？

　　张：专门生产织机的。我国实行改革开放（政策），对日本也有好处，（借这个机会）日本好多小企业变大了，比如有一个叫凸度（音）的公司，英语就是TODO，我第一次去时公司很小，只有60多人，但是到1993年和1994年我再被派到日本去时，（公司）仅仅大阪办事处就有90多人。我还碰到一个之前到我们厂里调试机器的员工，他后来担任大阪办事处主任。这家公司生产的机器不大，包括接角机、分卷机等，但是机器的精密度高，国内仿制不了，所以只有买这家公司的产品，几年下来，公司的发展非常厉害，一个办事处的人员就等于原来一个厂。

　　沈：前面您还提到风景照？

　　张：风景照就是（给）风景拍个照，意匠以后做成丝绸。这个也不容易，有的厂家做得非常像。1962年上海有个展览会，杭州都锦生丝织厂展出了一个百兽拜寿像，那个老虎很好看，上面有百兽，十几种颜色在里面，适合放在家里的正中堂。我们厂长叫我去看，也想做一个。我看了后说我们不行，再去都锦生厂参观，他们当时同意让我看，我还把图画下来了，回来以后也没有做出来。为什么做不出来？因为这幅图自动翻的时候对不牢（准），测也测不牢（准）。所以说风景照，都锦生做得好的。

　　沈：您刚才提到1994年曾经被派驻日本，说明东吴厂在技术革新、技术引进方面，还是花了一番工夫的？

　　张：是花了一番工夫，但是结果不太好。老厂长要我出去（考察）织机，我去日本、美国等考察过。当时和日本人做生意，不能直接到工厂购买，只有通过几个日本公司去购买。这几个日本公司有三菱、三井、丸红等，津田驹（的织机）就是由丸红公司来出售（代理）的。跟日本人做生意，请客吃饭什么都有的，跟美国人就不行。我后来到美国去，准备买美国公司的空压机，原来是禁运产品，不准卖给中国，后来放宽了。我们买的是最低压的空压机，10公斤以下。去美国后，中午吃饭就跟工人一样，拿一个不锈钢盘子，还要付餐费。

沈：这可以说是文化差异了。

张：丸红比较大，日本津田驹织机的出口单子只能丸红做。

当时还碰到一个事情，我们第二次引进织机设备时，纺织部正在跟日本的日产公司合作，把喷水织机的技术整套引进来。这样一来，全国（的纺织丝绸）工厂进口日本的喷水织机时，都只能买日产的。我们不大愿意，当时正好丝绸（行业）要从纺织部分出来，我在北京跟丝绸管理局的一个局长关系比较好，就说我们不想买日产的（织机），技术不行。后来日产的技术人员过来交流，我当时跟振亚厂的技术人员一起，以我为主，指出对方的技术有哪些地方不行，包括拘束飞行[1]等。

沈：日产的织机不行吗？

张：基本上不行。后来部里没有办法，说你们讲的都是理论，要有实际证明。我说苏州新苏厂用日产的织机，东吴厂用津田驹的织机，可以生产同一款产品比较一下。部里答应了。这两个厂（指新苏、东吴）在全国都很有名，两个厂各生产了一个冷门的产品，结果日产织机比输了。部里就说重新谈判，我也作为谈判的中方代表参加。最后定下方案，津田驹只能报一次价，要比日产便宜，如果比日产高，中国就不引进津田驹的织机。代理销售津田驹织机的丸红公司无所谓，它的生意很多，津田驹公司当然在意，就找我去商量报价，说相信我，我定多少就卖多少。这个报价很难，我也不知道日产报多少价钱，比日产高肯定不行。结果报价出来后低了百分之五，有点多，津田驹开始蛮高兴的，后来在（织机）上增加了一块计算机的模拟接口，（价格）再增加百分之二。

当时部里批准我在国外工作两年，每个月由公司发工资，名义工资是20万日元，实际到手15万日元，房租、电话费是报销的，吃饭是自己付钱。自己做饭的话可以节省点，什么东西最便宜就买什么，吃饭每个月也要5万日元。我们这一代人比较节省，（在日本时）不舍得多用钱，抽烟都是自己带过去的。当时公司里批准了5个人出去，我是在大阪的苏州国际贸易公司工作，这是一家中国的境外公司，因为这段时间我在日本工作，所以津田驹公司请我做代理。

沈：您后来还到美国去购买机器了吗？

[1] 丝织业术语。

张：这是 2001 年的事，是到美国的寿力公司考察、购买空压机。纺织上的喷气织机都要用到空压机，其他国家的空压机，机头寿命一般是 5 年，1 年以后产气量就低下去了。例如欧洲的产品，用塑料网做螺旋密封，磨损得厉害，1 年以后损失 20%，5 年后要更换。而美国生产的空压机，我们去看过，使用一种特殊的油，密封性能比较好，这样机头 5 年都不会坏。

沈：张总您一直是总工程师，东吴厂在 20 世纪 80 年代和 90 年代，在生产技术层面，总体来讲处于什么样的状况？

张：花色品种方面，肯定是领先的。就品种来讲，现在有名的宋锦，在当时东吴厂的花式品种中，是比较差的一种，用剑杆织机生产，精密度是比较低的。我举个例子，织锦缎要 150~160 根/每公分，宋锦是 110 根。宋锦是用在装裱上的，不是用来做服装的。后来，宋锦在 APEC 会议上被做成了服装。

沈：花色品种多，就是技术上领先吗？

张：是的，有些花色品种很难做，所以在技术上领先。比如说，塔夫绸现在为什么不好做呢？（一个原因是）要先染色后织，染丝后再比较颜色，色差的要去掉（剔除），不光滑的也要去掉，去掉的丝也是真丝，这样加在成本里就高得不得了，所以不生产了。以前去掉的真丝，染黑后可以做丧服，就是寿衣。寿衣以前大量需要，所以所有染色不好的、毛的真丝，都用做寿衣的面料，生意还蛮好，现在就很少了。

沈：东吴厂自己有没有一些方面的技术改造？

张：有的，我开始做的科研（项目）中，就有把厂里原来的织机改成剑杆织机，后来才去搞引进（设备）。

毛寿康

访谈对象：毛寿康，原东吴丝织厂副厂长、苏州新风丝织厂书记兼厂长[1]

访谈时间：2021年10月26日

地点：毛寿康宅

访谈人：沈骅

文字整理：郁琪

沈：毛厂长您好，您是东吴丝织厂的元老级人物，想对您作个访谈，请您介绍一下个人情况和在东吴厂的经历。

图为毛寿康。

毛：我是1947年到苏州李宏兴祥记纱缎庄学做生意的，是亲戚介绍去的。李宏兴当时实力尚可，厂不大，在皮市街37号，规模当然和东吴厂不能比，东吴厂大但有点空架子，借的债很多，李宏兴是不负债的。那时候厂里只有铁木丝织机5台，平时开两台机，不是三班制，白天用年龄大点的工人做，一个叫王福寿（音），一个挡车工叫陈义泉。还放料给唯亭一带的人做，做的品种是花累缎，做完把产品交过来，再付工钱。我是到账房里学（做）生意的，带我的人穿长衫，我喊先生，不喊师傅。学生意三年，到1950年解放一年后，我也毕业了，就留在李祥记。

李祥记和东吴为什么（关系）挺近呢？李祥记和东吴两家是前后隔壁，东吴的老板以前也在李祥记学（做）生意，经营熟织物。后来，东吴丝织厂和振亚丝织厂分别公私合营，1958年，二三十家小厂作坊合起来成

---

[1] 毛寿康，1933年出生，光福镇（今属苏州吴中区）人，高级经济师，1956年入党，历任苏州东吴丝织厂牵经工、车间主任、厂长办公室秘书、计划科科长、副厂长，苏州新风丝织厂书记兼厂长，1994年退休。

立了光明丝织厂和新苏丝织厂。东吴厂生产熟织物，要先染后织，生产是有难度的，光明、新苏厂都是做（加工）生胚，先织后染。李祥记和东吴在上海都有办事处，就在上海圆明园路，我也去过，是将做好的产品拿到上海去卖，大都卖给档次高一点的店家，像北京路上的那些丝绸店、南京路上的老介福绸缎店等。

  1949年4月苏州解放时，苏州城里的丝织业（生产）没停，后来上海（遇到）"二·六"大轰炸[1]，杨树浦发电厂被炸，丝织业就停下来了，东吴、李祥记两个厂撑不住了，工人失业了。后来政府出面帮助，实行加工代织，政府提供原材料，做完再交给政府，（然后）拿工钱，这样才维持了下来。东吴厂经过一段时间的加工代织、统筹统销后，慢慢地正常开工，出口也恢复了，规模一步步扩大。李祥记也是借助政府下单加工，才维持下来，5台机都开起来了。原来李祥记的牵经是手拉的，织出的克利缎（用于）出口。克利缎可以手工牵染色丝，还有一种留香绉是生丝，要用沙盘滚牵。牵经工收入高，我就跟着张坤荣（音）学了牵经。

  1956年1月，全行业公私合营，原本就是隔壁邻居的李祥记并到东吴厂，李祥记生产的克利缎和留香绉也都（被）带到了东吴厂。并入东吴后，我仍旧做牵经工。东吴厂有5部牵经车，这算多的。牵经工种，一般小厂是不会单独设立的，有的小厂有牵经车，但不是天天开动。有的小厂还会临时雇佣牵经工，派人到临顿路同羽春（音）、四海楼茶馆喊一声："今天我厂里要牵经，谁来帮忙？"接头工（丝织业一个工种）也是这样的。东吴厂本来只有4部车牵经，后来从成永绸厂（音）并进去1台，我进去的时候（就有了）第6台。

  牵经工的工资是高的，东吴厂最开始多少工资已经记不清了，我去的时候（他们）是每个月140块，在李祥记的时候我才73块，这已经算高的了，准备车间的女工只有28块。李祥记的牵经工一般不是天天做，做一天歇一天，但是东吴厂要加工代织、统购统销，而且塔夫绸生意好，就要天天做。做塔夫绸的人工资高，我也争取去做。我记得塔夫绸有7 228根

---

[1] 从1949年10月到1950年2月，国民党空军对上海及周边进行了多次轰炸，以2月6日的轰炸最为猛烈，对上海的电力生产企业和城市重要设施进行了重点攻击。

经[1]，正常情况下牵一张经要18条头加32根边，摆400只筒子，但是塔夫绸的丝好，容易牵，上一个班工作8小时牵一张经笃笃定定。像别的品种，比如古香缎，用的丝就没有那么好。一般情况下，牵一张经的工钱是5块，工作半个月歇一天，一个月工作28天，共140块。所以，东吴的那些老牵经师傅都拿140块。我就有点生气，一样的牵经，我拿的工资只有老师傅的一半。但是没有办法，合并进东吴后工资冻结，原来怎么拿依旧怎么拿。1956年工资改革，实行岗位标准工资，牵经工种调成70.72块，老师傅依旧拿140块，多出来的部分叫做作留工资。本来要求两年内把保留工资逐渐取消，结果一直没有取消。我只拿两块多的保留工资，她（指他爱人徐慈生）也做牵经工，那时候的工资更少，只有28块，我们两个人加起来拿（不过他们）一个人的工资，而且我们年纪轻，做的活比那几个老工人多。当然，那时候七十几块工资算是高的了，大多数人都只有二三十块。

那个时候我表现得很积极，结婚都没请假，5月1号结婚，做到4月30号傍晚，第二天结婚，5月2号照样上班。1956年6月底我入党，1959年做了管理人员。

那一段时间丝织行业在苏州市面上很吃香，一直到60年代都很繁荣。我1959年初进入管理岗位，先到厂党委做助理秘书，笔头我是不行的，不大会写，所以不想待。我在车间的时候，8个小时手上活不停，在科室里就荡来荡去的。我从光福出来的时候只有小学毕业，家里没钱（让我再去）读书，所以文化程度不高。解放初期读过夜校，之后到碧凤坊的景明会计学校（音）读会计专业，学习新式记账。厂党委助理秘书的工作我自认为做不来，正好第三车间（力织车间）的产品质量一直上不去，我就和团委书记等3个人一起向党委施书记打报告，要一起去负责解决这个事，结果同意让我去三车间当主任。当了力织车间主任之后，市里领导来厂里蹲点（调研），说丝织厂七成都是女工，应该让女的当工会主席。厂里就把准备车间的支部书记调来当工会主席，把我调到准备车间当支部书记，那时准备车间已经有七八百人了。当时非常强调思想教育，所以我也就日日夜夜

---

[1] 塔夫绸的牵经工艺和操作要点是，摆258只筒子，牵28条头，再左右各有2根边经，共计7 228根经线。

地工作，实事求是地讲，我的工作还可以的，所以得到市里嘉奖。工作是很辛苦的，（早上）4点半爬起来，小孩还小，扔到厂里托儿所，到夜里10点钟回家，天天这样。

在准备车间当了一段时间支部书记后，又调我到计划科当科长，后来又调我到厂长办公室当秘书。再后来（我被）下放到车间里劳动，开角落里的两台织机，生产的是被面。1968年9月我进入工宣队，当副队长。两年后到苏州丝绸工学院工宣队，依旧当副队长，还在制丝系任书记。1972年回到东吴厂，任力织二车间书记。厂党委孙书记后来告诉我，丝绸工学院派人到过厂里，和党委商量要调我去，厂党委没有答应，当时厂里可能要提我做副厂长。

后来（1974年）我当了计划科长，过了一段时间（1978年）就当副厂长了，从1978年到1982年，我负责东吴厂的生产和内部管理。改革开放后，为了争创（塔夫绸）金质奖，我跑了三趟北京。获得金质奖后到北京中南海怀仁堂去领奖，我记得坐在第二排中间，第一排都是记者。进了中南海是不让随意跑动的，也没有拍到照。塔夫绸获奖是苏州第一个全国性质的金奖，也是全国丝绸行业第一个金奖。拿这个金质奖的要求是很高的，第一年（将）材料送纺织工业部时，晚了一个晚上，没评上。第二年我又去送材料，因为压力很大，生怕搞砸，先跑到纺织工业部里问要不要补充材料，对方说不用，我不放心，还到农业部去问。第三趟是去拿金质奖，还是我一个人去的。东吴厂还创了国家一级企业、国家一级计量（单位）、国家一级档案（企业）等等，我都参与的。

沈：好的，后来您是1982年去了新风厂？

毛：新风厂的经营没有搞好，它原来是新苏厂的知青厂[1]，有700多人，1982年时已经弄得很不连牵[2]了。我（当时）已经50岁了，丝绸公司要调我去新风厂，我本来想继续在东吴厂再做几年退休的，（公司）书记跟我说，不是只派你一个去，一个人去是搞不定的。新风厂本来是新苏厂的一个生产车间，后来弄了块地皮造了一个大车间，再把新苏厂的一个车间搬去，跟当地的知青点合起来，变成知青厂，新苏厂还派一个党委委员去管理。结果生产管理没有搞好，工人夜班根本不干活，晚上大家都到桥

---

[1] 苏州四个大型丝织厂都办了一个知青厂，面向返城知青招工。
[2] "不连牵"，苏州方言，意思是不行。

上乘风凉。丝绸公司一定要我去，我就去了。

当时调我去当书记，副厂长是从光明丝织厂调的，两个人还是不够，又到东吴厂去调中层干部，叫我挑一个，我挑了陈少卿，我想他熟悉设备，又很能干活，这样一来3个人去了。我在全厂中层干部会上表态，说从现在开始对事不对人，谁做得好就是好，不好就是不好。一开始不是很顺利，后来开始生产涤纶品种华达呢，这个品种刚刚开始流行，用化纤来做衣裳、裤子等，活不难，钱好赚，职工工资也高了，（几年后）奖金不比东吴厂拿得少。不过新风厂不生产真丝绸，技术科长也不懂（丝绸），我就跟陈少卿说我们毕竟是丝绸厂，要生产点真丝，一根真丝也没有摸过，有点说不过去。

于是厂里决定上真丝项目，先搞配套设备，如准备设备、浸泡设备、定型设备等，开始设想生产些简单的产品，当时市场行情还好，如果外销不行还可以内销。

丝绸公司知道后，带了省外贸的人来看，看后决定把新风厂列入外销计划单位，让我们先生产花夫纺试试。这是一个简单品种，属于低端外贸产品，经向用人造丝、纬向用人造棉织的，原来是东吴厂生产，东吴厂有点看不上这种蹩脚货，让不太熟练的挡车工生产，结果质量一直很普通。

新风厂把这个品种当老爷看待，配备最好的挡车工，小心谨慎地生产，结果做出来的质量比东吴厂的还要好，非常受外贸单位的欢迎，后来有花夫纺的订单就都优先给新风厂。接着就开始生产真丝，从02双绉开始做，这个产品东吴厂也不当回事。然后再做提花产品层云缎，这个品种东吴厂也生产的。企业逐步从700人发展到1 500人，我调进去的时候，厂长、书记都是我一个人兼的，后来有文件，厂里工人满1 500人，书记不能兼任厂长，要分开来，我就当书记。从1982年到1988年，干了5年半，基本搬用东吴厂的管理经验和品种，逐步实现了相当好的经济效益，职工收入并不比东吴厂差，新风厂成为知青厂的第一块牌子，丝绸公司开大会还让我去介绍经验。

到55岁时，我在新风厂已待了5年，之前跟丝绸总公司组织科陈科长讲好，新风厂经营搞上去后我要回东吴的，任满后我就写了辞职报告，提出要回东吴厂。总公司不肯，沈总经理跟我谈，说经过讨论让你继续连任，我不同意，说当初是讲好的。新风厂的职工和干部也劝我，说毛厂你又不是在新风厂待不下去,干嘛要回东吴呢。我还是想回去,毕竟对东吴厂我是有感情的。后来总公司朱书记松口,同意我在1988年重返东吴厂,当时东吴厂已经实行聘任制,让我做第一副厂长,负责生产,之后两年东吴厂还搞起了分厂制。

沈:分厂是怎么回事?

毛:陈惠卿厂长把东吴厂做大了,把车间做成分厂,内部不分家,这是在1992年,我是1994年2月退休的。退休前我去了一趟意大利,参加项目洽谈,因为意大利的印花技术比较发达,但谈了很久没有谈成。我回来后,分厂制已经确定,让我担任一分厂的厂长,还有二分厂、化纤分厂等。启动分厂这段时间,东吴厂的真丝绸销到了深圳特区,生意好得飞起来,半年就完成了一整年的利润,可以说赶上了好时间。我退休之后不久,丝绸业就有点不行了。

徐慈生

访谈对象：徐慈生，女，1933 年生，原东吴丝织厂职工
访谈时间：2021 年 10 月 26 日
地点：徐慈生宅
文字整理：郁琪

沈：徐师傅您好，您也是东吴厂的老员工了，请您介绍一下自己在东吴厂的一些亲身经历。

徐：我叫徐慈生，1933 年生，1951 年进厂，是劳动局派我进去的，一起进厂的有 4 个女工，现在都走掉了（指去世），只剩我一个。

沈：那时候您是干什么的？

图为徐慈生。

徐：我是牵经工。

沈：徐师傅您是一直做这个工作做到退休吗？

徐：是的，一直做到退休。到 1981 年，我 50 岁退休，做了一辈子牵经，基本上一直是三班制的。那时候很苦，小孩子都是自己带，没人帮着带，只能 4 点钟起来洗尿布，再大清早送到托儿所。

沈：遇到中班或者晚班，接送小孩怎么办呢？

徐：托儿所也是三班制的，我上中班，小孩就晚上 10 点钟接回来，接送小孩的时间跟我上班的时间是一样的。

沈：您小孩当时多大就送到了托儿所？

徐：生下来 56 天，因为产假就是 56 天，产假一结束小孩就只能送到托儿所，这样一直持续到读小学。下了夜班回来睡觉，睡觉的时候孩子放在身边，那时候是真的很苦。有个保卫科长叫钱鹤林，他的家小（指妻子）也是上三班制（倒）的，（他妻子）是准备车间的，60 多岁就走了（指

去世）。东吴厂只有两个中层干部双职工家庭女方一直做三班制（倒），做到退休，一个是我家（徐师傅的丈夫即毛寿康），还有一个就是钱鹤林家。

沈：这个很感人，应该记录下来，毕竟不是一天两天的事。徐师傅，还有当时做塔夫绸时，有没有什么感触？

徐：没什么感触，就跟着师傅做。做塔夫绸很难，料子很好、很细，要求很高。很多人结婚穿的婚纱礼服，都是我做的。

李 伟

访谈对象：李伟，原东吴丝织厂经营科科长、东吴珈都时装厂有限公司总经理[1]

访谈时间：2021年10月28日（第一次）

地点：吴中区民生综合服务中心会议室

访谈人：沈骅

文字整理：李兆健

沈骅：李总好，很高兴您接受我们的访谈，您进东吴厂是比较早的，经历了东吴厂的整个发展历程，所以想请您介绍一下经历。

李伟：我叫李伟，1939年出生于上海，祖上都是吃"丝绸饭"的，我爷爷、父亲、伯伯和叔叔三代人，包括我的下一代，四代人都是

图为李伟。

吃"丝绸饭"的。我爷爷当时在绍兴，清末民初，（那时）都是手拉织机，是手动或脚踩的。我的大伯伯很早就到上海做丝绸生意，几年后，开了一个丝绸厂。我父亲帮他，用现在的话来讲就是做销售工作。我母亲从14岁开始就当丝绸工人。解放以后，我父亲在上海丝绸一厂工作，我母亲在上海丝绸五厂（工作）。

我的文化水平是高中，不是正规的高中学校毕业，类似于夜校，因为我14岁就和父亲去学丝织生意了。1956年我正式参加工作，18岁，到西安建筑二公司，是上海支援西北的时候去的。当时是参加飞机制造厂的基建工作，干了大概10个月，苏联人撤销支援（后），我和大部分人再回到

---

[1] 李伟，1939年出生于上海，经济师职称，中共党员，历任东吴丝织厂（首任）经营科科长、东吴丝织厂外协办主任、珠海东吴珈都董事兼总经理、苏州东吴红莉来时装公司总经理、苏州东吴丝织厂厂办主任等，1999年从东吴丝织厂退休。对李伟先生的访谈共有两次。

上海，重新安排工作。

1957年我去了东吴厂的上海办事处工作。1956年公私合营后，苏州还没有成立外贸公司，但丝绸厂的成品大多是外销的，外贸公司供给丝绸厂原料，加工后的产品再返销给外贸公司。苏州没有外贸公司，物流工作就出了问题，原料要从上海提运回来，产品要交运到上海去，而上海到苏州的运输主要是靠苏州河上的小货轮，码头就在平门，因此要成立办事处，我们在上海有七八个人专门做运输工作。1958年，苏州成立了外贸公司，就在（今人民路）口腔医院边上，（当时）东吴厂的斜对面。成立外贸公司后，物流工作就不需要了。1959年初，我又被东吴厂供销科外派到驻上海办事处，负责采购和供销物资。两年后回到厂里，到准备车间当统计员，负责原料统计。1964年组织上派我参加苏州市"四清"工作队，后来又调到江苏省"四清"工作团，先在徐州，再回苏州。我主要是负责外调，因为还没成家，所以外调这些苦差事都是我干。

南京长江大桥在修建时，大桥二处、大桥四处（也）就是桥南、桥北两个工程处，和我们厂联系，提出要做一些丝绸产品的纪念品。东吴厂那时已经开始织宣传用丝织品，特意调了一台特大织机，织了"毛主席去安源"像，一共织了13幅。丝织行业只有杭州都锦生丝织厂能生产风景画，东吴厂是第二家，也织苏州园林（为主题）的丝织品。长江大桥的订货是经的我手，大桥造好后作为纪念品发给相关人员。

东吴厂原来面积很小，搬到人民路后，大门改成了六扇头的板门，一车间、二车间原来是民房，征用后改造成车间。到后期，面积大约有4.5万平方米，厂关闭时，建筑面积大约是7万平方米。当时，我的思想稍微有一点超前，我认为经济发展要有一个前瞻性，要想到再过5年后会怎么样。

改革开放后，经贸部陈部长的一个讲话对我触动很大。陈部长讲话的大概内容是，我们泱泱大国，出口一列火车的商品，换不来一架飞机。出口一件衬衣，纺织部管面料，轻工部负责生产，外贸部搞销售，老是一个品种，非常单调，卖不出价格，丝绸总是（用来）做睡衣、睡袍，最多就是上面的绣花变一下，国际上需要的是时装，款式（的流行）是有时间性的，等到外贸部看到信息，传到纺织部再织出来，款式早就变了几遍。整个国家的外贸只有40亿（美元），丝绸面料占了4亿（美元），但是一幅面料（只卖）4美金，外国人加工成成品就是40块、50块了。

这个讲话对我触动很大，（再加上）十一届三中全会的主要内容是解放思想，要打破老框框、打破"大锅饭"，我就向党委提出，除了完成外贸出口、内销任务外，是不是可以生产一些计划外的产品。厂长比较保守，没有表态，但是新调来的党委书记是部队转业的，听到我的建议后很支持，说小李你胆子大点，放心去做好了。我说厂长没有表态，他就去找毛寿康副厂长商量，实际上毛厂分管的是生产。然后就通知基建科，把墙破开，东吴厂沿人民路原来有条矮围墙，破开后，在里面平房设一个门市部。摆下货架，前面放一个柜台，开始对外卖华达呢（音），大家都排队买，第一年就赚了大约16万元。

后来我提出，还可以卖丝绸面料、丝绸服装，但是东吴厂不会做服装，我就到常熟一家服装厂去联系。大约在1975年，我到福建去联系木材时，常熟供销社主任也到那里去联系木材，互相认识了。后来他和当地的一位乡党委书记提出国营大厂能不能帮帮"乡下人"，意思是让我帮他们办一些乡镇工业。我说可以的，我们有设备，供销科可以卖织机给你们，价格可以便宜一点，还有面料，可以请你们加工，你们可以设印染厂、丝绸厂、服装厂等。他们就把厂子搞起来了，加工成本比市里要便宜一些。这样一来，东吴厂生产的高密度尼丝纺——就是之前做羽绒服的面料，原来生产出来都给上海公司，上海的服装公司加工后，再出口到外国去——后来就请常熟的几家工厂加工，然后我拿着服装样品，去上海推销，完全能够被市场接受，还在苏州自己的门市上卖。

另外一个是举办全国展销订货会，请哈尔滨、天津、北京、上海的百货公司、服装公司来参加服装订货会。这种做法在1979年、1980年时还是比较大胆、前卫的操作。当时，苏州主要靠南门的货轮将货物运到上海去，结果订货会上订出的货，到轮船码头被工商局扣下来，说东吴厂是做丝绸出口的，怎么做起了服装？这是服装厂的生意。于是我就和工商局的一位副局长电话联系，解释说我们东吴厂生产服装，主要是听了外经贸部陈部长的指示，十一届三中全会要求实事求是，要求根据需要来开拓市场，我们要打破"大锅饭"，要解放思想、调动职工的积极性，最后说如果哪里手续办得不完全，我们可以补办。那位副局长听我讲完后，说你们是对的，后来就通知放行。后来，我还组织采购供销员备好样品，到南京、广州等大城市去推销。

东吴厂缺少服装人才怎么办呢？就去入股位于东山的吴县服装二厂。经营科在东吴厂有独立性，在苏州市，东吴厂经营科的设立可能是第一家，而且经营科的财务与厂里是分开的，仓库也是由经营科支配的。我就自己组织原料，跑到河北保定、新疆去买丝，还在不影响外贸订单的（前提下），利用了多出来的一些丝。因为国家订货也好，外国人订货也好，不可能恰好生产完，一般有3%上下的误差，多下来的丝可以充分利用。根据这样的思路，我请东山（服装厂）培训人才，送3个年轻人去学技术、学管理，学了1年时间。再请苏州工艺美校的工艺老师，一对一地教厂里原来会做服装的工人如何裁剪、打板、设计。又培养了4个运输工人做业务员，我告诉他们，给公家做事要记住一条，公家的东西不能放在自己的口袋里面，出去吃一顿饭可以的，但是不能开口（指索贿）。

这样一来，市场就扩大了，从1979年下半年开始，经营科的利润不断增加，到1984年时销售量（达到）最高，差不多有80万元利润，几乎占到全厂利润的四分之一。东吴厂有3000多人，产值（每年）有两到三个亿，但是全厂的利润不高，因为大头被南京的外贸公司拿走了。对于主要做出口的外贸企业来讲，利润这一块本就是小的，主要以争取外汇为主。经营科还管一个外宾小卖部，上交一部分利润，留存下来的不多，但几年积攒下来也有几万美金，就用来进口服装设备。服装设备（买）进来时，东吴厂还没有服装厂，就先放厂里，找到加工单位后，把设备给对方用，产量马上翻上去，而且质量更好。

这个就是我一直认为的，要预先想到下一步怎么做。我平时喜欢看《参考消息》，东吴厂是团级单位，可以订一份，我晚上没有事就去看报。《参考消息》上讲道，丝绸生意为什么好，是因为（中国）香港地区和日本的需要量增大了，我就想到随着中美关系缓和，丝绸的需求量可能会更大，所以不但要发展生产，而且要推动深加工。

经营科搞得蛮好，其他人也想干，我就主动让位了。这时我已经有了下一步的想法，一个是搞合作，要更新设备、发展深加工、生产服装，另外一个是帮助乡镇工业，可以充分利用旧设备。于是厂里成立对外协作办公室，我作为厂长助理来负责，经营科长由别人做。1985年，四川有家丝织厂准备在深圳开出第一家服装厂，省丝绸公司叫我们去祝贺，实际上也是让我们去学习考察。我就跟厂里的书记，另外还有东山服装二厂的副厂长3个人一起去深圳。（开业祝贺结束后），书记要去看望一个老朋友，他原来在无锡的无线电厂（工作），这家无线电厂在珠海成立了一家江海电子公司[1]，生产双卡录音机，当时稀奇得不得了。我们是7月初到珠海的，到了这家电子公司后，他们问我们有没有什么想法，书记就说希望到这里来搞个窗口，搞一个服装工厂项目。对方说好的，他们不懂服装，但是可以提供房子和生产车间。我们考察了3天，认为是可行的。珠海当时不少是土路，只有两条马路是水泥和柏油路，一个是九洲大道，一个位于原来老城。然后就草签了一个协议，回去后经党委会研究，认为可以成立一家珠海东吴丝绸公司，让我起草可行性报告。我花了一个星期，写了一份可行性报告，提出第一步搞一个小型服装厂，第二步搞中外合资。正巧珠海有家加工棉花的集体所有制性质的棉絮厂，有20多人和20台老式电动缝纫机，可以并进来，（其他）人员可以到我以前委托加工的单位去招一批。党委研究后同意了，整个事情就压在我的身上。

  11月份正式签订合同。江海电子所在的大楼有6层，江海公司占3层，从2层到4层，底层是塑料厂，专门为江海生产模具，5、6层楼让给我们做服装厂，大概2 000平方米。由于工人比较多，首先要解决吃饭问题，正好后边有块空地，就搭个棚子作为食堂。准备春节以后开工（后来是次年2月4号开工的）。我马上赶回来招工人，一部分是我原来培训的18个人，另外就是原来经营科一部分愿意去珠海的人，也有18个人，这样第一批去的就是36个人，加上棉絮厂原有20多人，再在当地招聘了一个司机、一个出纳，这样有六七十个人了。刚去的时候住在九洲港码头边，离厂大概有10公里，蛮远的，大家都骑自行车，一个人骑车驮（带）另一个人去上班。筹建工厂时，我还跑到顺德的一家家具厂，把家具厂里生产油墨多下来的料，买过来铺在地上。大概花了20多天时间，筹建工作全部搞好后，就开始对外承接加工任务。先接小的加工单，一两千件的服装先做起来。3个月后，接到澳门一个兄弟俩开的服装加工单。我提出，（让对

---

[1] 珠海江海电子股份有限公司，是由珠海市商业信托贸易公司与无锡市无线电厂合资联营的内联企业，1984年7月成立，成立不到8年，不仅收回了当年的500万元投资，还上缴利税2 900多万元，并积累起2 000多万元的资产，仅1991年就创汇2 600万美元。1992年1月27日，邓小平同志到珠海后专门视察了已进行股份制改造的江海电子，60岁的公司副经理丁钦元汇报了公司发展情况。时李伟已经回到苏州负责合资企业红莉兰时装有限公司。

方）帮工厂进口60台日本生产的缝纫机，这是生产对方服装的基本设备，（费用）从加工费里扣。双方签订协议后，对方帮我们进了60台新设备，这样工厂就有80台缝纫机了。我又到浙江临海绣品二厂——（它）原来是帮经营科加工绣衣的，说动副厂长带30多个员工加入进来，又在珠海当地招了大约60多个员工，这样前前后后就有150多个员工了。花了差不多1年时间，到1987年2月，把买设备的钱全部还清，这个过程中，东吴厂没有投一分钱，就是带了18个职工过来，其中有两个人觉得不适应又回了苏州。

初步具有小厂的规模后，我就去找合资对象，有很多香港（地区）客户的江海电子帮我们介绍。江海的原材料大都是从香港（地区）进口的，产品既出口又内销，1986年和1987年时买到一台双卡录音机是很风光的，有些小青年就挂在自行车上放。江海介绍了香港的一家珈都时装公司，这家时装公司专门生产高档的日本服装，走小批量精品的经营路线。老板姓詹，夫妻两个带一个助理看了我们厂后，也很满意，认为我们的管理还是比较规范的，特别是他听说有东吴丝织厂这样的大厂为后台，马上说ok。接下来大家说到股份，我就说你们占25%，当时国家有规定，外资占股不能低于25%、不能高于49%，初步谈好后要向上级部门申报。那个时期要申报一个外资企业还是不容易的，我跑了两个月，到南京的省丝绸公司，到北京的进出口总公司，他们一看这个项目蛮好，就和我们厂长提出来要参股。本来我们商定的是作为大股东的东吴厂占一半股份，江海电子占25%，外商占25%，毕竟主要工作是我们东吴厂做的，说得更直接点，主要是我创办的，但最后我们只有16.8%，省公司要25%，成为大头，苏州绸缎练染一厂也要参股，10%多一点。实际上这就是我们体制的弊病，搞了6个股东，我一个媳妇上面有6个婆婆（笑）。总之，我认为新创建的合资公司也是在为国家创汇，一些小问题就尽可能用平稳的方式解决。

经营了4年，这期间我一直是董事兼总经理，工厂名称叫珠海东吴珈都时装厂，和80多家日本有名的高档客商（合作），生产高档服装，但是订单数量不大，1个单子小的只有300件衣服，大单最多3 000件。后来也接单生产其他产品，比如20万件针织汗衫等。总体来说利润是可以的，当时要定指标，我定的是两年内把投资赚回来，结果一年半就赚回来了。除了服装上有利润，（采购）苏州几个厂的丝绸面料后卖到香港地区，也赚了不少钱。后来服装上做到什么程度呢？差不多1人创汇1万美元，最好的一次是把160万美元全部打到中国银行，都换成人民币，没有截留。当时外币一直有黑市，汇率不一样。珠海评我为先进工作者，厂支部为先进党支部，工厂为先进企业。

  从省公司到北京总公司的领导，他们参加完广交会后，就会到珠海工厂来开董事会。我有一个原则，我认为不能将钱放到"布袋袋"（指自己口袋），领导来了可以招待，但是放入口袋的情况是没有的。有人和我提出来，说老李你不会做人哇，那么好的利润，可以少上交一点，给董事会成员每人送个红包。我说我是不会做人，今天搞了这些事，以后算账都会推给我，我自己不捞，也不害人家。我脑子里考虑的，是怎样赚外国人的钱，为企业、为国家创造更多的利润。

  对工厂的员工（我们）也进行教育，我们到珠海、深圳来开工厂，是垦荒、是开拓，是来探索改革开放的实践工作，不是为私人多赚钱。但是作为领导，当然要考虑大家的经济利益。在特区工作的待遇可以比内地好一点，因为开支也大，离开家乡也辛苦。按照合资企业的标准，总经理（月收入）可以拿员工10倍的工资。我说不行，拿3倍足够了，最后我拿了两倍半，就是500块。苏州工厂的厂长也只拿172块，所以我自己也要心安理得。员工平均下来拿200到300块，最低的人有180块，苏州当时的工资是七八十块。我刚来时，住18个人一套的房子，骑1个小时自行车去上班。半年后，工厂有起色，厂里租了一栋楼给员工住。再过半年，每个宿舍里都配备了电视机，为员工改善生活，希望员工能安心工作。员工在食堂吃饭不要钱，我也在食堂里吃，所以员工对我很亲密。

  和员工分开30年以后，直到2014年，我们这些人才重新开始聚会，2019年开始因为疫情暂停。聚会在3个城市轮流转，一年放在珠海，一年放在苏州，一年放在临海，已经转了两圈。每次聚会都有八九十个人能来，从全国各地来，还有从外国回来的。他们讲，当年赚到的不单是钱，还有理念，是改革开放的理念、解放思想的理念，包括打破"大锅饭"，学习人家先进的东西，肯做、肯干、肯学等。当年的员工和管理人员，现在好多已经是企业家了。其中规模做得最大的就是从常熟过去的18个人中的一个，他现在开了3家公司，拥有600多个工人，专门为美国生产牛仔裤，1天1个集装箱。他说如果（当时）在农村，是见识不到这个世界的。他在深圳帮了我1年,后来把18个人带到深圳自己开厂,当时是作为乡里的集体资产,后来转制给他了。另外,东吴珈都还见证了12对夫妻。

东吴厂后来又在深圳搞了一个华东服装公司。我在珠海到1991年任期满,10月份被调到深圳当华东公司的总经理。公司工人有400多个,也是和香港人合资的。但是这个厂没有经营好,叫我去擦屁股。去后整顿了半年,到1992年5月左右,又被调回苏州。东吴厂有一个服装项目,利用原来虎丘西路的一个知青厂生产服装,但是厂里派了三批人都搞不起来,就把我从深圳调回来。

我回来后重新招了一批人,从珠海招回来一批,从丹阳、苏州郊区招了一批,开始做服装加工,主要(用于)内销,称东吴丝织厂时装分厂,我当厂长。我有一个朋友是省丝绸公司的服装科科长,他自己开一个公司专门接美国人的单子,但是他没有厂,到别的工厂加工。他又介绍了一个做丝绸生意的香港大老板,于是(三家)一起(成立)红莉来时装公司,这个名字也是我定的。香港老板参股,但不参与经营。合同签订一个星期后,香港(那边)就打过来30万美元,很爽气的。这个香港老板一解放就开始做丝绸生意,所以对东吴厂比较了解。红莉来就这样起步了,在东吴厂大门口开设了一个门市部,生意也蛮好,服装、面料都卖。后来开始接美国的服装订单,其中有一个很大的客户,订单的数量都是30万、40万件,我们自己来不及做,就让苏北、吴江、桐乡、嘉兴的绢纺厂做。另外到日本参加总公司开的订货会时,也会接到日本的订单。日本的订单利润也好,还现付定金。这样红莉来的事业进一步扩大,不局限于生产丝绸服装,化纤服装、羽绒服装、羽绒被也生产。红莉来油水(利润)最好的时候是1995年,达到223万元。

1995年底,东吴厂的厂长对我说厂里资金短缺,要我向红莉来的外商借30万美金(周转),但是总厂(指东吴丝织厂)没有美金还,只能还人民币。我就在交通银行专门以红莉来的名义开了个账户,总厂还来的钱放在这个账户上。我的重心放在红莉来的业务,这本账不大看。总厂还了钱,就让财务把钱划给香港那边。没想到,管财务的人挪用了这83万公款,这个人是总厂派来的。大年初二我打电话给厂长、书记,说出事了,检察院马上拘留了会计。发生这个事情,我个人也有责任,毕竟会计是我下边的人,我就主动打报告辞职。1996年时我才57岁,还没到退休年龄,就回了厂里。

实际上我有责任，但不是主要责任，毕竟我不是法人代表，不过我还是主动承担了这个责任。后来这个厂有点可惜，我走以后，换了一个接任者，结果工厂没到一年就倒闭了。我觉得，做事公是公、私是私，公事做完了，再去做私事。所以退休以后，我就再去开厂。我的经营理念就是股份制，而且我的股份制理念，是比较解放（先进）的。当时我是怎么搞股份制的呢？ 一半股份属于管理人员，另一半股份属于生产工人，我在90年代就提出这个想法了。我认为，国有企业（工人）到后来往往出现消极怠工，这是普遍现象，如果人人都有责任，就不会这样。但是实际操作时，工人持股有困难，后来我自己搞的企业，自己持股只有33%，二把手是31%，剩下的股份3个人分。

我到2011年后就不管工厂了，交给其他股东。所以我说股份制这点好，不做了就拿一份工资（分红），一年去两次看看，要我做主的时候（指开董事会），也可以做主。

访谈对象：李伟
访谈时间：2021年11月11日（第二次）
地点：吴中区民生综合服务中心
访谈人：沈骅

沈：李总好，今天再占用您一点时间，请您把上次访谈没来得及讲的一些事情，再介绍一下。

李伟：好的。我们东吴厂在1979年到1980年这个阶段，就是根据十一届三中全会的精神，打破了行业的规矩，因为生产工厂去搞商业活动，在当时来说是不符合工商业相关规定的。但是，当时的党委孙书记对改革开放的理解比较深，我就根据他的指示，本来工厂是专门生产丝绸的，改成用化纤面料生产服装，这样一来就跨行业了。

我们第一次召开订货会时，邀请了不少全国知名的大型百货公司，像北京的王府井百货公司、西单商场服务部、安定门百货商场、北京供销社、地安门商场、元隆顾绣绸缎行、友谊宾馆和西苑饭店商品部，天津的劝业场、下瓦房百货、佟楼百货商场、华茂服装店，哈尔滨的秋林公司、香坊丝绸店、海拉尔百货大楼，南京的新街口百货商场、华伦化纤店、红旗布店、下关百货、九龙布店，广西桂林的旅游贸易公司、公益美术服务部，广州的南方大厦地下商场、外贸中心服务公司，等等，它们都来参加我们的订货会。上海来的更多，淮海路和南京路上的著名服装公司、百货商场都来了，还有新世界服装公司、沪兴服装店、黎明服装店、鸿翔时装公司、龙凤中式服装店、高美服装店、天马服装店、向阳儿童服装店、上海妇女用品商店、人立服装店、利民服装店、徐汇百货商场、田林商业总店等，还有"三大祥"绸布店，就是协大祥、信大祥、宝大祥，以及大昌祥绸布店、老介福绸布店等，大概要有三五十家。

1980年开这样一个订货会，也是冲破了老的计划经济的框框，可以说是市场经济的一种尝试、一种探索。订货会就放在东吴丝织厂的礼堂里开，生产出的服装样品就放在舞台上，让大家挑选，选购以后再给我们下订单。以这种形式来搞经营活动，在当时来讲是比较创新的，因为当时的工厂只能生产、不能销售，商店只能销售、不能生产。我们冲破了这个框框，既自己开门市店，又开展销会、订货会。

沈：这个订货会前后延续的时间有多长？

李：从1980年到1984年我当经营科长时都开的，后来延续了一段时间。到90年代以后，客户都说要什么产品由他们来定，他们直接拿样品来，这样就定做供货了。

沈：李总，您请再说说模特的事。

李伟：1985年我到珠海去搞窗口工厂，这也是我们苏州市丝绸行业到特区办的第一家厂。1986年2月份，正式在翠香路100号和珠海江海电子公司合资，成立珠海特区东吴丝绸有限公司。做了一年的补偿贸易后，我们引进外资，办了一个中外合资的东吴珈都时装厂有限公司。为什么叫时装厂有限公司呢？这是外方提出来的，称厂说明是有实体生产企业的，称公司说明是可以直接经营的。我们生产销售到日本去的高档真丝绸产品，都是时装。这个合资企业受到上级重视，所以江苏省丝绸公司、中国丝绸进出口公司都积极参股，最后我们东吴厂只有16.8%的股份，大股东是省丝绸公司。

当时我在北京申报出口企业的时候，就考虑到要学习（中国）香港地区、日本的时装销售办法，就是要做广告，所以请了北京较早的时装模特队,也就是《时装》杂志的模特队拍样品,这个做法在当时的服装行业中也是较早的。然后,我们对日本的客户做广泛宣传,最后接到100多家日本(公司)高级时装的订单。

沈:李总,请您再介绍一下在珠海办厂时的工资情况。

李:我们去珠海特区,是去搞窗口建设的,同时员工的工资待遇,当然比内地的要有所提高,但是我们自己加以控制。

当时从一线工人到我(这个)总经理,差距不能拉得过大,就是说不能超过工人的3倍工资待遇。具体收入从1986年开始逐步提高,开始的时候我是500块工资,1989年是经营得最好的一年,我全年的收入是12 228元。第二把手拿到9 649块,第三把手是9 133块,中层干部像会计部财务经理是8 300元,工会主席是7 770元,生产厂长也是7 700多元,技师是6 600元,经营部副经理是6 462元,驾驶员是5 900元,出纳是5 590元,驾驶员基本上都是5 000多元。当时我们公司不大,但有7个驾驶员,有两辆拉货的大卡车,要到苏州拉面料,他们跑长途,要开两天两夜,很辛苦的。后勤的同志叫事务长,也可以拿到5 700元,像一些新来的员工,一般是在3 000元到4 000元,少数技术特别好的员工可以拿到5 000元,就等于小组长、生产组长这个级别。

举个例子,有一个大学生叫梁彩霞(音),来了一年就拿能4 622元。当时需要技术人才,就到专业院校招人。1988年我请上海纺织工业大学、现在叫东华大学

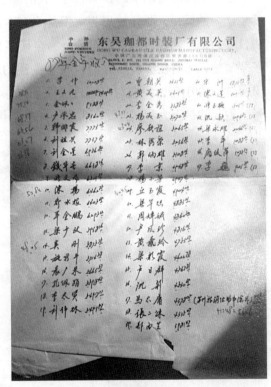

图为1989年李伟先生保存的东吴珈都全厂员工的全年工资收入情况。

的服装系老师介绍一些好的学生,梁彩霞是江西人,当地比较贫穷,在上海毕业以后没有找到好工作,老师就介绍过来。她刚从学校出来,没有实际经验,当时我到这个大学的实习工厂去看过,设备是非常落后的,可以说是解放初期的设备,所以我想这样培养出来的人是缺少实际经验的。她来后,我说我们这个公司不大,但是产品的档次要求很高,适合你这样有专业技术的。后来她就在技术科(工作),再后来到德国外资企业,年薪很高。前两年我们在苏州聚会,她带爱人跟女儿一起来,她特意说,李总说当年我们在珠海时钱挣得不多,但当时蛮好的,而且在珠海工作形成了打破"大锅饭"的理念,形成了敢做敢干的理念,所以才有今天的岗位。现在我们当年去珠海很多同志的最大体会,就是改革开放打破了吃"大锅饭"思想,意识到要开拓市场、要创业。

沈:当时一线技术工人里最高能拿到多少工资?

李:最高的可以拿到5 000元。我的理念是这样的,改革开放要去掉束缚生产力的框架,要开放思想,但什么东西都要有一个度,我一直对员工讲,要为企业、要为国家,而不是为自己多挣钱。另外一个是在政治上脑子要清楚,当时在深圳和珠海也有一些乱的现象,所以(我)经常给员工敲警钟。1991年,我被珠海市政府授予"珠海市先进生产(工作)者"称号,主要就是因为我们公司创汇多,而且都统一结算给了国家。

刘林梅

访谈对象：刘林梅，原东吴丝织厂技师、力织车间保养大组长[1]

访谈时间：2021 年 11 月 2 日

访谈地点：吴中区民生综合服务中心会议室

访谈人：沈骅

文字整理：郁琪

沈：刘师傅好，您是东吴丝织厂的老职工、老劳模，想请您介绍一下自己的生平和经历，通过您个人的角度看东吴丝织厂是怎么发展的。

图为刘林梅。

刘：我叫刘林梅，1942 年 1 月 23 日生，盛泽人。1958 年进入东吴厂当学徒，进的是分厂叫二工厂，在皮市街，还有个一起的师妹叫谢锦霞，跟的师傅叫陈义泉。先做保养工，做过保养工后才能做机修工，跟的师傅叫任寅虎，他是个党员，技术各方面都很好。一年多后，因为当时的安全生产意识（不足），我出了工伤事故，手跌断了。我记得当时中医院蛮有名气的周医生，帮我连续接骨三次，第三次告诉我如果再接不好就要动手术了。恢复期间不能上一线工作，工会就让我先在工会的图书馆上班，我文化水平低，只读到四年级，正好有机会可以看书学习。

就这样在图书馆待了一年半，厂里的设备科长叫沈兴宝，东吴厂有号称"四宝"的，大宝、二宝、三宝和沈兴宝，他跟我说：小刘啊，你年纪还轻，要不要回车间？我说我这样子能不能回车间？他说你可以去平车组。东吴厂有两个平车组，一个是以年纪大一点的张小根为主，工人都是

---

[1] 刘林梅，1942 年出生于盛泽，1858 年 7 月进入东吴厂，2002 年退休，技师职称。

50 岁左右，专门生产高档品种。还有个以陈少卿为主的小组，是年纪轻的一批人。张小根带的组在一车间，一车间主要生产高档品种，我说我想学本事，就去了一车间，在张小根手下。我跟的师傅是徐小弟，是个党员，本事相当好。一直做到 1965 年，东吴厂要成立技革组，我在平车组里算喜欢弄弄（钻研技术）的，领导觉得我可以，就叫我去了技革组。一年多后，公司也要成立技革组，从厂里调人，我就到了丝绸研究所。

沈：是什么公司？

刘：当时还不是丝绸公司，是纺织工业局从各个厂里抽人成立的技革组，组长是丝绸研究所的戈寿福，他是全国劳动模范，本事很好、名气很大，丝绸厂的人都认识他。我跟着戈组长一起研制高速提花织机，就是六角方轴，还一起研究喷气织机，这两个项目都被省轻工厅选中参加展览会。到丝绸研究所后，跟戈组长学到不少本事，因为要去各个厂参观学习，所以去了很多地方，包括上海、杭州等。这样学到不少知识，眼界也拓宽了，我记得杭州有从国外引进的大圆盘织机，还有磁性尖管（音），这些当时都是外国的先进设备，杭州都引进了。

一年半后，大家都回到各个厂，我回到东吴厂技革组后，再到杭州都锦生厂去学自动换道，学了两个月。都锦生厂的织机型号是仿制日本的 K251，东吴厂的是 K274，实际上是老式的铁木机，这款织机也是厂里的技革组设计出来的。我在厂里的织机上改装自动换道，先试着开 4 台，后来逐步推广到 8 台，这种技术在苏州都很稀奇，其他厂都来参观学习。后来又安装光电探位的自动换道，东吴厂在全国是第一家弄（开发）出来的。"文革"结束后，（有一次）美国《纽约时报》（记者）到厂里来，用摄像机拍电影（视频），还给我们拍照，厂里宣传科戴科长和管生产的沈副厂长说要宣传"三结合"，找了几个职工，张济中、黄银和我，我是开这个机子的，黄银是我的学生，3 个人拍了一张照片，表示工人、知识分子、干部的"三结合"[1]。拍好之后，我问沈厂长拍的照片能不能给我们一张，隔了一个礼拜，他跟我说照片没有了，只剩张底片，我就要了那张底片。前段时间在桃园东展厅举办东吴厂的（厂史）展览，我拿出这张照片时，张济

---

[1] 1978 年刘林梅师傅（和黄银）发明织锦缎自动换道织机后，美国《纽约时报》记者和摄影师专门到东吴丝织厂采访，并为三人拍摄了照片，以工人、技术人员、研究人员"三结合"的成果在《纽约时报》刊登（照片见张济中口述部分）。

中当时想不起来（笑），这是我自己经历的。

我在东吴厂机械方面的技术革新除自动换道外，还有自动换梭，先是撞击式自动换梭，后来改成更先进的升达换梭。撞击式自动换梭只能是90度，升达换梭可达到180度，冲击力也小，可以减缓梭子的损坏和减少轧梭现象，机器零件也减少了损坏，所以很快推广开来，几个型号的织机全部按照我的设想改装，这样东吴厂的织机都是自动换梭的。还有对塔夫绸生产技术的（革新），当时塔夫绸的名声很响，但质量总体还不是很稳定，我把开口改成凸轮式，可以控制停顿时间，再和摇杆搭配，基本解决了塔夫绸的质量问题，对后来塔夫绸得到金奖（有帮助的）。还有厂里的金丝被面，这个品种很难做，原来的生产织机是双钵头的，不太稳定，在实践中我改成单钵头，解决了机械上的问题，机器运转也正常了，后来金丝大富贵被面还得到了金奖。还有一个例子，厂里织"毛主席到安源"风景画的织机，原来是丝绸研究所的戈寿福设计出来的，没有投入生产就搬到东吴厂来，当时是在机器下面接4个轮子，一路从大公园推到小公园，再从观前街推到厂里来的，放在厂里一间房子里。后来是陈少卿和我重新安装调试的，挡车工叫朱玉英，因为织的难度比较大，织了十几幅就不织了。

20世纪80年代后，厂里的科研组撤销重组，因为陈惠卿厂长来后，准备参照振亚厂的一套，振亚厂是各个车间各有一个平车组，东吴厂是整个厂有一个大的平车组，于是重新改组，每个车间都各设一个平车组，这和"包产到户"差不多。厂里的平车组、技革组就都解散，我被派到一车间当平车组组长。东吴厂一车间是开放车间，生产的品种最多也最复杂，而且都是高档品种，比如夏夜纱、碧玉纱、花绒缎等，我在其中发挥了不少作用。

当时政策放开了，技术人员可以去当"礼拜日工程师"，我也到外面的工厂去帮忙，有苏州娄葑丝织厂、甪直丝织厂、光福香雪海丝织厂等。厂里也派我去联营厂做技术指导，像光福那家就是我们的联营厂。有一次，光福联营厂要生产日本人的腰带，大约要50厘米的门幅，丝织行业没有这样规格的织机。我后来想出个办法，把一台阔的织机中间分开，放一只梭箱，两头两个，打过来打过去，后来光福丝织厂就生产出了这个品种。所以我当"礼拜日工程师"，既是发挥自己本领，又能学到知识。

后来东吴厂生产四维呢时，因为生产难度比较大，质量不大过关。织机有轻重梭，重的时候打不进，轻的时候弹出来，容易轧梭。后来从外国进口了先进的剑杆织机，再进行改装，我也参加了。陈惠卿当厂长后进行改革，搞了两个分厂，二分厂有喷水织机，生产化纤为主，一分厂有剑杆织机、有梭织机等，织真丝绸为主，四维呢也是一分厂做的。一分厂的副厂长陈少卿和技术科长周文安问我有没有办法，我就先到外面去看（参观），我又是苏州丝绸协会会员，定有《丝绸》杂志，去翻这份杂志时，看到杭州有家工厂的 GK601 龙头适合生产，就跟厂里领导讲用那种龙头应该可行。厂里就开了介绍信，让我去杭州那家厂考察。我到杭州（那家）厂后，问能不能买一个试试，对方知道我们东吴厂是一家名气蛮响的工厂，而且东吴厂有好几百台有梭织机，就说可以先送我们厂一个，试用效果好再来买。这个龙头换装到织机上后，运转得很好，最后厂里两百多台有梭织机全部换成这个龙头，包括小提花织机，这样厂里生产的四维呢在全国差不多是质量最好的。

1996 年，厂里开发了一个（新品种）烂花绡，质量不太行，技术科长俞苏苏叫我动动脑筋、想想办法。烂花绡是人造丝和真丝交织的，松紧力不一样，最后我把上经轴的送经方式从被动改为主动，问题就解决了。当时丝绒非常流行，东吴厂不做丝绒，只有新光丝织厂做，我跟陈少卿一起把第一代绒机弄出来了。丝绒如果做得不好，可以烂掉做烂花丝绒，在这个基础上再做烂花绡。烂花绡这个品种一开发出来，东吴厂就由亏转盈了，我也一直做这个品种到退休。

沈：您是什么时候退休的？

刘：我是 2002 年退休的，退休以后我参加的最大项目是帮助杭州丝绸科学研究所把"杭罗剑杆织机"研发生产成功。当时杭罗[1]是能够生产的，但是不能用剑杆织机生产。我本来不认识杭州丝绸研究所的人，是（苏州大学）纺工院的王国和教授介绍我去的，最后和他们一起完成了这个项目。还有和光福圣龙丝织厂一起恢复传统丝绸产品，还帮中国故宫博物院仿造佛像的坐垫、披风，对方送过来的坐垫、披风都是文物，只能看、不能碰的。

沈：光福圣龙丝织厂是做什么的？

---

[1] 杭罗，一种丝绸织造工艺，流行于浙江杭州，故名杭罗，与江苏的云锦、苏缎并称。

刘：那家丝织厂的老板姓李，想生产一些传统的丝绸产品，问我和另一个师傅行不行，我说能做的，关键是意匠，如果意匠可以，机械上我能保证。意匠现在是简单的，拍个照片放在电脑上扫描就行，有专门的软件，没有电脑的时候还是难的。

有一次，有个展览馆要一张费孝通的丝织像，找到我这来。做这个丝织像先要意匠，我问了几个师傅都说不行，或者时间长，要半年，最后找到杭州都锦生厂，没想到那里的经理姓张，是我的师兄，当年我和他（一起）在杭州学了两个月的自动换道。我跟他说了费孝通像的事，他说这个简单，只要把费孝通的照片给他，他来请意匠的人。再问我什么时候要，我说最多一个月，他说你明天就可以拿。最后只收了5 000块，相当于收个手续费。

沈：这说明杭州那边丝织技术也很高？

刘：是高的。在丝织行业，东吴厂实际上水平也是很高的，后来没有持续下去，我是（觉得）很可惜的。杭州都锦生厂到现在都没有（关掉），还在西湖边上，厂里设了一个小卖部，一个产品展览（厅），一个实际操作车间，从养蚕开始到织出丝绸来，整个过程都有，参观的人很多，东吴厂也应该这样。当时，东吴厂和杭州都锦生厂是姐妹厂，关系相当好。

沈：您觉得那时候东吴厂技术方面在国内是什么水平？

刘：丝织行业里，东吴厂可以算在第一方阵，排第一的差不多是杭州都锦生，山东淄博厂也（厉害），东吴厂可以排到第三。为什么山东淄博名气大？因为山东淄博的不少师傅是都锦生厂过去的，当时国家派过去支援的。东吴厂很厉害的是花式品种，是这3家厂中最多的。

沈：还有两个问题，你前面讲到"礼拜日工程师"，就是指星期天去？

刘：时间上是只有礼拜日，当时到光福没有公交车，都是小中巴，到人民桥那边的原吴县汽车站去乘，车票要5块钱，当时是很贵的，但是可以报销。礼拜六乘末班车去，到礼拜一早上乘头班车赶回来，那家厂当时是集体性质的，跟东吴厂也是联营厂。除了去光福还去甪直，去甪直是有公交车的，也是周六去、周一早上回。

沈："礼拜日工程师"是从哪年做到哪年？

刘：我记得离现在大概30年不到，因为我孙子今年26岁，我儿子结婚请光福厂的厂长和书记来吃喜酒，倒推回去就是1995年左右，在这之后还做了五六年。

沈：再冒昧地问一下，当时的报酬是多少？

刘：我记得很清楚的，光福那边是1个月150元，那时候蛮好了，有事来叫我，来回路费是报销的。

沈：差不多是顾问费？

刘：可以说是的。

沈：我看您退休后还在工作？

刘：退休后我到无锡第二丝织厂去帮他们弄绒机，那里的绒机质量不过关。待遇是每月3 500元，这大概是2002年和2003年。另外还到吴江八坼苗圃农场，也是去弄绒机，是新苏厂的一个厂长介绍我去的。

沈：刘师傅，您进入丝绸行业，跟您是盛泽人有没有关系？

刘：有关系的，我外婆就是吃"丝织饭"的，我娘舅也是，他是地下党员，在当地的丝织业工会里，解放后当过盛泽镇的镇长。我从小就跟着娘舅。

沈：总体来说东吴厂从你开始工作到退休，技术革新一直没有断过？

刘：是的，没有断过，一直在搞技术革新。退休前，我没有接触过电子提花机，退休后，还学会了电子提花机的操作。

沈：您当时除了杭州还去过哪里学习，去过国外吗？

刘：国外没去过，主要是杭州。

江小蝶

访谈对象：江小蝶，女，原东吴丝织厂力织车间挡车工、力织车间分工会主席[1]

访谈时间：2021年11月4日

访谈地点：吴中区民生综合服务中心会议室

访谈人：沈骅

文字整理：朱雪

沈：江师傅您好，您是东吴丝织厂的劳模，今天请您说说您当年在厂里的一些经历。

江：我叫江小蝶，1958年进厂，丝织厂都是女工多。进厂的时候，（工资）只有15块，后来慢慢高起来。丝绸厂里力织车间（工人的）工资最高，老师傅最高有100块，其他车间都没

图为江小蝶。

这么多，大家都想去力织车间。不过，力织车间做的工作是最苦的，我进去时和大家一样，正是年纪轻的时候，也没感觉怎么苦，就一直做。车间里面主要是三班制，夜班要连上6个，6个夜班后，人的脸色马上就看出来是黄的，年轻时倒还无所谓，反正回家也不用做饭，洗洗就直接睡觉了。但是结婚后就不一样了，还要带小孩。产假56天结束后，小孩要吃奶，大人上夜班怎么办呢？ 就把小孩送到托儿所，吃奶的时间就去喂一下。夜里天冷的时候也没有空调，就冲一个大的盐水瓶放在小孩脚边。夜班结束，家里要是有人看就带小孩回家，没人看就只能接着再放托儿所。

沈：一直放在托儿所吗？

---

[1] 江小蝶，1941年生于苏州，1958年进入东吴丝织厂，1984年入党，历任力织一车间挡车工、力织六车间工会主席等，1991年退休。

江：不是，早上送过去，下班后接回来，上夜班再送过去，下班再接回来，托儿所也是三班制的。因为女职工多，厂里的托儿所也挺大的。小孩大一点后，送到托儿所的小班、中班、大班，再下来就去读书。有的工人家里实在没人照看小孩，只好一直送到大班。我的小孩小时候也抱（到托儿所），到不吃奶后，就不抱去了，家里有人看。

我上班的车间，生产的品种蛮多的，有几十个，也都比较难开[1]。我基本上都要开，开始先开一个品种，后来让我做流动工，流动工就是谁做得不好就要顶上去的。比如有个职工病假了，流动工就要上去开机器，另一个职工有事，她开的那台机器流动工也要能开，我的技术就是在那个时候学到的，各个品种都能够生产。1979年（我）评上市里的劳模，1980年评上省劳模，1984年评上全国劳模。[2]后来，力织车间分成一个大车间和一个独立的小车间，我就当了小车间的分工会主席，一段时间后小车间并到大车间，我又做车间工会主席，一直到1991年退休。

工会工作也蛮紧张的，要抓多个方面的工作。要协助抓车间的生产，把车间的生产搞上去。要抓妇女工作，就是计划生育工作，车间里的职工不能冒出一个"阿二头"[3]，特别是东吴厂评上一级企业后，更加不可以出现（违反计划生育的事）。平时每个月要发草纸（即卫生纸），这是单位福利，职工只要领纸就知道在正常上班，这不会有问题。有的职工请长病假，不清楚情况，就要通过家访去了解情况。另外，车间里职工旷工或者生病、家里有人去世等，也都要去家访。有的职工家里住得远，也要找过去看看。比如，当时有一个年纪比较轻的女职工，工作一段时间后突然不肯上班了，说太辛苦了。我和同事就去家访，苦口婆心地和她说经济一定要独立，不能一直蹲（待）在家里，不能靠男的一个人的工资过日子，否则以后要吃苦头的。另外也担心她再养出个"阿二头"，那就很麻烦了。这样做过思想工作后，（这个女职工）又回来上班了。厂里女职工多，从各个

[1] 开，即开机器，意思是操作机器，下同。
[2] 1979年、1980年、1981年被评为苏州市劳动模范，1980年被评为江苏省先进生产者，1984年4月被评为全国纺织工业劳动模范。
[3] 苏州方言，"二"音"尼"，意思是第二个小孩，即二胎。第三户小孩就称"阿三头"。1982年计划生育即按人口政策有计划地生育，被定为基本国策并写入宪法，主要内容是提倡晚婚、晚育、少生、优生。计划生育政策自制订实施以来，对我国的人口问题和发展问题的积极作用不可忽视，但同时也带来人口老龄化问题。从21世纪初开始，这一政策不断得到调整。

地方招的，包括附近乡下郭巷、蠡口等，所以事情也要多一点。

沈：招的女职工上班都是从乡下家里过来的吗？

江：她们家离工厂太远，平时住宿舍，休息日回去。

沈：一线女工的工作还是很辛苦的。

江：是辛苦的。那个时候大家都是那样做的，再加上年纪也轻，就感觉不到什么辛苦。如果放到现在，和现在年轻人上的班比，那时的工作就是真的苦（笑）。夜班下班是早上 6 点钟，去买菜，买好菜回家烧，中午一顿烧好，小孩回家要吃的，烧好后再去睡觉，（上午）总共睡不了几个小时。下午也睡不大着，就起来做做家务。

我们那个时代的人都是非常节约的，小孩身上穿的衣服，有的都是自己做的，鞋底自己扎，鞋帮有卖现成的各种样式，买回来后再自己做。每家的经济条件都差不多，都是这样过来的，因为条件艰苦，所以我们那一辈（养）的小孩也挺自立的。

沈：您是哪一年出生的？

江：我是 1941 年出生的。进厂的人中，最小的是 15 岁或 16 岁，可以当接头工。一台织机有经线和纬线，竖的叫经线，横的叫纬线，经线用完后要一根根地接起来，这个打结的工作要年纪轻的人来做，她们手脚麻利，打结快得很，一分钟可以打 10 个、20 个结。这个接头工作也很累，而且要几班人才能接完一张经。我当时 18 岁，已经不能当接头工了。后来用机器接头，不需要手工打结，而且快。

沈：三班制是什么样的？

江：早班、中班、晚班。早班是早上 6 点到下午两点，中班是下午两点到晚上 10 点，夜班是晚上 10 点到（第二天）早上 6 点。（顺序是）早班转夜班、夜班转中班、中班转早班，就是连上 6 个早班后，休息 1 天再上 6 个夜班，休息 1 天后再上 6 个中班，这里面早班最辛苦。早班翻夜班（的空档）最舒服，比如第一天上完早班到下午两点下班，第二天休息，后一天上夜班要到晚上 10 点钟，这段时间最长，相当于休息两天。

实行三班制后机器就不停，机器停后再开容易出毛病，影响产量。像逢年过节就受影响，比如春节休息 3 天，机器再（启动）起来就很难，轮到开冷车是很辛苦的，很早就要上班，甚至半夜两三点钟就要来。

沈：为什么难开呢？

江：机器停后会冷掉，重新启动后，做出来的产品中间有条印子，影响质量和产量，要是不巧，梭子还会卡在里面断掉，经线也全部断掉，（必须）再重新穿起来。所以，轮到谁开冷车，产量就会低。

沈：每个人的工作量都是要计算的？

江：要计算的，一个班一个品种要完成一定的量。难开的品种，定的指标产量就少点，容易开的品种，定的产量指标就要多点，都是规定好的，8个小时要生产多少产品，达不到就是产量缺乏（不足）。

沈：产量缺乏（不足）会怎么样呢？

江：一开始没什么，到80年代，就要扣钱了。

沈：您那时候产量都是很高的吗？

江：我那时候一般都能完成规定的产量，超额要看具体情况，难开的品种就超得少，省力的品种就超得多点。不单看产量，还要看质量，就是不能出次货，产量和质量都有要求。

沈：江师傅您评上劳模，主是靠什么？

江：我的产量一直是超额的，质量就是靠多检查，开的过程中要多检查，一发现毛病，就马上处理。一匹产品不是一个人做的，要几个班共同完成。比如1匹30米，一个班差不多能开（完成）10米，一个班一个班地轮下去，到30米的时候剪下来。这匹产品到成品车间后，要检验，还要比较，看谁做得最清爽、没有毛病。我这个人，是不拆烂糊（指负责任）的。比如一匹产品，边上有断的地方，有的人会偷懒，不愿意接起来，后面就会受点影响，门幅会缩短一点，这就不好看了。但是接起来（的话）就要停下来，会影响产量。我不肯这样的，一定要接起来，接起来后这条边就直了，这样就好看。另外，开机前还要做好准备工作，有的人到点才来接班，准备工作就（不充分），要是遇到上一班的职工拆拆烂糊（不负责任），接班时车就不能马上开起来，我一般都是早点到，做好准备工作，这样接班就比较顺。

沈：早到多久呢？

江：一般提前半个小时，前面一个人快要下班了，后面一段经肯定不会弄得很干净，我就先去理清楚，打好蜡，还要检查梭子头尖不尖，全部都整理好、检查好，这样准备工作做得充分，上班开起来就省力了。

还有一个，梭子里面有纡子，开一段时间要更换，不能用完，用完再换,机器就要停下来,这样就会浪费时间、影响产量。所以要看好、记牢,等纡子快要用完时,就在边上等,提前换掉,这样可以连续工作,不用停下来。

一个人开两台机子时,容易处理,轮流照看就可以了。但多的时候要开6台机子,围成一个长方形,转下来是一个大圈子,这时就要记牢每台机子的纡子还剩多少,不然就会开开停停,去处理就会浪费时间,产量就低。所以一定要记牢,一个纡要换了,赶快转一个圈子过去,(工作时)是没有停的,不能坐,如果是上夜班8个小时,那是真的累。

沈:就是要不停走动的?

江:机器一直在开动,不能让机器出问题,人一直要看、一直要跑,就要不停地转圈子。所以一个班下来,蛮吃力的,8个钟头不停,一直在走路,(走的路)到虎丘都不止(笑)。[1]看两台机还好,就来回跑,4台机也还行,围成一个正方形,6台机就是一个长方形了。每台机器一般三四米长,主要看前面一段,后面要开一段时间后,才过去看。这样就要跑来跑去地照看。

沈:您一般看几台机器呢?

江:难开点的机器一般看两台,正常的都要3台、4台、5台、6台也开过。开的机器一直要变的,因为要生产不同的品种,品种改,生产的机器也要改。

沈:您这属于技术多面手,不管什么机器都能开。

江:东吴厂一车间的花色品种最多,外宾来参观都是到我们一车间。遇到机器出毛病,要吃得准,知道问题出在哪里,最好还要会点修理,一点都不会也不行,我就是在做流动工的时候学会这些的。

沈:有师傅教吗?

江:我开始是跟师傅学的。开始学开的是克利缎,缎面厚,难开的,所以俗称克利缎是"哭里缎"(笑)。师傅一般带一两个人,学了一个阶段就要自己独立开一台机,我学得差不多后,开始是两个人开两台机,再后来慢慢标准化操作,1个人开两台,能够开两台机就说明学出来了。这时候就东调西调,做辅助工,负责几个挡车工的经面,如果有什么毛病就一起

---

[1] 从东吴厂所在的人民路到苏州著名的旅游景点虎丘,距离5~6千米。

去看，没有毛病就给挡车工看后面，她们看前面。后来再做了一段时间的流动工。再后来，如果有的品种出现了大批次的次品，车间领导就会把我调过去。热天生产颜色雪白的品种，手上一般会有汗，手汗如果重一点，去接头时就会留下黑条，就是次品，还不能让机器停下来，一停下，产量就下降。另外，灯光也很刺眼。

沈：真的蛮辛苦的。

江：现在想想，以前是真的辛苦。现在我们几个（老同事）有时候会闲聊，说夜里做梦还会梦到在车间开机器。还有，一开始车间里没有空调，热天热得不得了，后来车间里装了空调，就好多了。

沈：您经历过开塔夫绸吗？

江：塔夫绸中的素塔是最难生产的，这种绸不是我一个人开的，要很多人一起完成。

沈：您家里其他人和丝绸业有关吗？

江：我妈没有工作，我爸在布店上班，和丝绸业关系不大。

我是"大跃进"时招进工厂的，当时很多人进了厂。进厂时老工人不多，只有一个车间。进厂后，新车间一个个地造起来，包括二车间、三车间、四车间、五车间，造了很多。新苏厂、光明厂是新办的工厂，振亚厂和东吴厂都是老厂，东吴厂品种有几十个，振亚厂的品种也多。有的时候会有出口任务，大家就要拼命去做，一定要完成的。

沈：您工作是从1958年到1991年吗？

江：是的。我进厂就是"三班倒"，一直到1984年去做车间分工会主席，当时40多岁。后来有"两两班"，但我没做多久。

"两两班"是两个早班、两个中班、两个夜班，"三班倒"分甲、乙、丙3个班，"两两班"分甲、乙、丙、丁4个班，（24小时中）一直有其中3个班在实行"三班倒"，但另一个班可以（轮流）休息，这样工人要轻松得多，别的不说，夜班就只有两个了。

沈：江师傅您的经历，就是一线女工的真实经历。

江：对，进厂以后就是一直这样做下来的，等我退休时，工厂已经发展得很好了，效益蛮好。今年我81岁，活到现在这个年纪，也蛮开心的，身体也蛮好，毛病有但不严重。

那时工资是41.79元，拿了好多年。车间里的老师傅要拿100多的，对老师傅的技术要求也不一样,反正技术要求高,工资就高。力织车间的工资比准备车间高,但是工作也辛苦。

沈:从你们车间出去的就是成品了?

江:对,从我们车间出去已经是成品了,有的产品还要拿到另一个厂去染色,所以不能出次品,小一点的可以修补一下,大的就不行。摇纱、牵经是准备工种,到我们力织是最后一道工序。

翁家林

访谈对象：翁家林，原东吴丝织厂力织车间主任[1]
访谈时间：2021年11月23日
访谈地点：苏州吴中区民生综合服务中心会议室
访谈人：沈骅
文字整理：刘丹彤

图为翁家林。

沈：翁总您好，您是东吴厂的老职工，今天请您来做一个访谈，请您介绍一下您在东吴厂的经历。

翁：好的。我1971年从苏州下乡到盐城大丰的新团镇，务农的同时，在当地考进了高中部。学校是新办的，正好从苏州下放过去的一批很好的老师也在里面，我就在那里读完高中，1974年毕业后在农村当了一个赤脚医生。

1975年12月正好国家有政策允许返城，我和其他大约300人一起回到苏州，并被派到东吴丝织厂。当时我被分到力织一车间，学开挡车。跟的是厂里有名气的一个师傅叫陆雪珍，她是全国操作能手，我很有幸，跟她学了不少技术。（师傅）们都是老员工，身体比较差，一到夜班，请病假的就比较多。领导看我们学了两个多月好像能操作机器了，就要求我们上去开车。刚开始开车的时候是很累的，因为操作时力不从心。后来把我安排在师傅边上，她一边带我，一边让我自己独立操作，又经过了大概两三个月，慢慢地就开始自己一个人开车。

---

[1] 翁家林，1955年12月出生于苏州，1975年12月进入东吴丝织厂，历任力织车间挡车工、保养工、值班长，1988年入党，1990年至1999年任喷水车间值班长、副主任，2000年至2009年任喷气车间主任（期间2004年4月东吴丝织厂由国企转为民企），2004年至2008年被连续评为公司双文明标兵。2009年5月民营东吴厂退出丝织业后，出任盛泽恒力集团织造有限公司总经理助理，2010年12月任苏州新星织造有限公司常务副总经理，2015年年底退休后出任苏州某民营企业总经理。

我跟陆雪珍师傅确实学到了很多技术,特别是有些技术,不是人人都会的。陆师傅有一个独门技巧,换梭子的时候,她采用的方法是"笃梭"[1],全厂唯有她一个人(能这样操作)。一般换梭子要5个动作:拍出来、拿好梭子、装好纬、放进去、再塞好开车。而陆师傅是一气呵成,拍出来、装好纬,一下子就笃进去开车。这个动作我操作熟练以后,感觉对提高产量很有帮助。速度提上去了,再加上我年纪轻跑得动,所以我的产量、质量在车间里一直名列前茅,车位上经常挂着优胜红旗。

大约开了一年车,厂里领导看我开得熟练,就从大约300个工人中挑选出我和另两位开车技术也很好的人,一起去当机修工。我大概是从1977年初开始学机修工的,有幸的是拜了在1956年就进厂,"五八师傅"(指1958年进厂的师傅)中公认的、顶级的孙仲福师傅为师。这位老师傅平时有点保守,不大愿意带徒弟、教技术,经过厂里领导再三劝说,他才答应带一个徒弟。我跟他学时比较虚心,他看我肯学,就跟我说,(要是)在旧社会的话,我不会教你技术的,但现在是新社会,看在你这么好学的份上,我没几年也要退休了,现在我就把技术毫无保留地教给你,你必须把所有机器的技术都学好,这样你在整个厂里再开其他品种的机器、修其他品种的设备,就容易得多。我记住了他的话,拼命苦学,几乎是寸步不离地跟在他后边学。这样经过两年的努力学习,我开始能独当一面。当然学习的这两年是很累的,有时8个小时工作下来,回到家里,饭都吃不下去。大概又经过了一两年的工作,我感觉自己已熟能生巧了。

我在前面说的学技术,是指在东吴厂力织一车间,这个车间有不少当时比较少见的、顶尖的设备,机型也比较多,所以可以生产很多的花色品种。

力织一车间生产的品种,去参与国家评奖,是经常得奖的。有一个品种是70311织锦被面,在厂里说起这个品种,大家都会竖大拇指,都认为这是一个有技术难度、难操作的品种。60年代振亚厂就做(生产)这个品种,后来转移到东吴厂。这个品种主要用于出口,一条被面要卖到20多块钱,而我(工龄)满10年的时候,工资只有30多块钱,让我买,我感觉也买不起(笑),更不要说这个产品在国内是不供应的,根本没地方买。一直

[1]"笃"为苏州方言,意思是扔出去、丢出去。

到 80 年代以后，有的工人评到了先进生产者，允许买两条，平时是根本买不到的。这个被面的生产技术难度确实很大，我个人深有体会，生产这个品种的师傅有时候请病假，别的师傅就不大愿意来顶岗，因为操作难度大，感觉太累，甚至有点怕。

80 年代初期，力织车间要拆迁改造，全部设备要分解后搬运到其他各个车间和仓库去。我在搬迁的时候，临时兼做流动工，比如说哪边缺人，我就去帮忙，或者维修、或者顶岗。到 1986 年，力织一车间的生产设备，拆掉的拆掉、分解的分解，唯有生产织锦被面的设备要保留，搬到二车间去继续生产。当时厂领导也分析，把织锦被面的生产设备搬过去难度很大，先要把机器拆解，搬过去后再组装。当时的分管厂长杨洪星要求搬这个设备时，各个部门的顶尖技术人员一起出来包干，就是说一到六车间，每个车间都要出技术最顶尖的人，共同来负责解决搬迁问题，我们车间也分到 1 台。其他车间派出的都是"五八师傅"，技术水平都是顶尖的，唯有我是 1975 年进厂的，他们说让我试试看，锻炼一下。搬到二车间的时候，围观的人很多，一个原因是可以学技术，另一个原因也是（为了）营造气氛，好像劳动竞赛似的。整台机器全部分解，分解了一大堆，（由）运输工搬到二车间，然后我再一步一步地搭（组装）起来。

应该说，在组装机器的过程中，我的速度没有"五八师傅"快，毕竟他们组装机器更加熟练。但是机器搭（装）好后进行调试，我就可以发挥我的优势了，因为我向师父学的看家本事，就和这个设备有关。所以在调试过程中，我按照平时实践中积累下来的工艺参数进行调整，他们（"五八师傅"）按照技术科、设备科发下来的工艺参数调整，但是，这个设备的门幅很阔，他们平时用的机器都比较窄，（技术科）下来的工艺流程和参数没有考虑到这一点，这样调试就很累。

在调试过程中，有一个分管的"五八师傅"跑过来，说我这样操作是不会成功的。我就说让我先试试，要是调试不好，肯定按照你们的工艺调整，他说那好，你去调试吧。事实上我心里有数，只能按照我这样的参数调试。我调试好、验收合格后，他们还没有调试好。老师傅们就有点不好意思，等我人不在时，他们过来测试我的工艺和参数，感觉有道理。再问我原因，我说是跟孙师傅学的，他 13 岁就在上海日本人开的丝绸厂从事丝织机维修工作，1952 年从上海到了东吴丝织厂，我跟他学习时他要近 60 岁了，这个工艺流程和参数是他从经验中总结出来的，比厂里原来的工艺流程和参数更加合理，后期机器也运行得更正常。最后，他们按照我所调试时的工艺流程和参数，也把机器顺利开出来了。

这个生产织锦被面的设备调试成功以后，感觉像是一炮打响（笑），而且围观的不少年轻人都是来学技术的，厂里领导就说"五八师傅"开这个设备，体力可能有点跟不上，问我能不能承包下来，带几个年轻人来开这个机器。厂里领导亲自到我家里来家访，我感觉这个事情蛮光荣的，就接受下来。那时候，我们的理念就是要争做一个好工人，没有其他想法，做得好，到年底也无非就是一张奖状，没有奖金什么的。

后来就开始生产织锦被面，但是，这个产品的生产设备对温度、湿度要求很高，（而我们）只能搬到一个四面漏风的破附房，空调也没有，那怎么办呢？我已经答应了这个事，不能推掉，而且领导还让我带两个学生，都是年轻人，年纪大的做这个活感觉有点力不从心。我就想办法，土法上马，东吴厂造厂房时还剩下很多草包草垫子，（我们）就把草垫子拖过来放在织机底下，再用柴油桶做了一个洒水车，到老虎灶接热水，放在桶里面，对每台机都浇热水，一天要浇3次，既增加湿度，又增加一点温度。

织锦被面这个品种，经过我们大家的努力，应该是生产得很好的。1988年得到部优，从1987年到1990年，年年都是苏州市消费者协会的信得过产品。

现在，我感觉东吴厂的一些花色品种消失得有点可惜。特别是东吴厂的织锦缎、织锦被面、古香缎一类的品种，现在基本上都没有了。现在就是吴江鼎盛那边，重新做了一点宋锦。宋锦在当时东吴厂生产的品种当中，是相对低档的。到现在，前面好的品种都没有了，就只有宋锦了。我感觉宋锦现在是创新，但是跟之前有难度的品种比，还是有差距的。

沈：这个情况一般老百姓还真不知道。

翁：只有从事这个行业的老员工才知道。

沈：那个时候也叫宋锦？

翁：也叫宋锦，那时候我们车间生产两种宋锦，一种是阔幅的，还有一种窄的，有90多公分，这两个品种都是宋锦。宋锦派什么用处呢？裱在礼品盒表面，起到一个包装作用。我自己也开（生产）过这个宋锦，在东吴厂的上百个品种当中，如果按类排，宋锦三类都排不到。现在，高难度的复杂品种没有了，所以宋锦已经很不错了，应该说现在做得也非常好。

沈：您觉得以前那些比较高档复杂的品种为什么都没有了呢？

翁：有几个方面的原因。一个是改革开放后，民营企业发展得很快，民营企业事实上是没有条件来生产（高档品种）的，工艺条件太复杂了。比如我所说的20多道工艺，就是20多道关，要有人把关，一道一道地过，这个成本太高了，民营企业肯定不愿做。再一个原因就是改制过后，老师傅大量流失了，慢慢地这些品种就没办法做了。东吴厂改制后，人员流失，有的品种就没办法生产。还有一个原因，就是出口量减少了。国内的消费市场，因为价格高，需求量没有那么大，所以这些品种都在慢慢减少，就好像自然淘汰一样。包括我们自己，现在都不想穿真丝，因为价格太贵。

真丝原料价格高，和农民不愿意种桑养蚕有关系。收益不好，宁可种其他东西，慢慢地就越来越少。我后来在盛泽，主要从事化纤（生产），仿真丝的品种也不多，就生产一些夏天穿的衬衫一类，真正用来做面料、做裤子的真丝产品很少，几乎没有。所以真丝品种消失，应该说是可惜的，特别是技术含量比较高的一些品种，从我的角度看，已经没办法恢复了。

1990年初，我被提拔出任力织车间值班长，就是车间主任下面的一级，也是主管生产的，一个车间分成几个班生产，一个班七八十个人归值班长管。值班长就是当班的班长，生产上的所有事情都要负责。当了一年不到，厂里看到4个班中我带的班的产量、质量一直名列前茅，就把我调到喷水车间去当值班长。当时喷水车间正在引进设备，是日本津田驹的机器。做了一年，也是（因为）产量、质量比较好，就提拔我做车间副主任，同时让我兼车间的部门书记。做了一年多转为车间主任，就是统管全车间。喷水车间主要生产化纤一类的产品，我们平时穿的衣服，大多是化纤的，日本津田驹的设备生产化纤的效果比较好，效率也高。一直到1999年，我都在喷水车间当主任。喷水车间有几百台织机，最多时大约是250多个工人，产值一直比较高。

后来厂里考虑到工厂要深入（发展），要引进喷气织机设备。引进之前，把我送到日本待了一段时间，既是学习又是参观，还兼做翻译，后来厂里引进了大概130台织机。

引进新设备后，如果完全随大流生产普通产品，没有特色，那么竞争会太激烈，是不行的。厂里就想另找一条路，找一个高档的品种进行生产。说来也巧，日本有两家世界一流公司东丽和帝人公司一直在苏州和全国各地（寻找厂家）试生产他们的品种。他们的要求太高了，国内很多厂家都生产不好，后来找到东吴厂，问能不能做。当坐下来跟他们谈判时，对方提出的质量标准，我们听到后，心里都一个咯噔。

沈：是太高了吗？

翁：对方要求的质量标准，胜过我们原来生产真丝品种的质量标准，而现在生产的是化纤产品。对方说就是这个质量标准，同时给出的价格也是绝对高的。我们卖给他们的产品，最终价格是七八块钱1米，但他们挂上自己的牌子卖到世界上，要30多块钱1米。

对方这个品种的质量要求，可以和真丝品种（做个比较）。比如说疵点，50米绸布中不能超过5个疵点，这个疵点并不是很大，如果目测看出来，是可以处理的，就像是一根绳子，把它一剪，打个结，这在真丝上是不扣分的。但是，（这种疵点）在他们的化纤产品上要扣分，就是说有疵点就不允许。再比如说一张纸，一撕二，再把它拼接一起，这个痕迹肯定还会在，但他们认为这样也不行。所以，根据他们的要求，超过5个疵点的成品就是废布，不要了。他们不要的这个坏布，我们如果放到市场上去卖，可以当成一等品卖出去，但是对方的规格又是特殊的，市场上一般不需要。我们当时也是硬着头皮去生产，后来知道，东丽和帝人公司都评价唯有东吴厂能够胜任、能够生产出他们的品种。

后来有一次我们的杨厂长到德国去考察，德国有非常大的一个工厂，专门生产用于高档西服的人造丝里料，穿在身上既舒服又滑，穿的时候一套就套进去了。这家德国工厂也在国内找加工工厂，单子的利润比日本东丽、帝人的还要高。厂长就拿个样品来让我试试，我就试着生产。在这过程中，德国公司派人坐飞机过来考察东吴厂，首先看工作环境，一看后说，没想到国内还有这么好的工厂，说他们在全国各地已经转了一大圈。我们把喷水车间看成是东吴厂的窗口，代表东吴厂的形象，所以在大家努力下，车间搞得特别干净，包括工器具的摆放都有要求，比方说喝茶的杯子只能放在这个位置，修理工具只能放在那个位置，都是规定好的，上面都有醒目的标识，不允许随便乱放。地上也都画好线，哪个地方可以放东西，哪个地方可以沿着通道走路，用黄线、白线都画好，就像开汽车一样。

  所以德国客户评价说，东吴厂给他们留下了很好的印象，然后就下了个小单子，让我们先试着生产。尽管下了订单，他们还是持怀疑的态度，说人造丝虽然也属于化纤产品，但这个品种不是一般的化纤，要求特别高。确实，这个品种的人造丝不耐磨，不能碰，一碰就容易起毛，一毛就生产不下去。于是从前道到后道（工序），我都亲自把关。等到经轴做好后，我自己开机、自己维修，24小时盯在那里，吃饭让送到机器上，我要看看到底是什么原因这么难做。经过几天摸索下来，有了点头绪，再逐步改进工艺，经过一个月不停地反复改进后，第一批样品打样成功，马上空运送到德国。对方一看质量还行，就再下了几个单子，让我们再试着生产。我们就是通过这样的方法，反反复复试了以后，德国人应该是（满意了），一下子下了个1 000万米的大订单。当时在丝织行业，别说是1 000万米，100万米的订单也很少听说过，像我们平时见到的都是几万米、十几万米的订单。即使到现在，如果接个50万米或者100万米的化纤单子，也是一个很大的订单。所以当对方一下子就下了1 000万米的订单时，我们都有点目瞪口呆，怎么做呢？按我们原来的生产方法计算，根据我们这点设备，1年内生产1 000万米是完不成的。杨厂长就说，对方这个单子是长单，就是年年都要下的，如果能完成这个单子，东吴厂就可以翻身，因为那时候厂里的效益已经不怎么好，所以一定要坚持完成。

  我们经过测算，感觉生产设备的速度有点跟不上，要完成订单，必须要把设备的速度提上去。但是，日本津田驹织机的速度都有规定的，就像车子一样，汽车在高速公路每小时跑个120公里没关系，如果超出范围，可能就会有问题。但是按照1 000万米的（订单），速度只能上去，否则合同签下来，来不及完成，那赔款是受不了的。德国人做事情很严格，合同签好后，没有什么讨价还价的余地，（哪怕）你能列出很多客观理由，他们也不理睬，反正合同签了、定金付了，他们什么都不管，只管要产品。我们只能硬着头皮上，日本津田驹织机的平均速度，规定是每分钟600转，后来我们把这个速度提到700转、750转、800转、900转、950转。日本技术人员说，卖给东吴厂的织机，都有保修年限，如果我们这样超速开坏，他们是不承担责任，也不提供售后服务的。最后一把手杨厂长拍板，说织机设备你要照看好，如果有重大事情，他承担责任。我只能从设备运转方面去动脑筋，对织机 24 小时不间断地进行监测，后来我们一年多时间开下来，织机还是好好的，效率也很高。织机提高到 700 转、800 转、900 转后，日本人特地坐飞机过来拍摄视频，还放到网上，把我们这个设备的运转情况当成他们的广告，意思是东吴厂买他们的设备，保养得很好、运转也好。当时盛泽一带的企业，认为津田驹的织机设备没有丰田的好，（津田驹）公司的人就说，东吴厂可以把他们的织机开到 950 转，说明津田驹的设备性能好。

  这样经过努力以后，完成了 1 000 万米的订单。在这之前，原来接的日本帝人和东丽公司的单子，就没有时间生产了，就把那个单子让给也是一个老厂的苏州新光丝织厂做。新光根据质量要求，生产了一个星期，把成品拿到东吴厂来看。结果看下来，我们自己都感觉不行。日本人和德国人一样，都很挑剔的，所以我们不敢把产品直接送到东丽公司，毕竟这是以东吴厂的名义生产的。厂里就派我去看一下，他们厂长也给杨厂长打电话，要求派技术骨干去看毛病到底出在哪里。我去之前，杨厂长就一个（要求），东吴厂和新光厂是联营，但是我们的工艺参数要保密，不能随意向外透露。我就根据这个原则，一个人去帮他们调试。调试的过程，肯定是不能瞒着人家的，输入工艺参数的时候，电脑屏幕上可以转成英文版，我就全部换成英文版，一步步地把参数全部输入进去，全部调整好后，再改成中文版。他们后来就按照我们的工艺参数开始生产，质量上去了，但是大概一年多后，质量还是在走下坡路。

  后来新光厂生产的产品，以我们东吴厂的名义送到日本东丽，东丽的一个部长就说，你们东吴厂原来这个品种的质量很好，为什么现在做出来的感觉没有以前好呢？ 问我们是不是管理上放松了。日本帝人公司也有同样的反馈。最终日本公司下决心把单子撤掉了，因为感觉我们没有做好。东吴厂这个单子没有做好，我是有愧疚的，又不能跟日本客户说清楚。现在我跟他们都是朋友，偶尔说起这事，我说现在东吴厂都关闭了，可以把当时的实情告诉你们了。后来日本客户也告诉我，就是因为这个下到东吴厂的单子，我们让新光厂做却没有做好，他们的部长被撤掉了。

  外国公司对东吴厂的产品的评价一直是 very good。东丽、帝人公司也说过，能够做下（接下）他们品种的唯有东吴厂。东吴厂在化纤品种领域，接世界一流公司的订单这么多年，结果改制后转型关闭，确实我是非常的不舍，感到很可惜和无奈，东吴厂有些复杂的花色品种，实际上是有传承意义的。

  2009年后我到了恒力（公司），（担任）总经理助理，做了大概1年。恒力的工厂很大，我感觉10个东吴厂的规模都不止，里面什么都有，热电厂、农场、养鱼养猪的都有。我管理的区域，一旦有个风吹草动，或者水涝之类，都要开汽车前去。我辞职时恒力高层也挽留过。2010年我到了苏州新星织造有限公司。新星的老板说，东吴厂不再生产人造丝，他们想生产，所以一直想把我们这些人挖过去。我主管全厂的生产，厂里的品种基本上都是军工产品，要求也很高，工厂原来的生产虽能满足部队的质量要求，但是浪费比较多。我在新星厂里待了5年，总体来讲，解决了很多生产、工作、考核上的问题。刚去的时候，让他们每天挑出运转有问题的5台机，我来调好。后来这个厂搬到新区，也生产人造丝。

  沈：翁总您刚才提到，东吴厂很早就有日本的这个机器，是津田驹的吗？

  翁：是津田驹的织机，1986年左右引进了100台ZW200型，隔了一年又引进了96台双喷，就是302机型，再隔一年，就是我去了以后再引进了100台，就是303喷水织机，主要是生产化纤，很普通的民用产品。

  沈：他们的这个机子在当时先进吗？

  翁：在90年代当然是属于先进的设备，如果放到现在，都是要淘汰的设备。日本津田驹的设备能够打入中国市场，靠的就是东吴厂。为什么呢？ 国内好多厂家都以东吴厂为榜样，就好像是看领头羊、老大哥，比如东吴厂引进什么品牌的设备，他们也跟着引进。所以津田驹和东吴的关系非常好，他们的部长曾经跟我说过，津田驹和丰田都想把自己的织机设备打入中国市场，双方都找到上层，最终让东吴厂来选，后来东吴厂选的是津田驹。所以当时苏州、盛泽很多丝织厂的设备，都是津田驹生产的。东吴厂引进津田驹的喷水设备大约是1986年至1987年间，我到1990年左右当值班长时，就是管理津田驹的设备。当时主要生产民用产品，生产效率是很高的。东吴厂引进喷气设备不算早，有的厂家之前十来年就已经引进了，外面厂家的一般评价，是说丰田设备好，所以引进丰田喷气设备的厂家居多，唯独我们因为感觉津田驹的售后服务不错，仍然引进津田驹的喷气设备,那是 2000 年。

化纤的面料如花瑶、仿绉缎、涤棉绸等——我们现在穿的普通衣服面料很多是这种,质量比较好,所以工厂的效益在当时也非常好,而真丝开始在走下坡路。

沈:翁总您对技术方面是非常熟悉的,当年苏州的四大丝织厂,在工艺、技术方面,您看有什么区别?

翁:从我的角度来讲,有的厂生产的品种不多,比较单一,工艺也不是很复杂,当然也有一些有优势的产品,像振亚厂生产的绫绡类品种。而东吴厂在提花织机上生产出来的花色品种占优势,技术和工艺也比较复杂,像 70311 织锦被面这个品种不是我们发明的,是振亚厂先做的[1],(因为)一直做不大好,后来移到东吴厂。还有塔夫绸,包括素塔、花塔等,这些有难度的品种一直是东吴厂生产的。塔夫绸出口的生意好、创汇多,杭州有的丝织厂也想做,但做不大好,工艺太复杂,他们后来把东吴厂的整机搬过去了。新苏厂、光明厂也是四大绸厂之一,厂的规模都比较大,如果排类别,那么这两个厂应该属于一类,而东吴跟振亚是一个级别的。但是同一个级别当中,东吴厂又略胜一筹。因为在复杂的技术工艺层面,包括有难度的品种,大都在东吴厂(生产),素塔、花塔、古香缎、织锦缎、织锦被面、软缎被面等品种,都在东吴厂生产。

这些品种,又大都放在力织一车间,就是我以前待的那个车间。东吴厂一共有 6 个织造车间,其他车间生产的花色品种稍少点。但是力织一车间,我感觉几乎相当于是个样品车间,不太大规模生产,而是生产小批量的产品,像国外几万米的订单中包括好几个品种,都是比较高档的产品。所以总体来说,在行业内部,大家也公认振亚厂跟东吴厂基本上属于一流的,光明厂和新苏厂稍微弱一点,包括他们厂长都承认的,而在花色品种上东吴厂确实有优势。

沈:还有一个问题,就是当年那些国营企业,对后来的民营企业的兴起,有没有什么帮助,包括恒力在内?

翁:后来民营企业的崛起,和大家重视化纤产品有关系,对真丝产品是顺其自然地让它走下坡路,大家集中力量搞化纤生产。毕竟生产化纤的

---

[1] 据陈惠卿口述,织锦缎、古香缎是振亚丝织厂于 1932 年开发生产的传统产品。

工艺没有真丝那么复杂，真丝要几十道工艺，化纤从原料到（成品）出来没有几道工序，尽管后面的织造上有点难度，但整个工艺流程毕竟短。而且真丝的成本（太高），人家搞不起来，而搞化纤可以去日本买设备，改革开放以后大家都可以去买。工厂搞起来以后，盛泽一带的人不少到东吴厂来学习，还请人过去帮忙。我原来认得一个老板，他到过东吴厂来收边角料，后来他用收边角料赚的钱，买了20台破织机，在农村稻田边盖了个简易厂房。起步的时候，我们利用星期天经常去帮忙，他生产上碰到难题，都找我们去帮忙。后来他的规模越做越大。

盛泽好多老板都是这样（发展）起来的。我还认得一位姓赵的老板，也是农民出身，我到他家的时候，他还在创业阶段，一个罩篮里边都是咸菜，当菜下饭，确实很艰苦，但是他很努力，现在的事业非常成功。

沈：化纤产品的市场需求是不是很大？

翁：确实很大，就像我前面跟你说的，现在穿真丝的人几乎没有。你到观前街最热闹的地方去看，那些追求时髦的小姑娘身上穿的服装，大多数都是仿真丝，又便宜又漂亮又耐洗，还耐磨等，确实深受老百姓喜欢。

沈：那东吴厂后期生产的重心是不是也往化纤上面转型了？

翁：严格说应该是在2004年改制以后才转型的，改制以前东吴厂的重点还是真丝，毕竟还有一百几十个真丝品种，当然这个时期的真丝品种，已经不能跟五六十年代、七八十年代相比了，已经比较单一了。生产的产品，主要是夏天穿的一类，包括衬衣类，做面料的很少。2004年改制以后，重点（部门）就是化纤生产部门，化纤生产部门的产值比较大，利润基本上够全厂发工资、发奖金等，他们那边（指真丝生产部门）逐步在缩小规模。

沈：那就是说，丝绸产品如果从实际技术含量的角度看，反而是在国企的那个时代，技术含量最高，是吧？

翁：对的，可以这样说。

沈：是不是因为市场有特殊性，它（丝绸产品）当时不是面向大众的？

翁：是的，当时我们在生产的时候，上面经常会告诉我们，这个品种是销往哪个国家、那个品种是销往哪个国家，国内几乎没有，也没人买，因为价格很贵，一般人都不要买的。所以，真丝产品的需求确实是面向国外的，真丝产品后来走下坡，也和国外的需求量减少这个客观因素有关系。

现在的化纤市场非常大，化纤生产厂很多，听说现在（全国）已经有上万家，而且已经关掉不少小厂了，这个数量我以前想都不敢想。现在全国各地都到苏州地区来批发化纤，一批就是几十万（米），服装厂也是这样。

真丝品种现在也不能说就没有需求，但是量太少。以前我碰到一个南京客户，是做外贸生意的，因为我从事丝织业很多年，他就问我现在能不能订到两万米真丝和人造丝交织的古香缎。我说，别说两万米，估计两百米都订不到，厂家拿不出来，因为基本上都不生产了。包括盛泽，虽然有那么多工厂，但没有一个厂生产这类品种。他后来告诉我，他找了大半个中国，都没有找到生产厂家，后来因为供不了货，这个外贸单子也就没接。

沈：国外其实还是有点需求的吧？

翁：是有点需求，但是，就像刚才说的，现在没有厂家生产了。

我给你算算成本，一个工人，他开（生产真丝的）机器最多开3台，老师傅一般开两台，因为身体素质（跟不上），而像现在的化纤生产机器最高可以开到50台。一般自动化程度低一点的小厂，一个工人也可以开十几台设备。就是说，化纤生产的自动化程度高，而（真丝生产）手工操作的成分大。

沈：所以真丝被化纤取代，也是没有办法的？

翁：是的，这个好像也是必然趋势（笑）。

沈：（真丝）好像可以进入工艺品这个领域？

翁：现在的工艺品都是仿真丝一类的，你看观前街上卖的围巾等，大多数都是仿真丝产品，真正的真丝很少，不是没有，而是成本高，生产一条上档次的真丝围巾，市场价格大概要几百块钱一条，但是化纤只要几块钱。有一次我在观前街看到一家卖围巾的店，它上面的招牌这样写的：不是真丝赔10条。我上去摸了一摸，和对方说你呀不能这样挂牌子，如果有人跟你较真的话，你真要赔的。因为那个围巾就是化纤的，或者说用仿真丝、乔其纱一类产品来冒充真丝，标价一百八九十块钱一条。总体讲，真丝的复杂品种已经没有了，现在即使想生产点工艺品，也很难的。

我特地带了几个品种的样品给你看看（展示）。

沈：真是漂亮，这些都是当时东吴厂生产的样品，给客户看的?

翁：对的，是给客户看的样卡，这些都是我在当机修工的时候搜集的，当时我们生产出来后，我就剪下一个作为样卡，因为我要从技术角度进行对比、分析产品。像这种产品有阔、有窄，有好多品种。像这个品种是人金玉，纬密度达到70、80左右，属于高密度。像这个纬向是120D人造丝，经向都是真丝，也就是真丝和人造丝交织的，花型看起来非常漂亮。现在市场上几乎没有。

我大概也就保存了这么点样卡，样卡就是样品。

沈：这类真丝产品可以说就是高档货，现在如果有厂家生产，是不是必须要走小规模的高档路线?

翁：对对，像这些品种，即便是恒力，也没办法生产。恒力有资金、有规模，但是没有这个技术。

沈：如果保留的话，就是应该保留小型厂?

翁：是的，小型工厂，像我们一个车间，当时生产这些（品种）时总共就150多台织机，当然东吴全厂总共有1 000多台织机。这150多台织机，工人要250个，操作难度大、劳动强度大、技术成分高，所以用工成本确实高。那时候，在生产过程中要是看到绸布里边有一个疵点，（即使）相当于一只小蚂蚁的二分之一大小，都要把它修复好，所以说生产要求是很高的。

你再看织锦缎这个品种，花有立体感，层次清晰，经纬分明，难度系数很高，古香缎的难度也差不多。一般来说，织锦缎、古香缎和70311织锦被面是最难的。70311织锦被面，可以排在第一位，难度系数是第一，织锦缎、古香缎可以排在第二、第三位。70311织锦被面的纹版数，要达到16 480张，像我手中这一种就只有一两千张，最少的只有200张纹版，就是200个纹版拼出来一朵花，而织锦缎要16 480个纹版才拼成一朵花，花草架子要长达4米。生产织锦被面时，几乎达到了机器的极限，所以故障尤其多，织锦被面难织就在这里。外国人参观样品室，主要就是看这些品种。

沈：织锦缎是不是也有很多类型?

翁：对，有各种花型[1]，又分成阔的和窄的两种，窄的一般只有70或80公分左右。

沈：这种产品好像应该放在研究所生产？

翁：现在的丝绸研究所，也没有这种东西（笑）。

沈：那是不是说以后就绝版了？

翁：可以说是绝版了，我手上这些样卡算得上是最后一批了。我后来问过我的同事，谁家里还有这个（指样卡）？ 回答都说没有了。织锦被面我手中的花型不全，它有4种花型：菊花、孔雀、牡丹、百子图，我只有其中的两种。

这些都是我们当时那个车间生产的，也是大家一起生产出来的。生产过程中要比对样卡，比对花型是不是一样，比对绸花样里边有没有疵点，如果比对下来发现和样卡不一样，那么就要修复。就是这样才（把样卡）保存下来了，我家里大概还有一些，但不是这一类，要比这个（指织锦缎）的档次低。

沈：这些都是织锦缎，您刚才说过的排第二？

翁：对。织锦被面不可能拿样卡出来，它的长度要2.2米，也不能剪去一块，因为剪去一块就报废了。

沈：博物馆会不会有这些样卡？ 这些样卡上面还有型号标识，太正宗了。

翁：丝绸博物馆里有一些，但是估计不会有这么多的花色，我曾经去看过，比如织锦缎就有。事实上，我手中的这点花型也还是不全。何敏苏对我说，以后你捐给博物馆，我说好的。上次何敏苏她们办一个厂史展览，也（找我）要了一片，我说我最终肯定要全部捐出来的，放在我这里意义不大。

沈：嗯，毕竟现在要生产这些已经很难了。

翁：绝对是这样，我们都公认的。现在让我一个人来做，也没办法生产这个品种，因为整个工艺过程牵扯的人太多了。第一道程序是把关，比方说原料进来，要怎么挑原料，有这样那样的（要求）。第二道程序是浸泡，浸泡多长时间，也要人负责。这样一道道程序（下来），到最后一道是

---

[1] 东吴丝织厂自1963年开始生产织锦缎被面，常做4个花型：菊花、孔雀、牡丹、百子图；4个经典颜色：大红、墨绿、泥金、玫红。

织造。相对来说，我们车间负责最难的一道，靠一个人是没办法做的。

瑞士近期在上海博览会、北京博览会展出的织机机型，也能生产（提花品种），最高档的一台织机要卖到一两百万元，但是像织锦这类复杂品种还是没办法生产，只能生产一些简单品种。

沈：您刚才提到在喷气织机上生产真丝是什么时候？

翁：是在2001年，引进设备后接了日本帝人公司、东丽公司（的订单），当时还没接德国公司的订单。我们当时担心万一以后帝人、东丽没有订单了，那怎么办呢？ 杨厂长确实有着超前的想法，说让我试试在喷气织机上生产真丝品种。我说难度太大了，不敢调试，万一调试不成功，浪费太大。杨厂长说我们引进的设备，在售后服务上日方有责任（指导）的。于是一个传真发过去，日本公司真的马上派个技术员来，说配合我们调试。一起调试了将近一个星期，没有成功。确实是有难度的，真丝只比头发丝粗一点，而喷气织机有超气动装置，设有最低车速，就像骑自行车，骑得太慢人反而要摔下来。喷气织机的运转最低速度要每分钟400多（圈），所以真丝上去一开就断，根本没办法。日本公司最后得出结论，说这个设备（指织机）是生产化纤的，不是生产真丝的。日本人上午说完，下午一个传真发过来，翻译再跟我们办公室交接一下，当天下午日本技术人员就走了。

后来没办法，我想反正试试看吧。我因为开过有梭织机、喷水织机，就把有梭织机、喷水织机上的一些装置拆过来，改装在喷气织机上面。改装过后，喷气织机慢慢地可以开起来了，质量跟织真丝的有梭织机不相上下。杨厂长开心得不得了，说把改装的机器原样封好，以后万一市场竞争太激烈，化纤不行了，就要用这个设备来生产真丝。有梭织机的速度一般每分钟115转，引进的剑杆织机的最高车速要230转左右，喷气织机的速度就是430转左右，所以难度很大，幸好经过大家努力，到最后总算是成功了。

这是防患于未然，以后如果大家都生产同类品种，那么竞争会过于激烈，市场饱和，就没有什么经济效益。我们是准备好备货（退路）的，万一化纤产品不行就退一步生产真丝。所以说东吴厂有一种忧患意识，在管理上确实是有（先见之明）的。

沈：刚才说过出现疵点是怎么处理的？

翁：出现疵点后，要分析到人、分析到机、分析到班；究竟是哪一个班上出的、是哪一台机器出的、是哪一个人出的疵点。我们每天、每周、每个月都有相关的工作总结和分析，包括管理沟通、设备故障沟通，设备都建立了健康档案。

所以国有企业在改制前，生产管理上确实是抓得非常紧的，弊端就是缺乏激励机制。到年底充其量就是一张奖状，自从我工作以后，几乎年年都得一张奖状（笑）。

图为翁家林展示他珍藏的 62401 织锦缎不同颜色和花型的样卡（颜色分别是大红、墨绿）。

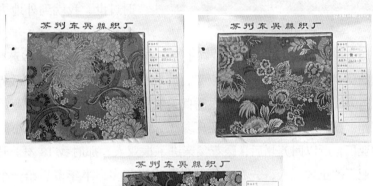

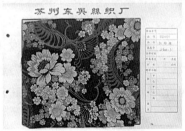

陈惠卿

访谈对象：陈惠卿，原振亚丝织厂技术科副科长、东吴丝织厂厂长[1]

访谈时间：2021年11月11日

地点：陈惠卿宅

访谈人：沈骅

文字整理：郁琪

图为陈惠卿。

沈：陈厂长您好，您是振亚丝织厂的元老，又是东吴丝织厂的老厂长，请讲讲您在振亚厂和东吴厂的一些经历。

陈：我叫陈惠卿，1933年生，8岁到12岁这段时间读了点书，母亲在我12岁时过世，我就到外地去学做生意了。在南京3年，到上海3年后，上海解放了。解放时我在上海单身一人，就回到了家乡苏州。

我的父亲本来是振亚厂的老职工，解放前一段时间振亚厂的形势不是很好，因为战争原因，停工了一段时间，我的父亲就到上海的美亚丝织厂去找工作。苏州解放后不久，振亚厂复工，我的父亲回来了。我小时候就到过振亚厂，所以回苏州后，跟着父亲进了振亚人，那时我18岁。开始还不算振亚厂的正式工人，先在车间帮做帮看半年多，半年多后给一个机器让我摆弄，整个安装过程全部交给我，如果弄得像（安装得好）就吸收进厂，弄不像就淘汰。我们几个人年纪轻，接受能力还可以，经过半年就能开机器、出产品了，1951年我正式成为振亚厂的职工。

[1] 陈惠卿，1950年4月进入振亚丝织厂当学徒，1959年入党，历任挡车工、保养工、车间片长、生产技术科副科长，1971年12月至1980年年初为计划、技术、企管、经管四大科室的联合副科长（主持工作），1980年2月至1994年出任苏州东吴丝织厂长兼书记，1994年8月退休。高级经济师、中级技师，获得纺织工业部劳动模范、纺织部优秀企业家等荣誉称号。

我在振亚厂干了整整 30 年，经历的确实很多，这期间整个国家的形势变化也很大。我的文化不高，到振亚厂后一边工作一边读书，晚上到道前街、现在是二中的夜校读书，从原来的小学文化读到夜校高中。国家层面政策的变化，我经历的也很多，比如对私改造、公私合营。1954 年，振亚厂成为苏州第一个接受公私合营（的丝绸企业），1955 年大约有 7 家工厂并进来，到 1956 年又有几十家工厂并进来。在这个过程中，我逐步参加管理（工作），开始时帮合营的那些小厂搬迁，把一家家的设备搬进厂里。[1]

公私合营结束后，振亚厂的规模变大了。我进去的时候，实行单班制，有 24 台铁机，还有几十台手拉机，到公私合营结束后，从单班制变到双班，接下来实行三班制。从 1958 年开始，振亚厂搞劳动改组，生产的组织形式有所变化，原来是 1 个人管 1 台机，到后来 1 个人最多时管 12 台机。1958 年还大量招人、扩大生产，从 24 台机到大约 640 台机，可以说，生产能力、生产规模和职工人数的增加、发展相当快。当然，丝织行业不光是振亚一家，东吴厂的发展这个时期也很快，还有光明丝织厂、新苏丝织厂也是 1958 年开始出现的。东吴厂名气稍微响一点，和振亚厂一样，前面有基础，都是有根的，光明、新苏的基础差一点，技术力量比较薄弱，都是小厂合并起来的。

我 1958 年进入管理岗位，最早叫脱产。1957 年 10 月时，车间里的组织形式是划片管理，我当力织车间的片长，1958 年 10 月被调到准备车间当主任，1961 年到了生产计划科室，这就是我参加管理的过程。管理工作的内容跟原来的一线生产完全不同，从领导角度讲，发展需要人才，我感觉自己的能力还算可以，接触一样东西大体上很快就能学会。在后来的工作中，振亚厂的邵厂长将主要精力放在化纤项目上，准备在丝绸老本行的基础上实现跨行业发展，就不怎么管日常事务了。平时的生产工作，特别是和技术相关的事都交给我负责。当时，振亚厂的生产能力有限，大的指导思想是要争上游、多快好省，就在这样的大背景下开展技术革新、技术改

---

[1] 1954 年 10 月振亚和大中、千里、联达、美彰及大美染坊开始公私合营试点，陶叔南任经理。当时合营进振亚的工人年纪都较大，陈惠卿年纪轻、接受能力强，就参与合营厂家的设备搬迁工作。1956 年出现社会主义改造高潮，全行业公私合营蓬勃兴起，陈惠卿脱产参与，大约有 38 家企业合并进入在仓街的振亚厂，振亚成为苏州的一家中型企业、丝绸行业的最大企业（据何敏苏对陈惠卿的口述记录）。

造、技术革命。这样，振亚厂建立了搞技术改革的班子，还有技术人员搞喷水织机、无梭织机实验，当然，难度也确实很大。后来，振亚厂认识到，要发展光靠真丝是不行的，因为受到原材料的限制，（于是）就开始生产当时国内还不多的化纤产品。经过一期、二期、三期建设，振亚厂的化纤业越做越大，同时（改变）化纤产品的结构，生产弹力丝。在振亚的整个发展过程中，我在技术科、计划科当主持工作的副科长，后来又去了经管科。

我一直认为企业生产要搞标准化，不能无操作规范。20世纪60年代初，传统行业有个规矩，1个师傅带1个徒弟，操作规范、操作工艺都是口口相传，没有统一标准，各人各有一套办法，这样做的结果，是产品质量不稳定、操作不规范。比如丝（原料）是否合格，老师傅是用指甲弹弹来判断的，全凭经验，强力、伸长、抱合力、回潮率等原料的物理性能数据是不知道的，甚至连仪表、仪器都没有。上浆过程，就像手洗衣裳一样采取揉揉的形式，还有浆丝、染色都是拿到外面小染坊去加工。这样做的结果，是整个生产工序不完整、也不配套，整个生产链是杂乱无章的，质量管理是头疼医头，全凭经验。

而公私合营以后，振亚厂的生产规模扩大了很多，旧的管理办法很难再延续下去，产品质量经常出问题。我到技术科后，就觉得操作、工艺都要有规范，这样质量才能上去，效率才能提高，工人也好管理，不然各说各做，没法统一。对各项工作标准化，是从整顿纪律入手的。车间工厂的生产都要有目标，一天工作结束后要开收工会，工人一天的活干下来，做得好与不好要有个说法，所以下了班要开个小会、做个总结。然后，再将全厂从前道到后道所有涉及的车间、部门、相关人员组织起来，一起开一个"一条边质量分析会议"，分析原因、制定措施、道道把关、总结经验、吸取教训。这个办法立马获得了成效，各个生产部门抓生产也就有了办法。

另外，操作技术本身也要标准规范，包括各个动作都要规定下来。比如说织造工艺，从丝进厂就要开始做物理测试，原来这种测试都是没有的，包括张力、吸水力、含杂率等都要（进行）规范化、科学化测试。1963年后，对原料也进行标范化管理，主要由华纺毕业生施明干负责，建立测试化验室，对进厂的原料全部进行测试，然后按等级、按品种要求分类，合理地投放到生产中，积累一定数据后就编写"原料手册"，相关人员人手一册。这样下来，产品质量从源头上就（得到）把控，原料的利用率也大大提高了。同时,还对每个品种的每道工艺过程进行完善,统一工器具、统一操作手势和规范,不同的产品用不同的工艺设计卡,新品种坚持"先工艺、后投产,无工艺、不投产"的原则。可以说,只有靠管理,才能做到质量好、效率高。

这个过程大约花了 10 年左右时间,作为我个人来讲是非常忙的,经常夜里 11 点回家,有时就睡在厂里。而且,我这个人想做的事比较多,包括后来工资改革,如何加工资的方案都是我牵头做的。工资方案不是嘴上说说的,因为涉及所有人,要制定升级标准,到底升一级还是半级,要组织上课、组织考试等。最后,操作有操作员,工艺有工艺员,设备有技术员,还有统计员,从一线车间共抽调出来 108 个年轻人,(号称)"一百零八将",来从事质量管理工作,这也是我倡导并实施的。质量管理的事很多,这样那样都需要有人来管,如果没人管等于零,管也要让对方服气,不服气反而会制造矛盾。制定的标准本身要站得住脚,然后得有人督促,(这样)才能推广得开来,这跟现在是一样的。

大的路线、方针、政策当然很重要,但具体工作还是要靠我们自己去做。从进厂工作到管理工厂,一步一步应该说很不容易。而且我一直有个观点,既然管到,那么自己就要会,自己不会就是讲空话,没人服你,作用就不明显。所以,我负责哪一块,就一样一样地学这一块。特别是搞原料标准化管理,仓库管理也归我,整个仓库的进货出货、原料检验等,都要了解,所以我确实比较忙。30 年中,只有两三年是干活、学技术,后来基本上都是靠脑子组织别人干活。

概括来说,振亚厂是从无到有、从小到大、从弱到强的典型,而且影响力也很大。20 世纪 50 年代初,振亚厂的性质就变了,因为解放不久政府就派公方代表过来,振亚厂就不再是原来的私人工厂,带有一定的公家性质。到公私合营时,政府又派人来,党委书记和负责生产的厂长,都是上面派来的。我进厂的时候,振亚厂当家的叫陆季皋,1950 年他的徒弟陶叔南[1]接班当经理。后来振亚厂的公私合营是比较成功的,对国家有贡献。到我

---

[1] 陶叔南(1897—1977),祖籍绍兴,父陶霞城(字荣堂)与娄凤韶、陆季皋共同创办华伦福纱缎庄。1910 年,陶叔南入华伦福纱缎庄当学徒,师从陆季皋,1917 年转入振亚丝织厂工作,后逐步接手振亚厂的经营管理。1954 年任公私合营振亚丝织厂经理,1956 年 1 月,被选为苏州市副市长。

离开振亚厂时，厂里有600多台织造机器，生产能力翻了很多番。对我本人来说，我的家族跟丝绸有缘分。我爷爷也是吃"丝绸饭"的，厂开在蠡口，做加工生意，织的可能是供给东吴厂的高丽绸。不过因为我年龄小，没见过爷爷的工厂。我父亲也从事丝绸行业，公私合营后当了振亚厂的设备科长，他有6个兄弟，4个吃"丝绸饭"，所以我一家跟丝绸业缘分很深。我小时候有一段时间到南京、上海学做其他生意，解放后才重回丝织厂，但我对丝绸业终归是熟悉的。

沈：您是在振亚厂做到技术科长后，直接出任东吴厂副厂长的吗？

陈：我在振亚厂时是企管科科长，管理经管、技术、生产3个科，没提副厂长。实际上调我去东吴厂的时候，老的陈厂长要退休了，我是去接他的班。振亚厂当时效益好、人才多，所以从振亚厂调出去的人很多。大概过了一年多，等东吴的老陈厂长退休后，我就被提为正厂长，之前是让我先熟悉一下工厂。我调到东吴厂后，大概是因为大家都知道我是来接班的，所以什么事都来找我，不去找陈厂长，名称上是副厂长，但我自己感觉企业的所有事情统统要接手下来了。

沈：您去的时候东吴厂是什么状况？

陈：有不少人劝我别去，包括东吴厂也有同行劝我别来，说来的话有苦头吃的。实事求是地讲，这是组织决定的，回绝不了，就去了。丝绸总公司还问我要不要带点人去，我说按照我的思路（想法），带了人去，别人可能会觉得我不信任东吴厂的人，所以就没带。

到东吴厂后，先了解摸清情况，发现确实和振亚厂完全不一样，环境也不一样，地处市中心，特别是领导层的管理思路比较老，人情作用大，而不是该怎样就怎样，所以难度确实是有的。突出问题是很穷、没有钱，职工没有奖金，因为没有钱，企业也没有能力做事。这一点跟振亚厂不能比，振亚厂发的工资基本是统一的，（收入）高低全靠平时发的奖金，再发点生活福利用品，振亚厂职工的居住条件、生活设施，也比东吴厂要好一点。我刚去时，厂周围那些居民都到厂长室来，坐着不肯走，我开始弄不清原因，后来才知道，他们（指东吴厂）办事不是太讲规矩，征用了人家的房子，要的时候话说得好听，许诺不少好处，但都没有兑现，人家当然不满意，找工厂吵着要钞票、要退回房子。

总的来说，当时东吴厂职工的劳动纪律松散，比如三班制，夜班不好好生产,说起来也有车间主任等,但企业的组织结构松散、管理松散,结果就是职工的生产积极性不高,导致生产效率低,那经济效益当然就不好。

沈:后来您是如何管理东吴厂的?

陈:我觉得做任何事情,都要天时、地利、人和。天时,要靠中央的政策;地利,取决于周边环境;人和,要靠大家努力做出来,不努力做是不行的。我在欢迎我到东吴厂的会上就说,组织上让我来,是要和大家一起,同心协力地把工厂搞得更好,不等于说现在不好。第一步措施,是整顿纪律,提高职工的劳动积极性,如果劳动纪律松散,那生产效率肯定不会高。当时正好开展全国范围的企业整顿,可以借东风。按照国有企业3个条例[1],而东吴厂和振亚厂都是市属(国有)企业,(于是)就请劳动局派人来帮我们一起整顿纪律。按照整顿纪律的政策办法,先进行动员,其实大多数职工是能够接受的,不愿意的毕竟是少数。紧接着搞标准化、规范化生产,在这一过程中更换了一批管理人员,事情肯定要有人做,所以人员变化是很大的。后来有人说,我把振亚的一套管理经验搬过来了,是可以这么说,反正工厂的面貌慢慢地就发生了改变,我也感到很欣慰。

同时逐步加强培养人才的力度,人才不是一下子能培养出来的。其实,东吴厂本身的人才相当多,但是没被用。我把很多原来纺织技校毕业的学生,都调到管理岗位上,有文化有知识的人当然要派用场,原来工人中技术水平比较高、人也比较灵活的,配置到操作员、工艺员、技术员岗位上,形成跟振亚厂差不多的管理结构,这样一来,生产效益马上显现。

原来东吴厂有一个弱点,品种结构不完善,生产的传统品种多,用工量也大,经济效益却不明显。调整的办法是进行技术改造,再引进设备,生产一些化纤产品,这样整个厂的效益就起来了,奖金也能发了。(东吴厂)在职工住宅上也投了不少,最多一年投了上千万。我有个观点,为职工做点事情,只要有条件,哪怕贷款也要去做。像17层公寓房都是贷款买的,所以职工的情绪越来越高涨。东吴厂的管理不断升级,最后拿到了国家一级企业的称号。

[1] 1986年9月,中共中央、国务院发布了《全民所有制工业企业厂长工作条例》《中国共产党全民所有制工业企业基层组织工作条例》《全民所有制工业企业职工代表大会条例》这3个条例。

设备更新和引进也同时进行，但是，东吴厂在那个地方要想有大的发展是很难的，为什么呢？东吴厂位于市中心，一不能造高层，二交通不便，大门前的人民路很拥挤，这是个弱点。后来就想办法，往外面拓展，正好新区刚刚开始发展，组织上同意各厂支持新区建设，我们就到新区买了84亩地，老厂也只有80亩地，准备把东吴厂的部分设备转移到那边去生产。本来准备要再发展的，但后来我退休了。

沈：继续到新区那边去发展，这个思路现在看来很好。

陈：这就是地利，从苏州市的角度来讲，经济发展的宏观方向有所变化，我们丝织行业要想生存下去，确实遇到了困难，但是不等于没有前途。关键要看怎么操作、怎么经营，我有这样的感觉，上面领导思考的层次比较高，能看到行业的效益好坏，但可能看得并不远，所以苏州有不少好的产品都丢掉了，这很可惜，不光是丝绸，还有电视机、吸尘器、电冰箱等，本来都是全国有名的，这是应该总结经验教训的。

沈：东吴厂在营销开拓方面，有没有一些内容可以介绍？

陈：其实我始终在想办法往外扩展，除了在新区买了那块地，还到昆山、吴江、吴县搞了3个分厂（联营厂），产生了多少经济效益很难讲，毕竟当时那里还是农村，但是我想去打基础，说得难听点叫占地盘，为了以后的发展。我也想过成立集团、形成联营生产，几个联营厂其实办得还可以，没有吃老本。厂里也派了一些骨干人员过去，养活了当地不少人，毕竟我们丝织业是需要大量劳动力的。当然，也有一些同志认为没多少好处，这要看从哪个角度去看了，至少对丝绸行业向昆山、吴江、吴县扩散，是起了作用的。

沈：中外合资方面，您有没有补充的？

陈：中外合资是建服装厂，思路确定、方案通过后，具体都是李伟去办的。我刚说的每一块工作，都是靠大家做的，我一个人肯定是不行的。我的脑袋里有各种点子，但要起作用得有人来落实，所以我派出去的人都是有能力的人。李伟在中外合资这一块搞得时间蛮长的，到珠海、深圳搞中外合资，还和香港人合作。那时深圳刚刚开放，就跟后来的苏州工业园区一样。还有引进设备，1984年去日本考察后，引进了喷气织机，但做具体工作的是张济中，厂部则是杨洪星负责，他确实有水平，能力很强，我也很看好他，不少事情都交给他去做。后来改制了我才知道（他没有参加），当时他没跟我商量，不然我一定建议他买下来，他就是胆子小了一点，拿不出钱，没敢贷款。其实他们（指原东吴人员）来问我时，我都让他们笃定买，只要肯勤恳做，是不会蚀本的。

沈：好的，您请再讲讲评一级企业的事。

陈：当时东吴厂评上一级企业时，在苏州还是第一家。按照中央政策，企业要整顿、企业要升级，（将企业）分成一、二、三、四共4个层次。一级企业主要看管理，并不完全看企业的效益，主要目的是加强企业管理，像前面讲过的，生产标准化、纪律整顿，还包括建章建制，就是这方面的内容。可以说，我对管理从来不放松，凡是上面要求做的，一概不放松，档案管理也是一级。再从经济效益看，东吴厂当时的效益也不错，特别是在解决职工生活方面，相对来讲比较让上面满意，不需要国家援助，造那些房子、发那些奖金，都是靠工厂自己赚出来的钱。所以，后来东吴职工的面貌跟我刚去的时候相比有很大不同，我去的时候职工都愁眉苦脸，我退休的时候大家有点不舍得。其实，东吴厂本身基础蛮好的，松散的劳动纪律经过两年整顿，再加有材必用，企业面貌很快就改变了。后来评选一级企业、质量管理奖时，一发动、一带动就上去了。至于后来再创新、再发展，就是另一件事了。

还有对人才培养也从未放松过，厂里不少中层干部，都是先被派出去读书，回来才当上中层干部的，包括几个副厂长、副书记，都是先出去读书，回来后再提拔的。普通职工也有不少被派出去读书，我到德国考察回来后，就跟二十三职业中学合作，招了人先读书，读完再进厂。我有个观点，一定要有文化、有知识，如果一个人没有文化、没有知识，思路就会受到局限，难以做成大事。人才是最要紧的，而能够派上用场（发挥作用）的人才不是凭空而来的，首先要靠培养，这一点始终贯彻在我的工作中，也是我自己的体会。

总的来说，我从调入东吴厂到退休，一共有14年。从资产角度来讲，我调入时，东吴厂的家当加起来不满1 000万元，这是资产总额，等我退休的时候差不多上亿了。从基础上看，东吴厂并不是一无所有、一张白纸。当然，我也搞了几个比较大的、达到几千万的项目，比如有梭织机全部更新，一共840台，还增加了喷水、剑杆等无梭织机，（这样一来）生产效率就不一样了，一年下来产值上亿。设备更新换代以后，老设备还要想办法再利用起来，这也是为国家减轻负担，所以淘汰下来的机器，放到联营厂去生产。有技术的人也要利用，派到分厂（联营厂）的人不是去当工人，而是去指导技术。等到我退休时，东吴厂没有出现资产流失的现象，（所有资产和设备）全都是可以生产、有利用价值的资产和设备，否则就会被当作垃圾处理掉。出路是要靠自己努力寻找的，假如我继续做下去的话，生产肯定要转移到新区去的。

十 振亚丝织厂

施明干

访谈对象：施明干，原振亚丝织厂副厂长、江苏省丝绸总公司副总经理[1]

时间：2021 年 11 月 11 日

地点：施明干宅

访谈人：沈骅

文字整理：郁琪

沈：施总您好，感谢您接受访谈，您是振亚丝织厂的老领导了，今天主要请您介绍一下自己在振亚厂的一些工作和生活经历。

施：好的。我叫施明干，1939 年 10 月出生，盛泽人。我 1961 年毕业于当时的华东纺织工学院，后来的中国纺织大学，现在的东

图为施明干。

---

[1] 施明干，1939 年 10 月出生在苏州，1961 年毕业于华东纺织工学院（现东华大学）纺织工程系丝绸专业，1962 年 9 月被分配至振亚丝织厂生产技术科，是振亚厂第一个大学毕业生，历任技术员、工程师、副科长等，1979 年任副厂长。1985 年 1 月任苏州市丝绸公司总经理，1986 年 1 月任江苏省丝绸总公司副总经理。1990 年 1 月任苏州丝绸工学院副院长，1997 年 1 月任苏州大学副校长，2000 年退休。

华大学。毕业以后，被派到苏州丝绸工学院，丝绸工学院又把我派到了浒墅关镇的（附属）蚕桑中专，这个中专挺有名气的。一年后，纺织部决定重点办好丝绸工学院，就把中专撤掉了，当时有好多人分派到了其他地方，（如果）是大学本科毕业就到丝绸工学院。我喜欢去工厂，就打了个报告，说愿意到厂里去，1962 年就派我到振亚丝织厂。

能够被派到振亚厂，我是很幸运的，因为振亚厂是一家丝织大厂，在国内也是排得上队的，甚至在国外都有名气。去了以后，看到厂里有法国、日本、意大利、瑞士的好多资料，在其他工厂不一定能看得到，连苏州丝绸工学院都不一定保存有这种资料。丝织厂的规模一般不大，振亚厂发展到最好的时候，将近 1 000 台织机、3 000 多职工，品种花色也特别多，有的品种现在都不生产了，成为工艺品，因为生产过程太复杂。我能够在这样一个环境中工作，感觉挺好。

1962 年我进振亚厂的时机非常好，中央正在大力推行"工业七十条"[1]，振亚厂为此采取了很多措施。我所在的生产技术科就强调，先规范工艺、后开展生产。丝绸业虽然很发达，但是和其他行业相比，它还是一个古老的传统行业。比如，当时的生产主要凭老师傅的经验，所以我们为每道工序都建立了工艺卡，每个品种都配备了工艺设计书。在开展这项工作之前，我先到车间基层去了一段时间，因为我感觉到，我既然到了工厂，那么工人会操作的，我也要会，这样工作起来才有底气。经过半年多的挡车开素机、花机，和大半年的平车队工作，我的现场操作能力提高不少。回到技术科后，我就开始整顿工艺。1956 年，苏州市纺织工业局批准了 6 名振亚丝织厂（员工成为）车间技术员，他们虽然高中都没有毕业，但是本事很大。我就跟这些车间技术员、平车工一起，做了大量的调查研究工作，先把工艺数据整理出来，再把工艺流程定出来。他们先把机器调好，将工艺数据记录下来，然后再把这些工艺数据应用到其他机器上，这样一次性就投产成功了，老师傅们认可，我也很高兴。（其实）对于这些老师傅们来说，这样做的意义不大，他们凭经验照样可以开机器，但对青年

---

[1]"工业七十条"是 1961 年 9 月中共中央颁发的《国营工业企业工作条例（草案）》的代称，该条例共 10 章 70 条，故称"工业七十条"。条例对国营工业企业的生产经营管理、职工福利、经济核算等作了详细规定，是中国工业企业管理的第一个总章程，对提高工业管理水平、加快工业发展、调动职工积极性等发挥了重要作用。

平车工帮助非常大。这样从头道工序到末道工序，我都有了一个基本了解，后来整理了一本振亚丝织厂的技术工艺书叫"工艺手册"，包括准备车间（各部件）的摆法、间距，各道工序的工艺参数等。

1976年，我到北京参加纺织部和中国科协举办的一个管理现代化学习班，学了3个月，收获很大。回来后不久，无意中看到了《工人日报》上刊登的一篇以"全面质量管理"为主题的连载文章，我一看非常好，就跟同事姜志鹏讲，他也觉到文章所讲的内容非常适合我们。我们每期都看，还剪下来反复研究。振亚丝织厂当时还是基于经验的传统管理。我们建议党委和厂部推行全面质量管理，党委书记杨庆诰、厂长邵铸元都非常支持，还让我和姜志鹏一起去纺织部汇报，苏州市经委的技术科长也非常支持，来现场指导我们展开工作。

1977年，振亚厂开始探索全面质量管理这一现代化质量管理手段。在推行过程中，我们反复学习，悟出全面质量管理的"全面"就是指全过程、全员、全方位。为什么是全过程？因为从原料进厂一直到成品出厂，都要有一个质量管理的问题；为什么是全员？因为涉及企业里每一个职工；为什么是全方位？因为全面质量管理不仅仅是生产技术科、生产车间的事，还包括后勤保障、供销科、机修车间，甚至总务科，所以是全方位的。我们自己编起了"TQC全面质量管理"小册子，包括PDCA循环法、优选法、鱼翅图法、控制图法等，用各种自编讲义，先对职工进行培训，把全面质量管理知识讲给职工，还动员邵厂长一起来上课，告诉干部和职工，全面质量管理跟传统管理并不矛盾。例如工艺张力，传统管理本来也有这个（要求），现在全部在图上标点，这样就更加规范有据。

纺织部会（对产品）评质量奖，有金奖和银奖，比如振亚厂有个修花缎的产品要争创金奖，各道工序应该怎么做呢？传统做法是先开生产技术会，布置工作，形成会议记录，再下去检查是不是（得到）落实。实施全面质量管理后，先进行目标管理，（确定）目标是什么，然后确定采取什么措施，这个措施是全过程的。修花缎有两个经轴，一个是挂经的，一个是提花的，挂经的浮长[1]要剪掉，称为剪花，这个步骤是要工人完成的。下一步是在花里边划绒，这一步可以外发加工，发给居民去加工。最后再到

---

[1] 浮长，纺织业专业术语，简单来说，织物由经纱、纬纱交织形成，经纱浮在纬纱上的是经浮长，纬纱浮在经纱上的是纬浮长。

绸缎炼染厂，和他们一起配合创金奖。这样一来，全过程管理就慢慢推行开来了。我们还到江苏省第一家全面质量管理得奖单位南京熊猫无线电厂、第二家得奖单位常州柴油机厂及上海十七棉厂去参观和学习。振亚厂是江苏省第三家全面质量管理奖金奖单位，也是全国丝绸行业唯一一家全面质量管理奖金奖单位。当时获这个奖还真是不容易。当然也得到了各方面的支持。国家经委质量处的一位钱处长带队，来了十多个人，验收了一个多礼拜，最后顺利通过，获得了全面质量管理金奖，在这个过程中，振亚厂的生产也日益规范化。

振亚厂60和70年代还准备生产涤纶丝、锦纶丝等，当时的涤纶丝、锦纶丝因为主要是进口的，所以价格比较贵，它的生产工艺也很难掌握。大概是1980年，中国丝绸进出口总公司组织一批人去日本考察醋酯纤维、涤纶丝、粘胶纤维的生产，看了日本的好多工厂，我也去了。醋酯纤维很像真丝，但是强力太差。振亚厂还生产过一段时间的降落伞绸，生产降落伞绸的经线、纬线都是意大利进口的，有一个名字叫特品绸，因为是军用产品，要保密，所以工厂就称它为特品绸。它有一个很重要的指标，就是透气量，这会影响到降落速度。如果更换原料，那透气量就无法达标，只好停机。我那时候在车间当技术员，生产这个特品绸时，全部停机停了三四天。这时我就体会到，振亚厂的厂长、车间主任、工人的素质都非常好，织机虽然停了，工人照样上班，蹲在车间里，不乱跑的。后来更换了控制纬密的齿轮上去，把织出来的特品绸送到丝绸研究所去测试，透气量达到后，再一台一台地恢复生产。

后来我们自己也感觉到，需要生产化纤产品。当时厂领导是俞厂长，他对化纤是外行，居然白手起家搞成功了。我当时作为旁观者，感觉真是不容易。振亚厂靠近城墙，城墙边上有个废弃的水塔，就先在水塔上面试生产，成功后将一幢楼改造成一个化纤生产车间。再把有400多台织机的二车间改造成化纤车间，引进法国设备。不过说实话，我当时并不赞成这么搞，上马化纤车间是对的，但可以另外新造车间，把振亚厂原来的400多台织机改掉后，就成为一个中型工厂了。但我还是服从厂里的决策，而且我的思路可能也是有问题的。东吴丝织厂控制得比较好，先造了一个小型化纤车间。当然，振亚厂生产化纤产品是有成绩的，锦纶丝、涤纶丝、弹力丝后来都仿制出来了，质量也不错。

涤纶丝、弹力丝普遍使用以后，我感觉到国内企业对进口原料普遍缺乏了解。我参加了好几次和日本、德国同行的技术交流会议，感觉到包装箱的识别也很重要。涤纶丝进口进来，包装箱上面的说明可以解决很多问题，（但）我们工人的英文不行，看不懂。例如包装箱上写得很明白：针织用丝。针织用丝的弹性特别好，如果把针织用丝用到梭织机上，那肯定难生产。后来我们又跟日本帝人、旭化成等公司开展技术交流，逐步知道了包装箱上面有好多可识别的内容，再到上海丝绸公司学习后，就编了一本原料手册，上面有中英文对照，详细介绍了包装箱上的可识别内容。接着，我就给工人、技术员做培训，让他们学会看包装箱上面的说明，看过以后就知道是涤纶长丝还是涤纶弹力丝、锦纶丝，是多粗、多少根纤维组成的，是针织用丝还是机织用丝，生产厂是哪一家，含油脂多不多，这些说明对后面的生产是很重要的。总体来说，振亚厂发展化纤产品的过程也是不容易的，最后取得的经济效益挺好。

沈：（生产）这个是因为市场需求量大？

施：是的，不要小看合纤[1]，认为合纤不透气，穿着不舒服，其实不是这么回事。仿真丝说穿了就是碱减量处理，把外面包覆的油脂等去掉，纤维表面形成凹坑，质量变轻后，纤维就蓬松了。合纤仿真丝做得好，既挺括又飘逸，还容易清洗。而真丝是很难打理的，价格又贵。还有像涤纶弹力丝、纺毛织物，不要以为仿毛的不好，做得好比真毛还挺括、保暖。像拉舍尔毛毯，又软又轻，全是涤纶丝，而一般的毛毯又重又硬。有人说涤纶丝不如天然纤维，这不一定，涤纶后期处理得好，生产出来的仿真丝织物又薄又挺，还免烫。

沈：振亚厂有没有这方面做得比较好的产品？

施：振亚厂生产的涤纶丝还处于初步阶段，当时全国的水平都差不多，到现在，吴江发展得很好，包括恒力。由于振亚厂起步比较早，后来国产纺丝机的鉴定，纺织部就（将其）放在了振亚厂。俞厂长他们不容易，也很了不起。他是金工车间保养工出身，搞了好多技术革新，其他干部职工也都是一条心。

我是1962年进（振亚）厂的，恰逢丝绸业发展迅速的历史时期。我对

---

[1] 合成纤维和人造纤维，统称化学纤维，简称化纤。

振亚厂的体会是，工厂的风气正，只要好好工作，没有人在背后说三道四，职工与职工之间的关系都非常好，所以能够出成绩，而像东吴厂之前就有一些派系。

沈：请再说说您在丝绸公司的经历。

施：我1984年年底到苏州市丝绸公司当总经理，只待了1年，就调到江苏省丝绸总公司去当副总，整整4年后，再调到苏州丝绸工学院（工作）。

江苏省丝绸总公司是一个厅局级的省属大型企业，1984年10月份成立，我是1985年年底去的，1986年1月份当副总经理。老总叫陈炳良（音），是一个资深的老干部，本来是纺织工业厅的领导，后来当了丝绸公司总经理。江苏省丝绸总公司定的是正厅级，浙江省丝绸总公司和四川省丝绸总公司也是正厅级，广东省丝绸总公司这么有名气，却是副厅级。另外，山东、辽宁、安徽等省也都成立了丝绸总公司。江苏省丝绸总公司除总部以外下面有两大企业，一个是进出口公司，对外是江苏省丝绸进出口总公司；一个是内务公司，对外就是江苏省丝绸供销公司。

丝绸总公司的成立实际上是丝绸行业改革的产物，农、工、商、贸合一。具体来说，把农业部门，就是农林厅的蚕桑部门并进来，成立蚕桑生产部、烘茧处；把纺织工业厅的丝绸部门并过来，成立丝绸生产部；把和丝绸有关的商业部门也并过来。为什么要这样调整呢？当时的丝绸行业实际上分配很不均匀，蚕桑生产部门最辛苦，从栽桑养蚕开始，到结茧，蚕茧烘检后，再卖给缫丝厂，但是不（怎么）赚钱、收入不多。缫丝厂的工人原来也非常辛苦，后来操作自动化程度提高，辛苦程度好一点了，但是缫丝厂经常出现亏损。丝织厂比缫丝厂要好一点，外贸利润高得很，真丝都能卖得起价钱。陈总（指省丝绸公司负责人）把进出口公司的经理叫来，和丝绸生产部、蚕桑生产部的负责人一起开会，要求进出口公司拿出一定的利润来反哺养蚕和缫丝。这样一来，蚕桑生产部门的情况就得到改善，缫丝厂到年底扭亏为盈了。

1986年前后一段时期，全省乃至全国都非常重视技术改造。陈总很重视技术改造，我每年都带着一帮人到中国丝绸总公司去沟通，因为当时的技术改造项目先要得到总公司的同意，再根据这些项目的总价值，每年拨钱到省公司。当时丝绸行业的创汇能力非常强，要拿钱出来支持技术改造。丝绸企业技术改造、更新设备的（途径），除总公司、省公司、市里拨款以外，还有补偿贸易的方式，当时叫"三来一补"，来料加工、来样照做、来件装配。比如生产500万米真丝绸，可以换取日本的100台喷水织机包括前准备设备，喷水织机的精华就在前准备设备上。当时苏州、吴江、无锡的工厂，进口的喷水喷气织机很多，几乎每个厂都是100台。振亚、东吴、新苏、光明、吴江新生、新华这些厂，也进了很多喷水织机。还有剑杆织机，门幅阔，而且可以六色选纬。还有少数片梭织机，非常精密，保养要求也很高。这样一来，省丝绸公司有上面（拨）的资金，有外贸利润，企业自身也可以开展"三来一补"，所以整体而言，那个时期丝绸行业的技术改造是非常成功的。纺工厅的一位厅长对我说过，丝绸行业的技术改造这么快呀！

但是，有个问题始终没有解决。我国的创汇主要是全真丝绸，而外国人认为只有 silk 是真丝、全真丝，合纤仿真丝不属于丝绸范围。那就面临一个问题，苏州、吴江、无锡，还有常州、丹阳这些主要生产丝绸的地区，是不产茧子的或者茧子的产量很少。吴江算是比较好的，在80年代后期还能年产18万担蚕茧，能够满足自己的一部分（需求）。怎么办呢？从苏北调丝，苏北也不肯，说自己也可以发展真丝绸。省政府也没有办法。我们也想过好多办法，但一直是个问题，结果蚕茧价格高、丝价格高、绸价格高，自己把自己困死了。

国际上有个丝绸协会，总部设在法国的里昂，蚕桑协会也在法国里昂。后来丝绸工学院举办过好几届国际丝绸会议，丝绸协会的秘书长都参加的。随着蚕茧价格提高，国际上的丝价格也上去了，真丝价格自然也跟着上去了。正是在这个时期，苏州的丝绸业发展得非常快。吴江当时连续10年的对外贸易在全国县级市（排名）第一，其中丝绸业是重要的一部分。吴江有个主管丝业的副县长姓朱，他在任时同意丝织厂完成税收后，剩余利润可以用来进行技术改造。所以吴江的丝绸业（发展）是非常好的，"四新"丝织厂即新华、新联、新生、新民，跟苏州四大绸厂相比并不差。

国企三年改革，别说振亚、东吴、光明、新苏这4家大厂，哪怕是4个知青厂都是非常好的，没有哪个亏损。像东吴厂以生产丝绸为主，品种花色这么多，名气这么大，但最后转到个人，就没有了。现在苏州只有零零碎碎的几个丝绸小厂，这是很尴尬的，因为苏州号称丝绸之都。丝绸商店看着不少，但里面的成品大都不是苏州生产的，是从浙江湖州过来的。国家层面送出去的国礼，一般有两大产品，一个是工艺产品，一个是丝绸产品。丝绸中的织锦被面，真可以说是工艺品，但现在老师傅大多退休了，再要恢复生产很难。

沈：施总，当年苏州的丝绸产业跟吴江那边有没有内在联系？

施：苏州跟吴江，大家客客气气互不侵犯，但是暗中也较劲。吴江的产品和苏州市有点不一样，熟织物比较少，真丝绸做得很好，包括一些小提花的真丝绸，两者的产品是错位的。另外，吴江的技术改造（做得）也挺好。

沈：您看苏州的四大绸厂各自有什么特色？

施：新苏厂的真丝绸做得挺好，参加全国质量评比的时候，还得过奖。东吴厂的花色品种多，生产难度也大，用的工人像挡车工也多，织锦被面有时要一个人看一台机，还有织锦台毯、织锦靠垫等，可以说就是工艺品。振亚厂的特色是人造丝品种，"二绡一缎"，伊人绡、迎春绡和修花缎，当时主要销往中东各国，比如伊拉克，销量很好。振亚厂的技术革新也不错，有些产品其他厂也能生产，但振亚厂做得最熟，质量相对比较好。振亚厂也生产真丝绸，专门有一个车间生产，做得也不错，包括克利缎、织锦缎，只是没有东吴厂的品种多。东吴厂的古香缎、织锦缎上，亭台楼阁、花卉侍女，样样风景都行，而织锦缎是不容易织好的。光明厂生产的品种也可以，素的比较多，真丝绸数量也不少。

沈：真丝绸的概念就是外国人说的 silk 吗？

施：真丝绸就是指经、纬都是桑蚕丝。真丝绸是很难生产的，经纬的密度非常高。比如有一种产品叫格子碧绉，大家都喜欢穿，又清爽又牢固，是要用水纡织的。为什么呢？因为纬密度太大，不紧致，所以纬线要放在水里处理一下再织。现在有哪个厂家肯生产？即便生产出来，哪个买得起？我去法国时，看到他们还在生产这种产品，还有西服的面料也用真丝，显得厚重。

沈：您在丝绸工学院的时候，跟苏州的丝织厂有合作吗？

施：后来我到了丝绸工学院。在教育上我是个外行，我前面 30 年都是在工业企业或者公司，最后 10 年是在教育行业，所以当时学院的书记不让我管教育，毕竟教育也是一门科学。但是我有个优势，就是在教学实践上。工厂对学生来实习都是头痛的，一般不大愿意接受。开始的时候我打电话联系，后来我感觉这样不行，就在苏州、无锡、吴江开了3个会，把一些厂长、公司经理请来，拟好合同协议书，请大家签字，接受我们（学生）的实习，这样就解决了教学实践的问题。当然，我也让学校的（实习）尽量不要影响工厂的生产，让学生帮他们（工厂）做点事。还有一个，当时学校的教育经费大都不足，而成人教育既可以为社会服务，同时又能够赚钱。除了成人教育，还有各种补习班、短期教育，或者合作科研，企业如果需要分析、测试，可以到学校来，因为学校有相关的科研实验室，对学校来说，就是教学产业一体化。总体来说，学校和丝绸公司、工厂主要是教学实践、成人教育、生产科研方面的合作。

当时，纺织部每年要举办一个"佳丽丝"评比展销会，是涤纶仿真丝系列产品的展销会，我就跟丝绸公司的沈经理说：你们提供面料，我们出模特队。因为丝绸工学院有个时装设计和模特表演专业，（专门）培养模特。后来我们的模特队去北京表演，一下子轰动了，部长接见并跟我们合影，教育厅也提供了经费。

沈：时装表演时，她们穿的是什么？

施：穿的都是涤纶仿真丝。模特身上穿的涤纶仿真丝都是苏州各厂生产的，包括印染厂。当时，上海丝绸公司也带了一个模特队，我说我们的模特队队员都是大学二年级的学生，很少参加商业演出，在表演上肯定差一点，但是她们有文化底蕴、有知识积累，所以表演出来是两样的。大家看了以后，觉得确实是这么回事。我们还到南京去表演过一次，省领导都来观看，留下的印象不错，知道了丝绸工学院还有这么一个表演队。

国际丝绸协会经常在日本、欧洲等国家举办国际丝绸会议，我去苏州丝绸工学院工作后，邀请国际丝协来丝绸工学院举行（国际丝绸会议），共举办了3届，丝工院合并到苏大（苏州大学）后也继续举办过。我还做过一个事情，学院的企业管理系叫我牵头编一本关于丝绸行业管理的书，我就组织苏州、吴江、无锡、南通公司的经理、厂长一起编写了一本《丝绸企业管理学》。当时出版书有困难，我就发挥优势，这个厂捐1万、那个厂捐1万，出版费和稿费都有了，实际上我一个字都没有写，就是起到组织和协调作用，后来这本书还获得了苏州市社会科学优秀奖。这些组织工作我是可以做的，但教育的核心部分我是不敢碰的（笑）。

沈：对学校来说，教学实践是很麻烦的，像您这样从生产领域里跨过去，真的是非常受欢迎的。

施：我感觉去苏州丝绸工学院工作也挺好的。学校挺安定，空下来就利用纺织部的资料、学校的资料、学校的化验室，写了一些论文，还评了正高级，原来我是高级工程师。我的国务院政府特殊津贴是在丝绸工学院评到的，国家星火奖是在省丝绸总公司（获得的）。

沈：您前面提到，您当年是华纺毕业后主动提出去工厂一线的，这也是比较少见的。

施：我在学校学习时，当时的教育很重视实践。大约是1958年，纺织部从全国调了一批工程师到华东纺织工学院做讲师。我很赞成应用型高校的毕业生要有动手能力，（不能）眼高手低，要能解决实际问题，从理论到理论是不会受到工厂欢迎的。所以我非常注重实践实习，在大学三年级时，就同几个苏州同学到振亚厂、东吴厂去参观过。

1978年，我在振亚厂评上了工程师，作为苏州第一批工程师，还在纺织系统大会上发了言，在省公司评上了高级工程师。当时丝绸系统的大学毕业生很少，局里也不多，因为这是个传统行业，我当时学的是纺织工程丝绸专业，一个班只有20多个人。

何启煌

访谈对象：何启煌，原振亚丝织厂计划科、销售科、劳工科副科长[1]
访谈时间：2021年12月3日
访谈地点：何启煌宅
访谈人：沈骅
文字整理：张梦欢

沈：何总您好，我们在做关于20世纪80年代和90年代苏州国营企业老员工的访谈，您是振亚丝织厂的元老级员工，所以请您来聊一聊您的生平和经历。

何：我叫何启煌，福建泉州人。1940年我13岁时离开学校，到舅舅经营的长源行商贸公司学做生意，经

图为何启煌。

营烟、染料、电线等各种杂品。我小学都没毕业，抗战期间也没有钱再去读书，以后也没有进过正规的学校。

我到苏州来还要从上海说起。1950年泉州商行派我到上海任驻上海久信贸易公司代表，久信有一项业务是采购丝绸面料销往泉州，做帐子上的门面和绣花枕头等，这些面料都是上海天生锦绸庄提供的，这是我第一次接触丝绸。

久信后来生意也不好做了，有撤回泉州的打算。我听说久信准备出资在苏州办一个丝绸厂，生产被面、帐子等，再卖到泉州，久信的同事都不想去苏州。而我在上海吃白饭，有点不好意思，就去找久信的老板陈梁材，我说，听说没有人去你苏州的厂工作，我想去的，他同意了。苏州另

---

[1] 何启煌，1927年9月出生于福建泉州，1956年1月进入振亚丝织厂，先后担任成品车间主任、计划科副科长、供应基建科副科长、销售科副科长、劳动工资科副科长、经营科副科长等（主持工作），1988年10月退休。

外有一个股东叫刘云伯（苏州人），他原来就在上海天生锦绸庄做丝绸生意，后来老板逃到美国不回来了，让他当经理，他当然也做不下去。当他拿到1 000元的解散费后，就跟陈梁材说，苏州有一家叫久富的丝绸厂濒临倒闭，可以合伙到苏州去盘下来，重新办一个丝绸厂，因为泉州需要丝绸面料。陈梁材答应合资，拿出4 000元当了大股东。这样就有3家：苏州的久富（有现成地方、设备和工人）、上海的久信（4 000元投资加上客源）和刘云伯（1 000元投资加上管理协调），合资在苏州开了久安丝绸厂，地址在苏州平江路大管弄11号。我就这样来到苏州，结果就没有回福建的家（笑），这是1951年12月。

到久安后，开始筹备开厂，我是陈梁材派出的人员，代表久信（第一大股东），出任会计和做业务联系。生产正常后，产品就往泉州运，客源也比较稳定，一直生产到1956年1月全行业公私合营，我们全部（合并）到振亚丝织厂。当时，合并到振亚的工厂很多，人也很多，大家都想要一个好位置，因为我有点文化又在上海读过会计班，就派我到振亚厂的成品车间，先做统计。后来我们成品车间的主任生病去世，另一个副主任也调走了，我就当上了成品车间主任。成品车间当时有一个口号，质量要冲破"九九关"，意思是产品要99%以上都达标，整个行业都在说要实现这个目标，但多少年都没有冲破。我想出了一个办法，检验员一早到岗后，先仔细观察将要检验的坯布末尾，如果发现问题特别是隐性疵点，立即反馈给力织车间相应织机上的挡车工，赶快修正，就是说检验员要下车间，而不是一直待在检验桌前。这样一来，通过检验员下车间，可以避免出现批量产品的质量问题，产品质量得到迅速提高。我做过统计工作，知道统计方法和过程也是很关键的，要讲究统计技巧。原来达标率一直在98.5%和98.6%上下，到冲破"九九关"的最后一天，一直统计到当天下午4点多，得到了99.03%的数据，表示冲破了。当天5点钟的钟声一响，我就打电话向厂里报告说，经过公司的检验组检验，已经冲破"九九关"了。成品车间敲锣打鼓地向市里的丝绸公司去报喜，振亚厂冲破"九九关"，这在当时是个大事。

沈：您后来是振亚丝织厂的首位销售科副科长，销售方面有什么可以介绍的？

何：我一直是副科长主持工作，因为振亚厂一般不设正科长。60年代是计划经济时代,当时东吴丝织厂的孙少伟(音)经常到上海去接单,接的是上海丝绸总公司的一些机动生产计划。我听到这个消息后,就去参加上海丝绸总公司的(订货)会议,选择了我们厂最熟悉、擅长做的产品单子。当时有一个5 000米的新品种单子,我就向上海丝绸总公司的人说,这个产品类似振亚厂的传统产品双管绡,我们有把握做好,就把这个生产计划落实到我们厂了。回来后要给产品取名字,我参加上海丝绸总公司下属上海丝绸进出口公司组织的会议时了解到,这个产品要销往伊拉克,就起了个名字叫"伊人绡",既有秋水伊人的意思,又指出口伊拉克。1964年生产的迎春绡品种,就是在伊人绡的基础上加了几个颜色。1966年生产修花缎品种,形成"二绡一缎"。这些开始都是我争取来的生产计划,这些品种也改变了振亚厂的产品结构,而且利润很好。

沈:振亚厂20世纪60年代时,是不是把一些产品外包给周边的妇女(来做)?

何:就是这个修花缎。修花缎这个产品有一道特殊的工序,是通花,一根针通过去,再把这个花割掉,把浮在上面的经丝割断以后就形成绒。1966年,从振亚厂转到丝绸研究所工作的王兆鹏,拿来新开发的修花缎样子问我能否生产,并且告诉我,振亚厂成品车间的剪花员殷素珍会划绒。我就说可以试试,织好一匹(30米)后,让殷素珍去划绒。她划了整整一个月,得到了王兆鹏的确认,因为这个过程要修花,所以取名为修花缎。后来外贸部门核定产品成本,其中有关于附加划绒的那一部分生产成本,我就对他们说,成品车间工人的月工资平均是30元,划一匹绸试验时要一个月,熟练后应该不用这么多时间,那就定15元一匹。后来订单越来越多,成品车间的工人根本没有办法完成,振亚厂就把这道工序交给工人的家属去做,也是15元每匹的工价,职工家属都抢着来做这个活。后来量更多,周边一些不是职工家属的妇女也来接。市妇联知道这个事情后,找到我们厂长,说社会上没有工作的家庭妇女很多,希望能够让更多的妇女承担这个工作,可以贴补家用、改善生活。振亚厂确定了几个(质量方面的)要求后,干脆把这个工作交给居民委员会去(分担),振亚厂自己的工人就不做了,厂里派殷素珍等人负责到人家家里去指导。振亚厂周围的家庭妇女很多,几乎承包了这项业务,大约持续了20年,这些家庭的困难也得到一些解决。

"两绸一缎"这几个产品的生产稳定后,我就被调工作了,70年代到基建科当副科长。当时抓革命、促生产开始兴起,我的工作就是"开疆拓土",大搞基建。要发展就得有地方,我就通过拓荒、交换、协商等各种方式,来扩大厂里的生产用地。比如,仓街高驳岸原来是一条通往城河的断头路,是一块狭长的荒地,也是附近居民倒马桶、扔垃圾的地方,环卫站还要派职工去收垃圾和运粪便。我就同环卫站商量,将这块地换给振亚厂,后来他们同意了。再如,振亚厂里有一些农民工,他们所在的农村要修一条路,看中了振亚厂后面城墙上的泥土,同我商量能否给他们一点。经过请示厂领导,同意让他们挖,并希望他们将城墙全部掘平,成为平地,而且还付每立方米2元的工钱给他们,他们非常高兴,马上派人派船。后来,从小新桥巷到第三监狱紧邻振亚的城墙掘平后,都划到振亚厂的厂区范围。还有洪桥浜、染织二厂的晒场、丽姬弄等地方,也先后并入了振亚厂。到最后,厂区面积扩大了一倍以上。在此期间,我还发现了染织二厂废弃的水塔,俞武麟厂长他们就在水塔里试制化纤产品,后来获得成功,振亚厂(开始)大量生产化纤产品,经济效益比织绸好得多,于是化纤生产的规模迅速扩大。这样一来,厂房还是不够用,生产计划实在多,就动脑筋造楼房,再将织机搬上楼,这个可能也是振亚厂第一个尝试的。

　　先试验把牵经车搬上楼,底层是力织机,结果发现,力织机的轰鸣声造成二层有严重噪音,就让牵经工人戴上耳塞,但工人还是不能适应。我后来请到市里一位退休的冯工程师,他是三级建筑工程师,(让他)来帮我们的车间降低噪声。他和上海同济大学合作,经过测试、计算,最后将四周墙壁变成不规律的凹凸不平状,噪声过大的情况得到缓和。后来我们又提出能不能搞织机上楼,经过同济大学的计算,认为建织机大楼是可行的。但是,苏州设计院认为不行,理由是德国人提出过一个"齐步走"的共振原理,把桥都震断了。后来我们就进行测算,织机上楼后,设备是在不同的时间进行不同的震动,包括人,也是不同步的。我们认为200多台织机同时工作、几十个人经常走动,不会产生共振,设计院后来同意我们试验织机上楼。最后,织机成功上楼,这轰动了纺织行业,最先来参观的是无锡。

　　沈:您后来又到劳动工资科,(当时)是不是有一个"四班三运转"?

何：1976年我被调到劳动工资科。振亚厂从1970年开始招收初中毕业生，1975年到1977年苏州的知青开始大规模返城，又招进很多职工。人是多了，但产量还是上不去，原因之一是一直以来实行的"三班倒"，上班6天，每天8小时，然后休息1天，工人连续上6天班，不是早班就是中班，或者就是夜班，在下半周相当疲劳，产量和质量都下降，休息的一天又没有产量。所以我们开始动脑筋，提出"四班三运转"，就是工人上两个早班、两个中班、两个晚班，这样6天，再休息两天；工作班组分成甲、乙、丙、丁4个，可以保证任何时候都有3个班在工作，1个班在休息。[1]我和同事一起具体测算、试验，经过试点后得出结论，虽然多投入了一套班子即丁班，但人均产量和质量都能得到提升。经过劳工科成员一起研究和实施，这个制度后来获得成功，经验还推广到市里和全国。

沈：劳动工资科提出的这个方案，有没有参考别人的想法？

何：没有的。

沈：这样说起来是全国第一家？

何：差不多是第一家。还有，振亚厂搞的"百米用工"与全员劳动管理"定员（劳动）定额（生产）"，差不多也是（全国）第一家，这也是我在劳工科时搞出来并推广的。后来"百米用工"经验在全国推广，纺织工业部要派专家到四川、浙江两省，去检查当地丝织厂"百米用工"的贯彻情况，就说振亚厂是第一个搞的，也要派人去，公司劳动工资科就指名要我去。

沈：当时您是主持工作的劳动工资科副科长？

何：对。后来无锡调一个人去，杭州调一个人去，苏州东吴丝织厂也派一个人去，这样我们4个人代表部里到四川、浙江去检查工作。

沈：您再讲讲改革开放初期销售方面的事情。

何：改革开放后，我感觉劳工科的一些工作已经常态化、制度化了，就主动请求去搞门市部。那是1981年，地址选在仓街洪桥浜口子上，就是工厂大门边。门市部销售计划经济下多余的零料和产品，可以回笼资金，内部职工可以优惠购买。苏州本地人买得最多的产品，是双绉、软缎、织锦（古香缎）等传统产品。门市部的生意好得很，意想不到的是其中的修

---

[1] "四班三运转"的优势是一线工人休息时间增多、疲劳度减少，而机器可以保持不停机，产量得到提高。1981年1月1日，振亚丝织厂全厂正式实行"四班三运转"8小时工作制。

花缎产品,吸引了新疆客人蜂拥而至。修花缎本来是外销的,主要销售到中东等国。当时我问新疆客人,你们怎么会知道振亚厂在这里卖修花缎?原来在苏州观前街久泰商场的一个橱窗,正在展出"两绡一缎",新疆客人就发现了其中的修花缎,一问是振亚厂生产的,就一路找过来。后来因为新疆客人买得实在多,只能采用限购的方式来适当控制,每天人均购买3.3米,一天只销20人左右。以后,我们不管到北京还是南京去办展览会,新疆客人总会跟着去买。再后来,新疆喀什的商业部门找到我这里,请我们去喀什考察,在当地设立展示橱窗和销售网点等。我带了两个人,还有4匹不同花色的修花缎,到新疆喀什去考察,他们的商业部门给予高规格的接待。我们看到,喀什方面是想向振亚厂购买修花缎后,再转手向外销售。这样我们知道了修花缎的市场需求量很大,生产的底气就更足了。

当时,市场上还出现了假的修花缎,怎么会是假的呢? 就是同振亚厂生产的不一样。实际上振亚厂生产的修花缎,在离厂的时候,绒花并没有竖起来,是压扁的,在染厂后整理后,还有一道工序,就是要用硬板刷把修花缎的绒花刷竖起来。这个工艺,别的厂家一般是不清楚怎么操作的,所以别的企业仿造时,就出现了假的修花缎。当然到后来,别的企业也知道了。

沈:退休以后您还从事什么工作吗?

何:1988年退休后,马上跟邵厂长他们去了海南,准备在海南那边拓展,考察结果不怎么样。再到深圳,我先在苏州丽华印染厂在深圳创办的国华时装厂上班。国华时装厂接的订单主要来自香港立德时装公司,这是一家主要接西欧时装单的贸易公司,在深圳特区刚兴起时就下单给深圳相关的服装厂加工时装,国华是其中一家。

香港立德时装公司主事的老板娘姓陈,为了扩大经营、获取更大利润,(立德公司)产生了在深圳建厂的想法,就找到了我。我去了立德,只给工资,没有什么头衔,香港人不管这些的。华强北路有一个原来是政府部门办的服装厂,经营不好要转包,立德时装公司就承包下来。立德原来是一家贸易公司,现在要搞生产,当然无从入手,就让我负责招工、买原料(面料)等。我到苏州车坊、横泾等地招来工人,请来了从振亚厂退休的财务科长做会计,还请来了已经退休的销售科长、科室人员及成品车间检验员等人,分管采购、生产管理、成品管理、人事管理、财务管理等,并加强了内地、深圳特区和香港地区的业务联系，拓展了香港立德的经营渠道和规模，使得立德的经营很快上了轨道，规模也不断扩大，后来发展到300多人。到现在老板娘还很感谢我，每年逢时逢节都会问候我。

在深圳时，我们4个人（指和东吴厂的邵铸元厂长、俞武麟厂长、徐祥麟科长）住在一套房子里，他们两个人（指邵和俞）是代表中国丝绸公司驻深圳办事处的。我们礼拜天到菜场买菜自己烧，这是一段美好时光。一直到1994年我年纪大了，孩子们不让我再在外赚钱了，我就回到苏州。在此期间，邵厂长说振亚厂也准备在深圳办服装厂，让我牵线搭桥，我找立德时装公司的老板娘谈，最后促成了1992年振亚立德服装有限公司的合营。

朱雯霞

访谈对象：朱雯霞，女，原振亚丝绸物资公司副总经理[1]
访谈时间：2021年12月3日
地点：朱雯霞宅
访谈人：沈骅
文字整理：朱雪

图为朱雯霞。

沈：朱总好，您是振亚丝织厂的老职工，今天请您介绍一些当年的亲身经历，您可以先介绍一下个人经历。

朱：我叫朱雯霞，1938年1月出生，小时候我还有个名字是朱梅英，朱雯霞是我到振亚厂后改的，因为厂里叫梅英的人实在太多。我7岁上平江小学，初中读的是乐益女学，到1954年初中毕业，中间有几年是断断续续（读书）的。我妈在振亚厂成品车间上班，我隔房嫂嫂还比我妈大几岁，也是振亚的工人，解放前就在振亚了，我妈是隔房嫂嫂1953年介绍进去上班的。当时我放学时间早，有时就去我妈车间里看看，碰到礼拜日要帮我妈做饭，再送过去。看到我妈当时在剪花活（双管绡生产过程中的一道工序），就自己学着弄，我妈看到我可以操作，就和我说别读书了，就去找资方老板招我进成品车间剪花。我喜欢读书，但是没办法，所以我1954年就进厂了。做工的时候，我一直感觉自己还是蛮心灵手巧的，那时候要两个人搭档，我先和我妈一台机器，一人负责上面一人负责下

---

[1] 朱雯霞，女，1938年1月出生于苏州，1954年4月成为振亚厂成品车间双管绡剪花工，1959年入党，先后任基建科副科长、化纤成品车间副主任、供应基建科副科长、储运科副科长、通用部书记兼副部长，1991年任振亚丝绸物资公司副总经理，1993年5月退休。

面。后来厂里规定母女不能一起做，就另派一个人和我搭档，叫李文德，比我小一岁，她是跟厂里最厉害的一个老师傅学的技术，所以手脚相当快。工资是计件制的，我们两个人搭档，每月工资可以拿到 56 元，一般人（只有）40 元左右，像我妈就差不多拿这么多，但一些老师傅像殷素珍，手脚最快，可以拿到 70 元左右。

1956 年平江区通知我到区里去，江苏省军区通信枢纽部要在东风区[1]招女兵，听到这个消息我很兴奋，从小我就向往读书，参军当女兵更是那个时代的光荣。我不顾父母的强烈反对，去报名参加，经过考试，最后被批准录取。当初要去的时候，我爸妈都不肯，我在厂里赚的钱可不少。但是我坚持要去，他们只能同意。后来我当上了司令部的话务员。我是喜欢部队生活的，早上 5 点多就起床，晚上要点名，吃饭都是大锅菜，工资是每月 20 元左右。我一拿到工资就马上寄回家，我爸妈感觉不如我以前在厂里拿得多，总是回信说工资太低了，叫我回厂工作，毕竟家里的人一大堆。没有办法，一年后我只能回去，在家里我是长女，要帮家里挑担子的。

1958 年 4 月，市劳动局安排我回振亚厂，再进成品车间。先做拣货，再做检验、统计等工作，后来当了工会主席。1958 年到 1959 年间，厂里的工人多起来了，要提高生产质量，就让我做产品检验，没多久又让我做统计，相当于半脱产了。因为我思想要求进步，1959 年就入党了，后来当了成品车间工会主席。当时成品车间有不少女工都没读过书，要开展扫盲运动，我稍微有点文化，业余时间就兼职做老师教女工识字。一个班大概有 20 到 30 人，大家的学习热情都很高涨。还有一件事情是，厂里积极响应党的号召，各种政治思想工作都积极开展，比如要搞支部建设，我们厂是团级，成品车间 100 多个人就是连级，上面的要求是"支部建在连队上"，我就配合展开工作。我是从部队回来的，熟悉正规训练的套路，比如早上要集合、排队点名，连长或指导员训话，先回顾昨天的工作情况、好人好事，再讲一下今天的产量任务，如果有的工人昨天产量很高，那么早上集合就说给大家听。有大半年时间，天天都这样，全面皆兵的观念深入人心，工人的精神面貌和工作干劲、工作质量大为提高。

---

[1] 即苏州市平江区，现并入姑苏区。

1959年8月，厂领导看我工作还可以，就调我去保卫科当内勤。60年代后期，我到当时归振亚厂管理的耦园[1]办学习班，结束后被调到供销基建科，这大约是在1974年。供销基建科有20多个人，我去了是做内勤。供销基建科的采购员有10多人，采购范围包括钢材、水泥、木材、煤炭和纺织专用机配件等，还有劳防用品、化工产品、危险物品等，上万个产品门类。我在供销基建科里要做一本账，包括全厂机器设备、物料等的进出一本账。各车间、各部门在每个月25日报过来下月要消耗的机物料计划，我汇总后向财务科申请用款计划，再布置各采购员按计划采购。

我要做的另一件事情，就是管理好3个科下设的组，一个是供应仓库（内含机配料仓库、材物料仓库、废料仓库、外仓），组员有10多人，我直接负责科室对仓库的管理工作；一个是修建组，我涉及得比较少；还有一个是运输组，组长姓游，也是党员，负责车辆调度，车辆只有三五部，十来个人中大概有6个驾驶员，装卸工也有6个，还有运输船两条，我负责运输组人员的按需派工和安全行车。供销科是物资单位，买的物资都要进仓库，物资就是钱，所以控制得很紧。仓库里面还有一个废料仓库，生产过程中扔掉的垃圾，我们都要进行排查，如果发现混在废料中的新螺丝、螺母、纡管、套筒等，就要挑出来分门别类，交到原来的车间，让车间提醒职工并进行教育。还要将旧的皮线去皮后取出铜丝，挑选出符合要求的零料（面料）重新归入零料仓库；此外，还有很多其他工作。当时，物资相对匮乏，大家都很节约，厂里的教育也抓得蛮紧。

科里后来成立支部，党委选我做了支部副书记，所以我主要负责思想教育。一直到1982年，厂里的化纤产业规模越来越大，要成立一个化纤成品车间。之前是由纺丝车间进行原料检验，物料入库等都是一个人管，化纤生产规模扩大后，原来的管理模式就跟不上了，产品质量反馈不及时，影响产品质量提高。我被调到新建的化纤成品车间当副主任（主持工作），工作也挺艰苦的。经过将近一年半的时间，把制度理顺，班子搭好，化纤成品车间的运营基本正常后，我在1984年7月又回到原来的岗位。

[1] 耦园是苏州知名园林之一，始建于清初，后因东西两侧各建一园，故名"耦（偶）园"。1939年，钱穆迎母入住东花园，后被常州实业家刘国钧购下，重加修葺。1958年左右，刘国钧将耦园捐与振亚丝织厂，充作工人宿舍、仓库、托儿所等。1963年，耦园被列为苏州市级文物保护单位，归市园林管理处管理，遂进行整修。1965年开放东花园，后关闭，1980年经整修重新开放。1994年修复中部住宅和西花园。2000年被列入世界文化遗产名录。

回到供应基建科后当副科长,这相当于做回老本行。这时,工厂的生产规模不断扩大,特别是化纤生产上规模后,仓库变得更大了。施明干施总是进振亚厂的第一个大学生,到厂生产技术科做技术科员,我们都蛮服帖他的。后来国家要搞全面质量管理,振亚厂在施明干的倡导下第一个搞起了现代化管理。他提出质量管理不但要在生产条线展开,还要在全厂所有部门展开,全员、全方位地推行,物资也要搞物资管理。我就跟施明干学习怎么管理和培训。先要把仓库条线的供销员和保管员的观念改变过来,要从传统的、原始的流水账方式,转变为现代化的、规范的记账方式,人人都有分工,定人、定岗、定责,专人保管和专人采购,两者接轨对口。再把整个仓库重新划分,划分成各个不同功能的区域,相当于包产到户。这样,保管员要干哪些工作,采购员应该采购什么东西,采购员和保管员怎么互相配合和对口工作,基本上都清楚了。当时,我们科有被称为"十大金刚"的采购员,各个都有专长,都蛮有本事的。这是第一件事情。

第二件事情,就是整顿仓库,这个要求挺高的。要将物资分门别类地划片储存,要求每个保管员把货物上架,上好架后要有卡,卡上要写明什么品种、什么规格,为方便计算,都要5个、5个地堆放好,再一个架子、一个架子地放置。发货的时候,按计划发货,做到专材专用、大材大用、小材小用,货、物、卡三者相符。月中要进行定期检查和不定期抽查,同时结合奖惩制度。采购员要经常跑仓库,查看储存物资的存量和质量反馈,减少对外的采购量,降低库存。采购员在采购过程当中,要求货比三家,不能购买价格过高的货物,还要把好质量关。对于一些紧缺物资,要求采购员发扬"三千"精神,即千方百计、千辛万苦、千山万水地去采购,疏通人脉,开辟购买渠道,毕竟80年代还是物资短缺时期。车间部门也有计划,每个月25号上报下月的正常物资消耗,以及小改小革、添置设备等计划,分成"A、B、C"项目,经审核后,其中的"A"类项目要到厂里申报,经厂长审批后拨下专款,专项专材领用。可以说,在仓库工作中实施全面质量管理是很难、很烦的,但一旦相关制度建立后,按章行事就非常科学、方便、有效,同时管理人员的素质也得到了提高。我还制定了物资管理办法和科室各部门(仓库、车队等)职责范围、目标管理制度和个人的岗位责任等。振亚厂的物资管理(包括安全行车管理)在全行业当中做得相当好,全国各地的工厂都到我们厂里来参观,还吸引了全国大专院校的教师学生来厂考察。

我在从事物资管理方面的工作时,自身能力也有所提升。厂里评定经济师职称,规定要有从事18年相关工作的资历,我只有14年,因为之前是在行政科室里。厂领导对我蛮关心,让我在业余时间去市干部经济学院大专复习班读书,学习政治经济学、工厂管理学等,读了一年多点时间毕业,考试及格,就有资格评上了经济师。

1986年,老厂改造之后生产规模扩大了,产量也提高了,而且那时已经不全部是计划供应,采购人员的工作量也提高了。特别是随着化纤生产的快速发展,振亚厂的年产值达到数千吨,这样交通运输的重要性就体现了出来。我的工作重点也变换了,因为运输问题相当突出和紧迫,我将其他工作让给其他同事,重点做的事情就是确保运输任务的完成和安全行车,也就是物流工作。

车辆管理在1986年从供销科中分出来,单独成立了储运科,我是主持工作的首任副科长。储运科有驾驶员21人,大小货车14辆,小轿车5辆,大、中客车各有1辆,要负责厂领导的外出用车、产品物资及进口设备的调运、保证安全行车等。储运科成立之前,每年年初全厂的车辆都要开到外面去维护保养,费用蛮高的,我就提出,取消到外面去维护保养的做法,厂里有能力维护保养车辆,而且可以百分之百维护好,这样修理费用每年可以节约6万多元,还可以组织其他驾驶员学习相关技能,提高全体驾驶员的修理技术水平和行车发生突发事件后的应对能力。振亚厂后来因为30万公里无大小事故,得到市公安局交通大队的"先进集体"和"安全行车劳动竞赛优质服务先进集体"两块奖牌,为厂争得了荣誉。在市里开展"百日安全行车劳动竞赛"活动中,振亚全厂和一些个人都受到了表彰,市公安局交通大队领导专门到振亚厂开现场表彰大会,说振亚厂确实做得好。厂长亲自领奖,领奖照片都捐给了苏州丝绸博物馆存档。

除了要负责储运和安全行车外,引进设备的运输工作也是我们承担的。20世纪80年代中期,振亚厂大力推行技术改造,大规模引进设备,这样运输部门的压力大大增加。大约是1986年下半年,厂里要进口喷水织机100台、倍捻机10台、紧密络筒机4台、油剂近600桶等,这批总价值达到650万美元的大量设备和物资到达上海港后,从催、调、运到进厂、进车间的任务，就落在储运科身上。这项工作责任重大，我们先组织科员开会，统一思想认识，再进行分工。根据厂技改办提供的资料，我们先到上海外运公司，去询问装载货物的集装箱有没有到达港口，到达以后，就要赶紧运回。在100多台喷水织机运到厂里之前，要先把厂里原来的化纤原料和化纤成品丝，全部搬运到东环路上的三星路（音），那里原来是振亚厂的知青厂，后来机器拆掉后人员都并到振亚厂的各个车间，把知青厂这块地方腾出来，改成化纤仓库。这项运输任务的工作量也比较大。

运输设备不是小事情，厂长一再要求我们要做到万无一失。当时我们没有经验，到上海港口后，办好手续，拿到单子，可以提货了，就去联系能装载集装箱的运输公司，因为厂里没有超高超长的大卡车。车子联系好后，我就和科里的十几个人开会动员，做好一切准备工作。因为厂里引进的是大型生产设备，所以要到晚上9点以后，运输的卡车才能进入苏州市区，一直运到第二天凌晨4点钟。驾驶员每天都是连夜开车赶路，也是很辛苦的。设备运到厂里，从集装箱上卸下，还要放在滚筒上，滚到车间。这个运输任务一共持续了很多天，最后一趟是运输7台法国加弹机，共有48只集装箱，这时我就和车队长、厂有关人员碰头商量，说现在的任务可以自己完成。大家商量后，再赶去上海，和港口疏通关系，最后港口负责人说，能拆的都帮你们拆下来放在车上。我就安排6到8辆货车，浩浩荡荡地出去。第一趟是我带队到港口，下午5点以后货车开出来，晚上住在港口周边，第二天一早起来把车子开到港口，然后排队，把设备装到卡车上。吃过晚饭以后，稍稍休息一下，在凌晨4点钟之前开回苏州。厂里对这项运输工作非常重视，表扬了我们储运科顺利完成这项工作，大家也蛮开心的。振亚厂的人都能吃苦，打得赢硬仗，这个外面人也是佩服的。

1986年彭世涛厂长上任后，开始走厂长牵头的承包制和整体优化之路，就在振亚厂设立了通用部。这是一个非常重要的部门，下设能源设备科、基建供应科、储运科、技改办、计量科、汽车队、供应仓库、中转仓库等，还有存放内销丝绸等级品的熟坯仓库，共计205名职工。实际上，通用部就是（为）全厂通通都要服务的意思。通用部由张经正（音）副厂长负责，张副厂长兼管厂里的项目引进、进出口工作，经常要出差。1989年通用部书记退休，我去接他的班，还兼办公室主任，副部长是严昌兴，他主持工作。1991年严昌兴副部长参加援外工作，前往印度尼西亚，我就是书记、副部长主持工作一肩挑了。具体主要是让几个科室的负责人牵头，明确分工，（我负责）协调各科之间的关系和工作。还要培养"新鲜血液"，要有接班人呀，培养了五六个人入党，后来他们在不同的岗位上都发光发热，相继成为中层干部。

特别是要和生产部门配合协调好，因为厂里的空调、电路经常会发生问题，有时候晚上也要被喊过去处理，事情也是很多的。振亚厂里的动力车间和机修车间，也是服务全厂各个部门的，也很辛苦。这个阶段，振亚厂的规模不断扩大，逐渐成为（全国）五百强，成为一家龙头公司了。厂子兴旺，产量高，化纤年产量达到1.2万吨，丝绸成品达到1 800万米，要保证这么多生产量顺利完成，我们通用部的责任是很重的。

沈：最后您担任的是振亚丝绸物资公司的副总经理，总经理是厂长吗？

朱：是的，1991年左右振亚厂转型，往振亚集团公司方向转。厂部就和我说，供应科这些人归我，单独成立振亚丝绸物资供销公司，主要负责买进卖出货物，而供应科原来只买进自己厂里用的原料。当然这里有个前提，就是一定先要保证厂里的正常生产，要保证供应厂里需要的原料，这是前提条件。这个前提任务完成后，物资公司要主动开辟渠道，发展人脉，拓展用户。我本来是通用部书记，厂里让我不脱离书记岗位，再兼任物资公司副总经理，主持工作，而彭世涛厂长亲自挂帅当法人代表，以示重视。

原来供应科的工作主要是采购工厂生产所需要的材物料，成立物资公司后，要求以供为主、以销为辅，这就要调动采供人员的积极性，为工厂增加效益。首先要解放思想、转变观念，这是蛮难的，做了好多工作。包括把全体人员集中起来，和大家讲清楚厂里的要求和原则，端正态度，工作作风还是老传统，就是要积极发扬"三千"精神。不管是采购还是销售，全公司不分内外勤都要参与，一起拓展思路，眼睛从向内开始转向外，利用之前积累的人脉基础，广交物流业的朋友，疏通渠道。这样一来，采购员就逐渐向复合型销售员的方向转型。我想只有依靠大家，一起动脑筋，才能做好工作。大家都全力以赴，涉及的业务包括纺专器材（吴龙生），机电产品、化纤切片（秦炳元），半导体元件（宋采），丝绸面料（我）等等，振亚毕竟是大厂，职工的基本素质和业务能力都很强，生意倒也蛮兴隆，大家做得都蛮起劲。我总算把厂里交办的这个任务完成得还可以。1993年3月，振亚厂组建为苏州振亚集团公司。同年5月我年满55岁退休，我在振亚厂做到了有始有终。

我在振亚厂几十年，从事了关于人、关于物资以及和车辆打交道这3个方面的工作，见证了振亚厂从小到大的发展历程，振亚厂在行业内确实一直是领先的。（振亚厂）从上到下，从厂长到我们这些中层干部，还有广大职工都是很努力的。厂里有不少中层干部调到外面都是做第一把手领导的，包括丝绸公司的科室负责人中，也有振亚厂里的人。像省丝绸公司施明干副总经理、东吴厂陈惠卿厂长、新苏厂吴延龄（音）厂长、光明厂黄菊珍（音）书记等，都是从振亚厂出去的。振亚厂是培养人才、出人才的地方，相当于一个干部学习班。

我在供销科的体会也很深，（厂里的）钱没有用完的，要全部上交，不能留到明年用。年底厂长就会对我讲，你赶紧用掉点啊，去买点材料回来，我们就去买工厂生产需要的材料放在仓库里。那个阶段振亚厂的资金是充足的，厂里还有不少福利。我们供销科也有自己的方式，比如利用废丝做了很多大塑料面盆，每个职工发一个；再有从旧空调上拆下来的线路管子、排风叶子，这些都是铝的，做成簸箕发给职工；等等。振亚厂的工人都能体会到，厂里的福利在丝绸系统或者苏州市里都是最好的一批。总的感觉是我们厂是排头兵，是出人才的地方。原本准备是要上市的，结果没有上成。后来也不知怎么搞的，才几年工夫，到2002年就破产了，蛮可惜。工厂也可以说是我们几代人努力创下来的呀，所以厂里的老同志、老朋友现在一起回顾以前那段历史时，总是舍不得的，这个就不谈了。

十一　春花吸尘器厂

韩丽芳

访谈对象：韩丽芳，女，原春花吸尘器厂外经科科长
访谈时间：2022 年 7 月 21 日
访谈地点：苏州市莱克电气股份有限公司会议室
访谈人：沈骅

图为韩丽芳。

沈骅：韩总，您原来是春花吸尘器厂的职工，我听说是 1992 年进厂的，想请您介绍一下当时在春花厂的经历。

韩：好的。我叫韩丽芳，1968 年出生，河北张家口人。1992 年大学毕业于重庆建筑工程学院外语系，这个学校现在合并到了重庆大学。我学的是英语专业，通过在苏州举办的可能是第二届对外人才交流会应聘到了春花厂。

当时，春花刚开始做外贸，对英语专业人才有需求，所以就招聘我进厂了。（当时）春花跟瑞典的伊莱克斯（当时英文是 Electrolux，后来改名为 Elux）、美国的艾默塔克（Ametek）、荷兰的飞利浦（Philipps）等都在谈合资，这些外国品牌当时都想进入中国市场，它们觉得中国市场是一个比较大的蛋糕，都想过来分这块蛋糕，但是他们之前的吸尘器以及吸尘器电机

产品，从来没有进入过中国市场，如果贸然进来，可能短时间内很难打开市场，蛋糕分不大。所以，外国品牌厂也很聪明，找中国已经有知名度的企业，然后合资，这样进入中国市场的速度就比较快。当时这三家外国企业差不多每个月都要来开一次会，一来就是一个大团队，有的从瑞典过来，有的从美国过来，有的从荷兰过来，有的在中国香港（地区）设有分公司的，就从香港过来。

  我一开始的工作重点就是做合资企业谈判的翻译，一边做翻译，一边跟着几位老资格的外贸师傅学习做外贸销售。当时所在的部门叫外经科，也就六七个人，公司也刚刚开始涉足进出口，不大懂怎么操作，还没有自营进出口权，主要通过外贸公司出口产品。当时一个比较大的外贸公司是深圳工贸进出口公司，业务经理姓钱，就是后来上市公司科沃斯的老板，国外的客户很多都是他带过来的。1994 年，公司派我到苏州五矿进出口贸易公司（改制后更名为苏州恒良进出口有限公司）的单证处去学单证，就是学怎么做自营进出口，直接跟国外的客户做生意。后来公司申请到了自营进出口权，开始直接对外接单了。当时获得客户的主要途径就是参加每年两次的广交会，（同时）也跟着其他机电商一起去美国、德国和法国参加展览会。

  后来，春花和伊莱克斯合资生产吸尘器整机项目没有谈成，艾默塔克主要在美国生产电机，想合并春花，也没有谈成。最后，春花和荷兰的飞利浦谈成了吸尘器整机的合资项目，成立了后面的春飞公司（指苏州春飞家用电器有限公司），并在苏州新区玉山路买了一块地，建了新的厂房和办公楼。飞利浦当时为了进入中国市场，甚至做出巨大的让步，他们愿意占小股49%，春花占51%。据飞利浦方面的人说，他们在中国谈了这么多合资企业，从来没有占过小股，绝对都是要占大股的，但是当时我们这边想要控股，就提出了这么一个条件，飞利浦想要通过合资尽快进入中国市场，就答应了这个条件，前提是 3 年或者 5 年以后，他们要变成 80% 的占股，春花变成 20%。

  沈：这是当时就提出来的吗？

  韩：对，当时就提出来的，实际上后来也是按照协议把股份卖给飞利浦，到最后春花占 20%，飞利浦占 80%，（飞利浦）绝对控股了。

  后来春花也改制，成立股份制公司，我当时也入了一点股份，肖总

（指肖健夫）是大头。大概到 2005 年，跟美的谈成了收购，整个春花全部都转让给了美的，阵式搞得还挺大的，美的老总坐专机飞到苏州来签约，签约那天应该是 4 月 1 号愚人节，我记得很清楚。其实，春花可能很多事情还没有处理好，就像下棋还没有下到那一步，但是美的催得比较紧（笑），可能还动用了关系，做了一个提前签约，当然收购的具体情况和细节，我是不知道的。

合约签完后，我就离开春花了。签约后，美的派了个姓吴的管理人员，来接手外经科。我当时是外经科的科长，我觉得没有待下去的意义了，正好黄桥（现属相城区）那边有一个企业，老板邀请我过去一起办厂，我就离开了。其实那时春花还有春飞 20% 的股份，美的收购春花后，这 20% 的股份也成为美的的资产了。春花当时还在蠡塘河路那边买了一块 130 多亩的地，也归美的了。反正协议一签，春花所有的资产都归美的了。

沈：春花当时引进您，其实主要是想做外贸？

韩：对，春花当时确实是想要做出口生产。那时，学英语专业的人找工作，要么（去）国际旅行社，要么（去）国有的几家进出口贸易公司，愿意到企业来的不多，都觉得企业没什么前途。我是外地人到这边来找工作，所以没什么要求，觉得只要能来苏州，给我提供一份工作就可以了，（因此）就去了春花。

我也是进入春花的第一个英语专业本科生，原来做外贸的几个师傅都是苏州本地人，他们笑称自己是"半翻"（笑），开会的时候都要叫我一起去翻译。其实我觉得他们的英语水平都挺高的，后来他们每个人都发展得很好，有的去了爱普，有的到了莱克，还有的移民到了国外，而且他们为人都挺客气。我一开始也不怎么懂外贸，所以就只做翻译，后来他们一个个都走了，最后没办法，我只能挑起大梁，独立地带着一个部门。

我带的部门一共 10 个人，我刚到的时候叫外经科，后来改称进出口部。我是 1992 年到的，大概 1996 年、1997 年时成为进出口部的经理。那时还不流行叫总经理、副总经理的，就叫厂长、副厂长，我们是部门经理。外经科人少的时候只有六七个人，高峰的时候是 10 个人，就是我当部门经理的时候。

沈：当时整个厂的情况如何？

韩：我刚进厂时，春花吸尘器的内销做得非常好，当时还有一个蛮有名的广告语,叫"春花吸尘器 开辟新天地"(笑)。当然我 1992 年进厂的时候,春花最辉煌的时间段已经过去了。我听老员工跟我讲,最辉煌的时候国内经销商想来拿货,当天是拿不到的,要连夜在觅渡桥那边的仓库排队。这可能(是因为)刚刚开始改革开放,各种物资比较匮乏,而春花吸尘器的质量和工艺又比较好,所以畅销。春花吸尘器里有一个从日本进口的马达,价格贵而且寿命只有 300 个小时,是现在莱克的倪总——他原来是退伍军人,是自考大学成才的——带领团队研发攻关,把这个马达的寿命提高到了 500 小时。国产的马达火花大,而且动不动就要烧掉,也是倪总带领团队攻克技术难关的。所以,那时候春花产品的质量很过硬,当然供不应求。后来慢慢地,生产吸尘器的厂家多了,上海好像有个品牌叫快乐,浙江有个富达,都是国营企业,竞争就越来越激烈。

规模的话,应该也不小吧,我倒是不太清楚,我一直在总部就是市区的东中市 27 号上班。财务、总裁办、进出口部、技术科,还有一个精工车间、食堂等,都在那边。整机的装配厂和电机的装配厂,设在觅渡桥那边。工人数量,凭我现在的印象,连工人和管理人员在内,可能有 300 多人。内销人员多一些,因为生意好,外销刚起步。一年的产量按照现在的标准来看是很少的,加起来应该不到一百万台,不到现在我们(指莱克)一个月的量,当然按照当时的标准,已经很多了。当时,大部分中国人还是习惯用拖把,不习惯用吸尘器,而外国人已习惯使用吸尘器了。春花厂就一个生产车间、两条吸尘器整机流水线,后来来不及做,也找外面的厂联营生产。一开始主要生产桶吸式吸尘器,卖到宾馆、学校、医院,后来生产卧式吸尘器,我觉得那时的卧式吸尘器长得丑(笑),外观设计不够美观,但用料很实在,就是壁厚做得很厚。我家前两年卖掉原来的老房子时,还清理出一台以前的春花吸尘器,质量很好,用个 10 年、20 年是肯定没有问题的(笑)。

沈:您对春花的外贸比较熟悉,包括后来主持外经科工作时,有没有一些让您印象深刻的,包括遇到的一些困难的事情?还有外贸的规模如何,比如说都是向哪些国家出口产品?

韩:当时比较大的外国客户,一个是美国的 Bissell,很早就已经和我们做生意了。我记得当时是买一种卧式吸尘器,俗称甲壳虫,一直下单,直到我们的模具不行,没法生产了。还有一个大客户是科沃斯的老板钱总带过来的，是法国的 Plicosa，主要是出口到欧洲。我记得还有几个主要的客户，较大的就是法国的 Fillony、英国的 Harvard，对方下的单子是真大，一下就是 8 万台、10 万台，分成两三次走货，接单后工厂就不停地生产，2 万台、3 万台地分批出货。

我感觉当时的外贸还是很好做的，卖的价钱报出去，外国客户也不怎么讨价还价，这样利润也不错，但当时我们还不是完全独立核算，所以不知道利润到底是多少。当时国内生产吸尘器的厂家还不多，外国市场的吸尘器需求量又大，有一些敢于尝试的外国人，踏出第一步，找中国这几家吸尘器企业先购买一点，试试看，后来觉得质量还不错，价格又比他们本土的便宜很多，慢慢就卖开了。

但我认为，那时候的竞争环境没有现在这么激烈。一个型号的模具开始生产后，可以卖上 3 年、5 年的，不像现在，客户下个 1 万、2 万的订单，已经算是大订单了，一个型号最多卖到两年，就要换面孔了，就要开新模具"换脸"了。所以说现在竞争激烈，当然还包括价格，说明现在是充分市场化了。

沈：春花吸尘器和国外的品牌相比，能便宜多少？

韩：翻以前资料看，起码便宜三分之一吧。欧美发达国家的人工贵，材料也贵，他们开模具的费用也高，当然模具的精细度做得也好。比方说，他们 1 台吸尘器，我觉得出厂价起码要 60 美金或者 70 美金，到市场上要卖 200 多美金。而向我们订购的吸尘器，也就 20 美金到 30 美金，可能精细程度和质量没有他们的那么好，但是同样可以满足普通用户家里吸尘的需求，所以我们出口的都是卧式的家用吸尘器。现在看来，这种吸尘器技术含量不高，只要把马达做好，线路板是很简单的。

沈：春花到后面就是以外销为主了？

韩：应该是的。差不多 2000 年快要改制的时候，听同事说内销生意是有的，但不是先收款再发货，这样就产生了很多坏账，而且是三角债。后来内销慢慢就少了，外销多起来了。

我们部门最高峰的时候，1 年销售 100 万台，这大约是在 2000 年前后，每个月 8 万台到 10 万台的规模。那时下单还没有 ERP 系统，都是手工下单，收到客户定金或者信用证后，就下手工订单，一层一层地报上去签字，然后到分厂去生产。下单以后还要从头跟到尾，从下单到去分厂跟催,再到安排验货员来验货,验好货后出运,甚至装集装箱都要指挥装箱师傅,怎么才能装得更多一点,所以业务员的工作是很细的。我们10个人中还有一个美工师傅、一个内勤,做业务的也就8个人吧。

沈:拿到自营出口权是1994年左右吧? 这个是不是影响比较大?

韩:对,大概是1994年左右申请到的。影响应该蛮大的,如果没有自营进出口权,轻工局组织我们参加广交会,是没有办法和客户直接做成生意的,还要通过外贸公司,因为外贸公司拥有自营进出口权。拿到自营进出口权后,广交会上(我们)就可以跟老外直接做生意了,对方直接下单,美金直接打到我们账户上了。在苏州的国营企业中,我们的自营出口权拿得算比较早的。我记得当时的领导叫沈刚(音),他就说企业要发展的话,一定要拿到自营进出口权,然后派我到苏州五矿进出口贸易公司去学习。五矿进出口贸易公司是隶属于苏州外经委的国营外贸公司,后来也改制成股份制公司了。

沈:您是去学习什么呢?

韩:学单证,因为自营进出口要全套的单证,得看得懂信用证、装箱单等,跟老外交易,还要提供一整套出口的单据。学回后正好用上,那时打单证都是用一个键盘式打字机,如果打错一个字母,可以用像现在一样用涂改液涂改掉。当时互联网还没发展起来,没有电子邮箱,就靠发传真、打电话跟客户沟通。

沈:后来和飞利浦的谈判您参与了吗?

韩:我是从头到尾以翻译身份介入的,不过不是主翻,主翻是对方带来的,我在旁边辅助接待,有时候核对一些资料。他们一般一来就是一个星期,天天谈判,然后回去休息一个星期再来谈。合资企业谈判,我觉得从1993年就开始谈了,春飞公司是1996年成立的,谈了两三年。

沈:春飞成立以后,您去哪里了?

韩:春飞成立后,我本来是想去春飞的,但是肖总把我留下了,就没有去,我作为董事局的翻译,也出席每一届的董事会。

沈:和飞利浦的谈判总体上还是可以的吧?

韩:对,占控股权是不容易的,飞利浦跟中国很多企业谈合资,都是要控股的。他们的见识比我们广,有专家,我们那时候的水平肯定是不能跟国外比的,所以很容易受到限制。

其实春花和飞利浦合资时，也有一个地方被飞利浦限制了。春飞成立以后，所有的模具全部都移过去了，包括给一些客户代工的，飞利浦甚至答应由春飞公司继续给那些客户代工。一般飞利浦的企业是不给别人代工的，但谈判的时候，答应了春花原来代工的这些客户可以继续代工。但是飞利浦有一个条件，就是春花不能再生产吸尘器了。我们当时也觉得，这样会受到不小的限制。我们的老总比较精明，就想了个办法，请春花的供应商生产。

沈：这有点打擦边球的意思。

韩：对的。不过这个不允许有时间限制，好像是两年或者3年后，飞利浦成为大股东后解除了这个规定。在那段时间，我们让供应商去生产，那两个供应商借这个机会发展起来了，后来都做得很大。这两家供应商一开始也没有业务员，靠春花的业务员去帮他们做外贸、接订单，后来培养出了自己的业务员，我们这边外经科的业务员也有过去的（指跳槽），再参加广交会时，大家就有点抢生意的味道了。

飞利浦成为大股东后，我们就开新模具生产吸尘器，再往后就是改制成股份制企业，把国有股份都剥离出去，成为民营企业，没多久，就转给美的了。飞利浦通过这个合资动作，就把飞利浦吸尘器这个品牌介绍到了中国，成为家喻户晓的品牌。飞利浦的大多数产品，一开始都是通过跟中国的企业合作进入中国市场的。当时中国人出国的不多，谁知道飞利浦是什么来头，所以飞利浦通过这种中外合资的方式进入中国市场肯定是很划算的。当然现在品牌越来越多，市场越来越透明。

沈：可否透露一下股份制时您占股多少？

韩：我入了20万元，东挪西凑的。当时我们赚钱很少，我是部门经理可以入30万，但是没钱。当时的规定，是副厂长和部门经理可以认购30万，其他中层分别可以认购20万、10万、5万。占比的话，入30万就是3%，入20万就是2%。我股份是有的，不过没有话语权。到我离职的时候，都转给老板了。

从改制到转给美的，也就1年左右时间。我是2004年10月在广交会上听到消息的，到2005年4月就签约了，这期间就开过1次董事会，分了1次红，半年3万元。当时一年可以分到6万红利，比我工资还高，但我走得早，年底的分红没有拿到。

沈：说明春花还是很能盈利的。

韩：是的，还有相城大道边上蠡塘河路的那块地，有130多亩，当时买地还是便宜的，记得好像是5万元一亩买下的，后来生产和办公都搬过去了。

沈：就是说从您1992年进厂到2005年出来，其实春花的生产经营一直都是可以的，哪怕中间有合资的春飞厂？

韩：对，生产经营一直是很好的，没有看出破败的迹象。还有春花这个知名品牌，也是免费给春飞使用的，就是说春飞公司给春花贴牌生产。但是，飞利浦的目的肯定不在这里，它要发展自己的飞利浦品牌。再转给美的后，春花这块牌子留下来了，好像是属于苏州市的国有品牌。后来又打算重新拾起春花这个品牌，但中间经过数年的起起伏伏，市场竞争又那么激烈，很难再做起来了。

沈：就是说，春花品牌的产权好像不是很清楚？

韩：应该说是属于国家的，改制的时候，春花品牌没有改，还是属于国家的，一开始属于轻工局，后来好像是（属于）经委，但始终是属于苏州市的，只是每次签个协议，免费给某某公司去使用。到后来，应该是卖给哪家公司了。

沈：看来品牌的产权不清晰是一个问题。

韩：改制的时候，土地、厂房、模具等都是属于我们的，就是这个品牌不在其中。当时我是做外贸的，对这个品牌属不属于公司也不敏感，觉得没有关系，因为不大用春花的牌子出口，全是给外国客户做贴牌的，但是这个品牌对内销的影响可能蛮大的。企业规模发展到一定程度，肯定是要发展自己的品牌，毕竟中国市场这么大。

沈：还有一下问题，请您再说说从春花走出去的著名创业者。

韩：像莱克的老板倪祖根，当时是春花的质量副厂长，大概是1994年出来的，还是春花经营得很好的时候。他懂技术，所以胸有成竹，而且眼光很敏锐，看出市场对吸尘器产品的需求，会有好的机会，就果断出来了。还有一个老板是卞总，（他）原来是春花的厂长，出来更早，他先跟科沃斯的老板合作，一个负责生产，一个负责外贸，卞总现在在爱普。还有园区星德胜的老板朱云舫，也做得很好，他是后来出来的。

沈：春花对国内吸尘器行业的影响，应该说还是比较大的。

韩：人家都说春花是吸尘器行业的黄埔军校呀，现在苏州大概有 100 多家大大小小的吸尘器厂，其中一大部分，要么是春花出来的人开的，要么是春花出来的人开厂后再出来的，都和春花有渊源。我个人觉得春花对中国吸尘器来说，差不多就是最早的开拓者。如果没有春花培养了这么多人才，吸尘器这个行业在苏州不可能发扬光大，现在其他小家电产品基本上被浙江和广东人拿去了，只有吸尘器产业，苏州做得非常棒、非常大，也非常稳，浙江和广东没法超过我们。苏州现在可以说是全球的吸尘器基地，这其中春花肯定是有很大贡献的。

而且，广东和浙江很多吸尘器厂，也都是从春花挖人过去的，所以春花培养了一大批吸尘器方面的人才，包括销售、研发、制造等。包括春花在内的当年那批国企是没有了，但是火种到处传播。春花对中国的吸尘器行业做出了很大贡献，这是春花整个团队做出的，从杨（德昌）厂长那个时代就开始了。

汤松林

访谈对象：汤松林，原春花吸尘器厂新品开发部部长
访谈时间：2022年7月28日
访谈地点：金日清洁设备（苏州）有限公司会议室
访谈人：沈骅

沈：汤总，您以前是春花吸尘器厂的一名老职工，我们正在做苏州国营企业老职工的访谈，今天想请您谈谈当年在春花的一些经历。

汤：行的，我说一下我在春花的经历。我叫汤松林，1967年出生，1989年大学毕业后通过双向选择，到苏州春花吸尘器厂工作。

图为汤松林。

我在春花工作的经历，可以说是自始至终，中间没有离开过，个人的发展、成长和春花的发展紧密相连。

我的工作经历基本上都是在技术岗位上。到春花第一年是实习，一年实习期满后到了技术科，以后可以说一直都在技术科，在新产品开发岗位。除了中间有两年左右时间在分厂工艺科外，其他时间我都是在作为春花核心部门之一的新品开发部。从一开始的技术员到成为研发部的负责人，自始至终都在这个岗位上，直到2016年真正离开，有将近30年的时间。说起来我还不能算是老的春花职工，1985年到1988年就在春花的职工才是真正的春花老职工。

沈：从技术的角度来看，春花有没有一些重要的发展节点？

汤：一个企业的发展总是和企业的产品息息相关的，也可以从产品的发展看出一个企业的发展。说到产品开发，20世纪90年代，春花的产品设计都是手工画图，人趴在一个大图板上，一笔一笔画，到90年代后期，大概1998年左右开始引入电脑，采用计算机辅助设计（CAD设计），但还局

限于 2D 设计。后来慢慢地引进 3D 设计，当时我也参加了 3D 设计培训，是第一批参加培训的人员。2000 年，用电脑 3D 软件设计出了第一款产品。电脑设计的很多功能和效果，是图版设计达不到的。所以说用电脑设计，应该是春花产品设计方面的一个飞跃吧。

除了计算机辅助技术的运用，还有一个吸尘器无尘袋技术，也称为 Cyclone 技术即旋风技术，这是吸尘器领域的一种专有技术。吸尘器吸入的垃圾，传统的处理方式是用纸袋装，后来改成收集在一个塑料桶里，不再使用纸质存袋，这是一个。还有就是通过气旋技术，能够实现尘、灰分离。我们在这方面当然不是说有绝对创新，但也有一些突破。国外最早有个品牌有这种技术，（但）我们和他们有点区别。春花的这个技术在当时是比较领先的，我们有一款运用这个技术的产品，改了 6 个型号，就是这个技术拓展延伸出来的，卖了好多年，可以说是春花的拳头产品，甚至可以说整个公司靠这么一个产品就可以得到发展。

再就是制度方面，比如说在技术人才管理方面，通过加强对技术人员创新的奖励，来提高研发人员的积极性和创新动力。这个激励制度也是在不断尝试和改进完善的，从一开始单纯的项目奖金，到将研发人员设计的产品和市场销售情况挂钩，销售得越好，奖励得越多。

沈：这个制度什么时候实施的？

汤：这个制度应该说早就有，但是在不断地完善更新。一开始不和销售挂钩，是单纯的项目奖励，和销售挂钩估计是在 2000 年过后。产品开发部成立项目组，一般由 2 到 3 人组成，成员之间相互协助，有时也采取以老带新的形式，当然以有经验的工程师为主，其他设计人员跟他一起合作，共同开展项目工作。项目组内部的分工会不同，项目奖金按照项目组成员的贡献来分配。当然，也有一个人设计一个项目的情况。

我后来先当技术科的副科长，主要负责技术设计这一块，上面有一位科长，负责管理工作，大概 2002 年过后，我就全面负责技术科的工作了。大多数时间我所在的部门都叫新品开发部。

沈：这个新品开发部的规模、人员怎么样？

汤：人员（一般有）十几个人，顶峰的时候有 30 多个，新进来的人员中有大学生，也招有设计经验的人员，一般是有经验的设计人员搭配新毕业的大学生，两者相结合。

我是上海交通大学精密仪器专业毕业的，1989年进厂，这一年进厂的人很多，差不多是最多的（一年），有好几十个人。我们进去之前的几年，是春花生产经营最好的一段时间。我们进入春花后，因为经济滑坡，春花的销售额直线下降，那时候（我）有一个同学也是到春花的，由于公司进入低谷就离开了。春花那一年招了很多人，就是因为前两年发展得很好，但我们一进去就正好遇上滑坡，算是不巧吧（笑）。

沈：后来春花的产品方向是不是有所变化？

汤：那个时候还是以内销市场为主，内销就和老百姓的收入有很大关系。国内老百姓的收入降低，消费能力就会降低。春花的市场占有率达到顶峰时是50%以上。接下来就是打开外销市场，重新开始起飞，这大概是在1992年、1993年以后。外销市场能够打开的主要原因是国外有需求，国外客户可以进入中国市场来直接采购。当然，我们也有合适的产品供他们选择。那时候是我们先开发出产品，供外国客户来挑选，他们看中春花的产品后直接下单，再出口到国外。现在大部分都是根据客户需求来生产的，或者说根据客户需求来做产品开发，属于定向开发，当然也有客户来挑选的。

沈：春花在海外市场的表现怎么样？从技术角度看，和国外产品相比怎么样？

汤：具体数据我现在讲不出了，应该说是可以的。我们还单独出口过卷线器，这是吸尘器中的一个部件。我们的产品说白了，设计上大部分还是借鉴国外的样品，现在不单借鉴国外，还要借鉴国内的；在质量上，接近于国外的产品质量，但价格肯定有优势，这也是打开国外市场必须的一个条件吧。

比如前面说的有一个产品我们改了6款，都是根据客户需要改的，如果这一款被某个客户包销了，那么就不能再卖给另一个客户，就需要我们对产品进行改型，对外观或者其他结构功能改进一下。所以我们要改出好多款，这样才能同时卖给好多个客户。

沈：您能评价或者感觉春花的整体技术在国内或者国外处于什么样的地位吗？

汤：我认为在2000年到2005年这一段时间，春花吸尘器的技术在国内应该是处于领先的。

春花和飞利浦在 1995 年成立合资公司，就是春飞公司，当时我没有去，留在了春花。合资后春花只能生产桶式吸尘器，不能生产家用的卧式吸尘器，而国内市场主要是家用的卧式吸尘器。在合资之前，春花产品的一半去向是内销市场，而合资以后就一落千丈了。这样春花就把主要精力放到海外市场，春花的海外市场从 1992 年左右就开始起步了。经过一段时间后，我们又开发了几款针对内销市场的卧式吸尘器，但是前面断了两年，再想重新打开国内市场，这个难度就太大了，这里有个市场认可度的问题，消费者实际上已经把这个产品忘记了。

研发部门一般保持在 20 多人，在美的收购以前，一年估计开发 5 到 10 款产品，那时候的产品开发周期比较长，不像现在越来越短，老百姓也喜欢新的。现在家用吸尘器开出一套模具只要 40 天到 50 天就可以了，那时候没有半年，想都不要想。模具本身就要做好几个月，画图都是手工测绘，效率低，像曲面弧面一些参数，靠二维是标不出来的，一定要三维才能标清楚，技术手段和现在是不一样的。

沈：从春花还是走出去不少人才吧？

汤：那肯定是很多很多的，现在外面开出来的（吸尘器）厂很多都是春花的人，或者是当年受到春花扶持和影响的。

沈：有一种说法，就是春花是吸尘器行业里面的"黄埔军校"。

汤：可以这么说，那时候也确实就是这么说的。从春花出来的人多了以后，就有了"黄埔军校"的说法，如果没有那么多人在外面干，是不会有这个说法的。大的厂家金莱克就不要说了，包括科沃斯跟春花也是有点关系的，春菊前期和春花也有很深的渊源。算起来（从春花出来的）三五十个人肯定是有的。像我就是一直在技术岗位上，默默开发吧（笑）。

沈：但是这个技术岗位确实非常重要，春花对你们技术部门的重视程度应该是非常大的吧？

汤：产品开发，一般都是老板亲自抓的，而且老板参与的程度也是比较深的，比如产品的定型，老板肯定要掌握第一手资料。另外，老板对外面市场的需求情况会了解得更多，比如外贸部门提供的一些信息资料，现在国外的产品发展到什么程度，哪个产品类型在国外市场比较抢手、市场销量比较大，会对我们的产品开发方向有一定指引，我们的产品开发就往这方面走。

沈：春花有没有搞过 ISO 之类的认证？

汤：（春花搞）ISO 是吸尘器行业第一家，大约是 1993 年或 1994 年通过的。我到后期才参与得多一点。当时认证 ISO 时，程序文件都是自己编定的，这个过程我基本没有参与，后期的完善阶段我参与得比较多。现在的 ISO 都模板化了，但那时候的程序文件全部都要自己写，包括每一个环节，比如开发、销售、品质管理、生产、采购等流程，都是每个部门抽调人来编写的。

沈：您刚进春花厂时的工资待遇怎么样？

汤：我们这一代人（的经历），就是从国企到民营企业、私营企业，实际上改革也是一步一步走下去的，人们的生活水平也是一步步提高的，工资当然也是渐渐地水涨船高。我刚进去时的工资好像还没有 50 块，过了几个月后补到了 50 块。春花早期有一种促销人员，还不是销售人员，据说收入可以达到"三五牌"香烟，就是 1 个月收入可以达到 555 元，这说明当时的春花产品还是很好卖的。不过我们没有赶上，我第一年到公司实习，也作为公司派出的促销人员去跑市场，说白了就是站柜台，等于是营业员。我在杭州待了一个多月，专门在解放路的一个大型百货商店站柜台，谁来买吸尘器，就给他介绍春花的吸尘器产品，一天要卖好多台。那时候还讲究开箱合格率，就是产品售出后当场打开试机，看产品是否合格（笑）。

后来随着工厂的发展，工资慢慢提升了，从几百到几千，到上万。提升幅度最大的倒是美的公司进来以后，从 2005 年开始，收入比原来大幅增长。美的不但国内市场做得很好，对技术也是很重视的，人员结构很年轻，企业的经营理念包括用人，广东和这边（指苏州）还是有明显区别的。

春花这个品牌，内销市场实际上是跟飞利浦合资后，一路跌下来的，后面再想爬起来难度太大了，因为其他品牌已经兴起，把市场占领了，当然这只是我个人的感觉。合资是把外国的先进技术引进来，但对国企的冲击也是很大的，春花后面靠外贸能再次崛起，跟行业本身也有关系。因为苏州的吸尘器行业没有衰落，还在不断发展，不像其他行业都给国外品牌占领了，到现在苏州还是吸尘器的一个主要生产基地。

十二　香雪海电冰箱厂

马苏伟

访谈对象：马苏伟，原香雪海电冰箱厂质量处处长助理
访谈时间：2022年7月29日
访谈地点：苏州市莱克电气股份有限公司会议室
访谈人：沈骅

图为马苏伟。

沈：马总，您是香雪海电冰箱厂的老员工了，我们正在做关于20世纪80年代和90年代苏州国营企业老职工的访谈，想请您讲讲自己当年的一些经历。

马：好的。我叫马苏伟，出生于60年代。我1988年毕业于苏州职业大学，学的专业是机械设计。毕业后正好开始双向选择，当时大家都想找效益好一点的企业，或者相对稳定的国营企业，或者发展得好的民营企业。我也是这样想的，后来就进了香雪海电冰箱厂。

香雪海那时还有计划经济的色彩，产品还是皇帝的女儿不愁嫁。当时老百姓购买冰箱、彩电等，都要凭票，一张票在私下里是可以卖钱的。我记得香雪海的单门冰箱票要400块钱一张，双门冰箱票差不多要800块钱

一张。我在香雪海干了挺长时间,最后得到了一个纪念品,就是拿了一张电冰箱票。

我进厂前,香雪海就有两个工厂,一个老厂、一个新厂,新厂在朱家庄,什么时候搬过来的已经记不清了。大约是1986年,香雪海电器公司和荣毅仁(主持)的中信集团合作,成立了一个中国苏州电冰箱厂,简称中冰厂。合资建立这个厂以后,从意大利凯迪公司引进了单门冰箱和双门冰箱共两条生产线,所以当时有两个车间,单门车间和双门车间。

我进厂的时候,香雪海正在搞第二期工程,叫苏州冰箱厂,简称苏冰厂。这个项目(的举办)是香雪海电器公司看到中冰厂产能不足,市场销售却非常好,就引进了意大利扎努西的生产线[1]。这是一条新的生产线,相当于二期。我进的就是苏冰厂,因为专业是机械设计,所以一开始是在后方车间,所谓后方车间就相当于机修车间。先去实习,实习完以后再完成其他任务。因为进口的设备在1988年刚刚引进,还在调试阶段,没有开始生产。当时的工作是做国产化替代,让我用国产的油去替代设备里面的进口润滑油。进口设备原来用的润滑油都是进口油,润滑油是消耗用品,所以第一步要替代掉。

我(学的)是机械设计专业,正好(适合)做这个润滑油国产化的工作,干了一年半左右。等生产线正式启动后,我从机修车间被调到苏冰厂的检验科。检验科里有一个技术组,技术组是一名老的工程师带我们4个大学生。我们5个人成立了技术组,主要负责检验文件的编制,包括制成品出现问题以后怎么去检查、怎么去管控等。

我在苏冰厂的时候,香雪海主要的产品有单门的两款即162升、190升,两款双门的,还生产了几款三门冰箱,好像是250升的。产品应该说做得不错,但是质量没有一期中冰厂的产品那么好。一期的产品款式比较老,方方正正、瘦瘦长长的,但质量很好。二期产品的外观比较好看,但技术引进以后,在消化对方技术的过程中,在原材料转移(替换)时出现了问题,导致二期产品出现了安全事故。所以产品售出后,开始反响不错,质量出现问题后,销量就下来了一部分,就再改材料。后来我们派了很多小组,到全国各地去换电热丝。

---

[1] 其创立者是意大利人安东尼·扎努西,1954年生产出第一台洗衣机,后产品拓及冰箱、电视机、洗碗机等,成为欧美家电市场知名品牌之一。1984年被伊莱克斯收购。

意大利扎努西的整个设备，应该说是比较先进的，自动化程度也很高。这两条全新的生产线，我们开玩笑说是南线、北线。生产线上的工人大都是年纪轻的，当时招了很多技校毕业生、高中毕业生，整个工厂的气氛是不错的，生产的产品也是不错的，就是技术消化转移过程中出了一些小的问题。还有，香雪海集团本身发展得也比较快，集团除了原来和中信合资、引进凯迪公司生产线的中冰厂外，还有自己引进扎努西生产线的苏冰厂，后来又收购了金门路对面的一个机械厂，建了一个冷柜厂。这个冷柜厂的起点也比较高，引进的是德国利勃的一条生产线，生产商用大冷柜，容量可达300升到400升，投资也比较大。香雪海集团还有一个香华公司，是合资企业，设在阊胥路，专门生产冰箱压缩机、白云泉洗衣机，还生产一部分小冷柜。

后来听说去省里批项目时，省里要求把洗衣机项目让给无锡，就是让无锡发展洗衣机产业，苏州发展制冷即电冰箱产业。省里有个工业总体布局的考虑，所以有这样的思路。无锡后来就大力发展洗衣机，我们则以冰箱为主，但是还在生产一部分洗衣机。这样，香雪海集团有中冰厂、苏冰厂、冷柜厂、香华公司，外面还有几个相当于联营的生产冷柜的供应商，也有帮我们贴牌生产冷柜的其他工厂。所以说香雪海集团当时的整个规模还是很大的。这样发展到90年代后期，市场上的竞争越来越激烈，品牌越来越多，海尔也出来了。

我后来从工厂调到集团管理处，主要管控质量，所有产品的品质都要管，包括电冰箱、冷柜等的质量都扎口在集团管理处。我是作为处长助理，协助处长工作。还参加了申报联合国的基金会援助的项目，主要是制冷剂弗里昂的替代，现在说起来是"双碳"[1]，几年中不断地打报告。

中韩建交是在1992年，香雪海和韩国三星就从1993年左右开始接触，谈合资建厂。合资以后，工厂那一块基本全部合掉，除了总部。也有一些职工不愿意进入合资企业，特别是一些老职工。我是加入合资企业的第一批人员。合资谈判结束后，韩国三星派驻的第一批管理人员过来了，（他们）首先招现地干部，要面试，我是第一批去面试的。三星派过来的管理人员叫驻在员，是过来出差的，所以一定要在当地招现地干部，每个部门都会先招一个主管现地干部，我在第一批现地干部的名单里。通过面试

---

[1] "双碳"，碳达峰与碳中和的简称。

以后，我负责质量这一块。就这样，三星招了技术的、研发的现场干部，质量（方面）就我一个人，然后我再去负责面试招其他工人。从1994年下半年开始，进入合资工厂的筹备期。当时职工的想法不一样，有的人觉得在国营企业还是安稳的，到了合资企业能不能干得长是不好说的。

我从进入合资企业开始，就不断地提醒自己肯定会有风险。其实风险意识对我来讲一直是有的。在合资企业工作，不要去想着干一辈子，这基本上是不可能的，因为合资企业想撤就撤。我去之前，就已经思考过这个问题，心态已经调整好了，不认为会去干一辈子。后来，我在三星干了19年，香雪海和三星的合资厂成立于1995年，实际上1994年我就在里面，离开时是2014年9月份。

合资以后，前期利用的还是香雪海的资源，包括销售团队、研发团队，还有工艺技术和生产，整个厂房都作为合作厂房，土地也是作为中方的投资。这个合资项目应该说是蛮成功的。原先的生产线是1988年安装调试完成的，已经用了七八年，进行简单改造后，很快投入使用。研发团队的能力也是比较强的，由我那一届和比我高一两届的一些技术人员组成，这些技术人员到今天还在三星负责主要的研发工作。三星和香雪海合作，三星看中的是现成的厂房、流水线、研发人员，（这些）都是很好的资源。

当然，三星后来也慢慢地整合生产线，毕竟香雪海原来的生产线和三星还是有差异的。三星对合资工厂的生产线进行分段改造，前面一些环节都是通用的，改造的主要目的是提高效率和自动化程度。在模具改造方面，三星投入了不少资源。香雪海和三星的合资为什么很快就能成功？ 实际是（因为）香雪海打好了基础，人、财、物都是现成的，三星如果去一个新地方建新厂，就没有这些基础，从人到设备都要从头开始，那肯定是难的。现在基本上是原班人马，直接转移到了合资企业。当然，年纪大一些的职工可能感到不适应，三星当时也有年龄规定，超过40岁的职工基本上不要，低于这个年龄的基本都进去了。这样，淘汰一部分年龄大的，剩下的大都是年富力强的，生产很快就有起色。另外，合资的股份属于轻工局，后来又转到园区的控股公司，中方所占股份越来越少，因为中方不增资而三星方增资，股份就越来越被稀释。

我对香雪海、对合资后的三星香雪海，还是很有感情的。三星金门路的那块地，后来政府购回，原来属于工业用地，改成商住用地，建了个叫金茂府的楼盘。我后来买房子，就买在金茂府。我住的房子，就是以前的香雪海工厂（笑），正好是原来的仓库。香雪海这个品牌后来蛮可惜的，这个品牌转来转去，好像卖给了安徽什么地方。现在苏州人经常看到的香雪海饭店，和我们是没有关系的（笑）[1]。香雪海这个企业，我进去的时候应该是在高峰期，但是没过几年，香雪海产品就不像以前那么火了。这也和计划经济向市场经济转型有关，企业在计划经济时代，产品生产出来就运走，但是市场经济下就不是那么回事了。

沈：在质量方面香雪海是不是很重视？

马：是的。举个例子，当时产品要做常温试验，生产出来的产品不能马上出厂，要先运到二楼的测试室，合格的才能打包、发出去。

沈：这是检测冰箱的质量？

马：对，检测冰箱有没有漏，设定的温度有没有达到。关键是漏不漏，温度差一度两度，消费者是没有感觉的，最担心的是泄漏，尤其是慢性泄漏。

那个时候的电冰箱做得还是很不错的，特别是早期的单门冰箱，质量是很好的，全部是用铜管做的，能用很长时间，甚至可以用十几年、二十几年。后面因为使用了新材料，品质受到一些影响。后来双门冰箱又改了一部分铝管工艺，铝管和铜管焊接，工艺不稳定，也会泄漏。

当时我们还做过一个质量检测项目，对冰箱来讲，只要压缩机不坏，制冷机不泄漏，就可以一直使用下去，不会出问题。制冷机是否泄漏，以前都是水检，就像自行车轮胎漏气后，放在有水的脸盆里后充气，看是否冒气泡。冰箱也是通过水检查漏不漏，输入15公斤压力后放在水里，1分钟内看有没有气泡，一些微小的地方还得靠人工观测。我在技术科里管质量，发现当时有比较先进的检测工具，就是氦气检漏仪，氦气是很稳定的惰性气体，使用起来非常安全、高效。这个检测工具是意大利配过来的，但一直没人去用。我就问为什么不用，回答是氦气成本太高。确实，一瓶氦气的价格非常贵。后来就作为科研项目，想办法降低成本。正好国内几个科研机构也在研究，思路是加入50%的氮气，用氦气和氮气混合气体去做检漏，这样可减少氦气用量，成本就降低了。通过到专业机构去学习，

---

[1] 香雪海饭店是后来在苏州开办的一家知名连锁餐饮企业，与生产电冰箱的香雪海没有关系。

并得到一些技术较强的科研机构的支持，最后获得成功，几乎降低了一半成本，虽然比水检的成本还是要高，但是检出率高得多，后来得到了推广。

总体来说，香雪海的产品质量是不错的，但是后来生产的电冰箱，一度出现了发泡层熏黑、起火问题，香雪海品牌就受到了影响。后来冰箱市场饱和，消费者可以选择的品牌也越来越多。还有一个，国营企业的销售、管理后期有点跟不上，整个领导班子不太稳定，历任厂长变化比较大，每个在任的领导都有自己的想法。从我1988年进厂起，到1994年换了五六位领导，比较频繁。由于多种因素，包括质量、销售、企业规模、市场因素、领导班子等，导致香雪海没有跟上变革。

沈：和中信合作建立的中国苏州电冰箱厂，就是中冰厂，引进的是意大利凯迪生产流水线，当初打下市场的是不是这条生产线？

马：还不是。前面还有一条生产线，生产125升冰箱，是和以前的苏州医疗器械厂合作的，里面的蒸发器用的是铜管，款式外观比较老，外形不大好看，但是质量好，用十几年、二十几年都不会坏。

沈：报纸上所说的其实就是这一款？

马：是的，是自主研发的，当然也先到外面学习过。

沈：您前面还提到苏冰厂已经有三门冰箱了？

马：引进的是意大利扎努西生产流水线，生产双门和三门冰箱。三门冰箱的第三个门其实是抽屉，容量是250多升，但这个产品没有大批量生产，市场消费者的认可程度还没那么高，销售最多的还是162升、190升的。

沈：看来有点超前了？

马：对。

沈：前面提到了各个厂和公司，说明集团公司是早就成立了？

马：是蛮早的，香雪海电器股份有限公司下面有中冰厂、苏冰厂、香华公司、冷柜厂等。

沈：您当时进厂时有没有全民所有、集体所有这种说法？

马：那时已经不大讲究这些了，大家看重的是户口，有的大学生是外地来的，没有户口，就迁入公司的集体户口，就是说大都是聘用制的了。

沈：前面提到的弗里昂替代技术，香雪海当时介入和研发也是比较早的？

马：是的，当时的联合国基金会援助项目，就是对方提供一笔资金，让我们研究替代技术。我们做了一些实验，局部运用一些技术，有一些成果，不过没有批量生产，因为真正运用还要看整个产业链，设备要改造更新，很多技术要跟上去，最终都会反映到成本上去。也可以说当时还没有发展到这个程度，要到 2000 年以后，差不多时机成熟了。

沈：香雪海冰箱质量比较好的，其实是指最早的一代？

马：没错，实际上最早的是老式外观，用的铜管蒸发器，质量确实是比较好的（出示照片），我结婚时家里买的也是这台。我跟父母住在一起，一直就用这台老冰箱。后来我拿了一张 162 升的冰箱票，和我哥换了一张彩电票。

沈：1992 年或 1993 年时，买孔雀电视、香雪海冰箱，还要凭票吗？

马：要凭票的，一张票在黑市要（卖）好几百的，商场里有卖电视、冰箱产品的，但是紧张啊，属于紧俏商品，另外凭票购买可以便宜点，我当时凭票大概是再花 1 800 元左右买的 162 升冰箱。

沈：这个价格还是很高啊。

马：是不便宜的，当时也要好几个月工资。香雪海当时还不错，我大专进厂是 45 块钱每月，如果本科就是 50 块钱，再加上加班工资、奖金，差不多可以拿到 200 块钱，收入算不错的。到合资时候，可以拿到 400 块、500 块左右，更好了。

沈：为什么当时的电器价格不便宜呢？

马：当时产业链不够完善，所以价格就高。我结婚的时候，准备买 1 台春兰 1 匹空调，标价 4 750 元，托人打折后，卖给我 4 500 元。

沈：合资以后，香雪海冰箱还生产吗？

马：合资以后，三星可以用香雪海品牌，我们还生产过一批香雪海冰箱，后来品牌应该归了轻工局。

三星在后面的运营上投入了很多资金，包括厂房改造、生产线改造。当然，三星的理念和我们不一样，我们觉得厂房要大，三星是要缩短生产线，厂房不要大，不能空着，就是不要浪费。苏冰厂两个大厂房，后来一直在用，一个是钣金车间，一个是装备车间。钣金车间主要生产外壳，滚压冲压成型，还要喷漆等。

沈：可不可以这样说，三星后来把香雪海接管过去用它的资本和理念去运营？

马：可以这么说。

沈：您后来在三星待了19年，应该说对外企运营很熟悉，从您的角度来看，三星这样的外资企业，在管理模式和运营理念上，和原来的国营企业相比有什么不同？

马：外资企业的管理模式和我们还是不一样的，和现在的私营企业也是不一样的。国营企业的管理层次比较复杂，婆婆也多，三星就比较简单，派一个团队过来建厂，就一个总经理，下面一个管研发，一个管生产，一个管采购，一个管品质，一个管人事，就6个人，一般一轮干5年，相对来说，整个团队的运作效率很高，执行力很强。这和韩国的文化也有关系，一级服从一级，下级对上级绝对服从，虽然有些地方也过分。

另外，整个制度比较规范化，一般没有人违反，必须根据制度去管人，而不是靠人去管。国营企业里，很多人上班，一杯茶一张报纸，如果想处理谁，是比较难的。所以，三星不怎么希望原来的老员工留下，希望要一些年轻的员工，因为老员工的理念比较难转变。三星对新员工要培训，我在课上就说，你想法变了后，行动就会变，行动变了后结果就会变。国营企业可能没有这种压力，没有追求和压力，肯定不行。

外资企业都以效率为目标，为了提高效率，就要经常求变，什么都可以变。从现场开始，老生产线要改、老生产流程要改。以前电冰箱生产完，在楼上放12小时进行通电测试，合资后，开始也是这样操作的，韩国人一看不对，说这样不是浪费吗？生产以后不能直接打包吗？专门设置这么大场地，放这么多产品，还要派人半夜里去照看，认为这是浪费。这种库存是浪费的理念，我们以前是没有的。我们考虑的是通过12小时测试看有没有泄漏，韩国人考虑的是有没有更好的方法，比如1个小时内能不能查出来？这就逼着大家动脑筋、想办法改善。最后实现了，一个是用检漏仪，以前的检漏仪精密度不高，后来投入很多资金，买了价格很高的高灵敏度检漏仪。还有就是抓前面的生产过程，产品质量不是最后检验出来的，而是生产出来的，要在前面的生产环节就去控制好。还可以再往前追，质量是从设计来的，一个产品七成的质量是在研发阶段就决定的，所以更超前的理念是往前面走，我们可能还是老在后面。这些文化理念、管理模式和制度都不一样，到后面的行动也是不一样的，这会反映到每个人的行动上。

还有，来自外部的影响基本是没有的，企业就是单纯做企业，没有什么外部的干扰。外资企业进入中国肯定是合规合法的，这个不用多讲，包括员工的福利待遇，比如加班，平时（即使）加了半小时班，也会有加班工资，双休两倍，国庆假日等三倍，一分钱不会少，这个做得非常规范。员工休假也一样，该休就休，后来有的员工没有休掉假，就排计划让你休，因为你不休年假，要加倍付你工资，所以反过来要你去休假。我是20多年的老员工，年假加上双休日差不多可以休1个月，手头工作多，没有办法去休假，没办法，就上班不打卡。这样做也算是带头了，下面员工也有跟着上班不打卡的。

外企有现成的制度规范，只要去执行（即可），民营企业就不一样了，还要想办法制定（规范）。三星全部是现成的制度，不用去动脑筋。苏州三星当时有4个厂，另外还有笔记本电脑、半导体、液晶显示器厂，制度都是一模一样的，薪资待遇也一样。我是G8级，是工资待遇最高的现场干部，是合资后第一批进去的员工，一直没有离开，叫team长。上面就是韩国驻在员，驻在员相当于韩国企业里的部长，其实我是和韩国部长并列的，上面都是总经理，但是驻在员是总部过来的，所以地位高一点。下面是Group长，再下面是part长。

国企当然也有好的地方，首先来讲党的领导是第一位的，我们那时候还只是团员，很多年纪轻的同事聚在一起为老百姓服务，出去摆摊、为市民提供技术咨询，做了很多事。企业在80年代还会搞舞会，下班以后大家跳跳交谊舞，蛮有劲的。工会福利也不错，人情味很足。到合资企业后，外地的员工比较多，每个人想法都不一样，这样的活动就比较少。

沈：当时合资时是不是也有一些职工没有过去？

马：有的，有不少职工没有过去，有些是年纪大的，还有一部分是负责工厂扫尾工作和从事"三产"的，即便进了合资厂，也有年龄大、最后买断工龄出来的员工。但是总的来说，合资厂的收入比较高，我第1个月大概拿700多块，第2个月拿到了1 500块，当时是很高的。我下面的员工拿700多块，也不低的。当时也有去了以后因为不适应而出来的，如果自己心态不好，文化又有差异，接受不了也很正常。合资厂里的韩国人也会发脾气，但相对来说大多数特别是前面一批人（指驻在员），还是很尊重中国人的。

沈：您能否讲讲后来为什么离开三星？

马：实际上我也可以不离开，没有人赶我走，我拿到的也是三星中方人员的最高工资。如果赶我走，企业要赔我钱，而且要赔不少，当时算过，要200多万（笑），所以我也可以混到退休。后来还是看不惯，一是三星到后来也在萎缩，由于劳动力成本越来越高，三星的生产就向东南亚的越南、泰国转移。二是前面的韩国驻在员都还不错，干活效率高，还非常谦虚，年纪比当时的我们大，虽然文化有差异，但大家都是互相尊重、关系很好的，后面派来的驻在员越来越年轻，想法也和我们不一样，不太好磨合。他们也尴尬，我是老资格的，不大好来指挥我（笑）。另外，我想我下面还有不少员工，我走了最起码他们可以上一个台阶，再说，换个正在上升期的民营企业也是个不错的选择。

张达人

访谈对象：张达人，原香雪海电器集团办公室副主任、苏州电冰箱厂工会主席

访谈时间：2022年8月14日

访谈地点：苏州科技大学1号楼历史系202室

访谈人：沈骅

图为张达人。

沈：张总，您是香雪海电冰箱厂的老员工了，应该是当年改革开放以后，在市场经济大潮中奋勇争先的最早一批老职工之一，所以想请您讲讲自己当年的一些经历。

张：好的，我姓张，发达的达，人民的人，1965年1月1号进了苏州医疗刀剪厂，这家工厂原本是生产手术器械的。我是高中毕业后被派到厂里边的，从学徒开始，工作很辛苦，当时在厂里一天要工作9个小时。

工厂自身一直在发展，也试过生产其他产品，不过厂里的资金不多，效果一般。后来有一位厂长叫戴林森，他从外边请了个会修冰箱的师傅，再加上厂里的技术人员，在工厂里设立了一个小部门，先试着发展制冷（工艺），逐渐向冰箱生产的方向发展。后来建立的生产冰箱的车间就在平江路边上的邾长巷，那里本来是一个通信器材厂。厂里先抽了8个人出去学习，我是其中之一，到生产海河牌冰箱的天津医疗器械厂去学习。我们8个人的学习是很认真的，原计划大概学习3个月，我们去了两个月，基本上就学会回来了。

回来后冰箱车间就正式开始生产了。那时生产冰箱，全部都要厂里自己做，包括蒸发器、冷凝器、压缩机等，还有厢壳。我记得压缩机生产出

来后，大家开心得不得了，敲锣打鼓去报喜，因为压缩机是心脏部件，很难生产。由于生产的地方不够用，就把厂分成两个，从原来的医疗刀剪厂划出来一部分人，成立苏州冰箱厂，到现在的白塔东路，那里原来有个苏州木器厂，最南面还有一幢三层楼，都让给我们冰箱厂。先是生产200升的医院用冰箱，其实容量没有达到200升，因为当时的测量不够标准，大概也就170升左右。医用冰箱通过南京的江苏省科学器械公司、北京的中国科学器械公司去销售，因为还是计划经济时期，工厂不能直接销售，要通过专门的公司去销售。后来开始搞（生产）家用冰箱，考虑到当时老百姓的经济条件不怎么好，买不起大容量冰箱，就先生产50升、80升的小冰箱，还生产过吸湿机、无霜冰箱等。

一开始的商标是企鹅牌，工商行政管理局说不能用，因为湖北沙市冰箱厂已经用了这个牌子。正好轻工局家电科有位叫朱传良的同志——他后来当过长城电扇厂的副厂长，正在接待到苏州来的北京中央工艺美术学院的几个教师，就叫我们几个人一起去请教他们，问问用什么样的商标名比较好听。他们在苏州转了一圈后就跟我们提议，电冰箱可以用香雪海这个牌子，洗衣机叫白云泉[1]，所以就有了这样两个品牌。接着去注册商标，当时厂里穷，没有钱专门找人设计，我就让一个会画画的同事画了一朵梅花，字没有人写，就由我写了商标上的"香雪海"3个字。再报到工商局，香雪海商标就是这么来的。

后来我被调到轻工局的家电科，参加筹建家电工业公司的工作。我在家电工业公司负责技术引进和技术改造，是技改办科长。技改工作涉及的厂不少，包括电扇厂、吸尘器厂、冰箱厂等，还有其他一些小厂，像娄门的电镀厂，还有家用配件一厂、二厂等。我主要分管和联系冰箱厂，所以尽管我调走了，但对冰箱厂还是熟悉的。后来轻工部开会，我和冰箱厂一位副厂长一起去参加，有人向我们透露说，苏州电冰箱厂是"弄堂厂"，厂房都是破房子，上海、南京、无锡都有冰箱厂，部里可能要把你们的厂取消掉。我们两人就很着急，当时又没有通信工具，就由我写封信回去，给

---

[1] 苏州城西约30千米有光福邓尉山，每年2月梅花吐蕊，势若雪海，故名香雪海，为江南知名的探梅胜地。白云泉位于苏州近郊天平山，天平山群峰高峻，峭拔入云，故唐代称为白云山，山中腰有白云泉，唐代诗人白居易《白云泉》诗首二句为："天平山上白云泉，云自无心水自闲。"香雪海中的"雪"暗示冰箱的制冷功能，白云泉中的"泉"寓意洗衣机的清洁功能。

家电公司的祝鸣总经理说了这个情况,他再去局里汇报。等到我们回到苏州,局里已经决定电冰箱厂和朱家庄的第二轻工机械厂合并[1],称苏州电冰箱厂,就迁到了朱家庄这边,白塔东路的老厂房给了苏州拉链厂。

合并以后,设了一个单门冰箱的生产车间,生产的是 125 升单门冰箱,就叫单门车间,车间主任是王永弟。后来在北京开展销会时,正好遇到中国信托投资公司的一位负责人叫高中,他觉得我们的冰箱不错,就提出合作意向。苏州这方面当然表示同意,对方就投资了。当时地方上很穷,政府也没有多少资金。投资后引进了意大利凯迪公司的生产线,生产双门冰箱,对原来的厂房进行重新规划,把原来生产白云泉洗衣机的车间搬到阊胥路,后来成立专门生产洗衣机的香华公司。这个和中信合作的项目,包括向凯迪公司引进设备,搞得红红火火。

接下来,我离开了家电公司,到生产电饭煲的家电二厂当副厂长,接着被调到民政部门下属的一家电器厂。后来领导说我的老本行是冰箱,又把我调回电冰箱厂,回来后参加二期项目建设,负责生产技术。再后来当过一阵工会主席,又被调到香雪海集团公司办公室当副主任。当时香雪海成立了集团公司,下面再设各个厂,包括一期项目跟凯迪公司合作的中冰厂,二期是苏冰厂,还有冷柜厂、香华公司、模具厂等。电冰箱厂继续在发展,搞二期项目时和德国、意大利的几家外国企业都谈过。德国利勃海尔的生产线水平比较高,但是对方的报价太高,而意大利扎努西的报价低,就选择和后者合作,这是二期 40 万台项目。为了上二期项目,厂的规模也扩大了。后来领导换了后,我被调到售后服务部,负责电冰箱厂在全国的售后服务,我觉得这个部门挺不错,结果又被调走,到了民治路的一个香雪海经济技术发展公司。

香雪海和三星开始合资谈判时,我也一起参加了。当时我们提出的都是股权比例、职工安排等问题,努力为中方争取权益。但是三星方面比较傲慢,说要和你们市里谈。所以,香雪海和三星的合作,根本就不是集团公司总经理能够决定的,而是市里主导的,市里主要考虑的可能是在园区引进三星的半导体项目,这些我们都清楚。

以上就是我个人的经历,时间有点记不清了。

---

[1] 苏州东面的葑门外有第一轻工机械厂,后改称苏州轻工机械总厂。

沈：香雪海最有名气、口碑最好的冰箱产品是哪一款？ 是和中信合资以前的吗？

张：是和中信合资以前的，就是125升单门冰箱，在白塔东路就已经开始生产了，后来被带到朱家庄，就是前面说的成立了一个单门车间，专门生产125升冰箱。

这款冰箱的质量为什么好？ 主要是用了铜材料，蒸发器管道是铜的，冷凝器管道是铜的，蒸发器外面包的是铜管，不像后来用的是复合铝，用料很实在。压缩机开始是自己做，后来就用日本进口的，所以这款冰箱的心脏（指压缩机）和制冷系统，都是很好的，有的老百姓买了这款冰箱后用了很多年，就是这个道理。还有那扇冰箱的门，本来是手工弯出来的，后来改成圆弧形的，就好看多了。另外，冰箱厂和第二轻工机械厂合并搬到朱家庄后，技术力量加强了，马上搞生产流水线。本来生产工序是"轮推"的，就是从这道工序到下道工序，是把产品放在小车上推过去的，到朱家庄后，单门冰箱车间就建起生产流水线，这条生产流水线是自己设计完成的，所以这款冰箱的口碑很好。

当时，我们得到了一些厂家的帮助，这里不能忘记的是天津医疗器械厂，这个厂给我们的帮助很大，我们一开始是生产医疗器械的厂家。还有上海钟表元件三厂，很多人都忘记了，我没有忘记。上海钟表元件三厂是个小厂，规模不大，我和他们打过交道，支持我们的力度很大，把冰箱的全套模具卖给我们，包括油压机的图纸也卖给了我们，还有全自动洗衣机的图纸，后来我把这些图纸给了洗衣机厂，说你们可以搞全自动洗衣机，单缸的早晚要淘汰，但后来没有搞下去。电冰箱厂买下冰箱的全套模具后，生产就方便了，要用什么模具就调出来。

沈：就是说125升冰箱的技术来源，其实一个是靠天津、一个是靠上海？

张：对，是这样的，我们的设计其实是把对方的图纸拿过来，修修改改就完成了。比如说冰箱门太大，改小就是。轻工局也很支持我们，发动整个轻工系统的力量来帮我们。塑料是冰箱的主要构成，轻工局就组织塑料工业公司搞会战，帮我们攻克技术关。给我们提供塑料件的主要是塑料五厂，塑料十厂生产吸塑件。所以，那款125升冰箱的外观是不断改进的。

沈：就是说那款125升冰箱也是汇聚了苏州轻工的力量？

张：对的，是整个轻工的力量，我们不能忘记人家。举个例子，我熟悉金属材料，但对塑料不熟悉，有一次塑料五厂的一个技术科长问我要什么牌号的塑料，我当时回答不上来。轻工局塑料工业公司濮经理马上对他说，这个就是要请你们想办法的。这说明轻工局是很支持我们的，所以不能忘记局里的支持。

中冰厂是利用老厂房改建的，和意大利扎努西合作的苏冰厂就比较正规，请长沙设计院设计了新厂房。

沈：这个时候冰箱厂的经营情况怎么样？是往上还是往下走的趋势？

张：没有往下走，二期项目上马后，还是在上升阶段。

电冰箱厂的厂长有好几任，开始是郦梅生，接着是龚维新，下来是祝鸣，再后面是路至伟，接下来就是合资。前后过程我是比较了解的，但是具体时间就不清楚了。

沈：您一开始是在医疗刀剪厂，为什么这个厂会去生产冰箱呢？

张：当时厂长是戴林森，想要发展工厂，一开始生产民用剪刀，后来改为医用剪刀，就是手术用的器械，要高一个档次。但是也没有办法再发展下去，一是市场饱和，再一个是上海有个手术器械厂，人家规模小，但是产量比我们高，流水线的机械化程度比较高。

我们虽然生产医疗器械，但是效益不怎么好，就想发展新产品。生产冰箱前，还生产过其他产品。戴厂长提出搞医用冰箱，所以我说戴厂长是有功的，他是带头人、引路人，是关键人物之一，我觉得，没有他，我们厂就不会去生产冰箱。后来冰箱厂从白塔东路（搬）到朱家庄、扩大生产规模的关键人物，是家电工业公司总经理祝鸣，冰箱厂是在家电公司领导下的，包括搬厂等都是祝鸣牵头的。祝鸣前两年去世了，郦梅生厂长也去世不久。

沈：那就是一开始是想生产医用冰箱的，后来再转到家用冰箱？

张：对的。因为生产医用冰箱后，发现销路也不行，就考虑生产家用的，而且轻工部当时也准备发展国内的冰箱行业。不过，那时苏州还不怎么看好家用冰箱行业，我去轻工部里开会，回来就把轻工部的分析情况汇报给上面，说部里对冰箱的发展前途是看好的。

沈：冰箱厂真正发展起来，还是要等到工厂迁到朱家庄？

张：对的，迁过去后，规模和技术都有了，另外上面也重视了。原先省里不怎么重视我们，我去省里开会时，感觉省里看好的是无锡，不帮我们苏州。

工厂在邾长巷时，搞了一个冰箱车间，里边设备很差，我记得是两台车床、1台平面磨床、1台内外磨圆床，还有1台刨床、1台铣床，就这么多设备。后来搬到白塔东路时，设备就增多了，都是国产设备，没有进口的。再后来搞二期项目，德国的报价高，质量也好，意大利的便宜，我们的钱当时很紧张，立项以后才能得到国家贷款，所以选了意大利的流水线。在计划经济时代，立项是很难的，当时的国家计委批不批准、立不立项，都是要去跑的。不像现在，只要有钱就能去生产。

沈：就是说，最早的冰箱就是用国产设备生产出来的，用料也很扎实，经济效益怎么样？

张：对的，最早的冰箱就是国产设备生产出来的，赚钱是肯定赚的，因为工厂能靠这个产品生存下去。不过当时也有缺点，我记得当时观前街的五化交公司，产品卖得出去的时候就收购，卖得不好的时候就不收购，工厂就很苦，因为厂里自己不能卖，必须要卖给五化交。后来名声出去后，就来不及（生产）了，老百姓购买还要冰箱票。

沈：最好的时间段大概在什么时候？

张：最好的时候应该是在一期、二期的时候，因为这时候产量上去了，冰箱的销路也越来越好，要凭票的。这是20世纪90年代前后，从一期到二期，都有人来找我讨票。

最早的那个冰箱就是125升的单门冰箱，它的生产量也蛮大的。后面一期凯丽公司的双门、二期扎努西的双门和三门冰箱上马以后，125升的冰箱还在生产，到后来才逐步减少，因为市场上老百姓都开始买双门冰箱了。实际上到后来，这款单门冰箱的质量也不太好了，为了降低成本，不用铜管而用铝管了。冷凝器管都是用铁管，我们叫邦迪管，也是为了降低成本，密封性是肯定不如铜管的。

沈：后期的经营怎么样？

张：后期的有些管理人员不大懂技术，本来香雪海的技术力量就不大够，冰箱出现质量问题后，有些管理人员不知道怎么处理。很多冰箱出现问题后，就被退回来，堆在枫桥的仓库里，堆得很高。当时我在民治路上的香雪海经济技术发展公司，厂里就让我去处理，先按一定价格卖给我，然后我再去处理。我带人把这些有问题的冰箱分成各个档次，可以修理的修理后再卖出去，不能修理的就回收，这样还能收回很多成本，甚至赚了不少钱。以前也有人这样做，但是一直没有做好，我和我下面的人做得比较认真。

后来的香雪海还是比较可惜的，其实三星跟我们谈的时候，可能正是它的困难时期。我们跟三星谈合作时，三星还提出条件，要求我们不能再生产冰箱了，这个条件对我们其实是不利的。

沈：冰箱价格您还有印象吗？

张：销售价格开始是600块、800块，这是比较早的时候，后来到双门时是1 000多块，三门要2 000多块，这是高的时候。三门冰箱的产量比较少，大家觉得太大，有点用不上。这些价格，都是要凭票的。

沈：我查过一些资料，就是香雪海的冰箱在外地城市大商场销售的时候，常常有抢购情况，这也要凭票吗？

张：也要凭票的，是外地的大商场发的票。毕竟产量还不大，所以要凭票购买。还有，外面的单位争着和工厂联系加工零件，这样农村的乡镇企业就发展起来了。我们当时（把它们）叫联营厂，苏州周边有好多个，专门生产塑料、包装纸箱、泡沫、电加热丝等。厂里有个生产协作部，和外面很多厂谈合作。

香雪海后来遇到问题是有种种原因的，我看在眼里，觉得可惜。压缩机最早是自己生产的，后来用日本进口的，质量挺好，再后来用国产的，质量就不行。先用西安的厂家生产的，质量达不到要求，再用常州的，也很糟糕，这样冰箱的质量就下滑了。我到技术服务部后，就看到很多冰箱都是因为压缩机毛病退回来的。

我后来从工会主席的位置上调去当集团的办公室副主任，再调去当集团下属销售公司副总经理，兼售后服务部经理。后来开全国性的售后维修会议，会上就说起主要问题就是压缩机。

沈：这个售后维修会议规模怎么样？

张：大概有200多人，全国各个省都有人来，除了西藏。电视台、报社也来人了。

我离开售后服务部后还有人来找我，说售后服务部存了一笔款。这个事我承认，这笔钱的数量也不小，被我封存起来，一分钱都没有用。这笔钱是这样的，用户买回冰箱使用了一两年后，发现有点问题，就要求换一台，厂里同意换货，但一两年的折旧费是要用户出的。这笔折旧费收回来以后，交到集团公司财务部，结果集团公司财务部不收，说没有这个科目。我就让我们的办公室主任把这笔钱保存好。这个例子说明，当经营好的时候，集团公司有钱，这笔钱不放在眼里，后来经营不大好的时候就想起来了。

香雪海电冰箱在发展过程中有几位比较重要的领导人，（包括）戴林森厂长、郦梅生厂长，成立电器集团后的龚维新总经理、祝鸣总经理、路至伟总经理。

十三　长城电扇厂

朱传良

访谈对象：朱传良，原长城电扇总厂副厂长[1]
访谈时间：2022 年 8 月 17 日
访谈地点：朱传良宅
访谈人：沈骅

图为朱传良。

沈：朱厂长您好，您今年已经 93 岁高龄了，应该说是苏州家电行业真正的元老级职工，今天想请您介绍一下您当年在轻工系统、电扇总厂的一些个人经历。

朱：好的，我叫朱传良，1944 年小学毕业后走上社会，参加工作，解放后，1951 年到苏州市合作总社工作。后来一直在经济领域工作，从事生产组织、计划统计、专业化协作、物资供应、新兴行业规划等工作，再后来到苏州电扇总厂担任行政副职。我工作的时间段，三分之二在局里机关，三分之一在企业基层，还有 3 年到过农村锻炼。

---

[1] 朱传良，苏州吴江人，出生于 1931 年，1951 年到苏州市合作总社工作，1963 年从手工业管理局调到苏州市计划经济委员会，1974 年调到苏州市二轻局，1981 年 3 月调到电扇厂工作，担任副厂长，1990 年退休。因朱先生年岁已高，本篇访谈记录参考了他撰写于 1988 年的《关于申报经济师职称的报告》。

我1951年到苏州市合作总社工作，合作总社规模很大，管的事也很多，我具体负责的是手工业发展。苏州当时是一个手工业城市，大工业没有什么，手工业是主要的，也是全国有名的，要准备把小型手工业组织起来。

先搞试点，选了一家生产竹筷的，产量很大，卖到全国各地，就把这一家树立起来了。开头困难蛮多的，但是合作总社比较重视，做筷子的毛竹都是浙江产的，就派人去浙江采购回来，先贷给对方用，卖掉后再还钱，就这样给予各种支持。试点以后就有经验了，再搞竹器社、针织社、毛巾社、纽扣社等，一共扶持了大概六七个合作社。1953年后，出现了成立合作社的高潮。我当时还要下去蹲点，帮助合作社建立起生产经营制度，这都是我们的责任。这样，苏州的手工业发展得很快。后来成立了手工业联社，下面有不少专业合作联社，针织、五金、竹木、服装等生产合作联社在全国都有一定地位。（这些合作联社的产品）销路不错，质量好，价格也比较便宜。这是初期的做法，是在原有手工业基础上把他们组织起来，成立合作社，后来再合并起来成立工厂。

真正的大发展要到70年代后期、80年代初期，老百姓手里有点钱了，要改善生活，所以我们要向更高级的家用电器的生产方向发展。1979年轻工部五金家电局在苏州阊门饭店召开了一个全国家用电器座谈会[1]，此后全国的家电产业就开始大规模发展起来。我一直是在工业战线上，手工业局、二轻工局、经委都待过。那时要发展经济，先要调查研究。当时发现有一家叫宇宙电机的小厂——就是长城电扇厂的前身，是用手工翻砂生产吊扇，单位小、人不多，但是干劲很足，我们觉得这是个苗子。市里就准备扶持，开全市工作会议时，请这家厂在会上作自力更生主题发言，后来并入其他一些小厂，逐渐生产吊扇，再（就是生产）台扇、落地扇等。

全国家电会议后，我蹲点去了长城电扇厂。之后长城厂的产量更大，一度超过了解放前就有的老牌生产厂家上海的华生厂，我们成了电扇行业的老大。有一个全国性的行业组织通风器具专业委员会，负责制定发展规划、收集市场信息、交流各地情况等，就设在长城厂内，我担任秘书长。

我虽然在经委也待过，但最熟悉的还是轻工，可以说是老手工、老二

---

[1] 1979年，轻工业部五金电器工业局在苏州召开全国家用电器发展规划座谈会。

轻。全国家电会议后,冰箱、洗衣机、吸尘器等开始发展起来,电扇厂是带头的。春花吸尘器厂原来是长江五金厂,一家有名气的小五金厂,电扇厂还让他们生产过配套电机,后来转入吸尘器行业,当时全国还比较少,是新发展起来的行业。香雪海冰箱厂原来也是平江区的一个小厂,局里制定发展规划时,这个厂虽然是街道小厂,但是比较积极,也有一定的基础和技术力量,后来就(得到)扶持,生产80升的小冰箱。后来我联系到北京中央工艺美术学院的老师,请他们放假到苏州来负责冰箱、洗衣机的外形设计。两位教授胡文彦、辛华泉(还给冰箱、洗衣机)起了两个比较贴切的名字:香雪海、白云泉。结果一炮打响。大的冰箱价格贵、耗电大,房间也没有现在这么大的,小冰箱正好,慢慢就出名了。但是造冰箱不容易,里面的主机是压缩机,生产很有难度,还有冷凝器、密封条、冰箱内胆等,靠一个小厂是造不出的。以前的解决办法就是搞会战,像80升电冰箱的跨行业会战,我也参加的,轻工系统有个塑料十厂,局里下任务,让塑料十厂生产ABS的内胆,最后实现了当年设计、当年投产。

我的感觉是,家电业的发展,先要靠老百姓富裕起来,买得起,所以要改革开放。

沈:您后来到长城电扇厂的经历怎么样?

朱:长城电扇厂1970年建成投产,到1990年累计生产电扇361万台,成为电扇行业的龙头企业,这一年的产值达6.5亿元,利税5 300万元,是国家一级企业、全国五百强。

1980年我写过一篇《苏州电风扇生产发展规划》,提出要以原有电扇厂为轴心,按照专业化协作原则大批量生产,逐步形成和建立苏州电扇总厂。这份规划主送轻工业部五金电器局,受到局领导的肯定,认为这是电扇行业发展规划中写得较好的一份,可以推广。后来批准给长城电扇厂低息贷款120万元,这对电扇厂的设备更新、技术改造起了很大作用,为日后的发展打好了基础。

1981年3月,我被从轻工局机关调到电扇厂工作,担任副厂长,1990年从厂里退休。在电扇总厂时,分管过生产、劳工、销售、财务、政工、保卫、教育、生活服务方面的工作。到电扇厂的开头3年,重点抓生产和经营,包括生产的布局调整,建立了电机车间,产量比原来提高很多。又按照市场的需要,新建了落地扇总装车间,产量增加很多。仅花了4个月时间，就设计试产了国内第一台有滚轮的（FS4—40D）落地扇，1982年经轻工部抽样检测，评为部优质产品。还制定了新的奖励方案，按生产淡旺季确定不同计奖单价，销售按实际回笼货款和销售量给奖，与效益挂钩，起到了按劳分配、奖励先进的作用。还拟订有提高经济效益的奖励暂行办法，推动和鼓励各种工艺改革，例如转子压轴新工艺、一模多体压铸模、冲床落料自动化、电子测试风叶平衡仪等就是在当时条件下诞生的。

  分管财务时，我主持过两次经济活动分析会，对于开源节流、降本增益，保证当年利润计划的实施，起了比较关键的作用。销售工作我分管过3年多，我始终把销售当作企业发展的火车头，坚持和销售部的干部同出、同住、同吃、同商议、同战斗，在实践中不断总结，制定了一系列经营策略。我写过《苏州电扇总厂的营销术》和《长城电扇腾飞之路》的文章，提出了"四个第一"（用户、质量、服务、信誉第一）的经营方针，提出了"工商一家、共建双优"（优质产品、优质服务），建立了"三条网络"（销售网络、信息宣传网络、服务网络），还提出了"六个优先"供应的策略。

  1985年，在连云港召开了1986年度供货会议，这次会议的组织工作有独到之处，建立了厂方和商家双方会议领导小组，单方召开的供货会议变成双方联合召开。在激烈的市场争夺战中，我们没有在会上送发礼品，而是以文明礼貌待客，以作风正气取胜，确定了有利于企业增盈的供货价格，减少了回扣率，大大提高了产品出厂价以上的自销利润。1986年实现利润达到1 700多万元，其中通过连云港会议增加的自销利润至少达到300万元。

下篇：逝去的辉煌——1978年到2000年的苏州市属工业国企

下篇主要是从历史角度，对20世纪80年代和90年代苏州市属工业国有（集体）企业的发展历程和演变轨迹做一阐述。

一个半世纪以前，当李鸿章率淮军击败太平军忠王李秀成的守城部队，以江苏巡抚的身份入驻苏州城时[1]，他为了提高淮军战斗力而设立的上海洋炮局也随之迁到苏州，意气风发的李鸿章肯定不会意识到，这个昙花一现的苏州洋炮局会成为苏州近代机器工业的源头。当一个多世纪前《马关条约》签订后，丁忧在家的前国子监祭酒陆润痒在两江总督张之洞的奏请下，在苏州盘门外青旸地建立苏经、苏纶两厂时，曾为帝师的陆润痒也不会意识到，苏州民族工业发展的大幕就由他亲手拉开了。清末民初，苏州创立了一大批民族工业企业，其中不乏知名品牌，尽管总体实力和规模不如近在咫尺的无锡，但在国内依然属于佼佼者。20世纪50年代，针对资本主义工商业的社会主义改造完成以后，苏州出现了最早的一批全民和集体所有制的国营企业，其中实力最突出的一批直接隶属于市政府相关职能部门，即苏州市属工业国有（集体）企业。换言之，新中国成立初期苏州成立的一批颇有实力的工业国营企业，其基础奠定于民国时期。

改革开放之前的30年间，苏州市属工业国有（集体）企业为地方经济建设和社会发展做出了无比重要的贡献，一部分企业在省内甚至全国具有知名度，这主要集中在纺织、丝绸和造纸等领域。由于地理区位不占优势，以及受到国家层面的宏观发展战略等因素影响，苏州市属工业国有（集体）企业的整体实力并不特别引人注目。但是，改革开放的春风一旦

---

[1] 清初，改南直隶省为江南省，置左、右布政使，顺治十八年（1661）右布政使移驻苏州，康熙六年（1667）析分江南省为江苏、安徽两省，设江苏巡抚于苏州，并改江南右布政使为江苏布政使。按清代惯例，江苏巡抚、江苏布政使、江苏按察使衙门均驻苏州。

吹拂，计划经济的束缚一旦松动，经济和社会发展自六朝孙吴起就呈现加速度态势，商品经济意识已经浸入骨子里的苏州，就开始了向市场经济转型的破冰之旅。这其中，苏州市属工业国有（集体）企业无疑是最亮眼的先行者之一。无论是在纺织、丝绸领域深耕多年，有着强大实力的纺织厂和丝织厂，还是主动适应市场、迅速崛起的轻工和消费电子企业，都敏锐地意识到随着商品经济大潮的兴起和国营企业的改革，巨大的历史性机遇呈现在面前。因此，苏州市属工业国有（集体）企业凭借着近百年的积累和锐意进取的拼搏精神，迅速开启了勇于创新、敢于挑战的市场开拓和奋进之路，成为20世纪80年代的弄潮儿，并一直延续到20世纪90年代。此后，大部分苏州市属工业国有（集体）企业，由于多种原因最后退出了市场经济舞台，但所留下的影响却是深远而不容忽视的。

绪论

自改革开放以来，原先在计划经济体制下并不起眼的苏州城市迅速崛起，成为全球知名的工业强市。这其中的原因当然是多方面的，但毋庸置疑，最初的一批国营企业做出了卓著的贡献。改革开放之前，苏州在国家层面的整个计划经济体系中并没有受到特别的重视和关注，但当以经济建设为中心成为党的基本路线、民众对富裕美好生活的向往被肯定后，苏州的国营工业企业立刻迸发出巨大的活力和创造力，主动适应和融入市场，成为社会主义商品经济和市场竞争的最早参与者、推动者。

一、研究背景：作为工业强市的苏州

改革开放之前，苏州既不拥有得天独厚的自然资源，也不是兵家必争的交通枢纽，因此自1949年中华人民共和国成立以来，苏州似乎难以成为国家发展的重心，表现在经济领域，就是国家层面的重大投资项目极少落户苏州。"一五"期间苏联援建的156个项目（实际施工150项），帮助我国建立了比较完整的基础工业体系和国防工业体系的骨架，起到了奠定我国工业化初步基础的重大作用，但出于平衡布局和国防需求，绝大多数布局在东北和中西部地区，长三角地区仅安徽淮南落户一项。[1]尽管如此，苏州自改革开放以来的发展速度仍然令人侧目。至21世纪20年代初，苏州成功迈入GDP指标的2万亿元俱乐部，跻身全国城市前6位，工业产值更是突破4万亿元，问鼎全球第一大工业城市，事实上成为改革开放后崛起速度仅次于上海和深圳的第三座城市。尤其是苏州既非省会或副省级城

---

[1] 参见董志凯、吴江：《新中国工业的奠基石——156项建设研究（1950—2000）》，广东经济出版社2004年版。

市，更与经济特区无缘，只是一个普普通通的地级市，这在政策优惠和资源倾斜与城市行政级别基本成正比的中国社会中，是足以令世人惊叹的。

原因自然是多方面的，例如主动接受上海的辐射。上海自开埠后飞速崛起，短短数十年就成为中国经济的领头羊。1949年以后，上海仍然是全国的经济中心，尤其是1990年中共中央和国务院决策开发浦东，中共十四大提出建设以上海为龙头的长江经济带，1993年1月浦东新区正式成立。中共十五大又提出进一步办好经济特区、上海浦东新区，鼓励这些地区在体制创新、产业升级、扩大开放等方面继续走在前面，发挥对全国的示范、辐射、带动作用，推动东南沿海掀起了改革开放的新高潮。在此背景下，与上海近在咫尺的苏州要谋求发展，必然要倚借上海之力，借助上海在技术、人才和资金方面的优势，主动学习上海的经验、接受上海的辐射，在错位格局中走出体现苏州特色的发展之路，这是苏州经济发展的一项长期性战略选择，并已经成为政府和学界的共识。[1]苏州多位主要领导对此也有共识，1997年时任苏州市市长的章新胜就明确指出："无论是传统工业的发展，还是乡镇工业的崛起，'苏南模式'的成型，都与接受上海直接辐射的地缘经济密不可分。"[2]上海成立自贸区后，苏州再一次掀起对接和服务上海的热潮。

又如苏南模式的贡献。作为包括苏州在内的苏南地区的独特发展之路，苏南模式一直被学界所津津乐道。20世纪80年代，中国各地的小城镇开始复苏，著名社会学家、曾经在30年代调查过江村（吴江七都镇开弦弓村的学名）的费孝通先生敏锐地观察到了这一点，他从1982年至1984年花费3年时间，从吴江一个县开始社会调查，继而扩大到苏南四市（苏州、无锡、常州、南通）、苏北四市（徐州、连云港、盐城、淮阴）、苏中三市（南京、镇江、扬州），后发表《小城镇四记》，其中1983年所写的《小城镇、再探索》一文提出了后来熟悉的"苏南模式"这个词。[3]此后

---

[1] 参见张秋生、池伯贤：《抓住浦东开发机遇 促进苏州经济发展》，《中国计划管理》，1991年第10期；江苏省社科联：《接受和利用上海浦东辐射 促进江苏沿江经济跨上新台阶》，《江苏社会科学》，1998年第2期；孙海泉：《近代上海与苏南工业的连进和竞争》，《江海学刊》，2002年第4期；孙海泉：《上海辐射与苏南发展研究》，人民出版社，2002年版。

[2] 章新胜：《苏州在浦东开发开放中扮演的角色》，《群众》，1997年第2期。

[3] 费孝通：《对中国城乡关系问题的新认识——四年思路回顾》，载费孝通、鹤见和子等著：《农村振兴和小城镇问题——中日学者共同研究》，江苏人民出版社，1991年版，第4页。

有关苏南模式的研究成果不断涌现。师从费孝通的沈关宝教授基于80年代恢复的针对江村的调查数据，指出"苏南模式就是以乡村工业化为前提的社会经济发展模式"[1]，但与西方产业革命中城市吞噬乡村、人口从乡村向大中城市集中不同的是，苏南乡村以观念的渐次改革而向现代化过渡，以工农相辅、城乡一体化为目标。顾松年、徐元明等学者较早对苏南模式展开专门性深入研究，《苏南模式研究》一书指出，苏南模式的基本含义是"苏南农村多层次、多行业、多经济形式的全面综合发展模式"，另一含义也是需要着重指出的是"以乡镇企业的举办带动苏南农村商品经济全面发展的模式"。[2]鉴于苏南模式主要发端于江南，深刻反映出苏南经济社会的文化传统和经济发展特点，又与温州模式、珠江模式并驾齐驱，因而一些学者或以苏南模式为切入点，或者将三者加以比较研究，进而折射出所有制结构、产业结构、民营经济、地方政府管理模式等的变迁和创新，这方面的研究成果也有不少。[3]

再就是外商投资经济的迅速崛起[4]，这一点尤其为公众耳熟能详。早在1984年8月，苏州就出现了第一家中外合资企业即位于昆山的中国苏旺你有限公司。1985年5月，苏州被批准为沿海经济开放区，外资企业开始稳步增多。1984—1990年的7年时间内，批准三资企业383家，1991年批准三资企业412家，合同外资1年就超过前7年的总和，1992年又批准三资企业2 893家，比上年增长6倍。1991—1994年4年间共计批准三资企业

---

[1] 沈关宝:《一场悄悄的革命——苏南农村的工业与社会》，云南人民出版社，1993年版，第298页。
[2] 顾松年、徐元明、严英龙等:《苏南模式研究》，南京出版社，1990年版，第6页。
[3] 主要成果如沈立人:《苏南模式改革中的所有制结构优化》，《江苏社会科学》，1998年第4期；周直:《关于苏南模式与制度创新——当代中国现代化动力案例研究》，《南京社会科学》，2002年第9期；陈文理:《地方政府管理模式的制度创新及其作用——珠江三角洲模式、苏南模式和温州模式的比较》，《武汉大学学报》，2005年第1期；金太军、汪波:《模式化悖论与比较制度优势——以"苏南模式"变迁为例》，《文史哲》，2007年第3期；许高峰、王炜:《论我国民营经济对区域经济建设与发展的作用——以苏南模式、温州模式、珠江模式为例》，《天津大学学报》，2010年第6期；张月友、凌永辉、徐从才:《苏南模式演进、所有制结构变迁与产业结构高度化》，《经济学动态》，2016年第6期；等等。
[4] 外商投资经济也称外资经济，指国外或境外投资者根据我国涉外经济的法律法规，以合资、合作或独资的形式在大陆境内开办企业而形成的一种经济类型，具体包括中外合资经营企业、中外合作经营企业和外资企业3种形式。而外向型经济亦称出口主导型经济，指优先发展出口产品生产，参加国际分工和国际交换来带动经济发展的一种经济类型。外资企业固然可能以海外销售为主，本土民营企业同样可以面向全球销售产品。

7 086 家，合同外资 139.56 亿美元。[1]值得一提的是，1994 年 2 月，经过苏州市的全力争取，担任资政的新加坡前总理李光耀与中国李岚清副总理在北京签署了两国合作开发建设苏州工业园区协议书，这是新中两国的第一个标志性双边合作项目。工业园区对苏州发展外向型经济起到了极其重要的引领和示范作用，被誉为"中国改革开放的重要窗口"和"国际合作的成功范例"。此后，苏州的外资经济不断壮大，1998 年，全市外商直接投资合同金额累计达到 268 亿美元，占全国的 4.7%、江苏省的 40%；实际到账金额累计达到 143 亿美元，占全国的 5.4%、江苏省的 42%。[2]2000 年 8 月，苏州累计有外商投资企业 7 306 家，合同外资 339.3 亿美元，已开业投产的外资企业 4 604 家，实际利用外资 190.7 亿美元。[3]2005 年有外资企业 12 000 余家，开工投产有 9 000 多家，当年外企进出口 1 280.81 亿美元，其中出口 653.79 亿美元，占全市出口的 89.84%。[4]在原因探讨方面，有学者认为，改革开放以来南京和苏州都是江苏利用外资的主要地区，但南京与苏州相比存在不小差距，究其原因，除了区位优势，"外商投资环境的差异可能是造成两市实际利用外商直接投资差异的一个重要原因"[5]。

此外，还有民营经济对整个社会发展的重要性和巨大贡献[6]，这同样是毋庸置疑的。1949 年的《中国人民政治协商会议共同纲领》第三十条明确规定："凡有利于国计民生的私营经济事业，人民政府应鼓励其经营的积极性，并扶助其发展。"1978 年年底，邓小平同志邀请当时工商界 5 位元老即胡厥文、胡子昂、荣毅仁、古耕虞和周叔弢举行座谈会，午餐时共进传统的老北京涮羊肉。在这次著名的"五老火锅宴"上，邓小平同志不但

---

[1] 参见张卫国主编：《对外开放在苏州》，江苏人民出版社，1998 年版，第 29 页。
[2] 孙林夫、刘伯高、朱微明：《苏州：外向带动的发展战略》，《中国外资》，1999 年第 8 期。
[3] 龚永泉、杨晴初：《苏州经济跃上新台阶》，《人民日报》，2000 年 8 月 13 日第 1 版。
[4] 吴秋华：《1.2 万家外企落户苏州》，《苏州日报》，2006 年 1 月 13 日第 A05 版。
[5] 李杏：《南京苏州利用外商直接投资业绩与潜力比较研究——基于江苏范围内的比较》，《南京社会科学》，2004 年第 11 期。
[6] 一般认为，民营是指经营机制，私营是指产权归属。在我国现行法律体系（如《公司法》《民法典》）中，没有民营企业的表述，这一概念的产生，实际上是随着我国经济体制改革不断深入的结果。所谓民营企业，在中国境内除国有企业、国有资产控股企业和外商投资企业以外的所有企业，都是民营企业。故在很大程度上，民营企业就是指私营企业和以私营企业为主体的联营企业，两者基本等同，这也是本书所认同的观点。只不过，由于传统文化对私观念的贬低因素（以先秦法家中的韩非子为代表，将私等同于道德贬义的奸邪），以及历史上对私营企业的歧视，人们习惯于用民营企业一词来取代私营企业。

提出要吸引外资,还提出希望原工商业者利用落实政策以后的资金办私人企业,打开了非公有制经济发展的禁区,开启了中国民营经济大发展的新征程。[1]一般而言,苏州自20世纪90年代以后的外商投资经济蓬勃发展,在网上甚至被网友比喻为"一招鲜",但实际上,民营经济始终是苏州经济最坚实的基石之一。2006年,苏州外商投资依然受到青睐,但就是这一年,"苏州民营投资、外商投资和国有集体投资分别为672亿元、623亿元和460亿元,同比增长15.6%、7.6%和3.6%"[2],尽管民营经济的工业产值仍不如外资,但投资总量首次超过外资,居于首位。到2020年,苏州有恒力集团、沙钢集团、盛虹集团3家民企入围世界五百强,苏州民营经济的整体实力可见一斑。实际上,苏州地方政府对民营经济的重视程度丝毫不逊于外商投资经济。2004年年初苏州市委、市政府就出台了"一号文件"即《关于促进民营经济腾飞的决定》(苏发〔2004〕1号),提出"三年翻番"的目标,确立了全国民营经济大市的地位。2007年,苏州市政府又出台了《关于实施民营经济新一轮腾飞计划的意见》(苏府〔2007〕136号),2011年1月,市委、市政府又出台"一号文件"——《关于加快民营经济转型升级的若干意见》(苏发〔2011〕1号),始终保持着对民营经济的高度重视,这恐怕才是民营经济始终在苏州经济结构中牢牢占据三分天下有其一的关键所在。

　　学界对苏州民营经济的分析也有相通之处。韩云先生早在2001年就指出,苏州地区的民营经济尚处在初期发展阶段,具有不成熟性,受到观念滞后、数量不足、行业进入困难以及体制机制不完善等因素的制约,为此必须重视观念的转变,辩证地处理数量与质量的关系,营造一个良好的发展环境,以及加强必要的宏观调控等。[3]朱宇明先生认为,苏州发展民营经济有三大优势,包括接轨上海的区位优势、配套外资的生产要素优势和政府推动的体制优势,立足以上三者,通过政策引导和制度创新,可以促

---

[1] 后胡子昂、胡厥文、古耕虞创办中国工商经济开发公司,周叔弢在天津创办建华经济技术咨询公司,荣毅仁创办中国国际信托投资公司,王光英创办中国光大实业公司。
[2] 迎春:《从"偷偷摸摸"到"三分天下"——苏州民营经济三十年历程及亮点回顾》,《苏州日报》,2008年3月2日第A02版。
[3] 韩云:《论初期阶段苏州民营经济的发展》,《苏州铁道师范学院学报(社会科学版)》,2001年第3期。

进苏州民营经济的进一步崛起。[1]随着苏州民营经济已经成为苏州"三足鼎立"经济格局的重要组成部分,还有学者强调,苏州民营经济发展的法治环境总体是良好的,但还存在法规与地方性配套的举措缺乏、司法救助不受重视、起诉率低、个别执法人员素质较低等问题,而苏州民营经济要保持健康发展,进一步优化苏州民营经济发展的外部法治环境势在必行。[2]

这里需要补充的是,21世纪初苏州民营经济的蓬勃发展,和苏南模式下的乡镇企业迅速转型有着重要关系。有学者指出,苏南模式本质上是一种政府超强干预模式,属于政企不分的集体产权制度安排,内在隐患导致严重的低激励和负激励,最后由于外部宏观环境的变化而滑坡,改制实质上是政府将企业彻底推向市场,确立私人产权,实现真正意义上的民营化和市场化。[3]这种观点是有道理的,但同时也说明,苏南模式并非一成不变,而是随着时代的变化,内涵也在不断更新,原来政府主导下以发展集体所有制为主的乡镇企业,通过实施产权制度改革,成为完全面向市场、自主经营和自负盈亏的民营企业,也就是所谓的"新苏南模式"之说。当原先产权不够明晰的乡镇企业通过改制摆脱原有的包袱和制约后,就汇入了民营经济的洪流,由于之前所具备的良好基础,迅速成为苏州民营经济领域的一支生力军。

二、研究对象:改革初期的苏州市属工业国企

苏州成为全国最大工业城市的原因,如上概括为接轨上海的区位优势、苏南模式的制度创新,以及外资和民资并重的政府经济发展战略等。直到今天,这些因素在苏州经济和社会发展中仍然起着较为醒目的作用,因此相对容易被注意到。但实际上,推动苏州成为最大工业城市的,还有一个因素不为人们所熟悉,那就是改革开放前20年在苏州经济舞台上独领

---

[1]朱宇明:《利用比较优势促进苏州民营经济发展政策初探》,《河海大学学报(哲学社会科学版)》,2006年第1期。
[2]程远凤、徐银香:《苏州民营经济发展的法治环境研究》,《苏州科技学院学报(社会科学版)》,2009年第1期。
[3]参见新望:《苏南模式的终结》,生活·读书·新知三联书店,2005年版。

风骚,与乡镇企业、外资企业同台竞争的苏州市属工业国有(集体)企业,也就是1993年前所称的苏州国营企业、1993年后所称的苏州国有企业。

  国营企业与国有企业,一字之差,却有着重大差异。简单来说,在我国,国营企业属于国家所有,所以也是国有企业,但是国有企业可以由国家机构直接经营,也可以由企业自主经营,前者是国营企业,后者不是国营企业,可以称之为自营企业。[1]也就是说,前者是国有国营,后者是国有非国营,两者的所有权均属国家,均为国有企业,只不过经营者相异。我国国营企业的源头最早可以追溯到井冈山革命根据地时期的兵工厂,后来延安时期也建立起一些工厂和金融机构,但规模都比较小。1936年,陕甘宁边区只有几个为红军服务的修理机械、印刷、被服等小厂,工人270余人。到1944年有公营工厂101个,职工6 354人,还有各类手工合作社114个。[2]1949年中华人民共和国成立前,我国的公有经济规模在整个国民经济中是微不足道的。1949年以后,通过没收官僚资本主义的财产、没收各帝国主义的在华财产和对资本主义工商业的社会主义改造,以及由中央和地方政府分别投资设立的各类厂矿企业,我国的国营经济逐渐成为国民经济的最主要构成部分。

  之所以称为国营,是因为企业在行政上分别隶属于中央、省、县三级政府,并纳入国家的计划经济体制,其生产经营活动受到政府的制约。例如早在第一个五年计划期间,中央就根据不同的工业领域设立相应的部去管理这些企业,如机械工业部、冶金工业部、煤炭工业部等,如果涉及企业数量众多,就设置局或者行政性的公司来管理。各省、自治区、直辖市到县一级,都设置类似的职能局进行管理。主管行政部门对企业拥有生杀予夺的大权,厂长和党委书记都由主管部门直接任命或委派,行政级别一般比主管部门一把手低一级,这样,人事权就掌握在了主管部门手中。不仅如此,企业的生产计划制定、产品调拨和销售、利税上交和分成等,都需要得到主管部门的批准,尤其是在原材料供应方面,主管部门可以为企业争取更多的物资配额,因而拥有极为重要的话语权,"可以说,一个国营

---

[1] 周叔莲:《企业改革要分类指导——从国营企业和国有企业的差别说起》,《经济学家》,1992年第3期。
[2] 参见赵德馨:《中国近现代经济史》,河南人民出版社,2003年版,第416页。

企业的命运主要掌握在它的主管部门的手中"[1]。国营企业的这种经营方式，是和计划经济体制相适应的。在计划经济时代，国务院是最高行政机关，国家计划委员会即国家计委负责拟订计划指标并负责全国计划系统拟订和批准计划的程序，协调各部、省之间的物资调配，平衡各地区的产业规模和发展水平，最终实现国民经济均衡、全面、有比例的发展。很显然，为了实现计划经济的各类指标，由国家直接经营是一种比较理想的方式和手段，这正是计划经济年代国家经营企业大量涌现的原因所在。

苏州国营企业可以追溯到中华人民共和国成立初期，解放后没收了官僚资本主义企业苏州面粉厂，并将其改造为公营工厂，又创办改组了一批全民所有制企业和商业批发公司，到 1952 年，在接收和没收官僚资本主义企业的基础上，苏州共有全民所有制企业 30 家，其中工业企业 17 家。1957 年社会主义改造完成后，苏州全市工业企业包括新建企业和手工业合作社（组）共计 646 家，其中国营和公私合营 188 家，集体经营 456 家，私营 2 家。到 1962 年，经过调整和改组，全市国营和公私合营企业减为 152 家，集体所有制企业调整为 491 家。再到 1975 年，市区工业企业共计 464 家，其中全民所有制 202 家，集体所有制 262 家，在工业总产值中，全民与集体的比例为 57.7∶41.3。[2]

如前所述，新中国成立以后苏州没有被列入重点工业城市，较少布局大型工业项目，城市定位主要在旅游、商贸、丝绸、工艺等领域。因此改革开放前，国家层面在苏州市区设立的重要工厂主要有两家，一家是 1952 年成立的苏州阀门厂（五二六厂），隶属于中国核工业集团公司，但并不生产民用商品，到 20 世纪 80 年代初才"军转民"[3]；另一家是 1966 年成立的国营长风机械总厂，隶属于第三机械工业部（1982 年改称航空工业部），主要生产切割机床。[4] 除此之外，大部分国营企业的主管部门都在苏州本市，主要分布在以下 3 个领域：首先是纺织和丝绸工业领域，这是

---

[1] 朱锦清：《国有企业改革的法律调整》，清华大学出版社，2013 年版，第 9 页。
[2] 参见苏州市地方志编纂委员会：《苏州市志》第 2 册，江苏人民出版社，1995 年版，第 5-11 页。
[3] 后该厂抓住历史机遇，依靠科技进步，1997 年成功在深交所挂牌上市（中核苏阀科技实业股份有限公司），现为国内最大的特种阀门研制和生产基地之一。
[4] 1999 年更名为苏州长风有限责任公司，2002 年该公司等出资成立苏州长风机电科技有限公司。

苏州的传统支柱工业,如苏纶纺织厂、东吴丝织厂、振亚丝织厂等,工业产值所占比重在1970年前一直是主要部分,达到30%~40%,70年代后期开始,在总工业产值中的比重呈下降趋势,但依然是苏州的支柱产业之一。其次是机械工业领域,以轻工和机电工业为主,到1985年超过纺织丝绸工业,上升为苏州市区工业的第一大支柱产业,尤其在精密轻型机械和日常消费电器方面有着独到的优势和特色,又符合城市定位,因此发展较快,知名企业众多,例如苏州手表总厂、孔雀电视机厂、苏州长城电扇厂、春花吸尘器厂、电冰箱厂等。最后是化学工业领域,70年代中期以前发展较快,后受到城市发展定位的限制,比重逐渐下降,到1985年为市区工业的第三大支柱产业。

  正是凭借着原先的工业积累,当改革的号角一吹响,开放的春风一吹来,富有市场意识的苏州人立刻投入到了商品经济的大潮中。可以说,在改革开放最初期,乡镇企业尚未正式起航,外资经济尚未进入人们视野,而苏州的国营企业已经开始了通过改革主动适应市场,进而乘势而起融入商品经济大潮的率先之举。当回顾这段历史时,我们会不无惊讶地发现,当时苏州的国营企业仍然受到传统计划体制的很多束缚,但已经在努力摆脱,试图蹚出一条新路,并在市场销售、广告营销、技术研发、品牌打造等方面都走在了同行的前面,苏州国营企业敏锐的市场意识和强韧的拼搏精神也随着一个个知名品牌的享誉全国而展露无遗,堪称时代的弄潮儿。

  1993年以后,苏州的国营企业根据国家政策,同样改称为国有企业。尽管之后的苏州市属工业国企由于多种因素,包括市委和市政府层面的战略抉择、体制层面难以克服的硬伤等,带着几分无奈和遗憾,逐渐淡出了历史舞台,但很显然,当年苏州国营企业的产业和品牌优势,辐射引领了一大批乡镇企业,是苏南模式迅速崛起的重要条件之一。之后,苏州国营企业仍然留下了大批高水平和高素质的技术骨干人才,为后来外资经济和民营经济的繁荣创造了人才条件。因而,我们没有理由忽视当年的苏州国营企业,更何况,当年的苏州国营企业是那么的辉煌!

三、研究方法:口述史与苏州市属工业国企

  就改革开放之初到世纪之交的苏州市属工业国企而言,目前学界对其

的相关研究成果并不丰富，或者说，有关苏州市属国企的相关资料仍然在进一步搜集和整理之中。2000年前后，苏州市政府曾专门组织各国营企业编撰各自的厂史、厂志，如《苏纶纺织厂建厂一百周年（1897—1997年）纪念册》等，多为企业内部的非公开出版物，算得上研究苏州市属国企的一手资料。2004年，隶属于苏州市工业投资发展有限公司的档案管理中心成立，此后，国有和集体企业在进行产权制度改革前和改制过程中形成的企业档案，逐步统一移交给苏州工商档案管理中心。随着时间的推移，这些资料和档案的珍贵性还会进一步凸显。

从历史的角度看，史料愈丰富，愈有利于后人的研究。尤其是苏州市属国企距今未远，很多老苏州人都印象深刻，更有很多当年国营企业时期的企业负责人和职工仍然健在，此时，完全可以采用学界较为特别的一种资料收集和保存方法——口述史，开展对苏州国营企业的资料收集和整理工作。

所谓口述史，又称口述历史，英文名为"Oral History"。口述史的相关定义较多[1]，大体含义是指通过访谈收集的、个人对历史事件和人物的感觉和看法，以亲历者居多。口述史由来已久，西汉著名史学家司马迁撰写《史记》时就多次运用口述历史的方法，如《刺客列传》中，对荆轲殿上刺秦王的整个过程描写极为传神，描摹了不少细节，原因就在于太史公访谈过曾亲眼目击全过程的太医夏无且的好友。[2]希腊史学家修昔底德撰写《伯罗奔尼撒战争史》时，也访谈过多位战争参加者。但是作为一门正式学科，口述史创立于1948年，美国哥伦比亚大学历史学教授阿兰·内文斯

---

[1] 唐纳德·里奇认为："口述历史是以录音访谈（interview）的方式搜集口传记忆以及具有历史意义的个人观点。"（《大家来做口述史》，当代中国出版社，2006年版，第2页）左玉河认为："口述历史是研究者基于对受访者的访谈口述史料，并结合文献资料，经过一定稽核的史实记录，对其生平或某一相关事件进行研究。"（《中国口述史研究现状与口述历史学科建设》，载《史学理论研究》，2014年第4期）荣维木认为口述历史是"收集和运用口碑史料，再现历史发展过程的某一阶段或某一方面"（《关于口述历史研究中的概念界定》，载周新国主编：《中国口述史学的理论与实践》，中国社会科学出版社，2005年版，第105页）。杨祥银认为："口述历史就是指口头的、有声音的历史，它是对人们的特殊回忆和生活经历的一种记录。"（《与历史对话：口述史学的理论与实践》，中国社会科学出版社，2004年版，第5页）

[2] 《史记》卷八十六《刺客列传》载："始公孙季功、董生与夏无且游，具知其事，为余道之如是。"（中华书局，2000年版，第1975页）说明太史公是从夏无且的朋友公孙季功、董生处得知了那段惊心动魄的史实细节。

在获得班克罗夫特基金资助后,创立哥伦比亚大学口述历史研究室,标志着现代口述史学的诞生。还需要说明的是,并不是所有的访谈都能成为口述史,只有经过整理过后并能提供给其他人使用的访谈记录,才是口述史。唐纳德·里奇的一段话说得简明扼要:"访谈要成为口述历史,必须是经过录音、做过特别处理后保存在档案馆、图书馆或其他收藏处,或者经过几乎是逐字重制的方式出版。口述历史的特性是:能提供一般研究使用、能重新加以阐释、接受鉴定的确认。口述史家保存访谈的录音带和抄本,为的是尽量保留访谈记录的完整、真实和可信度。"[1]

当然,口述史自有其不足之处。如果时代相隔较远,口述者又年龄渐增,一些回忆和陈述的可信度难免要打个折扣。不仅如此,作为亲历者的陈述,即便主观上试图秉持客观中立的立场,也难免受到个人感情色彩、政治倾向和价值观念的影响,从而作出与历史事实未必完全符合的陈述和回忆。希腊史学家修昔底德就慎重对待目击者的说法,他指出:"不同的目击者对于同一个事件,有不同的说法,由于他们或者偏袒这一边,或者偏袒那一边,或者由于记忆的不完全。"[2]口述史大家唐德刚先生在为李宗仁将军作口述时,称"他所说的大事,凡是与史实不符的地方,我就全给他'箍'掉了",甚至因为"箍得太多了,他老人家多少有点怏怏然"。[3]因此,口述历史必须要和档案、报刊等其他原始资料相互印证,如此方能最大程度地确保口述历史的真实性,这当然是不争事实,也是笔者在展开相应论述时试图努力做到的。

[1] 唐纳德·里奇著、王芝芝、姚力译:《大家来做口述史》,当代中国出版社,2006年版,第8-9页。
[2] 修昔底德著、谢德风译:《伯罗奔尼撒战争史》,商务印书馆,1960年版,第18页。
[3] 李宗仁口述、唐德刚撰写:《李宗仁回忆录·附录》,华东师范大学出版社,1995版,第793页。

第一章　筚路蓝缕：苏州近代工业的历程

如果从工业化的视角出发，那么迄今为止的人类社会可以分为两个发展阶段：前工业社会和工业社会。所谓工业，《辞海》的定义是这样的："（工业是）采掘自然物质资源和对工农业生产的原材料进行加工或再加工的社会生产部门。为国民经济其他部门提供生产资料和消费资料，为消费者提供日用工业品。工业可分为采掘工业和加工工业，又可分为重工业和轻工业。"[1]《现代汉语词典》的定义与之类似。前工业社会阶段其实也存在传统工业，但常称之为手工工业。近代工业最主要的特征可以归纳为机器化的大生产，发轫于西欧的工业革命。机器化的大生产或者说工业革命对人类社会产生了全面而深刻的影响，所以工业革命一词有3层含义："首先它指工具改良和非生物动力在生产中的运用；其次它指劳动组织、工业结构及整个经济活动方式的演变；最后，它指由此产生的社会变化，指社会整体变革的过程。"[2]工业革命导致社会产生一系列变化，促使整个社会开始了工业化转型，最后发展为工业化社会。一般认为，工业革命最早发生于18世纪60年代的英国，迅速拓展至西欧，[3]而此时的中国正处于自诩为天朝上国的清王朝。随着西欧各国工业革命的完成，以英国为首的欧洲列强开始了对东亚、东南亚各国的殖民扩张，包括清王朝在内的其他国家都或被动、或主动地加入全球贸易的行列中。

---

[1] 夏征农、陈至立主编：《辞海》，上海辞书出版社，2009年版，第715页。
[2] 钱乘旦：《第一个工业化社会》，四川人民出版社，1988年版，第42页。
[3] 布罗代尔认为，欧洲首次工业革命出现于11—13世纪，以意大利为中心，但结果半途而废。1560—1640年英国出现首次工业革命，大量引入欧洲大陆的新技术，一跃而为欧洲第一工业强国。18世纪中叶后，英国再次发力，"英国1750年后的欣欣向荣是万道光线辐辏而成的聚光点"。参见费尔南·布罗代尔著，施康强、顾良译：《15至18世纪的物质文明、经济和资本主义》第3卷，生活·读书·新知三联书店，2002年版，第630-644页。

一、苏州近代工业的源头

自三国孙吴立国江东开始，包括苏州在内的江南地区就步入了经济和社会迅速发展的快车道。经过六朝的持续开发后，唐大历十三年（778年），朝廷正式升苏州为雄州。雄州是指都城屏障或人口众多、地势冲要之州，苏州地理位置与险要无关，又远离京城长安和东都洛阳，跻身雄州主要是因为社会经济的迅速发展。宋代苏州更成为全国的粮仓，享有"苏湖熟、天下足"的美誉。南宋时，范成大引用时谚称"天上天堂，地下苏杭"，说明将苏杭视作天堂之地已经广为人知。至于苏州位于杭州之前，这在唐代就基本成为定论，"苏之繁雄，固为浙右第一矣"[1]。两宋时杭州日益繁盛，尤其是南宋时跃为国都，但苏州自唐以来就号为雄州甲郡，时人印象已深，且两宋时期苏州的经济发展水平并不逊色于杭州，因此依然苏杭并列。

明清时期的苏州更成为全国商品生产和贸易中心，是全国棉布和丝绸业的生产与交易中心，还有粮食业，所谓的江南资本主义萌芽也主要出现于这几个行业。而在近代机器化大生产之前，江南地区的手工工业都可以纳入轻工业的范畴。例如李伯重先生就认为，明清江南的"轻工业部门繁多"[2]，主要有纺织业、食品工业、服装制作业、日用百货制造业、造纸业与印刷业等几大类，其中纺织业占有最为重要的地位，此外食品工业的地位仅次于前者，并一直持续到1949年。苏州也是如此，日本著名学者宫崎市定先生指出，明清时期的苏州不单是一个政治城市、商业城市，还逐渐地发展为一个轻工业城市，他高度评价苏州城市的经济地位，将苏州与日本的经济中心城市大阪相提并论，"苏州实际上是中国的大阪。这种形势继续到清代上海开埠以后、太平天国战争以前"[3]。

在鸦片战争之前，苏州地区的商品经济在江南乃至全国虽然居领先地位，但仍然处于手工生产阶段，近代工业或者说近代意义上的机器化生

---

[1] 范成大撰、陆振岳校点：《吴郡志》卷五十，江苏古籍出版社，1999年版，第669页。
[2] 李伯重：《江南的早期工业化（1550—1850）》，中国人民大学出版社，2010年版，第22页。
[3] 宫崎市定：《明清时代的苏州与轻工业的发达》，载中国科学院历史研究所翻译组：《宫崎市定论文选集》上卷，商务印书馆，1963年版，第233页。

产,也就是工业化生产要到鸦片战争以后。鸦片战争以后,大清王朝的国门被英国的坚船利炮轰开,从此开始了被动意义上的对外开放。对自视为天下共主的清王朝来说,这种被动的对外开放和交流是一种难以接受的局面,但对于少数有远见的士大夫阶层和民众来说,对外开放和交流未必是坏事。早在1823年,时任两广总督的阮元就注意到西方并非没有受到中国市场欢迎的商品,他曾作《西洋米船初到》一诗,指出西人米船就很受欢迎,可以缓解广东人多地少、粮价踊贵的现象,诗后注称"以后凡米贵,洋米即大集,故水旱皆不饥"[1]。当然,多数士大夫仍然以天朝上国自居,沿用传统的夷夏观去看待高鼻深目的西方人。民国史家蒋廷黻先生就不无惋惜地指出,鸦片战争的军事失败并非民族的致命伤,"失败以后还不明了失败的理由力图改革,那才是民族的致命伤。假使同治、光绪年间的改革移到道光、咸丰年间,我们的近代化就要比日本早二十年。……中华民族丧失了二十年的宝贵光阴"[2]。

蒋氏所说"同治、光绪年间的改革",就效果而言恐怕还不能与咸丰年间的改革相提并论。毕竟光绪年间的戊戌变法是在中日甲午战争以后,此时变法已经成为时代大势,人人争相倡言,已汇聚而成时代大潮。而咸丰年间的改革,是指洋务派的自强运动。中央朝廷以恭亲王奕䜣和军机大臣文祥为首,地方上以曾国藩、左宗棠、张之洞和李鸿章等为代表,他们在与太平天国作战和洋人打交道的过程中,认识到西方人的强大在于工业。早在同治三年(1864),李鸿章致信总理各国事务衙门奕䜣,提出中国如果要自强,莫过于学习外国利器,而"欲学习外国利器,则莫如觅制器之器,师其法而不必尽用其人"[3],甚至还建议专设一科取士。如果说李鸿章所称的"学习外国利器"还只是一般人所熟悉的魏源"师夷长技"之说,那么"觅制器之器"已经触及近代西方之所以有坚船利炮的奥秘,即强大的工业生产能力和体系。李鸿章的这番见识,在清朝重臣中可谓寥寥无几,难怪《纽约时报》曾援引英国报纸称李鸿章"以'清国伟大政治

---

[1] 阮元:《揅经室续集》卷六,载王云五主编:《丛书集成初编》第2211册,商务印书馆,1935年版,第198页。
[2] 蒋廷黻:《中国近代史》,江苏人民出版社,2014年版,第19页。
[3] 《李鸿章全集》29"信函一",安徽教育出版社,2008年版,第313页。

家'的盛名享誉于世"[1]。

　　洋务派自强事业的主要目标是加强国防，首要目标就是建设一支强大的近代化军队，于是在"觅制器之器"思想的指导下，不仅大量购买西式枪炮，更在上海设立江南机器制造局并附设译书局，在福州设立造船厂，附设船政学校，北方则在天津设立机器局。新式兵器需要专门的技术人才，又设立武备学堂，派遣军事人员出国留学。军队的近代化又要求交通和信息的近代化，于是铺设铁路、设立电报局等。军事建设本就开销巨大，打造近代化的军队更如吞金兽一样，于是李鸿章又创办招商局、织布厂，开采煤矿铁矿等，如此，晚清中国最早的一批近代工矿企业，就由洋务派创建了。

　　李鸿章创办近代军事企业时，苏州是重要基地之一，这和他早年出任江苏巡抚有关。明代南直隶省设两巡抚：凤阳巡抚和应天巡抚（后称苏松巡抚），后者于万历二年（1574）移驻应天府句容县，万历三十一年（1603）迁驻苏州，直至明亡没有变动。清康熙六年（1667）江南省析分为江苏、安徽两省，设江苏巡抚于苏州，并改江南右布政使为江苏布政使。[2]同治元年（1862）二月，李鸿章得到曾国藩推荐而代理江苏巡抚，随即实授，次年末，固守苏州坚城的太平天国慕王谭绍光被叛徒出卖，苏州城为李鸿章率领的淮军攻克。同治三年（1864）一月，移驻苏州的江苏巡抚李鸿章将上海洋炮局的人员和设备，迁往苏州原太平天国纳王府（今桃花坞大街89号），又增购已经解散的阿思本舰队的部分机械设备[3]，包括蒸汽机锅炉、车床、铣床、磨床和熔炼浇铸用的化铁炉、铁水包等，成立苏州洋炮局。

　　由于得到了原阿思本舰队以蒸汽锅炉为动力的成套机械设备和相关技术人员，苏州洋炮局的生产机械化水平在当时较高。洋炮局下设有3局

---

[1] 郑曦原编、李方惠等译：《帝国的回忆：〈纽约时报〉晚清观察记》，生活·读书·新知三联书店，2001年版，第130页。

[2] 按清代惯例，江苏巡抚、江苏布政使、江苏按察使衙门3个省级衙门均驻苏州，故苏州在明清时期，一直跻身江南区域性政治中心之一，与江宁（南京）、杭州并列。

[3] 阿思本舰队是清同治年间，清廷出资白银八十万两购置、委任英国海军上校舍纳德·阿思本为司令的一支小型舰队。1863年开至天津，随即总理各国事务衙门与时任海关总税务司的英国人李泰国及阿思本在舰队指挥权和控制权方面产生严重分歧，双方遂解除合约，军舰由阿思本带回伦敦处置。

（或认为是 3 个车间），副将韩殿甲、苏松太道丁日昌各掌一局，不雇佣洋人，还有一个西洋机器局，由英国人马格里负责，下属有洋匠四五名、中国工匠若干名。由于引入了西方技术人员和设备，苏州洋炮局能够生产出多种枪弹和炮弹，1864 年 4 月 22 日的《北华捷报》报道称："李抚台所统率的军队绝大部分的军火是由苏州兵工厂供给的。……现在每星期可以出产一千五百到二千发的枪弹和炮弹。除了炮弹、药引及自来火之外，还造了几种迫击炮弹，不久的将来就要有毛瑟枪和铜帽加在产品单子上了。这种工厂，对于本省的贡献是难以估计的……"[1]恭亲王奕䜣主持的总理各国事务衙门曾向李鸿章专门询问利用西洋火器的经验，李鸿章在回函中详细介绍了自己的经验，其中提到苏州洋炮局的运转称："敝处顷购有西人汽炉、镟木、打眼、铰螺旋、铸弹诸机器，皆绾于汽炉，中盛水而下炽炭，水沸气满，开窍由铜喉达入气筒，筒中络一铁柱，随气升降俯仰，拨动铁轮，轮绾皮带，系绕轴心，彼此连缀，轮旋而带旋，带旋则机动，仅资人力之发纵，不靠人力之运动。"[2]说明洋炮局的生产是以蒸汽为动力，通过皮带传动机器实现运转的，其原理与后世并无差异。而恭亲王奕䜣在了解相关情况后，认为李鸿章重视火器制作，效果显著，因此于同治三年（1864）四月二十八日曾上奏朝廷，请从曾经学制军火器的京营牟兵中挑选出 48 人，前往李鸿章处也即苏州洋炮局去学习各种弹炮和军火器制造，得到朝廷允准。

同治四年（1865）五月，李鸿章升任两江总督后，又将苏州洋炮局搬迁到南京，并以此为基础创立金陵机器制造局。自 1864 年年初设立开始计算，苏州洋炮局前后在苏州约一年半。从时间上看，苏州洋炮局的设立时间要晚于曾国藩于咸丰十一年（1861）创办的安庆军械所，且全用汉人的安庆军械所次年就研制出了中国第一台蒸汽机，堪称晚清近代军事工业和中国近代机械工业的滥觞。而苏州洋炮局紧随其后，成为中国最早引进西方技术和人员、使用西方机器设备进行生产的近代军事工厂，在机器生产的角度具有历史指向意义，并成为苏州工业史上机器生产的开拓者，

---

[1] 孙毓棠：《中国近代工业史资料》第一辑，科学出版社，1957 年版，第 257 页。
[2] 李书源整理：《筹办夷务始末（同治朝）》（第三册）卷二十五，中华书局，2008 年版，第 1086 页。

"标志着苏州近代工业的诞生,为苏州传统经济的涅槃更新指明了突破的方向"[1]。

当然,苏州洋炮局毕竟只是一家官办军事工厂,洋务派官办企业的缺漏在洋炮局同样表现得很明显。苏州洋炮局所生产出来的成品直接拨归淮军使用,不进入市场流通,与严格意义上的面向市场生产的近代工厂还有一定差距,因此和苏州本土以手工业生产为主导的经济体系基本没有联系,也没有产生辐射和影响。而且,苏州洋炮局由李鸿章个人一手创建,虽然倾注了他不少心血,但同时也是他的政治资本之一,因此随着李鸿章的迁升而搬迁。

还要再提一笔的是,太平天国战争对除上海之外的富庶江南影响极大,作为李秀成所建苏福省省会的苏州更是首当其冲。咸丰十年(1860)5月,李秀成沿运河南下进攻苏州,镇守苏州的是江苏巡抚徐有壬等,双方兵锋交接,结果苏州最称繁华的阊门、胥门,到枫桥寒山寺、七里山塘街,均烟焰蔽天、连日不息,再加上乱兵乘势打劫,昔日繁华一时的金阊银胥一片狼藉。同治二年(1863)十二月,李鸿章率领的淮军进攻苏州,将投降的郜永宽等八王和部下约两千余人尽皆杀死,这一杀降事件对苏州城而言又是一次劫难。故太平天国以后,江南各地的人口数量骤然减少。据学者曹树基推测,苏州府人口咸丰元年(1851)约654.3万,到同治四年(1865)仅余229万左右,[2]人口减损约三分之二。同治三年(1864),也就是湘军攻陷天京的当年,曾国藩为收揽人心,即于当年十一月请开江南乡试,上海人毛祥麟送子侄赴金陵(今南京)参加江南乡试时,记载了沿途所见的凄恻情景:

> 忆自沪至昆,炊烟缕缕,时起颓垣破屋中,而自昆至苏境,转荒落。金阊门外,瓦砾盈途,城内亦鲜完善。虎丘则一塔仅存,余毕土阜。由是而无锡、而常州、而丹阳,蔓草荒烟,所在一律。[3]

1868年春,一位长期生活于上海、经营丝绸生意的瑞士人克莱尔曾游历当时的江南地区,经过苏州时也留下了相近的描摹:

---

[1] 张海林:《苏州早期城市现代化研究》,南京大学出版社,1999年版,第49页。
[2] 参见曹树基:《中国人口史(第五卷·清时期)》,复旦大学出版社,2001年版,第460页。
[3] 毛祥麟撰、毕万忱点校:《墨余录》卷二《甲子冬闱赴金陵书见》,上海古籍出版社,1985年版,第18页。

苏州自马可·波罗时代以来一直是最重要的丝绸生产地，当地工业和贸易亦相当发达。苏州丝绸被作为最华丽、最时髦的产品，当地的其他许多工业产品同样远近闻名。我们现在看到的只是昔日辉煌的残景。太平军曾占领苏州多年，这座城市在战乱中变得支离破碎、荒芜衰败。人们需要几十年时间来恢复往昔的安宁与繁华。[1]

此后数十年，苏州的近代工业又成为令人遗憾的一片空白，甚至在上海、天津、广州等地的近代工业日益发展之际，苏州仍然悄无声息地以小桥流水人家的形象出现于世人面前，直到《马关条约》签订之后。

二、苏州近代工业的起步

爆发于1895年的中日甲午战争，如一记重拳令国人如梦方醒。日本对外开放晚于清王朝，1853年美国海军准将佩里率舰队出现在江户湾后，自知不敌的日本人才打开封闭的国门。但此后日本即开始大规模地学习西方，当清王朝的士大夫们还囿于夷夏之辨，洋务派只能从器物入手、革新军事时，日本人却能如福泽谕吉所告诫的那样，"汲取欧洲文明，必须先其难者而后其易者，首先变革人心，然后改革政令，最后达到有形的物质"[2]，从最难的观念层面推行维新，再移植西方政治和经济制度，最后才延及器物，短短数十年，就由一个历来被中国视为小弟角色、同样在列强威逼下被迫打开国门的蕞尔小邦，迅速跻身强国之列。相形之下，清王朝的首任驻外大使、极富远见的郭嵩焘，亦有"凡为富强，必有其本。人心风俗政教之积，其本也"[3]之说，然而郭嵩焘在晚清社会却备受排斥，令人嗟叹。于是，中日两国的差距迅速拉大，黄遵宪撰成于1887年、1895年才得以刊行的《日本国志》，详述日本明治维新，并警示国人"日本维新之效成则且霸，而首先受其冲者为吾中国"[4]，可惜在当时无人理会。黄遵宪的预言不幸言中，甲午海战，日本倾全国之力，击败一人、一军（李

---

[1] 阿道夫·克莱尔著、陈壮鹰译：《时光追忆：19世纪一个瑞士商人眼中的江南旧影》，东方出版中心，2005年版，第13页。
[2] 福泽谕吉：《文明论概略》，商务印书馆，1960年版，第14页。
[3] 杨坚点校：《郭嵩焘诗文集》卷十一《复姚彦嘉》，岳麓书社，1984年版，第200页。
[4] 梁启超：《嘉应黄先生墓志铭》，载陈铮编：《黄遵宪全集》下，中华书局，2005年版，第1571页。

鸿章和淮军）[1]。

随后，清王朝被迫签订了屈辱的《马关条约》，规定增开沙市、重庆、苏州和杭州四城市为通商口岸，又明确规定："日本臣民得在中国通商口岸城邑，任便从事各项工艺制造，又得将各项机器任便装运进口，只交所订进口税。"[2]1894年前，列强也在华设厂，但规模毕竟有限，据学者估测，"甲午战争前夕外国资本在中国经营的几十个企业"[3]，在华工业资本约2000万元，主要集中在船舶修造、砖茶制造和机器缫丝三大行业中。而《马关条约》一公布，有识之士立刻认识到，日本人就可以在中国通商口岸内直接设立工厂、生产货物并输往各地销售，洋货的成本可以进一步降低，必然会对中国本土的商品产生更强烈的冲击。而且，根据片面最惠国待遇，日本人取得的这项权利，其他列强也可以援引。换言之，《马关条约》签订后，中国内地很可能将迎来洋货倾销的局面。

时任两江总督的张之洞与江苏巡抚几经商议，认为条约已经签订，外资进入中国已经势不可免，唯有未雨绸缪、积极应对，方法之一就是中国人赶紧自己办厂、抢占市场，这样才不至于让洋货全无对手。光绪二十一年（1895）六月，张之洞就苏州开埠划界一事致电江苏巡抚、荣禄的叔父奎俊称："苏州将设租界，通商制造。我宜急筹取益防损之道，早占先着。"[4]光绪二十二年（1896）正月，张之洞上《筹设商务局片》，他在奏折上指出，江苏土货以棉花、丝茧为主，开设工厂也当以纺纱织布、烘茧缫丝为"两大端"，苏州绅富就议定"设缫丝、纺纱厂各一"，但举办商务并非易事，因为"官、商之气久隔"，亟需"绅为贯通"，[5]即需要官、商、绅鼎力合作，故推荐苏州、镇江、通州（今南通）的3位在籍绅士，分别是前国子监祭酒陆润庠、前礼科给事中丁立瀛、前翰林院修撰张謇举办三地的商务局。其中，陆润庠和张謇分别是同治十三年（1874）、光

---

[1] 梁任公《中国四十年来大事记》（一名《李鸿章》）称："西报有论者曰：日本非与中国战，实与李鸿章一人战耳。其言虽稍过，然亦近之。"梁启超著，汤志钧、汤仁泽编：《梁启超全集》第二集，中国人民大学出版社，2018年版，第427页。
[2] 王铁崖编：《中外旧约章汇编》第一册，生活·读书·新知三联书店，1957年版，第616页。
[3] 孙毓棠：《中国近代工业史资料》第一辑，科学出版社，1957年版，第242页。
[4] 吴剑杰编著：《张之洞年谱长编》，上海交通大学出版社，2009年版，第438页。
[5] 苑书义等主编：《张之洞全集》第二册，河北人民出版社，1998年版，第1144页。

绪二十年（1894）的状元，陆润痒在苏州创办苏经丝厂、苏纶纱厂[1]，张謇在南通创办大生纱厂，这就是轰动一时的"状元办厂"之说。

中国自古以来，就有重义轻利的传统，儒家虽然有经世传统，但"君子喻于义、小人喻于利"也是孔子亲口所说，尤其是自秦汉以来，官方确立起抑商也即抑制民营工商业的基本国策，利出一孔，由官方来垄断利润丰厚的盐铁行业，再从饮食、服饰等方面贬低民间工商从业人员的社会地位，因此工商从业人员在传统四民社会中的排名一直居于最末。历代也有一些有识见者，如张居正、李贽、王阳明、黄宗羲等倡言工商业的重要性，但就整体而言，士大夫群体一直保持着歧视工商的顽固传统。19世纪70和80年代，先后持节驻外的郭嵩焘和薛福成均竭力呼吁，国家富强的真正基础在民、在民间工商，敦促朝廷恤商护民，如薛福成就向国人推荐西方的公司制，认为西方公司的优势不仅在于"集资"，更可促进"合力"，实现"纠众智以为智，众能以为能，众财以为财"的效果，进而使商业战场上"利害相其，故人无异心；上下相维，故举无败事"。[2]遗憾的是，少数有识之士的呼声，声音微弱，根本无法引起多数士大夫的共鸣。在这样的背景下，张謇和陆润痒两位状元，慨然答应张之洞主事商务局，着实不易。

南通人张謇后来一生专注实业、地方自治和立宪运动，成为中国近代史上的著名人物。陆润痒则是一位受过严格的儒家教育、一生遵循儒家伦理的正统士大夫，他是苏州人，字凤石，生于镇江，所以名字中有个润字。中状元后，历任国子监祭酒、山东学政等，素有清望，张之洞请他主事苏州商务事宜时，他正因母亲去世而丁忧在家。但陆润痒的主要志向仍然在仕途，后于光绪二十四年（1898）起为国子监祭酒，后官至吏部尚书、太保，1911年皇族内阁成立时任弼德院院长，辛亥革命后留清宫任溥仪老师。主事苏州商务局期间，陆润痒尽心尽职，处事稳重持平，不负官、绅众望，完成筹集资金、选定厂址、购进设备等一系列繁重事项，只花了一年半时间，就将蓝图设想化为现实。光绪二十二年（1896），苏经丝

---

[1] 苏经丝厂设立于1896年，次年商办吴兴丝厂设立，两厂均于1897年投产，苏纶纱厂则创办于1897年，因此苏经丝厂是苏州第一家近代工业企业。
[2] 薛福成：《论公司不举之病》，载丁凤麟、王欣之编：《薛福成选集》，上海人民出版社，1987年版，第480页。

厂设立，这是苏州最早的近代民营企业，次年七月，苏纶纱厂又投产。苏纶纱厂和同时期举办的南通大生纱厂、无锡勤业纱厂等，都是当时中国纺纱业的领头羊，而陆润痒也在苏州乃至中国近代工业史上占据了一席之地。当时有一首苏州竹枝词描摹了陆氏挺身而出，承荷办厂重任、维护民族利益的事迹，文字颇为生动：

  西式洋房起水滨，苏经厂外又苏纶。利权持不太阿倒，共让状元领袖人。[1]

  光绪二十三年（1897）七月初四，陆润痒为向各界表示谢意，同时也为扩大影响，定于是日举办苏纶纱厂开工正式典礼，并广邀官绅名流观摩，时任苏州府元和县[2]知县的李超琼也是受邀对象之一，他在日记中留下一段记载，令后人得以一窥当时盛况：

  未明而起，犁（黎）日而出，至盘门青羊（旸）地之商务纱厂，俟抚部及藩、臬两司、关务商局、两道咸集，由商总陆凤石大司成领同阅视机器及开工各事宜。盖本日肇办纺织事务也。西人所为机器，凤仅闻之，今始之见。其用之神而器之伟，实所未见。总机之轮大愈十丈，运转如飞。洋匠言其有七百匹马力之巨。其外烟窗高矗云表，不下二十余丈，亦钜观也。遍历各厂，见棉花由去子（籽）而成条，而为粗纱，递而至于细线，灵妙皆不可名状，洵巧夺天工者乎。……适美国医士柏美文亦在座，凡不识名者多询之。……纱厂阅竟，抚部复至丝厂。[3]

  受邀出席的官员包括巡抚、藩司（布政使）、臬司（按察使）以及道台等，再加上文中没有提及的知府、知县，驻苏官员省级、道级、府级、县级一个不漏，可谓重视。参加的地方绅商当然更多，可惜官员身份的李超琼没有记载。此外，还有一位美国医生柏美文[4]也受到邀请，说明参加者甚众，也说明苏纶厂的建成开业，在当时苏州地界是一件大事。而作为一座近代纺织企业，苏纶厂高速运转的机器、高大规整的厂房、高耸入云的烟囱、流水线式的生产等，都令目睹者有巧夺天工的感受。李超琼等亲历

---

[1] 秦福基：《青旸地竹枝词》，载雷梦水等编：《中华竹枝词》，北京古籍出版社，1997年版，第1034页。
[2] 时苏州府治有吴县、长洲、元和3县县治，同驻城内，元和县分立于清雍正二年（1724）。
[3] 苏州工业园区档案管理中心编：《李超琼日记》，江苏人民出版社，2012年版，第363页。
[4] 或为美国监理公会传教医生柏乐文，清光绪八年（1882）到苏州，筹建博习医院并任首任院长，1927年逝于苏州。

者的感受是可以想见的，因为苏经丝厂和苏纶纱厂在当时都属于翘楚。两厂的创办资本合计达到 54.8 万两，超过当时全国最大企业的平均资本额，同期南通大生纱厂的资本额为 38 万两，上海裕晋纱厂为 35 万两。

如果说苏经丝厂和苏纶纱厂的建成投产，标志着苏州开启了工业化的近代历程，更把近代工业的种子播撒在了苏南这片热土上，那么，此后的清末新政更令苏州的近代工业真正开始起步。苏经、苏纶两厂投产后不久，就爆发了庚子事变，担心失去手中权柄而向列强宣战的慈禧太后被迫仓皇出逃。事变结束后，清廷终于意识到变法已经势在必行，于是在光绪二十七年（1901）年启动新政，1903 年设立商部，倡导民间资本创办工商企业，还颁布一系列工商业规章和奖励实业办法，如《商律》《商会简明章程》《奖励华商公司章程》《注册商标试办章程》等，由朝廷出面奖励工商、发展实业，大力扶持民族工商业的发展。到辛亥革命前，我国不仅在矿业、电报业、邮政、铁路等工矿交通领域，并且在纺织业、电厂、机器缫丝、轧花、造纸、印刷、制药、玻璃制造等民用轻工业领域有了长足进步。 苏州地区同样不断有民族资本投资设厂，其中投资额和规模较大者有：1897 年，周舜卿在觅渡桥创办吴兴丝厂，有丝车 104 部；1898 年，徐培基出资 8 000 元在青旸地二马路设立滋德堂，生产荷兰水即汽水，注册日期是 1905 年，这也是我国开设最早的一家汽水厂；1900 年，杨信之和意大利人合资在灯草桥开办延昌永丝厂，有丝车 204 部；1905 年，吴次伯等集资 13 000 元，在胥门外大马路设立瑞记汽水厂；1906 年，怡和洋行的买办黄梅贤集资 7 万元，以族人黄敏伯为经理，在南濠街设立生生电灯公司，后无锡民族资本家祝大椿和苏州人洪少圃、吴纳士等又入股 10 万元，改名苏州振兴电灯公司并正式发电；等等。

其中，1907 年苏州人董楷生以每股 50 元、招华股 1 万元在苏州创办的颐和罐食有限公司，成为一家知名企业。苏州和国内各地一样，拥有众多驰名食品特产，但由于密封性能差、包装不够精美等原因，难以得到消费者的青睐。而外国罐头食品制作精良、保存时间长、便于携带，一经输入，就在市场上风靡一时。于是国内商人瞄准商机，加以仿制，早在 1897 年上海就成立了泰丰罐头食品公司。苏州颐和罐食公司成立时，正值罐头食品在国内市场流行之时。颐和罐食延聘浙江省工艺传习所毕业生为制造师，运用机器制造各种罐头食品，以双塔为商标，广告词是这样的："夫罐食创自外洋，仿行于粤浙。吾苏物产品味甲于他省，本公司延聘精工制造师如法仿制各种罐食，凡禽兽、水族、果品、蔬菜无一不备，装置严密，抽尽空气，可使阅久不坏，开食新鲜，洵为罐装中之特色。"[1]1908年8月，南洋巴达维亚（今雅加达）建起中国货物陈列所，陈列土货就包括苏州出产的折扇、绣花拖鞋和颐和罐头食品，颇受华侨欢迎。

三、民国时期的苏州工业

辛亥革命前夕即1911年5月，清廷宣布裁撤军机处，实行责任内阁制，但这一责任内阁的组成人员却是以皇族为中心的，社会各界大失所望，甚至可以用愤怒一词来形容。至此，立宪派、改良派试图通过和平手段迫使清廷开放和分享权力的路途被彻底堵死，暴力革命已经箭在弦上。10月10日晚，武昌起义爆发，随后各省纷纷响应，貌似强大的清朝专制统治迅速呈土崩瓦解之势。1912年元旦，孙中山就任中华民国临时大总统，2月12日，隆裕太后携6岁皇帝溥仪在养心殿颁发逊位诏书，大清帝国正式终结。

中华民国成立后，延续了清末新政以来对民族工业的支持政策，而且力度更大，收效自然更显著。尤其是第一次世界大战期间及战后数年，成为中国民族资本主义迅速发展的第一个黄金时期。由于西方各国忙于应付战争，消耗巨大，对中国的商品倾销和资本输入暂时削弱，对纺织品和面粉等民用商品又需求增大，使得国内民族资本主义发展所需要的国内外市场相对扩大，促进和刺激了中国民族资产阶级和商人投资工业，一些本土生产的工业品牌还借机打入国际市场。体现在海关贸易量上，上海海关这样描述道："开始是第一次世界大战猝然中断了上海贸易的稳步发展；接着是上海在一个较低的水平上开始了新的起步；再是在大战带来的许多意外的混乱情况下，上海仍然呈现一派繁荣景象；然后是停战后头两年的极度'繁荣'；最后是在世界普遍不景气情况下的衰退。"[2]1928年12月，张

---

[1]《颐和罐食公司仿单及招牌式样》，载章开沅等主编：《苏州商会档案丛编》第一辑，华中师范大学出版社，1991年版，第316页。

[2] 徐雪筠等译编：《上海近代社会经济发展概况（1882—1931）》，上海社会科学院出版社，1985年版，第177页。

学良在东北通电"易帜",标志着国民党政府在形式上完成了统一,这在一定程度上有利于近代中国民族工业的发展,因而迎来了中国民族资本主义迅速发展的又一个黄金时期。"大体上与近代中国的整体状况相似,苏州近代工业在1927年至1937年全面抗战爆发这十年的时间里发展得最好。"[1]当然从总体上看,苏州的机器工业仍然是薄弱的。

20世纪20、30年代是苏州民族工业发展较快的历史时期。1917年振亚织物公司、1919年华盛造纸厂、1920年鸿生火柴厂和苏州电气股份有限公司、1922年大陆肥皂公司、1924年华章造纸公司、1925年张中正玻璃厂、1929年上海耀华电池厂苏州分厂、1935年太和面粉厂等相继投产开工。华盛造纸厂是江苏成立最早的机器造纸工厂之一,开创了苏州的造纸工业。1917年年初,曾从事中日两国土特产品贸易的蔡际云、葛士尊等5人在苏州广济桥堍汇中旅社设立华盛纸版厂股份有限公司(后称华盛造纸厂),共招股募集30万元。经两年施工,位于枫桥凤凰桥堍的华盛造纸厂于1919年3月正式投产,引进国外设备,"1919年建厂时引进的1575mm长网多缸造纸机是我国引进的第一台造纸机"[2],主要生产黄板纸,注册商标为凤凰牌。华盛造纸厂设立后,因为就设立在运河边上,原料运输方便、取用水源充足,经营保持良好,产品畅销中国香港地区、印度、印尼等十余个国家和地区,成为持续经营到改革开放以后的苏州老工厂之一。

苏纶厂自建成后,生产经营并不稳定,数次转租、易人经营,直到1925年,由著名的民族资本家严裕棠租下后,方进入稳定发展期。[3]严裕棠是沪上知名企业家,原籍苏州吴县,1902年与人创办大隆机器厂,以从事纺织机器修理起家,逐渐发展到机器制造。租赁苏纶厂后,严裕棠设光裕营业公司,管理大隆、苏纶两厂,实现了棉铁联营。1927年年底,严裕棠与人集资购下苏纶和苏经两厂,苏纶厂在纺织机器及配套设备方面得到了大隆机器厂的强有力支持,再加上严裕棠经营得法、革除弊端,1928

---

[1] 朱小田、汪建红主编:《苏州通史·中华民国卷》,苏州大学出版社,2019年版,第127页。
[2] 江苏省造纸行业协会、江苏省造纸学会:《江苏省造纸工业六十年》,载《2009(第十七届)全国造纸化学品开发及造纸新技术应用研讨会论文集》。
[3] 至1925年,苏纶厂先后5次转换经营者。最后一次是在1917年,由新商宝通公司的刘伯森承租,租期5年,每年6万两租金,期满后刘氏未续租,故1923—1924年处于停业状态。参见徐仁官:《苏纶纱厂纪略》,载江苏省政协文史资料委员会编:《江苏文史资料集粹·经济卷》(内部资料),第73、74页。另参见赵伟:《横连与纵合:近代民族企业战略研究》第三章,社会科学文献出版社,2021年版。

年重新投产的苏纶厂的经营有了显著好转，1930 年、1931 年获利最丰，"纯益共达四十万元"。[1] 1930 年春，苏纶厂在厂内后方空地增建第二工场并正式开工，1931 年成立织布厂，开拓坯布市场，1935 年又并购上海隆茂纱厂，改名为仁德纱厂，又称"苏纶第二厂"。为解决动力不足瓶颈，又向国外订购自建发电厂，至此，苏纶厂发展成为一个综合性企业。据记载，1930 年年初，全厂拥有职工 3 000 多人，年产棉纱 3 万余件，棉布 11 万匹。[2]

全面抗战爆发后，上海各类物资输送受到限制，加上外汇紧缩，洋纸价格暴涨，国人遂改用国货代替，华盛厂纸品大获市场欢迎，行销内地各省。1937 年 11 月 18 日，苏州沦陷。日伪时期，苏州的民族工业受到沉重打击。苏纶纱厂、华盛纸厂、苏州电气公司、鸿生火柴厂等盈利较好的企业被日本强行接收，太和面粉厂一度被日军占驻，在仓库饲养军马，更多企业如红叶造纸厂等，因为原料来源和市场销路均告中断，生产难以为继，被迫停工，苏州近代工业遭受了有史以来最大一次浩劫。至日本投降前夕，大部分企业停产停工，少部分开工企业也处于勉强维持状况。抗战胜利后，工商业信心大振，纷纷准备复工开业。然而好景不长，国民党当局贪污腐化，又一意孤行发动内战，引起通货膨胀，苏州近代工业奄奄一息，再次陷入危机中。至 1949 年苏州临近解放时，"市区的棉纺织、丝绸、造纸、火柴等几个行业的大小 307 家工厂（工场）中，有 260 家处于停工、半停工状况，占 84.69%"，分散的手工家庭作坊"只剩下 7588 户，从业人员不足 2 万人"。[3]

近代苏州的民族工业固然有可圈可点之处，但从整体看，与无锡这样的近代工业城市相比仍然有着较为明显的差距。近代苏州有不少从事商业的知名绅商，如尤先甲、潘祖谦、季筱松等，不过相比较而言，能从事实业的经营管理性人才匮乏。曾代理司法总长的苏州名绅、张一麟之弟张一鹏在 1925 年就严裕棠租办苏纶一事向友人私下说："老股东中确多巨富，拥资超严氏者不乏其人，惜苏人无意于投资工业、且无管理近代工业之才。如老股东收回自营，此富于历史之苏纶厂则彻底湮没必矣。"[4]

[1] 中国银行总管理处业务调查课：《关于调查苏纶纺织厂的报告》(1935)，上海档案馆，档案号：Q456-1-101-1。
[2] 苏纶纺织厂：《苏纶纺织厂建厂一百周年（1897—1997）纪念册》（内部资料），1997 年。
[3] 苏州市地方志编纂委员会：《苏州市志》第二册，江苏人民出版社，1995 年版，第 4 页。
[4] 朱宏涌：《严裕棠先生事略》，《苏州文史资料》第 17 辑（内部资料），第 32 页。

第二章　曲折前行：苏州国营企业发展阶段

美国经济学家 H. 钱纳里等指出，发展中国家"从历史上看，工业化一直是发展的中心内容"[1]。对中国而言，这种工业化进程自鸦片战争后就已经开启。随着1949年中华人民共和国的成立，中国的工业化进程进入了一个全新的发展阶段，其重要特点之一就是国营企业开始承担起最为重要的职责和使命。毛泽东同志在1949年3月召开的七届二中全会上就富有前瞻性地指出，随着党的工作重心由农村转移到城市，必须"恢复和发展城市中的生产事业"，其中恢复"国营工业的生产"被列在首位，然后才分别是"私营工业"和"手工业生产"。[2]1953年公私合营后，大量资本主义工商企业转变为社会主义全民和集体所有制企业，社会主义国营企业开始在国民经济中占据绝对优势，一直延续到改革开放。这30年间，苏州的国营企业也随着时代脉搏的跳动而不断起伏。

一、公私合营和苏州国营工厂的起步

我国最早的国营工厂，或称公营工厂，可以追溯到土地革命时期，但真正意义上的大量国营工厂的涌现，要到抗战胜利后没收官僚资本归新民主主义国家所有的时期。土地革命期间，各解放区为战争需要，设有一些兵工厂、修械厂、被服厂等，规模都偏小，1931年秋成立的中央兵工厂能够修理一般枪支、机枪、迫击炮，后来还能制造步枪。[3]1936年陕甘宁

---

[1] H. 钱纳里、S. 鲁宾逊、M. 赛尔奎因著，吴奇等译：《工业化和经济增长的比较研究·中文版前言》，上海三联书店、上海人民出版社，1995年版，第1页。

[2] 《在中国共产党第七届中央委员会第二次全体会议上的报告》，《毛泽东选集》第四卷，人民出版社，1991年版，第1428页。

[3] 参见李占才主编：《中国新民主主义经济史》，安徽教育出版社，1990年版，第99页。

边区共有工人270余人。1944年,解放区的公营工厂发展到101个,职工6 300余人,能够生产火柴、布匹、肥皂、纸、硫酸、玻璃等,以及相关行业的一些机器设备,产品主要供应解放区的部队和政府机关。抗战胜利后,位于东北和山东、河北的若干中等城市和工矿区成为解放区,1945年11月7日,毛泽东同志指出了发展公营经济的重要性:"我们已得到了一些大城市和许多中等城市。掌握这些城市的经济,发展工业、商业和金融业,成了我党的重要任务。"[1]随着解放战争的不断推进,尤其是1947年人民解放军转入战略反攻后,中共领导的民主政府对南京国民政府经营的一切工厂、银行、铁路、矿山和其他企业予以接收。1947年12月,毛泽东代表党中央重申新民主主义国家的三大经济纲领,其中包括没收垄断资本归新民主主义的国家所有。此后,大量官僚资本企业和帝国主义在华企业被接收,经过改造后,成为社会主义国营企业。[2]

1949年中华人民共和国成立后,存在着5种不同的经济成分,即社会主义国营经济、私人资本主义经济、农民和手工业者的个体经济、合作社经济、国家资本主义经济,其中社会主义国营经济的比重逐渐占主导地位。新中国成立前夕通过的《中国人民政治协商会议共同纲领》第二十六条指出,中华人民共和国经济建设的根本方针,"是以公私兼顾、劳资两利、城乡互助、内外交流的政策,达到发展生产、繁荣经济的目的",在承认这5种经济成分的同时,强调"使各种社会经济成分在国营经济领导之下,分工合作,各得其所,以促进整个社会经济的发展"。[3]经历了3年的国民经济恢复期,到了1952年,我国的社会经济结构发生了巨大变化,

---

[1]《减租和生产是保卫解放区的两件大事》,《毛泽东选集》第四卷,人民出版社,1991年版,第1173页。

[2] 需要指出的是,中共早期重要领导人之一张闻天同志关于新民主主义革命时期国营企业、国营工业的相关探索和理论成果,具有开创性意义。早在1933年4月,张闻天就在《论苏维埃经济发展的前途》一文中指出,苏区工商业有资本主义企业、合作社和国营企业3种类型,其中明显带有社会主义成分的当然是国营企业。1934年4月,张闻天以中华苏维埃共和国人民委员会主席的名义颁发我国第一个国营工厂管理条例,即《苏维埃国有工厂管理条例》,规定了苏区国有工厂实行厂长负责制和工厂管理委员会民主管理的体制。1943年4月,张闻天又在《关于公营工厂的几个问题》一文中,深入分析了公营工厂的任务、建设公营工厂的经济核算基本原则、公营工厂管理的一元化等问题。1948年9月,张闻天在为中共中央东北局起草《关于东北经济构成及建设基本方针的提纲》时,指出"在东北城市工商业中,国营经济是已经占了领导的地位",这些国营经济"是国家最可宝贵的财产"。(张闻天选集编辑组:《张闻天文集》第四卷,中共党史出版社,1995年版,第17页)

[3] 中央档案馆编:《中共中央文件选集》第十八册,中共中央党校出版社,1992年版,第590页。

新民主主义的各种经济成分得到不同程度的发展。其中，社会主义国营工业发展迅速，3年内国营工业增长287%，在重工业领域，国营经济的比重占80%左右，轻工业领域也占40%左右。[1]民族资本主义经济在三年恢复时期，凡是有利于国计民生的行业大都得到了恢复和一定的发展，一些规模较大的私营工厂，大都接受了政府和国营企业的加工订货，甚至订立了长期的包销合同。

苏州解放后，对私营资本主义工商业采取引导和扶持政策，通过加工订货、统购包销、代销经销、物资调配等举措，帮助私营工商企业恢复和发展生产，发展初级形式的国家资本主义。[2]如苏纶纱厂1949年后，在党和政府的领导、支持和劳资双方的共同努力下，迅速转亏为盈，工厂的生产经营稳步发展。据《苏州市志》记载，1952年和1949年相比，苏州全市的私营工业企业由442家发展到1840家，增加了3.16倍，私营工业的产值由7009万元上升到13715万元，增长了95.68%。新生的人民政权同样接收了属于官僚垄断资本的金融、铁路、邮电等部门，没收了苏州面粉厂等，并将其改造为社会主义的公营工厂，同时改建、组建了一批全民所有制工业企业和商业批发公司。如1925年创建的张中正玻璃厂，于20世纪40年代倒闭，1950年由苏州物产贸易公司购下玻璃厂所属土地和房屋，建立地方国营苏州玻璃厂。到1952年，苏州的全民所有制企业共30家，其中工业17家、交通运输业3家。

从1952年下半年起，中国共产党开始酝酿和制定过渡时期总路线，正式开始了从新民主主义向社会主义的转变。《共产党宣言》指出，无产阶级在夺取国家政权后，应当"利用自己的政治统治，一步一步地夺取资产阶级全部资本，把一切生产工具集中在国家即组织成为统治阶级的无产阶级

---

[1] 参见曾璧钧、林木西主编：《新中国经济史（1948—1989）》，经济日报出版社，1990年版，第37页。

[2] 《中国人民政治协商会议共同纲领》第三十一条规定："国家资本与私人资本合作的经济为国家资本主义性质的经济。在必要和可能的条件下，应鼓励私人资本向国家资本主义方向发展。"工业中的国家资本主义的初、中级形式，包括收购、加工、订货、统购、包销等，共同特点是在企业外部的流通过程中，建立起社会主义经济成分和资本主义经济成分的联系，使得资本主义经济间接地纳入国家计划的轨道，如陈云指出："这是逐步消灭无政府状态的手段。通过这种办法，把他们夹到社会主义。"〔《陈云文选（一九四九——九五六）》第二卷，人民出版社，1984年版，第93页〕。高级形式则分为个别企业公私合营和全行业公私合营。

手里，并且尽可能快地增加生产力的总量"[1]。过渡时期是从中华人民共和国成立到社会主义改造基本完成，具体有两大经济任务，即实现国家的社会主义工业化和完成对农业、手工业、资本主义工商业的社会主义改造。其中，实现社会主义工业化即发展生产力，是根本目的和任务，社会主义改造则是实现生产资料的私人所有制向社会主义所有制的过渡，为社会主义工业化提供强有力的保障。实际上1949年以后，我国首先展开了针对资本主义金融业的社会主义改造，到1952年年底，全部私营银行、钱庄已经实行了公私合营，从1953年开始，重心开始转向针对资本主义工业的社会主义改造。1954年9月，国务院制订并公布《公私合营工业企业暂行条例》，规定了公私合营企业的性质、任务和公私关系、劳资关系、经营管理、盈余分配等各方面的原则。1955年11月，中央开会通过《关于资本主义工商业改造问题的决议》，确定把私营工商业的社会主义改造从个别企业的公私合营推进到全行业公私合营的阶段。1956年1月，北京市的资本主义工商业在全国率先实行了全行业公私合营，成为全国"第一个社会主义城市"，紧接着全国各地喜报频传，到1956年年底，全国基本上实现了全行业公私合营。

  苏州市对资本主义工商业的社会主义改造比较平稳。1951年10月，苏州电气公司实行公私合营，成为苏州市首家公私合营企业。1953年，苏州市人民政府（人民委员会）在制定执行第一个五年计划的同时，有计划、有步骤地推进资本主义工商业的社会主义改造。1954年，苏纶纺织厂、振亚织物公司、华盛造纸厂、苏州面粉厂、光华水泥厂等9家企业成为苏州市首批公私合营企业。其中，经苏州市人民政府批准，苏纶纱厂和苏州纱厂于1954年9月合并合营，称公私合营苏纶纺织厂，苏纶纱厂为第一工场，苏州纱厂为第二工场。1955年11月，公私合营源康纱厂并入苏纶纺织厂，三厂合并后，拥有纱锭57 836枚、线锭3 600枚，布机970台，职工3 876人，自备发电厂一座（1956年归并苏州电气公司），核定资产总额890万元。1955年年末，中共苏州市委成立对私改造领导小组，1956年1月在全市掀起社会主义改造高潮，16日全市私营工业企业全部申请公私合营，17日苏州市宣布批准全市私营工业企业全部实行公私合营。到1957

---

[1]《马克思恩格斯文集》第二卷，人民出版社，2009年版，第52页。

年，全市工业企业包括新建企业和手工业合作社（组）共有 646 家，其中国营和公私合营 188 家，集体 456 家，私营 2 家。

在对资本主义工商业进行社会主义改造的同时，也对原有的工业企业进行了重新调整和布局，整合归并同类企业，企业生产规模也相应扩大，其中较为典型的是振亚丝织厂。苏州自古以来就是丝绸之都，工业园区唯亭镇草鞋山出土过 6 000 年前的纺织品实物残片，元代欧洲旅行家马可·波罗在游记里描述，苏州"盛产生丝，人们用生丝纺织出的成品，不仅供自己消费，使人人都穿着绫罗绸缎，而且还销往外地市场"[1]。明清时期的苏州及周边市镇，盛产丝绸与棉布，行销天下，号称"日出万绸，衣被天下"。1916 年，华纶福纱缎庄娄凤韶、陆季皋等筹集资金，成立振亚织物公司，寓意"振兴东亚实业，发扬中华国光"，1917 年元旦正式开工。1954 年振亚成为苏州丝绸行业首家公私合营企业，称公私合营振亚丝织厂。[2] 1955 年 7 月，与联达、美彰、千里、大中四家绸厂及大美染坊合营，称振亚丝织厂；1956 年 1 月，汤吉记、洽记、源成、洪生、美安、天丰祥等 20 多家绸厂，以及鑫记蜡线厂和华美、天泰铁工厂等并入，同年 7 月悦盛绸厂并入，10 月光明蜡线工厂并入；1958 年，又并入若干车作、水灶、铁铺、刀剪店，成为一家千人大厂。苏州丝织业也由大大小小的 375 个生产单位，改组为 5 家公私合营丝织厂和两家合作工厂。又如 1956 年成立的公私合营苏州针织总厂，由 5 家针织厂、28 家袜厂、3 家顶线厂、1 家横机厂、1 家茶馆等归并组成，之前名义上有近 40 家工厂，实际上总人数不过 98 人，称为作坊更合适（参见陈椿年口述），这样的归并、改组对工厂扩大生产规模、提高生产效率，无疑是具有较大帮助的。

作为明清以来的知名手工业城市，苏州拥有数量众多、用以满足百姓日常生活需求的各类手工业合作社（组），如竹木器、针织、被服、服装、五金、工艺美术等，其中规模较大的手工业合作社（组）往往发展为工厂。1951 年 6 月，苏州首先建立了竹筷生产合作社，为合作化运动的全面发展奠定了基础。1952 年又相继成立了针织、毛巾、竹器、缝纫、纽扣、鬃刷等生产合作社，1954 年陆续建立剪刀、雨伞、刺绣、铁业、木器等 24

---

[1] 马可·波罗口述、谦诺笔录、余前帆译注：《马可·波罗游记（中英对照）》，中国书籍出版社，2009 年版，第 329 页。
[2] 丝织业工厂在公私合营前一般称"绸厂"，公私合营后称"丝织厂"。

个合作社(组),46个生产联系小组。到1955年,共建立手工业生产合作社(组)275个,社(组)员33 000多人。[1]第一批手工业生产合作社建立后,银行和手工业总社予以全方位支持,包括资金贷款、原料购买、产品销售和国家税收等。原长城电扇厂副厂长朱传良在访谈中提到的竹筷社成立后,不仅帮助社员购买毛竹、解决原料不足问题,并由土产公司优先购买其产品,组织该社参加华东地区土特产交流会,还协助与外地国营公司沟通,畅通销售渠道。因此在国营经济的支持下,合作社摆脱了商业资本的控制,生产效率得到提高,不少手工业者纷纷要求加入合作社。1956年,随着资本主义工商业改造高潮的到来,苏州手工业也展开合作化运动,到6月,基本上完成了手工业的社会主义改造,组织起来的生产合作社(组)共640个,有社(组)员14万多人。

1957年苏州工业总产值的构成和1952年、1949年相比,发生了显著变化(表1)。

表1 1949年、1952年、1957年苏州市工业总产值构成及比较表[2]

单元:万元

年份	工业总产值	国营及公私合营			集体			私营		
		产值	比重	增减幅	产值	比重	增减幅	产值	比重	增减幅
1949年	7 346	337	4.59%					7 009	95.41%	
1952年	17 148	3 005	17.52%	12.94%	428	2.50%		13 715	79.98%	−15.43%
1957年	33 640	26 421	78.54%	61.02%	7 214	21.44%	18.94%	5	0.02%	−79.96%

国营及公私合营企业的工业产值连上两个台阶,至1957年,在苏州市工业总产值中的比重已经达到78.54%,占绝对优势,剩下21.44%为集体企业,私营企业的工业产值只占微不足道的0.02%。至此,苏州市工业已经胜利完成社会主义改造,为接下来社会主义计划经济的发展奠定了坚实基础。

二、计划体制下的苏州国营工厂

从1958年到1978年,这20年间是中国共产党在实践中不断探索社

[1] 参见段本洛、张圻福:《苏州手工业史》,江苏古籍出版社,1986年版,第582、583页。
[2] 参见苏州市地方志编纂委员会:《苏州市志》第二册,江苏人民出版社,1995年版,第6-8页。

主义经济建设道路的历史时期，实行的是在生产资料公有制基础上，根据社会主义基本经济规律和国民经济有计划、按比例发展规律的要求，由国家按照经济、社会建设与发展的统一计划来管理国民经济的经济运行体制，也即实施社会主义计划体制的历史时期。其间经历了"大跃进"、国民经济调整期和"文革"等阶段，从总体上看，我国的经济和社会依然在曲折中前行。

从解放区建立国营经济开始，中国共产党就开始仿照苏联的经济模式，建立起行政领导、高度集中的计划经济体制。1949年以后，随着"一边倒"外交政策的实施，再加上刚成立的中华人民共和国经济极端落后、发展严重不平衡，因此只有采取计划经济体制，集中有限的人力、物力和财力，才能迅速实现初步工业化。第一个五年计划的胜利实施，表明在当时的历史背景下，计划体制是符合中国特定需求的。但在同时，随着我国集中计划体制的不断加强，国家对国营企业管得过严、统得过死的弊端也渐渐显露，国营企业内部缺少经营自主权，外部缺少市场竞争的压力，最终导致国营企业缺少活力和效率。毛泽东同志在《论十大关系》中指出，计划经济体制的最大弊端之一，就是权力过分集中在中央，为此提出扩大一点地方的权力，否则是不利于社会主义建设事业的。1956年9月，中国共产党第八次全国代表大会召开，不少高层领导都认识到计划和市场两者缺一不可，陈云同志在会上发言中提出了"国家市场"和"自由市场"，认为"计划生产是工农业生产的主体，按照市场变化而在国家计划许可范围内的自由生产是计划生产的补充。……在社会主义的统一市场里，国家市场是它的主体，但是附有一定范围内国家领导的自由市场。这种自由市场，是在国家领导之下，作为国家市场的补充，因此它是社会主义统一市场的组成部分"[1]。

从1957年上半年开始，党对我国社会主义建设道路的探索出现了一定程度的偏差，直到十一届三中全会前后，才完成指导思想层面的拨乱反正，党和国家的工作中心重新转移到经济建设领域。

苏州国营工厂的日常生产和经营活动，不可避免地受到国家大政方针影响，但它们同时仍然努力保持着较为正常的生产活动。经过20世纪60

---

[1]《陈云文选》第三卷,人民出版社,1995年版,第13页。

年代初期的调整和提高后，苏州国营企业的生产大都恢复正常，成为地方国民经济领域的主导性力量。百年老厂苏纶纺织厂，20世纪60和70年代始终没有停下技术改造的步伐。60年代将筒子机改成络筒机，将低速整经机改成高速机，将浆纱机改成热风式，70年代将手工换梭的普通织机全部改成自动织机，这些技术改造有力保证了苏纶厂作为一个国营大厂的重要地位。

  从企业所有制性质看，苏州市的国营企业同样分为全民所有制企业和集体所有制企业两大类。全民所有制企业主要是1949年以后由苏州地方政府出资兴办和由相当一部分私营企业经过社会主义改造而成，集体企业大部分是60年代手工业联社和城镇小集体工业企业经过整顿改组后形成，还有一部分兴办于70年代，包括各国营大厂设立的知青厂。[1]但无论是全民所有制还是集体所有制企业，都属于集中计划经济体制。从1949年到1953年，我国经济在新民主主义制度下迅速恢复并取得稳定增长，成绩令人瞩目。但同时，自上而下的集中计划经济体制也顺势建立，整个国民经济被整合成一个全社会范围的"大企业"，各全民和集体企业则成为其中大大小小的"车间"。理论上，全民和集体所有仅仅表明企业的所有权归属全民或集体，作为市场主体的企业应该拥有独立经营的自主权，但实际上，从中央到地方的政府计划部门制定了覆盖人财物、供产销的各种目标，并通过计划指令层层下达到各全民和集体所有制企业，使得这些企业成了无需考虑市场因素的国营企业。

---

[1] 20世纪70年代后期，国营企业要扩大生产，但厂房和招工都受到限制，同时大批回城知识青年面临就业安置问题，于是国营企业到苏州郊区的知青点去开办分厂，资金、设备、技术等都由母工厂承担，工人就招当地知青点的苏州本地人，也有一小部分当地农民。1978年至1980年，苏州郊区共举办知青厂56家，安置知青逾万人。后来，这批知青厂被正式确定为集体所有制企业，东吴、振亚等丝织厂和苏州电视机厂、电扇厂等，都曾设立过知青厂。

第三章　春江水暖：改革开放初期的苏州国营企业

如前所述，明清时期，苏州的手工业生产在全国居数一数二的地位，民国时期，苏州的工业虽然不及上海、天津、无锡等工业化发展速度较快的城市，但仍然具有相当规模。1949年以后，受到国家工业布局和优先发展重要工业等宏观发展战略的影响，苏州的工业发展速度相对缓慢，苏州的大部分国营企业都处于默默无闻中。但是，苏州毕竟是一个具有千余年商品经济传统的发达地区，历史上著名的资本主义萌芽就首先发生在苏州等区域，因此，改革开放的春天一旦来临，改革开放的观念一旦播撒，改革开放的步伐一旦迈开，苏州人骨子里的商品经济意识就被唤醒，并且以巨大的热情投入商品经济大潮中。最先嗅得商机并率先投入激烈市场竞争的正是苏州国营企业，20世纪80年代也可以说是苏州本土国营企业的春天，苏州地区的工业生产也呈现出骤然加速的发展态势，这固然和国家层面的政策鼓励有关，更和苏州的国营企业能够敏锐地意识到改革开放是前所未有的历史性机遇有关。在计划经济体制刚刚松动的那一刻，苏州国营企业就迎难而上、勇于开拓、奋力拼搏，创建出诸多销量大、知名度高的全国性品牌，为推动苏州城乡社会发生翻天覆地的变化、经济发展步入快车道、人民群众的生活水平不断提升，做出了巨大贡献，称得上是时代的弄潮儿。

一、计划体制的持续改革

客观而言，新中国成立初期确立的集中的计划经济体制甫一建立，就暴露出来一些问题和弊端，[1]中央高层不少领导人对此的认识十分清醒，因此早早就开启了针对计划经济体制的若干改革。[2]1956年9月中国共产党第八次全国代表大会召开，会上就提出经济管理体制改革，次年根据八大决定，中央制定了以向各级地方政府放权为主要内容的改革方案，从1958年开始实施，并一直持续到1976年左右，这一举措被经济学家吴敬琏称为"行政性分权"改革。中央在国营企业领域向地方政府的分权，包括下放计划管理权、企业管辖权、物资分配权、基本建设项目审批权、劳动管理权、财政权和税收权等，企业的自主经营权也有所扩大，如利润留成、用人权等，但从总体上看，只是在中央和地方省、市对全民企业的管理权限上有所调整，或者说主要扩大的是地方政府对国营企业的管理权，由过去的中央集权的计划经济，转为地方分权的计划经济，计划经济的实质并没有发生变化。

十一届三中全会以后，我国正式扬起了改革开放的风帆。一般认为，由于当时的农业和农村问题最为突出，因此改革首先从农村开始，不过，"农村改革的初期主要还是解决经营权问题，并非重点解决体制问题。而真正在体制上进行改革还是从城市开始的"[3]。当然就成效而言，农村承包制开启了中国改革的成功道路，这是毋庸置疑的。城市经济体制改革的试点工作，又主要是围绕国营企业扩权试点、试行经济责任制等方面展开的。早在1978年10月，四川省委、省政府就选择了不同行业中具有代表性的六家国营企业，开始了扩大经营自主权的试点。1979年5月，国家经济委员会等6个部门又作出对北京、天津、上海等地的8家国营企业进行扩

---

[1] 早在20世纪50年代，从理论层面对我国的计划经济体制加以深刻反思的学者有孙冶方和顾准。两人都在坚持社会主义经济制度的前提下，反对"计划经济等于社会主义，市场经济等于资本主义"之说，孙冶方认为要"承认价值规律在社会主义社会中甚至共产主义社会中将仍然起着作用"（《将计划和统计放在价值规律的基础上》，载《孙冶方文集》第4卷，知识产权出版社，2018年版，第65页）；顾准认为"价值规律制约着经济计划，经济计划必须运用价值规律，如果不是由经济核算来补充计划经济，计划经济运用价值规律有无法克服的困难"（《试论社会主义制度下的商品生产和价值规律》，载《顾准文集》，贵州人民出版社，1994年版，第47页）。

[2] 有学者指出："在提出改革的时间上，中国和苏联、东欧国家似乎有一个重要的区别：后者的改革是在集中计划经济体制经过一段运营，暴露出效率不高的缺点后才被提出的；而中国的改革却是在它刚刚建立的1956年，由于遭到党政经各界官员的一致诟病而提出的。"参见吴敬琏、马国川：《重启改革议程：中国经济改革二十讲》，生活·读书·新知三联书店，2013年版，第33页。

[3] 中共中央党史研究室第三研究部：《中国改革开放史》，辽宁出版社，2002年版，第75页。

权试点的决定。这一扩权试点工作在初期取得的成效还是较为显著的，因此同年 7 月，国务院发出《关于扩大国营工业企业经营管理自主权的若干规定》等 5 份文件，进一步指导和扩大国营企业的扩权试点工作，到 1980 年年底，全国试点的工业企业已达到 6 600 多家。1984 年 5 月，国务院再发《关于进一步扩大国营工业企业自主权的暂行规定》（又称"扩权十条"）。扩大企业自主权和推行企业承包制密切相关，1984 年 10 月，十二届三中全会通过《中共中央关于经济体制改革的决定》，突破了把计划经济同商品经济对立起来的传统观念，提出所有权同经营权适当分开。1986 年年底，国务院要求推行多种形式的经营承包责任制，给经营者充分的经营自主权，于是又在国营企业中掀起了承包高潮。1992 年 7 月，国务院发布《全民所有制工业企业转换经营机制条例》，重申赋予国营企业生产、销售、定价、采购、进出口等 14 项自主权。当然，包括企业承包制在内，增加经营自主权只是意味着国营企业管理人员获得了绝大部分生产经营权，并没有改变国营企业的根本性质和企业制度。到 20 世纪 80 年代末，国营企业的亏损面达到 20%，90 年代初出现三分之一亏损、三分之一盈利的局面。因此，1993 年中共十四届三中全会，决定放开搞活国有中小企业，确立以建立现代企业制度，也即公司制度为国企改革的新方针。

改革开放初期苏州国营企业的奋进之路就是在上述背景下开始的。十一届三中全会后，苏州对产业结构进行调整，传统支柱工业即丝绸、纺织工业，通过技术改造和升级仍然保持着较为快速的发展态势，所占比重在 1970 年前一直具有绝对优势，70 年代后期比重开始逐步下降，但到 1985 年仍然为 27.8%，是市区工业的一大支柱。轻工业在 1949 年前就是苏州的主要工业门类[1]，这其实延续了苏州在明清时期作为发达手工业城市的传统。20 世纪 60 到 70 年代时，由于受优先发展重工业指导思想的影响，苏州的轻工业在工业总产值中的比重在 1976 年一度降至 58.7%，此后逐步回

---

[1] 一般认为，重工业是为国民经济各部门提供物质技术基础的工业，轻工业是主要提供生活消费品和制作手工工具的工业。轻工行业门类众多，根据工业和信息化部 2016 年编制的《轻工业发展规划（2016—2020 年）》，大致划分为耐用消费品、快速消费品、文化艺术体育休闲用品和轻工机械装备四大领域。2018 年，中国轻工业联合会对《轻工行业分类目录》加以修订，分为 18 个大类行业。随着产业格局的变化，我国工业产业结构从单一转向复杂，从 2013 年下半年起，国家统计局在相关数据发布中不再使用"轻工业""重工业"分类，取而代之的是与国际接轨的《国民经济行业分类》。

升,尤其是改革开放后,人民群众的日常消费需求欲望被大大激发,家用电器工业、服装工业、食品工业和家具工业等迅速增长,轻工业在工业总产值中的比重也不断增加,1980年为62.4%,1985年为65.3%。市区工业企业的数量及构成如表2所示。

表2 1976年和1985年苏州市区的企业数量及构成[1]

		企业数(个)	产值(万元)
1976年	全民	204	128 500
	集体	275	61 712
	两者比例	42.6%∶57.4%	67.6%∶32.4%
1985年	全民	197	277 307
	集体	464	219 832
	两者比例	29.8%∶70.2%	55.8%∶44.2%

计划体制的一个重要特点,是各国营企业大都有归口管理的政府行政职能部门,苏州也不例外。改革开放以后,活跃于民用消费领域的、影响相对较大的苏州市区工业行业及其隶属的行政管理部门如下。

(一) 丝绸工业

1955年2月,苏州组建纺织工业管理局,同年6月改称纺织工业局。1966年11月,撤销纺织工业局,分建市纺织工业公司和市丝绸工业公司,次年又合并两公司,恢复纺织工业局建制。1980年8月,再次撤销市纺织工业局,分建市丝绸工业公司和市纺织工业公司。市丝绸工业公司承担丝绸工业的管理责任,主要所属企业有:苏州第一丝厂、苏州江南丝厂、苏州东吴丝织厂、苏州振亚丝织厂、苏州新苏丝织厂、苏州光明丝织厂、苏州染丝厂等。

(二) 纺织工业

市纺织工业公司承担纺织工业的管理责任,主要所属企业有:苏纶纺织厂、苏州化纤纺织厂、苏州染织一厂至六厂、苏州第一至第三印染厂、苏州针织总厂、苏州针棉丝品厂、苏州羊毛衫厂、苏州第一至第四毛纺厂等。

---

[1] 资料来源于苏州市地方志编纂委员会:《苏州市志》第2册,江苏人民出版社,1995年版,第11页。

（三）轻工业[1]

20世纪50年代分别成立了市工业局（原称地方工业局）和市手工业管理局，分别管理全市从事日用工业品制造的近代工业企业和手工业生产者。1956年5月，成立市轻工业局。1960年6月，市轻工业局、市手工业管理局、市手工业合作社联合社一度合署办公，改称市轻工业局，后又分开。1975年4月，市轻工业局分建第一、第二轻工业局，1983年3月苏州市第一、第二轻工业局和苏州地区第二工业局合并成立市轻工业局。1985年，市轻工业局下属钟表、日用机械、日用工业品、服装皮革、塑料、五金、家具、家用电器共8个专业公司，共有98家企业（含12家其他行业的企业），主要所属企业有：苏州火柴厂、苏州月中桂日用化工厂、苏州钟厂、苏州手表总厂、苏州钟表元件厂、苏州缝纫机厂、苏州玻璃厂、苏州眼镜一厂和二厂、苏州服装一厂至六厂、苏州家具一厂和二厂、苏州华盛造纸厂、苏州红叶造纸厂、苏州电扇厂、苏州长城电扇厂、苏州电冰箱厂、苏州吸尘器厂等。

（四）电子工业

1960年苏州成立市仪表工业公司，与市委仪表工业领导小组办公室合署办公。1964年成立市仪表仪器工业公司，1966年撤销，成立市无线电工业公司，下属企业15家。1970年2月，市无线电工业公司和市机械工业局合并，后称市革命委员会机电工业局。1975年5月，机电工业局撤销，分建机械工业局和无线电工业局，1978年3月，无线电工业局改称电子工业局。1985年，市区电子工业共有工厂36家，主要所属企业有：苏州江南无线电厂、苏州高频瓷厂、苏州半导体总厂、苏州电视机厂、苏州胜利无线电厂、苏州电视机组件厂等。

以上4类工业制成品，与普通民众的日常生活和消费息息相关，随着居民生活条件的改善和收入的增加，市场需求量日益增大，因此在改革开放后得到了长足发展。本书所访谈的对象，也主要工作于上述国营企业中。当

---

[1] 江南地区历来就有着发达的轻工业，"轻工部门繁多，就明清江南而言，主要有纺织业、食品工业、服装制作业、日用百货制造业、造纸业与印刷业等几大类"（李伯重：《江南的早期工业化（1550—1850）》，社会科学文献出版社，2000年版，第22页）。苏州轻工业同样如此，其历史特点，是由少数近代民族工业和数量众多的传统手工业构成，故这里的苏州轻工业，包括日常工业品制造、造纸、印刷、木材加工等行业，暂不包括丝绸工业、纺织工业、食品工业等。

然，苏州市区的工业并不局限于上述 4 类，机械工业、化学工业、医药工业、食品工业、建材工业、电力工业和工艺美术等领域的苏州国营企业，改革开放后同样得到了广泛发展，但在社会上的知名度相对而言不如前 4 类。

二、苏州国营企业的辉煌

改革开放的春天到来后，苏州市区的国营企业，在继承持续不断的技术改造和革新这一优良传统的基础上，紧紧抓住历史性机遇，以深化企业改革为动力，以市场为导向，奋勇开拓、勇立潮头，涌现出一大批知名度遍及全省乃至全国的企业和品牌。

这其中，又以苏州轻工业首当其冲。苏州轻工业 20 世纪 80 年代的增长速度一直名列市区各类工业之首，1981 年至 1988 年这 8 年是高速增长期，经济总量在"六五""七五"两个五年计划期间基本上都翻了一番，鼎盛时期是在 1988 年和 1989 年，其中 1989 年创造产值和税利分别达到 21.51 亿元、2.04 亿元，分别占市区工业经济的 25.14% 和 19.81%，[1] 苏州人引以为豪的工业产品"四大名旦"，轻工系统占四分之三，即长城电扇、香雪海冰箱、春花吸尘器，另一"名旦"是归类于电子工业的孔雀电视。80 年代末 90 年代初，苏州轻工系统的国营企业在激烈的市场竞争中一度呈现衰落，出现大面积亏损，此后通过进一步深化改革，重挽颓势。1993 年制定了规模经济、支柱产业、名牌产品、外向带动 4 项发展战略，进一步优化产品结构，确定重点发展家用电器、造纸、印刷包装、塑料、自行车、钟表、五金等行业，使得苏州轻工业再次出现稳步增长的新局面。到 1996 年，轻工系统原有 97 家企业调整为 82 家，由 56 个厂级领导负责经营管理。

丝绸工业一直是苏州的支柱产业之一，改革开放之前，苏州市区的丝绸国营企业始终没有停止设备更新和技术改造、技术进步的步伐，1978 年以后的步伐迈得更快。1981 年到 1985 年"六五"期间，市区各丝织企业完成各类技术改造、技术引进项目 116 个，投资达到 1.22 亿元，

---

[1] 参见陈楚九、汪长根、赵振华：《扭亏增盈再崛起——苏州轻工系统的调查与思考》，《现代经济探讨》，1994 年第 6 期；周新南：《快速发展的苏州轻工集体经济》，《上海企业》，1997 年第 6 期。

用汇1 715万美元，先后引进700多套（台）丝织、印染设备和检测仪器，并在引进设备的基础上不断消化吸收，不断实现移植研制和自主开发新型设备。1985年，苏州市丝绸工业总产值10.84亿元，较上年增长15.42%，实现利润近0.9亿元。苏州丝绸一直是外贸出口的主力产品，东吴丝织厂生产的塔夫绸素有"塔王"美誉[1]，品种之繁多、花色之丰富，甚至形成了系列产品，在国际上享有盛誉。1981年英国查尔斯王子举行婚礼时，专门订购东吴丝织厂的"水榭"牌深青莲色塔夫绸（与苏州染丝厂合作生产），作为礼服料子。同年，东吴丝织厂生产的"水榭"牌塔夫绸（苏州染丝厂为协作单位），获得国家优质产品金质奖。1979年至1985年间，市区共有41个绸缎品种获奖，其中国家金质奖和银质奖各3个，部优质奖10个。"七五"计划期间，苏州市区丝织生产保持较高水平，1990年，丝织品产量10 660万米，出口2 885万米，合纤丝产量7 405吨，完成利税1.35亿元，新型无梭织机数量居全国各城市拥有量之首。[2]纺织工业同样是苏州工业的强项，从1981年以来，纺织工业产值平均每年增长约22%，1985年全行业产值达到36亿元左右，比1980年增长171%，1984年全行业实现利税约1.8亿元，其中全民企业实现利税占苏州全民企业总利税的五分之一，1985年市区纺织企业的利税超过1亿元。[3]百年老厂苏纶纺织厂，从1977年至1986年的10年间，累计实现利税3.84亿元，平均每年可重建一个当时规模的苏纶厂，此后仍然保持着较快的发展趋势，到1990年，累计实现利税5.32亿元，[4]是苏州国营企业中当之无愧的"摇钱树"。

上述苏州国营企业的黄金发展时间和笔者的口述访谈结果大体一致。例如苏州手表总厂自80年代初即开始兴盛，到1988年试制成功石英手表

---

[1] 塔夫绸起源于法国，名为"TAFFETA"，中文名"塔夫"，即平纹织物之意。民国时期，上海"老介福绸缎店"承接外商来样，于1928年开始在苏州东吴绸厂试织，"老介福绸缎店"经销，由于品质优良和适应当时服装需求，受到外商青睐，赞誉塔夫绸"唯苏州东吴为佳"，称为"塔王"（参见秦尚信：《塔夫绸盛衰与展望》，《丝绸》，1981年第2期）。《档案与建设》2016年第10期介绍"塔夫绸"时称，1950年塔夫绸第一次在东欧7国展销，引起轰动，此后苏州生产的塔夫绸被称为"塔王"。
[2] 参见沈洁、黄启之：《浅探苏州市区丝织工业的历史发展轨迹》，《江苏丝绸》，1997年第1期。
[3] 参见张绍会：《前进中的苏州市纺织工业》，《上海纺织科技》，1986年第3期。
[4] 苏纶纺织厂：《苏纶纺织厂建厂一百周年（1897—1997年）纪念册》（内部资料），1997年。

（电子手表），[1]很快进入高峰（参见陈大厦口述）；华盛造纸厂的产量、利润都达到历史顶峰的时期也是在80年代中后期（参见鲍士金口述）；红叶造纸厂经济效益历史最高的时期，就是1984年至1988年（参见陈世衡口述）；苏州电视机厂最兴旺的时候是在1988年，甚至要凭票购买电视机（参见赵人健口述）；等等。可以说，20世纪80年代是苏州市区国营企业的辉煌或者巅峰时期，产品技术领先、质量过硬，迎合市场需求的新型产品不断涌现，再加上重视市场销售，有着良好的营销意识和手段，因而创下诸多名牌，产品的知名度和市场占有率之高，在全国范围来看都属于佼佼者。

究其原因，当然是多方面的。从国家层面看，1984年十二届三中全会通过的《中共中央关于经济体制改革的决定》是一个重要转折点。在这之前，国家对全民所有制企业进行过多次改革，实行权力下放，但大都局限于调整中央和地方、条条和块块的管理权限，没有触及企业经营自主权这个要害问题，也就不能跳出原有的樊篱。《中共中央关于经济体制改革的决定》提出和阐明了经济体制改革的一些重大理论和实践问题，指出增强企业活力，特别是增强全民所有制的大、中型企业的活力，是以城市为重点的整个经济体制改革的中心环节，不能把全民所有同国家机构直接经营企业混为一谈，全民所有制企业的所有权与经营权可以适当分开。在服从国家计划和管理的前提下，企业有权选择灵活多样的经营方式，有权安排自己的产、供、销活动，有权拥有和支配自留资金，有权依照规定自行任免、聘用和选举本企业的工作人员，有权自行决定用工办法和工资奖励方式，有权在国家允许的范围内确定本企业产品的价格，等等，在相当程度上突破了把计划经济同商品经济对立起来的传统拘囿。根据中央精神，苏州市工业领域的相关主管部门也积极推行以增加全民所有制企业活力为中心的改革，包括在企业内部推行经济责任制和厂长负责制。例如红叶造纸厂就较好地处理了厂长和书记的关系（参见陈世衡口述）。同时鼓励企业

---

[1] 1985年苏州手表总厂、南京手表厂参加轻工业部组织的15.3×17.8毫米石英电子表联合设计，苏州手表总厂于1986年投产，产量5.2万只，沿用登月牌商标。1987年，南京手表厂、苏州手表总厂、扬州手表厂均先后从瑞士引进生产设备及检测仪器，达到国际80年代初的先进水平（参见江苏省地方志编纂委员会编：《江苏省志·轻工业志》，江苏科学技术出版社，1996年版，第39页）。

加大技术研发力度和质量管理工作，引入西方先进设备和技术，不断提高产品质量，促进苏州国营企业真正成为自主经营、自负盈亏的社会主义商品生产者和经营者，具有自我改造和自我发展的能力，成为相对独立的经济实体。

当然，最根本的原因应当归结于苏州国营企业的自身努力和拼搏，尤其是在生产和经营管理领域的不断革新，不仅打破了企业吃国家、职工吃企业的"大锅饭"，并以改革企业内部分配制度为路径，实现了企业产、供、销都由国家包下即完全的计划经济，向企业成为市场独立主体即有条件的商品经济的转变，更能够敏锐地意识到改革开放是一次极其难得的历史性机遇，于是积极投身于社会主义商品经济的时代大潮，善于应变、主动接受挑战；勇立潮头、敢于迎难而上，最终在社会主义商品经济发展史上留下了浓墨重彩的一笔，所以在亲历者眼里，这是"激情燃烧的80年代"（参见沈洪波口述）。具体而言，20世纪80年代苏州国营企业在生产经营领域的实践和理念革新，主要表现在以下几个方面。

第一，把握机遇，知难而上，主动求变。如前所述，苏州地区在计划经济时代，并不是国家工业布局和体系中的重要一环，除了民国时期就已经设立、颇具规模的一些纺织厂、丝织厂和造纸厂之外，较少由中央布局和投资的大型工业企业，至少在轻工业领域，不少企业都是在社会主义改造阶段由手工业合作社（组）合并而来，规模小、人数少，生产水平也相对较低。但在改革开放之初，正是这类看似不起眼的轻工企业最为敏锐，一旦触及时代变动的强有力脉搏，就迅速做出反应，调整产品、迎合市场，从而把握住了千载难逢的历史性机遇。

生产长城电扇的苏州电扇厂的前身为宇宙电机厂，原先是一家手工生产吊扇的街道小厂（参见朱传良口述），在轻工局的支持下，与延安排风社、东风水泵社、动力机电社、苏州灯泡厂等于1970年组成苏州电扇厂，此后生产水平不断提高、生产品种不断增多。改革开放后，电扇成为民众提高生活质量的重要日用消费品之一，加上价格相对低廉，迅速走入千家万户，电扇厂顺应这一时代潮流，从吊扇到台扇、落地扇等，根据市场和消费者的需求不断调整生产，规模和产量不断提升，成为苏州轻工领域中最先崛起的一家工厂。香雪海冰箱的生产厂家原本也是一家街道小厂，俗称"弄堂厂"，称为苏州医疗刀剪厂，生产手术器械，由于规模小、设备旧，产品难以与专业的医用设备厂家竞争。到 70 年代后半期，在戴林森厂长的率领下，在天津医疗器械厂和上海钟表元件三厂的技术支持和轻工局的全力配合下，开始向冰箱即制冷领域转型（参见张达人口述），后来在平江路边上的郏长巷建立起冰箱生产车间，迁往白塔东路成立苏州电冰箱厂，再迁往朱家庄。在与中国信托投资公司合资引入意大利生产流水线前，苏州电冰箱厂先生产出 80 升家用小冰箱而立足于家用电冰箱市场，再生产出 125 升这款因采用铜管而质量极佳的经典单门冰箱而走红家用电冰箱市场。苏州其余两家家用电器的生产厂家即电视机厂、吸尘器厂，也有类似的经历，都是在 70 年代末期就具有一定的超前理念，敏锐地意识到随着经济建设成为党和国家的中心任务后，人们的生活水平会迅速提高，对生活质量的追求也会日新月异，这正是原先这些不起眼的街道小厂的机遇所在，只要能够生产出质量高、款式新、符合市场定位和消费者需求的产品，就能乘势而起，在商品市场中牢牢占据一席之地。

丝织业向来是苏州的强项，东吴、振亚、光明、新苏四大丝织厂在计划经济年代积累了明显的技术优势，但是真丝产品价格高昂，因此在计划经济年代，苏州的真丝产品主要用于出口换取外汇，1981 年英国查尔斯王子与戴安娜王妃举行婚礼前，还向东吴丝织厂订购了名噪一时的"水榭牌"塔夫绸。但是，包括塔夫绸在内的真丝产品价格高昂，普通民众无力购买。随着改革开放的深入，苏州的丝织厂意识到更广阔的消费市场在普通百姓中，于是大量开发面向国内市场、结合真丝特色的新型化纤面料，形成尼丝纺系列、涤纶仿真丝系列、涤纶仿毛系列等产品，引领国内市场，同时保持在丝绸领域的领先地位。东吴丝织厂研发出四维呢、双乔绉、层云缎、素绉缎、弹力缎、双面缎等系列真丝绸产品，以及众多的真丝和其他原料交织的系列新产品，以独特的其他工厂无法复制的风格占领市场（参见何敏苏、翁家林口述）。

第二，服务市场，建立全覆盖销售网。改革开放前计划经济体制的最大特点之一，是国营企业只承担生产任务，不需要介入销售环节，原材料计划分配，生产出来的成品也由政府部门指定的销售部门包销。1950 年 4 月，苏州成立中国百货公司苏州支公司，后改称苏州百货公司，[1]1956

---

[1] 1978 年后恢复称苏州百货公司，二级采购供应站。

年 7 月，五金、化工、交电划出分别成立公司，后合并为五金机械公司，再后来称苏州市五化交公司。[1] 包括苏州手表厂的手表、华盛和红叶造纸厂的纸张等在内的轻工产品，就由苏州百货公司负责销售大部分，包括长城电扇在内的五金产品、化工原料、交通电工器材产品，就由五化交公司负责销售大部分。改革开放后，国营企业要自负盈亏，即生产要面向市场、要满足市场需要，于是销售成为国营企业的重中之重，成为国营企业的重要改革和拓展方向。在苏州各国营企业中，长城电扇厂早在 1980 年就成立销售科，号称是苏州市企业中第一个成立的（参见赵荷朔口述），不仅要和苏州五化交公司打交道，还要和分布在全国各地的五化交公司打交道。东吴丝织厂负责销售的经营科也成立于 1980 年（参见何敏苏口述）。这两家工厂的销售部门在苏州国营企业中无疑是成立较早的。此后，苏州各国营企业大都建立起销售科，或称营销科、经营科，后来发展到专门的销售公司、营销公司。值得一提的是，苏州国营企业销售领域的一些资深专业人士在当时还提出了一些较为领先的销售和物流理念，苏州电视机厂的销售人员早在 20 世纪 80 年代末 90 年代初，就有设立销售商务处的设想，以整合物流业，用最快速度把产品送到消费者手中为宗旨，这一设想具有一定的超前性（参见蒋平口述）。

在销售领域，苏州国营企业最值得称道的地方，就是建立起了一个覆盖全国大部分省市、触角伸入乡村的庞大销售网。80 年代中前期，苏州各厂家销售人员已经北上东北、南下广州、西抵新疆了。早期创业时期的销售人员是相当艰辛的，有"走千山万水，进千家万户，吃千辛万苦，说千言万语"之说，至于火车上自带盒饭、住价格低廉的招待所等更是家常便饭。由于出差补贴低，而南方城市的消费水平相对较高，所以一些销售员还不大愿意南下（参见薛苏刚口述）。经过努力，苏州工业号称"四大名旦"的电扇厂、电视机厂、电冰箱厂、吸尘器厂，无一例外都拥有一张遍及全国各地的销售网。例如孔雀电视机的销售部人才济济，素有"八大金刚"之说。在迅捷便利的电子商务、网络销售平台没有兴起之前，一个覆盖全国的销售体系，绝对是所有厂家销售产品梦寐以求的一大利器。事实上，20 世纪 90 年代苏州兴起的合资热，技术领先的外资企业最看中苏州国

---

[1] 1975 年后恢复称苏州市五化交公司，二级采购供应站。

营企业的，就是其完整的销售网络，以至于当时有"技术换市场"的说法。还需要指出的是，苏州国营企业重视销售工作，与地方行政部门的重视和支持是分不开的。苏州市轻工局1989年曾召开过主题为"主攻营销"的全体企业领导干部大会，提出销售是工厂的"第一车间"的观点，鼓励并要求各企业把精兵强将充实到销售队伍中。在社会上出现对销售人员请客、送礼等质疑之声时，轻工局先严肃划分经济往来中的正常业务往来与不正之风、贪污受贿的区别，又在全系统大张旗鼓地评选"十佳"销售科长，在此基础上，再次明确销售工作中仍可按规定提取销售费用，[1]一系列举措使得轻工系统的销售业绩保持高速增长。

第三，品牌推广，尝试多种营销手段。一个知名品牌，必须具备高品质、高知名度、高市场占有率的特点，换言之，除了产品质量和服务要扎实过硬外，适当的宣传和营销也是必不可缺的，正所谓"酒香也怕巷子深"。20世纪80年代，正是作为七大大众传媒之一的电视在中国走向千家万户的时期，因此最有效果的营销手段就是电视广告。1979年6月25日，四川宁江机床厂在《人民日报》刊登广告，承接国内外用户直接订货，开创了在《人民日报》上登广告的先例，在当时是件新鲜事。[2]苏州国营企业也很早就注意到广告的效果，并成功地实施了电视广告销售战略。长城电扇厂早在80年代就开始在中央电视台投放广告，而且是在收视率极高的"新闻联播"前的广告栏目"榜上有名"上，以至于"长城电扇 电扇长城"的广告语在全国家喻户晓。[3]春花吸尘器的广告也登上央视"新闻联播"前的广告栏目"榜上有名"，广告词"春花吸尘器，开辟新天地"同样一度响彻耳畔。

实际上，上述广告都属于直接介绍商品的传统形式广告，或者称为硬广告，费用最昂贵，效果却呈现边际递减，性价比并不高，苏州国营企业同样意识到这一点，因此更为注重主办各种带有主观指导性的营销活动，

---

[1] 王裕仁：《苏州轻工系统主攻营销纪事》，《瞭望》，1990年第19期。

[2] 1978年10月，四川省确定宁江机床厂等6家工业企业率先进行扩大企业自主权改革试点，次年6月宁江机床厂在《人民日报》上登出"国营宁江机床厂承接国内外用户直接订货"的广告后，一个月内收到约700台机床的订货，上缴利税超过1 000万元。这也是新中国成立以来，全国第一个生产资料广告。

[3] 这句广告语使用的是回环修辞手法，站在今天的角度，有简单重复的不足，但在当时，具有朗朗上口、简洁明了、强化印象的突出效果。

以此提高产品的知名度。苏州手表总厂的石英手表品牌"登月",是通过《苏州日报》向社会公开征集的,经过数轮筛选后,"登月"脱颖而出,这个商标的产生过程本身就是一种高明的品牌推广。广告词是"登月,人类的梦想;登月表,时代的节奏",前一句广告语迎合了人类挑战大自然的雄心,后一句广告语暗示改革开放以来生活节奏加快,人们需要更精准掌握时间,而且,当时正逢中国登山队登上世界最高峰珠穆朗玛峰,取"登月"的寓意是要更进一步。后来中国登山队再次攀登珠峰时[1],苏州手表总厂赞助了一批手表,还有中国登山队员抬腕看"登月"手表的宣传照(参见陈大厦口述)。曾经先后担任过春花和香雪海两家企业负责人的肖健夫也是一位营销高手,其中在春花吸尘器厂时,在全国8个大城市推出质量开箱活动,消费者现场开出一台机器,如果质量有问题,第二台就半价、第三台白送,结果合格率为百分之百;在香雪海冰箱厂时,冠名上海市文化局举办的上海文化礼仪小姐选举比赛,策划寻找最早使用香雪海冰箱的用户等(参见肖健夫口述),都是属于花费不多、造势效果极佳的特色营销活动。此外,1989年时,长城电扇、香雪海冰箱、春花吸尘器曾联合在全国各大城市召开营销洽谈会,抱团邀请客户、联合销售产品,结果订单均超出单独举办的展销会,实现了共赢。

第四,质量为本,高度重视产品质量。就产品而言,过硬的质量始终是第一位的,就企业而言,质量管理是企业经营的生命线,而过硬的质量不仅取决于企业拥有的核心技术,更取决于企业以产品质量为中心的全面质量管理(TQM)。[2]从世界范围看,20世纪中期以来,随着工业产品的日益丰富,世界经济的发展特点由数量型增长逐渐转变为质量型增长,企业间的竞争也从价格竞争逐渐转变为质量竞争。我国改革开放后,生产力得到了极大释放,原先日用消费品匮乏的窘境很快得到改变,到80年代

---

[1] 1975年5月27日,中国登山队8名男队员和1名女队员成功登顶珠峰,女队员潘多成为世界上第一位从北坡登顶珠峰的女性。1988年,中国、日本、尼泊尔3国联合组队登顶,并创造多个人类攀登珠峰的新纪录,如首次实现南北双向跨越珠峰、首次在峰顶进行电视直播、单日登顶的人数最多(12人)、在峰顶停留时间最长(90分钟)等。
[2] 全面质量管理(Total Quality Management),指企业组织以质量为中心,以全员参与为基础,提供满足用户需求的产品(服务)的全部活动。被誉为"现代质量管理之父"的德华兹·戴明,提出企业管理的14项要点。(苏伟伦主编:《戴明管理思想核心读本》,中国社会科学出版社,2003年版,第48、56页)戴明的质量管理方法成功运用于战后日本,并为以后的全面质量管理(TQM)奠定了基础。

末90年代初告别了计划体制背景下的紧缺经济,于是产品质量日益成为消费者首要考虑的因素,在这方面,苏州国营企业有着一致的认识和经历。

百年老厂苏纶厂的技术改造和革新之路,自20世纪50年代以来就没有停止过,并特别注重产品的成品率,在改革开放之前就提倡以预防为主、不产生坏布(参见史博生口述)。[1]改革开放后,其主要设备逐步更新为国产新设备,又引进捷克、瑞士的自动换梭机、阔幅布机、试验仪等先进设备,1984年9月有2种产品被国家经委评为质量银质奖,从1979年到1986年共有6种产品获得纺织工业部优良产品称号,1989年和1990年,又有3种产品获得国家银质奖,5种产品被评为纺织工业部部优产品。1990年织造车间新厂房落成后,又实现了喷气织机上楼,甚至在90年代初,苏纶厂仍然投入大手笔的资金近亿元,实施"八五"技改计划,令苏纶厂的设备和厂房焕然一新。振亚丝织厂同样坚持持续不断的设备和技术革新,1986年下半年,对老厂进行改造,引进100台喷水织机、10台倍捻机及紧密络筒机等,设备总价值达到650万美元,所有设备均从上海港运回,为此振亚厂的储运科职工前后忙碌了30多个日日夜夜(参见朱雯霞口述),仅此一项就可见振亚丝织厂引进设备的力度之大。同样典型的是苏州特种纱线厂,这家有着1 200多名职工的老纺织企业在80年代末陷入无法维持生产的困境,凭借处理闲置资产、减员增效和开发新品三部曲,成为一家直到关门前仍然盈利的纺织企业。尤其是新品开发,在大年夜,研制成功了弹性极强、引领后世潮流的氨纶包芯纱,并在此后每年都有新品问世(参见薛霞云口述),工厂名称也由化纤纺织厂改为特种纱线厂,成了一个靠技术赢得市场、靠技术获得发展的典型。

苏州电视机厂的自主创新之路同样是经典案例。1982年,苏州电视机厂的孔雀电视机参加全国质量评比时名落孙山,由于质量不过关导致的直接后果之一是产品大量积压。此后两年,苏州电视机厂倾注全力于技术革新领域,全面加强质量管理,到1984年,在全国第四届电视机质量评比中夺得3个一等奖、1个三等奖和2个单项奖,共计6个奖项,一举登顶全国同行业之冠。这仅仅是苏州电视机厂技术创新之路的开端,1985年,苏州

---

[1] 1991年,国际著名质量专家菲力普·克劳士比提出"零缺陷"口号,认为质量即符合要求,如果第一次就把事情做好,浪费在补救工作上的时间、金钱和精力就可避免。苏纶厂的这一思路和要求与之异曲同工。

电视机厂厂长孙水土等考察日本索尼公司的产品技术后，果断决定跳过普通彩电技术，直接引进索尼公司具有80年代初期水平的先进彩电技术，并成功消化吸收，推出了红外遥控、电脑选台的立式彩电，旋即风靡国内市场。随后，苏州电视机厂得悉荷兰飞利浦公司已经生产出新型大规模集成电路，立刻敏锐地意识到这是下一代电视机机芯的发展方向，于是在飞利浦公司尚未开发出整机、产品设计无从借鉴的情况下，集全厂技术人员之力，率先研制出仅有180个元器件的单片机芯黑白电视机，并通过西班牙国家安全质量认证和英国BS安全标准，一举打破我国电视机产品出口欧美的零纪录，堂而皇之地登上国际市场，在与世界名牌电视机产品的同台竞争中毫不逊色。此后，苏州电视机厂还研制出仅有297个元器件的彩色电视机，这也是国内第一台完全独立自主研发的彩电。与之类似的是，长城电扇的新品开发也层出不穷，人们所熟悉的遥控电扇、钟控电扇、音乐电扇、语音电扇、温控电扇、模拟自然风电扇等，长城电扇均已研制成功并取得专利，甚至还包括人们所不熟悉、与中国人审美品味相合的仿古木纹电扇、景泰蓝极品落地扇等品种，足以说明长城厂在电扇设计和开发领域的强大创新能力。正是因为对质量的高度重视，苏州国营企业生产的家用电器在市场上拥有极高的人气和口碑。[1]

在全面质量管理领域，苏州国营企业也走在时代前列。计划经济体制时期，我国就高度重视产品的质量管理，70年代后期，更是积极吸收和引进日本、美国先进的全面质量管理经验，1980年3月原国家经委颁发了《工业企业全面质量管理暂行办法》。振亚丝织厂从1977年就开始探索全面质量管理这一现代化质量管理手段，1979年下半年成立了厂全面质量管理委员会，经过数年努力，到1985年振亚厂成功获得"国家质量管理奖"，在江苏省是继"南京熊猫电子厂""常州柴油机厂"之后第三个获此

---

[1] 据报载，山东烟台市一位市民付先生家中有一台老古董级别的香雪海冰箱，购买于1987年，当时花了近1 000元，型号是BC160，160L容积，一直使用了23年，"从来就没有坏过，……也没有加过氟利昂"（参见张琪、赵金阳：《寻访民间老家电："香雪海"牌冰箱真耐用》，《齐鲁晚报》，2010年3月2日）。此外，1986年1月，长城电扇厂第7代电子控制模拟自然风电扇新品运抵西安时，一度出现数以千计市民冒着零下9度严寒排长队争购的情形（参见张文礼、冯、许子年：《民族品牌依旧在　长城电扇永不倒》，《中国机电工业》，2011年第9期）。1985年江苏省五化交公司苏州五化交站所办的刊物上也有题为《寒风刺冷、长城电扇热、长城电扇冬季展销盛况空前：四天销售1670台》和《首都群众争购孔雀牌电视机，苏州家电产品为何受到首都人民欢迎？》的文章。

殊荣的厂（参见施明干口述）。苏州针织总厂也在1984年获得苏州纺织工业第一块国家质量奖金牌。1986年，国际标准化组织ISO把全面质量管理的内容和要求加以标准化，于1987年3月正式颁布了ISO9000系列标准。此后，苏州春花电器厂、苏州电瓷厂、苏州长城电器集团、苏州第一光学仪器厂等相继通过ISO9000体系认证。[1]

第五，不拘一格，经营手段灵活多样。《中共中央关于经济体制改革的决定》的重点是增强全民所有制大、中型企业的活力，改变以往计划体制下国营企业被条条框框紧紧束缚的状况，在这方面，苏州国营企业同样亮点迭现，经营思路灵活、经营手段多样，只要有利于扩大生产、提高经济效益，只要在法律允准的范围之内，苏州国营企业都作了大胆而有益的尝试。

改革开放之初，社会主义商品经济正在建立和完善之中，市场仍然具有一定程度的紧缺性，企业产品受到市场追捧，扩大生产成为当务之急。在产能有限的前提下，横向联合就成为苏州国营企业扩大生产、提高产量的有效举措之一。长城电扇厂的产量，80年代从年产80万台提高到两三百万台，重要原因就是横向联合，当时称为联营企业、合作企业，到最后，长城电扇厂实际上成为一个总装厂，大部分部件都在外面的联营企业生产，既降低了成本，又扶持了地方乡镇工业（参见蒋纪周口述）。东吴丝织厂原本以生产丝绸面料知名，改革开放前后开始拓展到服装生产领域，在常熟合作成立印染厂和丝绸厂，厂经营科在财务上实行独立核算，还入股吴县服装二厂。早在1980年时，就召开过全国性的展销订货会，遍邀全国的百货公司、服装公司来参加，收获大批订单，打破了当时不允许工厂直接销售产品的限制。合资经营也是东吴丝织厂的一个亮点，与香港合资的珠海东吴珈都时装厂创办于1985年，在当时无疑属于破冰之举（参见李伟口述）。红叶造纸厂也很早就以设立销售点的方式到广州开拓市场，后来大部分产品都销往广东，订货会一直持续开到90年代中期（参见罗云龙口述）。

当生产经营不够理想甚至陷入困境时，苏州国营企业又以提升效益为中心，打破制度束缚，实现多样化经营。破墙开店是多个国营企业的共同

---

[1]《我国通过ISO9000体系认证的机电企业（五）》，《世界机电经贸信息》，1997年第14期。

做法，东吴丝织厂位于市区人民路中段，属于市中心，具有无可比拟的区位优势，在改革开放之初就把沿人民路的围墙破开，设立门市部，直接销售各类丝绸产品和服装。吴县布厂设在甪直镇（现属苏州市吴中区）最繁华的步行街上，一共3楼，底楼改建商场，二层、三层仍为生产车间（参见沈洪波口述）。90年代时，苏州手表总厂把市区接驾桥厂区的工人与生产设备等全部搬迁，腾出来的场地全部出租，辟为小商品市场，每年净收租金达300万元（参见丁炜柏口述）。苏州轻工系统到20世纪后期，共有40多家企业对外出租厂房，出租房屋面积7.1万平方米，每年租金收入约2 000万元。[1]

---

[1] 周新南：《加快传统行业改造靠高速改革求发展——苏州轻工业改革开放二十年回眸》，《上海企业》，1999年第3期。

第四章 顺时应变：20 世纪 90 年代的苏州国有企业

20 世纪 90 年代是一个危机和机遇并存的时代，经历了 80 年代商品经济大潮的冲击和洗礼后，90 年代的中国以邓小平同志发表南方谈话和中共召开十四大为契机，终于确立了建立社会主义市场经济体制的发展道路，我国的改革开放也掀开了新的一页。在中央精神的指导和鼓舞下，苏州市属工业国企以股份制改革和建立现代企业制度为目标，逐步实现了"从计划经济下的国营单位"到"市场经济中的国有企业"的角色转变。此后，苏州市属工业国企顺应市场经济的时代大潮，不断革新自身的经营理念和产销体制，和飞速发展的外资企业及民营企业同台竞技、互相角逐，同样为苏州经济和社会日新月异的发展做出了重要贡献，同样在苏州的改革开放史上留下了值得称道的一笔。

一、从"国营"到"国有"

改革开放之初的中国经济和社会，尽管在总体上并没有摆脱计划体制的束缚，但生产力毕竟得到了极大解放，尤其是经过真理标准的大讨论后，人们在思想观念层面得到了一次显著的提高和升华，整个社会充满了勃勃生机和活力，新生事物不断涌现，社会面貌日新月异。改革开放的总设计师邓小平同志早在 1979 年 11 月会见美国客人吉布尼时，就高瞻远瞩地提出："市场经济不能说只是资本主义的"，"社会主义也可以搞市场经济。同样地，学习资本主义国家的某些好东西，包括经营管理方法，也不等于实行资本主义。这是社会主义利用这种方法来发展社会生产力"。[1] 邓小平同志的这一洞见在当时的时代背景下，堪称石破天惊、振聋发聩，

---

[1]《邓小平文选》(第二卷)，人民出版社，1994 年版，第 236 页。

"生活在那个时候的人们都知道,说出这样的话,需要多么大的能力和胆魄!"[1]1992年年初,邓小平同志发表南方谈话,为中国经济和社会发展再次指明了方向,"改革开放迈不开步子,不敢闯,说来说去就是怕资本主义的东西多了,走了资本主义道路。要害是姓'资'还是姓'社'的问题",并提出"三个有利于"的判断标准。对计划经济和市场经济之争,邓小平同志指出:"计划经济不等于社会主义,资本主义也有计划;市场经济不等于资本主义,社会主义也有市场。"[2]邓小平同志提出这些论断时,已经88岁高龄,在中国社会面临重要转折的关键时刻,暮年的邓小平同志依然慧眼如炬、睿智如斯,再一次精准把握住了时代的发展方向和潮流大势。

邓小平同志的南方谈话为20世纪90年代中国经济体制改革和国企改革指明了方向。20世纪80年代国营企业的改革,主要是从扩大企业自主权的角度推进的,其中经历了两步走的利改税阶段,1986年后推行的承包制一般被认为是国营企业扩权的顶点。承包制可以激励企业追求最大化盈余,上交国家利润后企业和承包者获得最大收益,即因为经营良好而得到奖励。十余年的改革之路,在解决企业的激励问题方面取得了卓有成效的成绩,但未能很好地解决"对经营决策者的选择问题"[3],因为无法确立经营失败而受到相应惩罚的机制,企业也不会因为经营不善而破产,"包盈不包亏",也没有改变政府与企业之间的行政隶属关系,说到底还是无法摆脱计划经济等同社会主义、市场经济等同资本主义的窠臼。[4]邓小平同志南方谈话发表后,得到全国上下的衷心拥护,之后,1992年10月党的十四大第一次明确提出我国经济体制改革的目标是建立社会主义市场经济体制,1993年11月,十四届三中全会通过《关于建立社会主义市场经济体制

[1] 武市红、高屹主编:《邓小平与共和国重大历史事件》,人民出版社,2000年版,第413页。
[2] 《邓小平文选》(第三卷),人民出版社,1993年版,第372-373页。
[3] 张维迎:《从现代企业理论看国有企业改革》,《改革》,1995年第1期。
[4] 西方经济学的传统观点是把市场经济看作基本社会制度,是一种以私有制为基础、完全由市场自发调节的经济运行制度,西方权威的《简明不列颠百科全书》就把资本主义定义为"自由市场经济"。也有一些学者站在较为客观的立场上,视市场经济和计划经济为经济运行机制或经济调节方式,可以与不同的社会制度相结合。笔者赞同张传平先生的观点,即作为一种资源配置方式,市场经济既可以与生产资料私有制相结合,也可以和生产资料的社会主义公有制相结合,而且市场经济关系一旦形成,又会强有力地推动生产发展的社会化和现代化。(参见张传平:《市场逻辑与社会主义》,人民出版社,2002年版,第8-21页)

若干问题的决定》,提出"建立现代企业制度,是我国国有企业改革的方向",要求国企建立起"产权清晰、权责明确、政企分开、管理科学"的现代企业制度。至此,我国的国有企业改革开始了以制度创新为特点的新历程。

全民所有制企业的名称也由"国营"改为"国有"。1993年3月全国人大通过宪法修正案,将第十六条、第四十二条的"国营企业"修改为"国有企业",相关"国营经济"的表述也被"国有经济"所替代。国营企业和国有企业之间的区别,确切地说是"国有企业中国营企业和自营企业的区别"[1],换言之,国营企业也是国有企业,但国有企业既可以由国家机构直接经营,即国有国营企业,也可以由企业自主经营,即国有自营企业。改革就是要把绝大多数的国营企业转变成自主经营、自负盈亏的社会主义商品生产者和经营者,即国家让出国企的经营权,但企业产权仍然属于国家,同时保留防止国有资产流失的监督权。

实际上,我国的国有企业经历了20世纪80年代以扩大企业自主权为中心的改革后,到80年代末又出现了每况愈下的局面。1988年以前,国有企业的亏损面还没有超过20%,到90年代初期出现了盈亏"三三制",即三分之一亏损、三分之一虚盈实亏,只有三分之一还赚钱,再到1996年第一季度,整个国有部门自1949年以来首次出现了净亏损,甚至出现了国有经济的全行业亏损。[2]由于亏损企业近四分之三集中在地方国企,因此1995年的十四届五中全会提出"抓大放小"战略,1997年的中共十五大明确指出,国有经济只应在关系国民经济的重要行业和关键领域中起主导作用。1999年9月,十五届四中全会通过《中共中央关于国有企业改革和发展若干重大问题的决定》,对关系国民经济命脉的战略部门的范围作了更具体的界定,主要包括涉及国家安全的行业、自然垄断的行业、提供重要公共产品和服务的行业,以及支柱产业和高新技术产业中的重要骨干企业。

苏州国有企业在20世纪90年代的发展脉络,也与上述国家层面经济体制改革的进程相协调一致。从80年代末开始,苏州国有企业普遍遭遇一定程度的困境,这一点在笔者的口述访谈中也有所体现。例如苏州轻工业

---

[1] 周叔莲:《企业改革要分类指导——从国营企业和国有企业的差别说起》,《经济学家》,1992年第3期。
[2] 参见吴敬琏、马国川:《重启改革议程:中国经济改革二十讲》,生活·读书·新知三联书店,2013年版,第154页。

自 1980 年至 1988 年是高速增长时期，总量基本上每五年翻一番，而到 1989 年至 1992 年出现了"经济滑坡、效益下降"[1]的局面。其原因是多方面的，1989 年我国的出口受到较大影响，而纺织丝绸、轻工产品一直是苏州市的出口大项，外贸出口受影响自然不利于企业的生产经营。此外就是随着商品经济的发展，改革开放初期的商品紧缺现象已经不复存在，市场需要的是质量更上乘的日用消费品，性价比和科技含量高的产品更能得到消费者的青睐，而不少厂家还未摆脱以数量取胜的早期粗放型发展思路。据统计，1990 年全国电冰箱的市场需求量预测是每年 400 万~500 万台，实际生产能力超过 3~4 倍；1986 年全国电风扇生产厂已有 200 多家，年实际生产能力达到 3 500 万台，超过实际销售量近 1 倍；1987 年上半年全国已累计积压手表 3 500 万只，约等于全国手表行业半年的产量，除少数名牌手表厂还有盈利外，三分之一企业已经出现亏损，[2]其他日用消费品行业也有类似的情况。

随着邓小平同志南方谈话发表和党的十四大召开，社会主义市场经济体制得到确认，外资经济和民营经济呈现出蓬勃发展态势。从 90 年代初期开始，苏州市大力提升对外开放力度，以工业园区和高新区为代表的开发区，凭借优越的地理位置、完善的工业配套设施和良好的营商环境，吸引大量外资和民资来到苏州投资建厂。此消彼长，苏州市的国有工业经济从整体上看，在工业总产值中的占比呈现逐年下降趋势，但仍然有不少市属工业国企凭借多年积累，与外资企业、民营企业同台竞技，展开激烈竞争，这种情况一直持续到 90 年代中后期。1990 年，苏州国有经济的工业产值仍占工业总产值的四分之一多，1995 年时绝对值翻了一番，但比重下降至 17.76%，到 2000 年更是不足十分之一（表 3）。从 90 年代中后期开始，苏州市根据抓大放小战略，采取改制、改组、合资等手段，对国有和集体经济工业实施全面改革，从 1996 年开始启动，十五大前后进入高潮，到 1997 年年底取得了阶段性成果。苏州国有企业也开始走上不同的发展道路，或者凭自身积累奋力拼搏，或者与外资联合设立新厂，还有相当部分国有企业转制关停，此时单纯从工业产值看，苏州的国有经济已经难以与

[1] 范敬中：《苏州轻工经济发展思路》，《上海企业》，1995 年第 6 期。
[2] 刘国光等：《80 年代中国经济改革与发展——研究报告续集》，经济管理出版社，1991 年版，第 318–319 页。

外资经济、民营经济分庭抗礼了。2002年，苏州市全面推进市属国有（集体）企业产权改制工作，通过各种方式，基本上实现了国有资本从一般竞争性领域的退出。

表3 1990—2010年部分年份苏州市内外资工业产值[1]

单位：亿元

年份	1990年	1995年	2000年	2005年	2008年	2010年
内资经济	422.69	1 075.92	1 211.84	3 280.14	6 133.59	8 337.57
国有经济	112.8（26.19%）	236.07（17.76%）	195.21（8.15%）	216.54（2.19%）	395.42（2.12%）	713.46（2.89%）
非国有经济	309.89	839.85	1 016.63	3 063.6	5 738.17	7 624.11
外资经济	8.09	253.02	1 184.67	6 628.44	12 496.54	16 314.1
合计	430.78	1 328.94	2 396.51	9 908.58	18 630.13	24 651.67

二、苏州国企的不同发展道路

从20世纪90年代开始，苏州市各国有企业大都走上了通过深化改革来谋生存、求发展的道路。经历了数十年的计划经济体制后，党的十四大确立的社会主义市场经济体制对大多数中国人来说，仍然是一个需要在实践中逐步加深认识的名词。换言之，社会主义市场经济体制的总趋势是发挥市场机制在资源配置中的主导作用，但是落实到现实社会和具体的操作环节，并没有一条清晰明确的路径，唯有解放思想、实事求是，不断探索、砥砺前行。因此，进一步深化改革、增强国企活力是社会上下的共识，具体则根据实际情况采用各种手段、多管齐下，走不同的经营发展之路，与时俱进、努力适应市场经济的大潮并占得一席之地。以下，择取其中较具代表性的战略举措稍作介绍。

首先是实施减员增效。减员增效，减的是非生产人员，增加的是企业效益。苏州手表总厂在80年代末职工人数一度达到两三千人，经过压缩、分流，90年代中期仍有职工1 000多人。苏州手表总厂的丁炜柏厂长，身

---

[1] 数据来源：《苏州统计年鉴》（1990—2010年）。

兼三厂厂长，在他领导下原来经营陷入困境的工厂往往能起死回生，压缩全厂的非生产性人员就是他常采用的有效举措之一（参见丁炜柏口述）。一些劳动密集的行业如纺织业更加典型，苏纶厂就是一个有7 000人之多的大厂，东吴丝织厂的人数也达到4 000多人。1995年，苏纶厂以贯彻《劳动法》为契机，全面推行劳动合同制，全厂职工在自愿基础上分别同企业签订了不同期限的合同，同时引进竞争上岗机制，全厂职工从1986年的7 521人逐步减少到1996年的6 305人，全厂干部也实行聘用制，兼并科室部门，缩减各类干部200人。1997年，苏纶厂再次进行了大刀阔斧的改革，中层干部从103人降至70人，在职职工总人数从6 305人降至5 313人，原有科室达到27个之多，经过取消、合并后，形成生产一部、生产二部、营销部、政工部、后勤部，财务科、劳工科、供应科、安保科，以及总师室、办公室，即"五部四科二室"的格局，另外对职工医院、机修车间等进行了剥离式承包。[1] 一系列举措使得全厂职工的生产积极性大幅提高，生产经营出现极大转机。减员增效最为显著的，当属特种纱线厂，人数从高峰时期的1 200多人压缩为不到300人，几乎都是生产人员，因此当特种纱线厂面临改制时，企业的生产经营和经济效益其实是相当不错的。

　　应该说，减员增效是国有企业绕不过的一道坎。计划经济时代，全民所有制企业的职工人数都呈现膨胀趋势。首要原因，在于工资福利待遇超过其他部门，高出社会平均工资水平，是很多年轻人青睐的就业去向。其次，在养老、工伤等社会保障体系没有完善之前，国营企业只能将这些社会职能悉数承担起来，再加上其他福利如幼托、食堂、澡堂、医疗、子女教育等，导致非生产性人员增多，形成"企业办社会"的局面，这固然在一定程度上可以解决职工群体生活的后顾之忧，提升企业职工的凝聚力和荣誉感，但企业也因此背负了沉重的人员和经济包袱，在企业经济效益较好时，这一问题不会凸显，一旦企业陷入种种困境，减少非生产性人员、轻装上阵就会成为必然选择。最后，国有企业被行政权力支配，"婆婆"过多，上级部门推进什么工作，作为下级的企业就得调派人员，成立相应的职能部门或办公室去承担，换言之，国有企业承担了很多非生产领域的事

---

[1] 参见苏纶纺织厂：《苏纶纺织厂建厂一百周年（1897—1997年）纪念册》（内部资料），1997年。

务,这必然导致企业职工人数不断膨胀。由此可见,计划体制下的国有企业并不是纯粹的生产经营单位,有诸多非生产性事务牵扯着企业。所以改革开放后,压缩分流非生产一线的职工就是国企改革的一项重要内容,包括承包经营、多元化经营等,都以减员增效为目标。但是,在传统观念没有打破之前,国企职工的身份相对是固化的,也就是所谓的"铁饭碗""大锅饭",因此,国有企业压缩富余人员只能在国家政策允许的前提下,稳步推进,只有当国企真正成为自主经营、自负盈亏的社会主义市场经济的商品生产者和经营者时,减员增效才能水到渠成。

其次是开展集团化经营。企业集团就其本质而言,属于企业间的横向联合,故也被称为企业群,[1]这有助于打破条块分割和地区封锁,有利于增强企业活力和企业总体实力,创造出规模优势和效益。90年代以来是我国企业集团发展最为迅速的时期,大都以名优产品为龙头,以骨干企业为核心,形成以生产工艺相互衔接的若干企业间的生产技术协作关系为纽带而建立起来的企业群体。苏州也是如此,而且组建企业集团的尝试首先在实力相对雄厚、品牌相对知名的全民和集体所有制企业中展开。苏州组建企业集团起步于80年代,最先组建的是5个企业集团,分别是长城电器集团、香雪海电器公司(集团)、孔雀电子联合公司(集团)、苏纶纺织品联合公司(集团)和东华电器设备集团,分别以苏州长城电扇厂、苏州冰箱厂、苏州电视机厂、苏纶纺织厂和苏州开关厂为中心,凝聚的成员单位(企业)达到120多家,参与协作的企业多达1 000多家,地域上横跨7个省。1988年,5家企业集团在苏州市区的成员企业的产值、利税、出口产品收购和固定资产原值等指标,都已经接近或超过了苏州市区工业总量的三分之一。到1993年年底,累计企业集团已经达到252家,成员企业包括核心、紧密层、半紧密层,达到3 600多家。[2]

从产业组织形式看,集团公司具有优化经济结构、盘活存量资产、提高产品质量、扩大经营规模、增强竞争能力,最终实现提升经济效益的优势。振亚丝织厂是一家实力雄厚的国家二类企业,1990年和1991年连续两年被列入中国500家最大工业企业,先后获得过"国家质量管理奖""全国

---

[1] 参见马家骏:《中国经济改革理论与实践》,中国发展出版社,1992年版,第249页。
[2] 参见闵洪:《从苏州企业集团的发展看集团经济的优越性》,《集团经济研究》,1989年第1期;孙伟民、戴劲松:《苏州发展企业集团又迈新步》,《集团经济研究》,1994年第3期。

技术进步全优奖"等，但处于服装工业的上游，未能形成"一条龙"的生产全链条，1993年5月成立苏州振亚集团公司，核心层是振亚丝织厂和苏州服装四厂，紧密层包括振亚丝织厂振西分厂、振亚立德时装有限公司、深圳中联丝绸服装一厂、苏州绸缎炼染二厂、苏州丝绸制品厂等，基本上实现了多元化生产和销售战略。

  在一定程度上，苏州市属工业国企90年代的集团公司化也是80年代联营企业、合作企业进一步发展的产物。如前所述，80年代长城电扇厂的产量有跳跃式增长，从年产80万台骤增至两三百万台，关键原因就是横向联合，借助数十家联营企业、合作企业之力，长城电扇厂实际上成了一个总装厂，大部分零部件都在外面的联营企业生产，此外还承担新品研发和质量监控工作。当然，早期的集团企业多为松散型联合体，或者以横向经济联合为基础，或者以行业主管部门为整合中心，[1]没有进行触及企业产权的深入改造，尽管集团可以被看成一个整体，但内部结构松散，成员单位各自隶属关系、所有制性质等均无改变，离心性较强，且无法互相制约，所谓"十个集团九个空"就是指这类企业集团。有学者指出，现代实体性企业集团在各企业的结合方式上有两个基本要求，一是"企业间互相持股、互相融通短期资金，从而形成经济上的命运共同体，互相帮助又互相制约，你败我也衰，你兴我也盛"，再是"集团内企业间人事上要能互相兼职，你任我的经理，我当你的董事，在领导层的决策和日常经营管理上互相监督"。[2]苏州市属工业国企的集团化运营达到这一标准的并不多。孔雀集团最早组建时，称为孔雀电子联合公司（集团），带有明显的松散型联合体特征，此后组建苏州孔雀电器集团时，就成为一家以资产为纽带的资产一体化企业集团，以董事会为最高经营决策机构，实行董事会领导下的总经理负责制，[3]由100多家企事业单位共同组成。但要指出的是，孔雀电器集团公司的核心层成员单位共5家，即苏州电视机厂、苏州有线电

---

[1] 1989年8月，苏州香雪海电器公司、长城电器公司、春花吸尘器总厂和轻工贸易中心联合成立斯加电器集团公司，当年斯加电器的工业总产值达15亿元，生产的电扇、吸尘器数量居全国同行业之首，生产的电冰箱数量居全国第二，这一集团公司当是轻工业主管部门主导的产物。
[2] 刘鹤、杨伟民：《中国产业政策：理念与实践》，中国经济出版社，1999年版，第343页。
[3] 参见张元：《就苏州孔雀电器集团公司的特征探讨企业集团实行资产一体化的问题》，《集团经济研究》，1989年第4期。

一厂、苏州电真空器件总厂、苏州电子自动控制设备厂和苏州市计算机开发应用研究所，4厂1所均隶属于苏州市电子工业局，这是能实施资产一体化集团企业的重要原因之一。应该说，苏州市属工业国企90年代的集团公司化就整体而言，仍然有流于形式和陷于表层的嫌疑，但这种联合与协作无疑是企业未来的发展方向之一。[1]

再次是参与外向型经济。由各国专家集体编写的《1987年世界发展报告》比较系统地提出了外向型经济的概念，并将其运用于对发展中国家的经济比较分析中。[2]一般而言，外向型经济指一国为推动国内经济的健康发展和增长，面向国际市场，以国际市场的需求为导向，所建立的经济结构和经济运行体系。[3]外向型经济运行的基础是商品经济，本质上属于开放经济体系的一个有机组成部分，与开放的内向型经济并行不悖。受益于便利的区位优势，苏州很早就将外向带动战略确立为三大经济社会发展战略之一，并以"三外"即外贸、外资、外经三项工作作为外向型经济的主要抓手，苏州市属工业国企在这3个领域都有耕耘和收获，尤其以前两者为主。

纺织丝绸产品和轻工产品一直是20世纪90年代苏州外贸出口的大项，一些苏州市属工业国企取得对外贸易自营权后，外贸规模日益扩大。苏州针织总厂是较早获得进出口经营权的纺织企业，早在1989年就被授权，此后不再需要经过江苏省针织产品进出口公司转手，可以直接承接来自日本和中国香港地区的订单，实现了企业的自主外贸经营，利润空间得到大幅提升，苏州针织总厂也因此成为苏州纺织行业中最后一家（2004年）转制的企业。1987年7月，苏纶纺织品联合公司（集团）成立，[4]这是以苏纶纺织厂为主体，联合江苏省纺织外贸和苏州市色织、印染、服装等8家企业投资入股的一个集团公司，也是江苏省纺织系统首家拥有直接

[1] 随着市场竞争的日益加剧和产品生命周期的不断缩短，一家企业很难在每一竞争阶段都保持优势，唯有进行资源整合、突破组织边界，变传统竞争关系中的非赢即输模式为更具合作性、共同谋求更大利益的共赢模式，才能更好地生存，整个社会系统也可实现进一步优化。尼尔·瑞克曼指出："真正的企业变革，指的是组织之间应以团结合作、合力创造价值的方法来产生变化；公司发展出新的合作经营方法，协助企业取得前所未有的获利与竞争力。"（《合作竞争大未来》，经济管理出版社，1998年版，第1页）
[2] 参见《1987年世界发展报告》，中国财政经济出版社，1987年版。
[3] 路林书：《外向型经济与中国经济发展》，机械工业出版社，1988年版，第14页。
[4] 1996年，苏纶纺织品联合公司并入新成立的苏纶纺织集团公司。

对外贸易自营权的集团型公司，形成纺、织、印染、服装全覆盖的出口产品体系，是苏纶厂向以国际市场为主导的外向型企业发展的一个重要标志。1989年，苏纶纺织厂获得国家批准的自营进出口权，至1997年，苏纶厂的外贸出口一直保持着较为强劲的势头，出口"蛋糕"越做越大，1992年出口创汇达2 065万美元，1994年自营出口创汇达755万美元，再次被评为苏州市出口创汇大户。1995年，苏纶厂自营出口首次超过1 000万美元，达到1 189万美元，在311家全国自营出口1 000万美元以上的企业中排第236名，在纺织系统内排第48位，受到国家经贸委和外经部的表彰，[1]1996年自营出口再逾1 000万美元，被江苏省纺织总会评为年度自营出口先进企业。苏州电视机厂于1986年成为国家机电产品出口基地，1987年被批准拥有直接外贸权后，成立了具有自营外贸权的进出口公司，出口西班牙和新西兰的黑白电视机，分别是我国首次打入西欧和南半球的电视产品。苏州电视机厂早在1988年就向孟加拉国输出技术、设备和成套电视机散件，在当地建立了一座电视机厂，1989年又与泰国的惠泰公司合资，在江苏省电子进出口公司的支持下在曼谷设立了博隆公司，带动了电视机整机和散件的出口贸易，1989年至1991年创汇达236万美元。春花吸尘器总厂自1991年首次向欧洲批量出口吸尘器后，先后有多个产品通过德国GS安全认证、英国BS安全认证、澳大利亚SAA安全认证、美国UL安全认证、荷兰KEM安全认证，是同行业中第一个获得国外技术标准认证的厂家，获得欧共体CE、EMC标志。1993年被外经贸部授予进出口自营权，1994年销售收入达3.04亿元，其中外贸出口收入达1.07亿元。[2]

　　引入外资、建立合资企业也是苏州国企推行外向型战略时普遍采用的一种手段。苏州第一家中外合资企业成立于1984年，而东吴丝织厂于1987年3月在珠海成立中外合资东吴珈都时装厂有限公司，这在全国丝绸行业中都是创举，由于项目受到各方青睐，最后投资股东多至6家，分别是苏州东吴丝织厂（占股16.8%）、珠海江海电子公司、香港珈都服装公司（占

---

[1]《经贸委外经部表彰1995年自营出口千万美元以上企业》，《中国纺织》，1996年第8期。
[2] 访谈对象韩丽芳女士1992年大学毕业后，应聘进入春花吸尘器厂的外销科时，春花尚未获得自营进出口权。后申请获得自营进出口权后，开始直接对外接订单、销售产品，参加广交会可以直接和外国人做生意，外销市场就此迅速扩大（参见韩丽芳、汤松林口述）。

股15%）、苏州绸缎练染一厂、江苏省丝绸公司和中国丝绸服装总公司，省级和国家级丝绸公司赫然在列，足以说明对该项目的重视。苏州手表总厂在1996年引入外资独资公司组建独资子公司，再通过子公司来承包手表总厂的数个车间，相当于请外资方来承包，也是一种颇具新意的合作方法（参见陈大厦口述）。造纸业在90年代以后面临巨大的环保压力，苏州红叶造纸厂在"九五"期间为限期治污企业，厂方清醒地认识到，较为可行的一个解决方案就是新建中外合资企业，于是先和新加坡金鹰集团联营生产，再利用由世界银行提供贷款的京杭大运河治理项目，试图转型生产高档生活用纸，还和印尼金英集团合资兴建金叶纸业有限公司，遗憾的是后来红叶造纸厂决定停厂，一些合作项目遂只能中断或改由其他厂家接手。[1]

在借鉴外国先进技术、建立合资企业方面，起步更早、影响更大的要数孔雀电视和春花吸尘器两大品牌。[2]有着巨大销售市场和深厚技术积累的苏州电视机厂，在90年代成为外资青睐的首要合作厂家，先后与荷兰飞利浦公司、日本松下电工株式会社、日本大和电机精工株式会社展开合作。1992年与飞利浦合资成立苏州飞利浦消费电子有限公司（简称苏飞公司），1995年双方又追加投资组建苏州飞利浦消费电子有限公司显示器厂，次年再组建控制器分厂和调谐器分厂。此外，与日本松下合资成立苏州松下电工有限公司、苏州松下电工线路板有限公司，与日本大和合资成立苏州大和精密模具有限公司等。

需要指出的是，在与西方跨国资本的合作过程中，中方似乎普遍不占据优势。这其实是正常的，改革开放前数十年，国际社会正处于经济迅速发展的阶段，后来在中国大陆广泛投资的"亚洲四小龙"，其经济腾飞就发轫于

---

[1] 1996年3月，金红叶纸业（苏州工业园区）有限公司、金华盛纸业（工业园区）有限公司成立，均为印尼华侨在新加坡组建的国际投资公司亚洲浆纸业有限公司（APP）独家独资公司，21世纪初，金红叶成为亚洲最大的生活用纸产销公司，2010年金红叶纸业（苏州工业园区）有限公司正式变更为金红叶纸业集团有限公司，2020年金红叶纸业集团有限公司列苏州全市工业资产百强企业第7名、工业主营业务收入列全市百强企业第34名。另外，之所以取名"金红叶"和"金华盛"，和安置一部分原红叶、华盛两厂的退休和下岗工人有关（参见罗云龙口述）。

[2] 春花吸尘器总厂1994年进行股份制改造，成立了总厂合资子公司——家用吸尘器分厂改制的苏州春花电器股份有限公司。1996年，原苏州吸尘器总厂以全部经营性资产投入苏州春花电器股份有限公司，企业正式更名为江苏春花电器集团股份有限公司。

20世纪60年代末,于90年代后期告一段落。[1]至于西方的跨国资本,已经经历了数百年的对外扩张,殖民地一度遍布全世界,不仅拥有雄厚的经济实力和先进的工业技术,在资本、技术、生产管理和经营理念上,均具有无可比拟的优势,更无比熟谙市场经济和资本市场的整套游戏规则,擅长依据条文来提出要求、获得利益,再加上丰富和专业的谈判经验与技巧,因此,在谈判中谋取最大化的利益并非难事。反观中国,在改革开放之前,整个国家的重心都在以阶级斗争为纲的政治领域,过于教条化的公有制和计划经济又否认了私营和民营经济的生存空间,以至于当20世纪80年代的中国人眼界初开时,严重缺少市场经济观念或者说根本不熟悉市场经济的规则制度,在与西方跨国资本的谈判中,自然不是对手,甚至可以说,谈判双方根本就不是一个分量等级的。面对西方跨国资本具有的资金和技术优势,以及刻意展现出来的咄咄逼人的谈判姿态,中方的应对显然是非专业化的,被跨国资本通过所谓的市场规则所操纵,也屡见不鲜。正是因为对市场经济的不熟悉,多少显得稚嫩的国人很难看清或者意识到外方在市场上的真正意图是以自己的品牌占领市场,常常自我定位为市场换技术的立场,最后导致在合资过程中,国内厂家在股权比例上经常处于劣势,即无法取得控股权,最关键的是自身的品牌受到诸多限制。在这方面,苏州市属工业国企不可否认也存在着类似问题,但亦有得有失。同样是和老牌跨国公司飞利浦合作,在苏州飞利浦消费电子有限公司中,孔雀集团即中方占股是49%,飞利浦获得控股权[2],而春花与飞利浦于1996年合资成立的苏州春飞家用电器公司,经过艰苦谈判,中方比对方多出20万美金,占股51%,取得控股权。尽管中方取得的控股权只是暂时的,后

---

[1] "亚洲四小龙",指亚洲经济发展迅速的4个经济体,分别是韩国、中国台湾地区、中国香港地区和新加坡。这4个国家和地区充分利用发达国家向发展中国家转移劳动密集型产业的机会,吸引外国大量资金和技术,在20世纪70—90年代经历了经济高速发展阶段,成为亚洲继日本之后的发达国家和地区。1997年亚洲金融危机后,这一名词较少使用。
[2] 合资以后,孔雀集团仍保留"孔雀"品牌,但不能用在带显示屏的产品上,实际上不能再生产"孔雀"品牌电视机。但此后"孔雀"电视在市场上并未消失,甚至市场份额还一度有所扩大。根据双方约定,合资以后,苏州飞利浦消费电子有限公司以315万美元的代价,取得了在合资期间独家在视频产品上使用孔雀商标的权力,"孔雀品牌的彩电一直占整个合资公司总产量的1/3左右",有些地区"孔雀彩电的销售量依然超过该公司生产的飞利浦彩电"。(参见赵人健:《孔雀:正在向更高层次腾飞——苏州孔雀电器集团利用外资的成功实践》,《集团经济研究》,1997年第11期)

期中方又转给对方31%的股权，但仍不失为一大成功。此后因为中方获得了控股权，合资公司成立后，"春花"吸尘器得以保持强劲的外销量，一度成为全球清洁器具的主要供应品牌之一。

当然，包括苏州市属工业国企在内的广大国企，在与跨国资本的合作过程中，仍然取得了丰硕成果，包括先进技术的持续引入、外向型经济的强力推动、财政税收的重要贡献等，其中对中国社会影响最深远的，在笔者看来，或许是西方成熟的市场经济理念和相关制度的引入，这正是中国发展市场经济最亟需的。笔者在访谈中了解到这样一个事实，即20世纪90年代苏州市属工业国企与外资合作建厂后，仍然有相当一部分职工没有进入新的合资工厂，凡是进入新的合资工厂的职工，大都对自身心态有所调整（参见毛跃民、马苏伟口述），并在此后的工作过程中，获得了较为优厚的薪资待遇，更关键的是，他们都对合资企业注重市场竞争、以规范和高效为特点的经营理念和机制，表示了较高程度的认同，这或许可以看成是合资企业带给国人的最大一笔财富和贡献。

第五章　无奈谢幕：改制大潮下的苏州市属工业国企

1997年9月中共十五大以后，国有经济只在关系国民经济的重要行业和关键领域起主导作用成为共识，两年后又对关系国民经济命脉的战略部门作了进一步界定，于是国有企业退出竞争性领域成为定局。在外资经济和民营经济更为发达的苏州地区，通过资产重组和结构调整，始终在大力推进针对国有和集体企业的改制工作，尤其是纺织、丝绸、轻工和电子等领域的苏州市属工业国企，大多数正在改制或已经完成改制。到2002年，苏州市委、市政府再次加快市属国有（集体）企业产权制度改革的进程，两年以后，全面完成改制任务，这意味着苏州市属工业国企全面退出了竞争性领域。站在历史的角度看，苏州市属工业国企不仅是苏州市自1949年至1978年这30年工业的最重要基石之一，更在改革开放初期积极主动地投身商品经济大潮，长袖善舞、引领潮流，成为其中的佼佼者。尽管后期由于多种因素，不无遗憾地退出了与外资经济和民营经济的角逐舞台，但其巨大的历史功绩和荣耀仍然值得后人关注和尊重。

一、世纪之交的改制大潮

无论是从世界范围的经济发展趋势看，还是从中国国企改革的实践层面看，计划经济与市场经济这两者应该是相辅相成的，单纯从理论层面去强调计划与市场的优劣没有实质意义，即便是西方各资本主义发达国家，也同样走了一条市场与计划相结合，即混合经济的道路。只要翻阅一下经济史就知道，在资本主义的早期发展阶段，人们崇尚自由放任的竞争，认为市场会被一只"看不见的手"调整。19世纪中期以后，资本主义市场经济的参与者即私人市场主体为了追求自身利益的最大化，采取的竞争手段和方式越来越无所不用其极，导致竞争环境日益残酷，再反过来逼迫私人市场主体采取更极端、更违反人性的不正当竞争手段。此时，古典经济学所谓的"经济人"理性自觉和市场自身完美的神话基本破灭，欧美发达国家普遍采取了干预主义政策，并制定了大量的社会性立法。[1]20 世纪上半叶更是西方古典自由主义走向衰落的时期，30 年代资本主义世界爆发经济危机后，美国"罗斯福新政"在凯恩斯主义的影响下开创了西方政府大规模干预经济秩序的先河，并迅速扭转危机局面。英国工党的著名理论家、费边社主要成员拉斯基更认为"二战"结束后会进入到"计划化社会时代"，"重要的生产资料由全社会拥有和控制，直接为其本身利益服务"[2]。"二战"后英国循此建立起"福利国家"，主张国家干预的凯恩斯主义在美国和英国流行一时。即便在 20 世纪 70 年代，以哈耶克为代表的新自由主义经济学家大声呼吁市场"无形之手"如果失灵，国家"有形之手"同样无济于事，最后还要回到市场的自生自发秩序，但欧美经济界的主流观点仍然是市场与计划的两相结合。著名经济学家、1970 年诺贝尔经济学奖获得者美国学者萨缪尔森就声称："在现实世界中，还不曾有一种经济能够完全依照'看不见的手'的原则而顺利地运行"，"现代经济中，政府针对市场机制的缺陷肩负起许多责任"。[3]故有学者将世界市场经济模式分类为法国"有计划的资本主义市场经济模式"、德国"社会市场经济模式"、日本"政府主导型市场经济模式"和美国"竞争型市场经济模式"等。[4]

  1949 年后的中国仿效苏联建立起了完全摒弃市场经济的单一计划经济体制。马克思在《论土地国有化》一文中描绘过计划经济的蓝图："一切生产部门将用最合理的方式逐渐组织起来。生产资料的全国性的集中将成为自由平等的生产者的各联合体所构成的社会的全国性的基础，这些生产者将按照共同的合理的计划进行社会劳动，这就是 19 世纪的伟大经济运动所

---

[1] 德国在俾斯麦时期就出台了《疾病保险法》《工伤保险法》《老年和残障社会保险法》等，成为全世界第一个提供某种形式国家社会保障机制的国家；美国在 1890 年制定并颁布了世界上第一部成文的反垄断法——《谢尔曼托拉斯法》，此后不断修改，是世界上反垄断执法最为严厉的国家之一；德国于 1896 年制定了世界上第一部专门的反不正当竞争法；等等。
[2] 拉斯基著、朱曾汶译：《论当代革命》，商务印书馆，2017 年版，第 373-374 页。
[3] 保罗·萨缪尔森、威廉·诺德豪斯著，萧琛主译：《经济学（第 18 版）》，人民邮电出版社，2008 年版，第 30 页。
[4] 参见晏智杰主编，张延、杜丽群编著：《西方市场经济下的政府干预》第九章，中国计划出版社，1997 年版。

追求的人道目标"。[1]但这里有一个前置条件,即"自由平等的生产者的各联合体",相当于《共产党宣言》中所说的"每个人的自由发展是一切人的自由发展的条件"的"自由人联合体",这显然不是尚处于社会主义初级阶段的中国所能具备的。此后,苏联建立起完全排斥市场经济的社会主义计划经济体制,列宁在1918年指出:"没有一个使千百万人在产品的生产和分配中严格遵守统一标准的有计划的国家组织,社会主义就无从设想。"[2]在斯大林时期编写的《苏联政治经济学教科书》中,计划经济被奉为社会主义的基本经济特征,并在经济领域付诸实施,建立起将所有社会经济资源都高度集中在计划当局、以指令计划严格控制经济运行、以国有企业为实施单元的社会主义经济体制,被称之为"斯大林模式",1949年以后的中国所建立的经济体制遵循的正是这种模式。

应该说,高度集中的计划经济体制在苏联和我国都曾取得过显著成果。苏联第一个(1928—1932年)和第二个(1933—1937年)五年计划的成功,令世人对社会主义计划经济的信心大增,并影响到我国的一大批自由知识分子,他们在抗日战争胜利后提出了政治领域学习英美的议会民主制度、经济领域学习苏联的经济民主即计划经济制度的明确主张,形成了具有一定影响力的中间力量和"第三条道路"。[3]我国在1953—1957年执行的"一五"计划,结果也证明,"一五"计划编制得是好的,执行结果是人民满意的,为我国实现社会主义工业化奠定了初步基础。但是,对企业而言,公有制和计划经济即意味着"国有"和"国营",取消了企业在商品经济中的独立主体地位,生产者和消费者都依赖于政府的指令和计划,这必然导致本应独立的生产者和消费者都丧失了自主性,生产效率大幅下降,同时政府也根本无力全面指挥庞大繁杂的商品市场,最终使得整个经济体制的效率一降再降。

改革开放以后,作为计划经济时代最主要甚至是唯一生产单元的国企,成为社会主义计划经济体制改革的重要对象和领域。但起初仍停留在

---

[1]《马克思恩格斯选集》(第三卷),人民出版社,1995年版,第130页。
[2]《列宁专题文集·论社会主义》,人民出版社,2009年版,第123页。
[3] 关于20世纪40年代一大批自由知识分子对计划经济从学理层面的深入讨论,可参见卫春回:《理想与现实的抉择》第四章,中国社会科学出版社,2010年版。

必须坚持"国有国营"[1]的误区中,只能从增强企业活力也即企业内部的微观层面入手,例如厂长负责制、承包制等,收效当然不容否认,特别是当少数国企涌现出见识高、能力强的厂长时,加上来自行政部门的政策性支持,他们一度带领国企在风起云涌的商品经济大潮中攀上新台阶;但不无遗憾的是,"国有国营"的框架是与计划经济相匹配的,无法从根本上建立管理者和生产者的激励与惩罚机制,因此不利于企业的长远发展。邓小平同志南方谈话的发表和中共十四大召开后,发展社会主义市场经济体制终于成为不可违抗的时代大趋势。而对传统国企来说,这既是机遇,更是挑战。社会主义市场经济体制下,原先的"国有国营"企业取消了其中的"国营"两个字,这意味着资本所有权和经营权的真正分离,产权不再影响经营权,这正是权责明确、自负盈亏的现代企业制度得以建立的重要前提,对国企来说这才是真正意义上的、脱胎换骨式的改革。与此同时,民营经济和外资经济得到正名,不再与意识形态挂钩,也不再扮演"拾遗补缺"的可有可无角色。一旦国人对美好生活的追求被赋予了正当性,民营经济的巨大活力就得到了充分发挥的空间。而民营经济和外资经济迅猛发展,自然使得国企面临的市场竞争日益激烈。从全国范围看,20世纪90年代后期陷入亏损的国企数量呈不断增多趋势,再加上1997年7月爆发的亚洲金融危机,使得我国的国企经营雪上加霜。

在这样的背景下,中央高层逐步做出了国有(集体)企业从竞争性领域退出的决定。中共十五大报告从理论上阐明,公有制经济不仅包括国有经济和集体经济,还包括混合所有制经济中的国有成分和集体成分,国有经济起主导作用主要体现在控制力上,对关系国民经济命脉的重要行业和关键领域,国有经济必须占支配地位,在其他领域,可以通过资产重组和结构调整,加强重点,提高国有资产的整体质量。十五大还把股份制明确规定为公有制经济的实现形式之一,对股份合作制给出了明确肯定。1999年9月,十五届四中全会通过《中共中央关于国有企业改革和发展若干重大问题的决定》,对关系国民经济命脉的战略部门的范围作了更具体的界定,主要包括"涉及国家安全的行业,自然垄断的行业,提供重要公共产

---

[1] 在我国,"国有国营"其实并非新鲜事物,汉武帝时期就实施了盐铁官营,此后为历代王朝所沿用。换言之,在传统社会中,"国有国营"在很大程度上就表现为"官有官办"。

品和服务的行业,以及支柱产业和高新技术产业中的重要骨干企业"。与此同时,全国实施了以"下岗分流、减员增效"为主要内容的"三年脱困(1998—2000年)"计划。据统计,这3年间有2 550万名职工离开国企,约占中国国有企业职工总数的四分之三,到2000年年末,国有大中型企业改革和三年脱困目标基本实现,大多数国有大中型骨干企业初步建立起现代企业制度。

苏州市属工业国企的改制无论是推进力度还是实施进程,在全国范围内看都是居于前列的。纺织和丝绸行业贴近市民日常消费,受计划体制的束缚相对较松,为适应日趋激烈的市场竞争,苏州市早在1980年8月就撤销了市纺织工业局,分别设立国有资产经营公司性质的苏州市丝绸工业公司和苏州市纺织工业公司,此后又于1995年组建苏州纺织控股(集团)有限公司、1996年组建苏州丝绸集团有限公司,使得纺织和丝绸国企在体制层面更加适应激烈的市场竞争的需要。20世纪80年代得风气之先的苏州轻工业,也在90年代转换领导体制,行政主管部门市轻工业局于1996年6月改制为苏州轻工控股(集团)有限公司,由苏州市国有(集体)资产管理委员会授权经营管理原苏州市轻工业局所辖国有、集体企业,原下属22个处室也相应调整为集团公司的一室一部五处,这意味着原来的行业行政主管部门转变为行业所有者的代表,原来以行政管理和行业管理为主的行政职能也转变为以资产保值增值为目标的资产经营管理职能,在90年代中期就实施这样彻底的改制,力度不可谓不大。2002年,苏州市又对市属工业的国有资产管理体制进行调整,包括苏州轻工控股(集团)有限公司在内的市属国有(集体)工业资产经营公司全部划归新成立的苏州市工业投资发展有限公司全权管理。

中共十五届四中全会后,坚持"抓大放小"、建立现代企业制度为核心的深化国企改革精神很快传达到各省。1999年8月,江苏省人民政府发布《关于深化我省国有企业改革的若干意见》(苏政发〔1999〕69号),要求建立有效的国有资产管理、监督和营运机制,即国有资产管理委员会、国有资产经营(控股)公司、国有和国有控股企业3个层次的国有资产管理营运体制,同时要求加快现代企业制度的建设步伐,1999年全省国有大中型企业改制面要达到60%,2000年达到80%以上。2000年2月。江苏省人民政府发布《关于进一步深化我省国有企业改革若干问题的实施意见》(苏政发〔2000〕3号），要求在当年年底建立完善国有资产管理委员会、国有资产经营公司、国有企业3个层次的国有资产管理、监督、营运体系，并采取整体改制、整体兼并、国有股整体出让、整体合资等多种形式，推进大中型国有企业的改制。

苏州市政府根据省政府的文件精神，也颁布了一系列文件，积极推进国有和集体企业的改制工作。2000年6月，苏州市政府发布《关于进一步深化我市国有工业企业改革工作的实施意见》（苏府〔2000〕35号），成为全市国有工业企业改制工作的指导性文件。2002年8月，针对改制过程中出现的一些新问题、新情况，市经济体制改革办公室等7部门共同制订了《关于我市市属国有企业改制中若干问题的意见》，并上报市政府，批准后转发市各相关部门，即《苏州市人民政府批转关于我市市属国有企业改制中若干问题的意见的通知》（苏府〔2002〕81号）。2002年9月17日，苏州市委、市政府召开国有（集体）企业改革工作会议，正式出台《关于加快市属国有（集体）企业产权制度改革的决定》（苏府〔2002〕31号），提出两年内完成市属国有（集体）企业的改制任务，由此吹响了市属国有企业改革改制攻坚战的号角。此后苏州市委、市政府又出台了《关于市属生产经营型事业单位转企改制工作的意见》（苏府〔2002〕110号），市政府办公室出台了《苏州市属国有资产公开转让暂行办法实施细则》（苏府办〔2003〕76号），等等。到2004年10月，苏州市全面完成市属国有（集体）企业的改制任务，到2005年10月，市区有1 000多家企事业单位完成了产权制度改革。应该说，苏州市属国有（集体）企业的改制比较坚决地贯彻了中央精神和方针，除少数提供重要公共产品和公共服务的企业外，市属工业国有（集体）企业均实现了国有资本的退出。改制后的大部分市属国企，国有（集体）资本不再控股，也不相对控股（外来国有投资除外），通过引入境外资本和民间投资，使企业真正成为自主经营、自我发展的市场主体。

在上述文件的规范和要求下，苏州市属工业国有（集体）企业相继完成了改制，到2004年，绝大多数市属工业国有（集体）企业的改制工作宣告完成。苏州红叶造纸厂在1996年12月进入破产程序，华盛造纸厂在2000年4月关闭。创建于1897年的苏纶纺织厂几经沉浮、几度兴衰，在中国工业史特别是纺织工业史上占有重要的历史地位，尤其是在1949年以后的半个世纪左右，一直是社会主义经济建设中的大型骨干企业，更为苏州地方经济建设做出了巨大贡献。90年代后，由于宏观调控和其他多种因素，苏纶厂的生产经营遭遇巨大困难，各种深层次矛盾日益凸显，到1998年8月进入政策性破产程序期间，账面亏损超过2亿元，经过整体拍卖，市纺织控股集团公司控股的纺织品进出口有限公司以2.05亿元成交。1999年年初，新苏纶纺织有限公司组建后，紧盯市场，专门成立产品开发中心（参见黄淑韵口述），适时开发新品如氨纶弹力布等，并加强预算编制和执行，经营情况一度有所好转。到2003年，新苏纶决定关停，2004年3月31日法院宣告破产终结。

截至2006年11月，苏州轻工控股（集团）有限公司涉及95家企业的32 656名退休职工人事档案全部进入市工投档案管理中心，退休健在人员基本纳入社会化管理。至2007年，轻工集团所属37家依法破产企业均由法院裁定破产终结。与此同时，苏州纺织控股（集团）有限公司、苏州丝绸集团公司、苏州化工建材控股（集团）有限公司等所属的原国有（集体）企业也均完成改制工作。

二、市属工业国企的历史贡献

在社会主义市场经济的大潮中，苏州市属的多数工业国有（集体）企业在21世纪初期，带着些许无奈和遗憾，抑或是留恋和不甘，一步步地退出了历史舞台。但是，半个多世纪从国营到国有的历程，尤其是改革开放后，80年代在社会主义商品经济舞台上的长袖善舞，90年代为适应竞争日益激烈的市场经济的奋力拼搏，与民营企业和外资企业鼎足相争，在苏州工业发展史上留下了足以令后人尊重的一段轨迹。

一直到20世纪90年代，苏州市属工业国有（集体）企业的最大历史贡献之一，依然是上缴政府的巨额利税，这是不争的事实。例如苏纶纺织厂，有数据表明，"1977年至1986年十年里，累计实现利税38 451.41万元，平均每年可重建一个当时规模的苏纶厂"[1]，从1987年到1990年，苏纶厂仍保持每年创利2 000万元以上的高水准。原苏纶厂职工在访谈中也

---

[1] 苏纶纺织厂：《苏纶纺织厂建厂一百周年（1897—1997年）纪念册》（内部资料），1997年。

提道，80年代时工厂一年上缴利税达到3 200万元，足以重建一个新厂（参见吴国林口述）。这种情况在苏州各国营企业中普遍存在。苏州针织总厂从1983年到1988年的6年中，上缴国家的利税达4 100万元，平均每年接近700万元，当时全厂的固定资产也就1 400万元，等于说6年中可以投资兴建3个针织总厂（参见陈椿年口述）。长城电扇厂从1986年到1995年这10年中，根据蒋纪周厂长的统计，创造的利税达4.3亿元，在苏州市企业中排在前列，特别是出口创汇，1995年达到1 440万美元，在苏州工业企业中排第一位（参见蒋纪周口述）。红叶造纸厂高峰时的利税合计也超过1 000万元（参见陈世衡口述）。可以说，上缴巨额利税是苏州市属工业国有（集体）企业最醒目、最显眼的贡献，当然，这是相对于市政府和地方财政而言的。

再有，丝绸自古以来就是苏州的一张名片，原先的国营丝织厂也为苏州丝绸事业做出了巨大的贡献，这主要表现在以东吴、振亚、光明、新苏四大厂为代表的国营丝织厂，拥有大量的产业工人，掌握了大量高水平的丝织技术，织造出一大批工艺复杂、难度极高、品种繁多的真丝绸产品，为苏州、中国乃至世界做出了极大的贡献。振亚丝织厂在生产绡缎类的丝绸品种方面具有优势，而东吴丝织厂更擅长生产不同花色品种、高难度的真丝绸产品，享誉世界的产品不胜枚举。当今闻名世界的宋锦，当年在东吴丝织厂的各类高难度真丝产品中其实并不起眼。[1]直到20世纪80年代中期，东吴丝织厂最具代表性的真丝产品仍然是一塔夫（包括素塔和花塔）、四缎（古香缎、织锦缎、克利缎、金玉缎）、一锦（宋锦）和一被面（织锦被面），绸面精致，风格绚丽，生产工艺复杂，要几十道工序才能完成，操作难度大，相应的成本也高昂，售价也很高，大都用于出口，一直是创汇产品，如英国王室就是塔夫绸的忠实客户。同样从20世纪80年代开始，东吴丝织厂凭借原先积累的技术优势，研发出大量适应市场需求的新型真丝和化纤产品，包括四维呢、花瑶、仿绡缎、涤棉绸等。特别是

---

[1] 东吴丝织厂当时生产的宋锦，主要用于工艺品的高端包装，用途单一，但装造技术和纹织技术相当复杂。2012年以后，经过钱小萍、何敏苏、王晨等专家和吴江鼎盛丝绸的共同努力，在剑杆织机上运用现代数码纹织技艺织出具有和传统风格一致的宋锦，并进行产业化生产，终端产品包括以前并不涉足的服装、箱包、床品、装饰画等多个领域。吴江鼎盛通过购入东吴丝织厂的部分设备和引入部分技术团队，生产出一些原东吴丝织厂的真丝花色品种，某种程度上是对东吴丝织厂丝造技术的一种继承，并推陈出新。

1996年成功开发出烂花绡系列产品,兼取真丝和人造丝两种原料、两种工艺之长,发挥前后道设备众多和技术力量雄厚的优势,实现了产品的质优、量大,迅速风靡国内外,一直生产到2005年搬迁至苏州高新区前,这十余年间东吴丝织厂始终保持着良好的经济效益。2000年后,东吴丝织厂又率先在喷气织机上开发生产出人造丝产品中难度最大的国际顶级西服里料绸,每个月都用集装箱运输出口德国。当然不可否认的是,由于城市化发展和劳动力向新兴产业倾斜,苏州丝织业从世纪之交开始滑坡和转移,东吴丝织厂最后也在2009年退出织造业,转型其他生产领域。像东吴丝织厂、振亚丝织厂所生产出来的工艺复杂的真丝产品,所掌握的高难度真丝生产技术,某种程度上代表了我国丝绸织造技术的高峰,至少如今受织机和技术人员的限制,东吴丝织厂当年生产的塔夫绸、织锦缎等高难度真丝产品已经很难恢复了。[1]

以上当然都是苏州市属工业国有(集体)企业的重要贡献,但如果换一个角度,即将苏州市属工业国有(集体)企业置于从计划经济向市场经济转型的时代背景下加以审视,那么,苏州市属工业国有(集体)企业的巨大历史贡献,大体可以归结为以下3条。

首先,在经济理论领域始终存在着计划与市场之争,但从实践角度看,苏州市属工业国有(集体)企业也曾经同样表现出良好的市场竞争意识和水平。20世纪20年代,苏联建立起集中经济体制后,西方国家爆发了一场质疑苏联集中计划经济体制是否具有效率的论战。论战由奥地利学派的经济学家米塞斯等挑起,认为在资源配置过程中,市场价格和竞争机制的作用不可或缺,苏联不存在市场机制,就无法确定合理的价格和激励机制,断言"在社会主义社会里,不可能对经济进行核算,这一点使任何社会主义都变得不可实行"[2]。一批同情社会主义经济理论的经济学家如波兰旅美学者兰格等予以反驳[3],认为可以通过计划机关模拟市场定价的竞

---

[1] 一般认为,目前世界上印度、意大利、日本等国的真丝技术保持着较高的水准。
[2] 路德维希·冯·米塞斯著,韩光明等译:《自由与繁荣的国度》,中国社会科学出版社,1995年版,第106页。按,奥地利经济学家米塞斯也是"市场经济"这一概念的最早提出者,他于1922年4月发表的《社会主义制度下的经济计算》一文,首次使用"市场经济"这一概念,此后广泛流行。
[3] 也有学者认为,法国学者蒲鲁东、苏联学者布哈林等对市场和社会主义两者结合的问题有过讨论,布哈林甚至"享有市场社会主义创始人的地位"。参见伯特尔·奥尔曼编、段忠桥译:《市场社会主义——社会主义者之间的争论》,新华出版社,2000年版,第61-63页。

争解决上述问题。20世纪50年代的孙冶方和顾准两位学者，也强调制定经济计划必须运用价值规律，要借助经济核算来补充计划经济。

苏州市属国有（集体）工业企业半个多世纪的历程中，尤其是改革开放前20年的锐意进取之路上，名牌产品林立、营销手段多样，既重视产品质量，又密切关注市场，取得了令人瞩目的成绩，则从实践层面证明，伴随计划体制而生的国有和集体企业，即便是在市场经济条件下，仍然有着颇为强大的生存和自我发展能力，包括向海外出口大量产品赚取大量外汇，向国家上交数倍于企业最初投资额的大量利税，更重要的，就是有魄力展开更适应市场经济体制的自我改革，有能力和民营企业、外资企业展开市场角逐。在20世纪80年代，苏州市属工业国企因为数量不多，因而在总的工业产值指标中并不占据绝对优势，但在品牌产品的知名度、市场的占有率和口碑等方面，毫无疑问都是全国性的，所上缴的利税也是民营企业和外资企业难以望其项背的。至少在苏州地区，苏州市属工业国企鲜有能与之分庭抗礼者，无论是家电还是丝织、纺织、造纸等行业，均是苏州地区市场的执牛耳者，并在省内、国内享有较高声誉。进入90年代后，外资企业和民营企业的发展后劲开始体现，而苏州市属工业国企在历经多次改革后，依然受到体制的若干束缚。[1] 尽管如此，苏州市属工业国企仍然与外资企业和民营企业展开了激烈的正面竞争，表现出强烈的市场应变意识和强大的市场应变能力。直到最后由于多种因素，苏州市属工业国企走上了以改制转制为主的不同归宿。

这里要指出的是，单纯计划经济体制下的"国有国营"框架，肯定是无法适应市场经济的，唯有取消"国营"，实现资本所有权和经营权的真正分离，才是国有和集体企业的生存之道。在"两权分离"的背景下，经营权相对独立，企业的经营决策和日常管理均以市场为导向，根据所属行业的不同性质，或者实现国有资产的保值增值，或者寻求国有资本的利益最大化，但管理者不决定国有资本收益后的分配去向，而是代表国有资本相关部门行使权限和职能。这种形式正是现代企业制度的精髓所在，故有学者指出，中国走向市场经济的改革之所以取得成功，就企业层面而言，就是因为引入了"两权分离"的现代企业制度，让原来不适应市场经济的

---

[1] 例如，"春花"这一知名品牌在吸尘器厂的合资和改制过程中，始终属于官方，以授权方式让企业去使用，这在一定程度上导致企业产权不够清晰。

"国有国营"企业得以和市场经济接轨,"企业和市场经济接轨,是整个社会和市场经济接轨的基础"[1]。明乎此,就可以知道1992年邓小平南方谈话是多么具有里程碑意义,正是他对计划和市场关系的精准概括、对社会主义本质的明晰界定,传统的国营企业才能被与市场经济相适应的国有企业所取代。

事实上,苏州国营企业的早期改制,也都是为了解决传统国企"人多、债多、负担重"的历史性难题。在计划经济时代,国营企业要承担诸多今天由社会福利和保障体系担负的职责,最主要的就是当时社会化的养老和医疗制度尚未建立,退休职工领取养老金和报销医疗费用,都只有找原单位,这意味着企业的经济效益越好,职工的福利水准越高,更意味着企业存在时间越长、退休职工越多,企业所必须承担的养老和医疗费用就越沉重。此外,国营大厂为改善职工生活,提供稳定的工作环境,往往自办不少生活服务机构,从浴室、医院、学校、托儿所、幼儿园到食堂、商店、舞厅、健身房等一应俱全,也就是所谓的"企业办社会",又由于只有本单位的职工可以享受,也被称为"单位福利",这同样也需要大量的资金投入。这就是很多国营老厂和新兴起的民营企业竞争时,在成本方面根本无法和后者相抗衡的重要原因之一。在笔者所作的访谈中,有多位厂长、书记都坦承国营企业有着沉重的历史负担,就是指这一点(参见吴志海、丁炜柏、薛霞云、沈洪波、鲍士金等口述)。尤其是在20世纪80—90年代,我国的养老、工伤等社会保险立法尚在进一步规范之中,相关部门对民营企业为员工缴纳社保的监管还不十分到位,导致民营企业在员工养老保险方面的支出更少,更具有成本优势。

由此,还有一个绕不开的问题须加以澄清,那就是苏州的市属工业国有(集体)企业最终离开历史舞台,乃是多方面的因素合力导致的。事实上,从本书上篇的访谈中可以探知,有一部分市属工业国有(集体)企业离场时,并不是生产经营难以为继,而是缺少合适的企业经营管理人员接手,这在一定程度上又和苏州市政府秉持的国有资本坚决退出的理念有一定关系。例如苏州特种纱线厂,关门之前,产品不是以量大价廉取胜,而是以填补市场空白、受到市场追捧的新品立足,即走质优价高的精品路

---

[1] 冯群力:《理想与现实:在"离经叛道"中演化的社会主义》,广西师范大学出版社,2012年版,第152页。

线，加之人员精简、又无外债，可惜由于缺少专业人才的介入而选择主动退出，十余年后，仍令曾任厂长的专业人士直呼可惜（参见薛霞云口述）。再如曾经是丝绸行业唯一的国家一级企业、以生产出口真丝绸和各类花色绸及化纤织物为主的全国丝绸行业大型骨干企业和出口定点单位东吴丝织厂，最好的10年是1994年到2004年（参见何敏苏口述），而2004年3月之所以拍卖，主要是和苏州市实施的退城进区有关，即工厂退出主城区，向高新技术开发区转移，这对于地处闹市中心的东吴丝织厂来说，也是一种必然选择，此外也和当时改制过程中的一些问题未能及时妥善处理有关。此后，作为民企的东吴丝织厂仍然维持生产并保持盈利，直到2009年才再次转手。另一部分市属工业国有（集体）企业离场的主要原因是技术淘汰，典型例子如华盛造纸厂，直到关停时，建厂时从日本购进的一号机器仍在运转，使得企业在环保方面根本无法达到省、市的标准。需要补充的是，老国企的设备一般比较陈旧，这是普遍问题，这和计划经济年代国企上缴利税过多有着直接关系，盈利都归国家，自然无力进行大规模的设备更新。同样，苏州红叶造纸厂最后关停，在该厂工作了27年之久的一位副厂长就坦言："红叶并不是经营不善，其实就是环保。"（参见罗云龙口述）说明红叶造纸厂最后关停不是因为经营难以为继，而是长期以来在设备革新方面欠账太多，以至于无法适应越来越严苛的环保要求，而这又和企业在计划经济时代主要利润上缴国库有着直接关系。

其次，是对苏州地区的"苏南模式"，以及民营经济和外资经济的拉动和促进作用。据《苏州统计年鉴——2021》，截至2020年年末，作为市场主体之一的企业数量，全市共有769 333家，其中的国有和集体及其控股企业52 420家，私营企业即民营企业694 566家，外商及港澳台地区投资企业22 347家，三者所占比例为6.81%、90.28%、2.90%，民企数量无疑占据绝对多数，外资企业数量虽然最少，但工业产值反占优势。[1]但是，无论是民营企业还是外资企业，在发展初期都或多或少地受益于苏州的国营企业。

20世纪80年代，中国各地的小城镇都重新焕发了生机，包括苏州、无

---

[1] 以2019年为例，据苏州统计局数据，苏州全市民营工业实现工业总产值12 341亿元，比上年增长4.1%，产值总量占规模以上工业比重36.7%，比上年提高2.9个百分点；外资工业实现工业总产值20 408亿元，占规模以上工业比重60.8%。

锡、常州等在内的苏南地区尤为显眼,一大批乡镇企业如雨后春笋般涌现,区域经济呈现爆发式增长态势。苏南乡镇普遍呈现出的勃勃生机,引起了著名社会学家费孝通的极大关注,他在80年初将其归纳为与温州模式、珠江模式并列的苏南模式。整个20世纪80年代,苏南乡镇企业都处于飞速发展时期,[1]1988年,江苏省的乡镇企业创造了全省48%的工业产值、21%的财政收入、27%的外贸收购额,吸纳了34%的农村劳动力,"这一时期,在经济总量、发展速度、财政贡献等方面,'苏南模式'优于'温州模式'"[2]。

苏州乡镇企业的崛起,离不开当时"牌子最硬"[3]的国营企业的支持。由于苏州与上海近在咫尺,因而上海数量众多的老牌国营企业和知名高校、科研机构,给了苏州各县市乡镇企业最广泛的技术和人才支持,俗称"借才生财""借脑袋育才""不挖人才借人才、不动编制人照来"等,支持乡镇企业的人才则称为"礼拜日工程师""星期天工程师",但论支持力度,以及双方在资金、技术、人员等方面合作的深入度,还要属有地利之便的苏州国营企业,毕竟苏州国营企业是最先在商品经济大潮中起舞、创出全国性知名品牌的群体之一。双方的合作也是全方位的,表现为"配套协作""接受脱壳""合资联营"等生产环节的联合,"销售协作""补偿贸易"等经营环节的联合,"技术投资""联合攻关"等研发环节的联合,等等。东吴丝织厂首任经营科长李伟早在1975年就和常熟方面合作,设立印染厂和丝绸厂,东吴丝织厂将厂里淘汰下来的一些设备低价转给对方,再提供原料,对方负责生产加工(参见李伟口述)。东吴丝织厂的技术骨干刘林梅师傅,从80年代末到90年代中,是光福一家丝织厂的"礼拜日工程师",周六下班后坐末班中巴车前往,周一大清早坐早班中巴车回来。纺织

---

[1] 有学者指出,十五大关于有进有退调整所有制结构决定的最重要作用,就是使小型国有企业改制得以大面积进行。小型国有企业包含两类,一类是地方国有企业中的小型企业;另一类是乡镇等基层政府所属的乡镇企业,俗称"苏南模式的乡镇企业"。"在十五大以后,后一类企业的改制首先得到了迅速的推广。"(参见吴敬琏、马国川:《重启改革议程:中国经济改革二十讲》,生活·读书·新知三联书店,2013年版)当然,由于集体资产出现了一定程度的流失,苏南模式遭受到一定的批评和诟病,但从长远来看,这一转制在整体上来说是必要且成功的,此后苏州的乡镇企业成为真正意义上的市场独立主体。

[2] 夏永祥:《"苏南模式"中集体经济的改革与嬗变:以苏州市为例》,《苏州大学学报(哲学社会科学版)》,2014年第1期。

[3] 费孝通:《对中国城乡关系问题的新认识——四年思路回顾》,载费孝通、鹤见和子等:《农村振兴和小城镇问题——中日学者共同研究》,江苏人民出版社,1991年版,第6页。

业也是如此，尽管苏州今天已不存在国企性质的纺织厂，但苏州毫无疑问属于全国性的纺织大市和强市，吴江、张家港、常熟和太仓等地的纺织厂之所以发展迅速，离不开原市区纺织国企的早期扶持，原纺织产品研究所查良中所长还勾勒出一个纺织业由市区到南环路再到大市范围的扩散轨迹（参见查良中口述）。更典型的是苏州电扇厂，由于厂区蜗居古城区桃花坞，周边都是稠密民居，企业难以扩展，从1983年开始，就与乡镇企业进行横向联合，其实就是配套协作、部件扩散，此后产量呈爆发式增长，远远甩开了竞争对手，"该公司（指苏州电扇厂）领导人员得出了这么一个结论：城乡联结，不是单方面的援助，更不是什么恩赐，而是一种互利互助、互有实惠、同生同长同兴衰的经济行为"[1]。可以说，苏南地区涌现出来的以城市大中型骨干企业为依托、以名优产品为核心的诸多乡镇企业，"扩大了名优产品的批量生产，还带动了乡镇企业生产技术水平的提高"，"苏州的香雪海冰箱、无锡的菊花牌电扇、常州的金狮牌自行车等，都是通过城乡企业联合，实现了产品产量的成倍提高，产品质量的显著改进，才得以扩大国内市场的覆盖率，并打进了国际市场"。[2]国营企业和乡镇企业进一步联手的成果就是集团企业。事实上，苏州最早成立的一些集团企业，大都是拥有名牌产品的国营大厂和地方乡镇企业联合的产物，如孔雀电器集团，成员厂中乡镇企业达到100余家，黑白电视机装配线全部转给乡镇企业，集中精力调整和开发新产品，涉足彩色电视、通信设备、医疗电子、节能灯具等领域。苏纶纺织厂与乡镇企业的联合原来仅限于专业协作厂家间的买卖关系，产品出口获得的利润，合作厂家难以分享，后来各方合股，以苏纶纺织品和中国纺织品进出口公司苏州支公司为主体，成立覆盖从生产到出口的工贸联合集团，盈利按成员入股比例分享，大大提升了联合各方的内部凝聚力。

外资经济自20世纪90年代后，就已成为苏州经济的强项，这其中有多方面因素，政府主导的优良营商环境称得上是首要原因，数量众多、覆盖面广、生产能力强的下游配套厂家也是外资青睐的一大原因，还有完善的基础设施、便利的交通条件等，都是促成外资汇聚苏州的原因。除此之

---

[1] 邬大千：《乡镇企业与城乡联结》，载费孝通、鹤见和子等：《农村振兴和小城镇问题——中日学者共同研究》，江苏人民出版社，1991年版，第273页。
[2] 顾松年、徐元明、严英龙等：《苏南模式研究》，南京出版社，1990年版，第9页。

外，苏州国营企业与外资企业早期开展的合作即合资企业亦是不可否认的重要因素。红叶造纸厂自身后来因为设备老化而关停，但却开启了苏州造纸业和世界银行、新加坡金鹰集团的合作（参见罗云龙口述）。合资项目中相对比较成功的是春花吸尘器，春花吸尘器厂和荷兰飞利浦联手创立春飞家电有限公司，从名称看，"春花""飞利浦"各取前一字，从股权看，中方占股51%，拥有控股权，从产品看，此后春花吸尘器仍然占据市场较大份额，因此这一合作无疑是成功之举。后期春花转让掉31%股份后，由飞利浦控股，但依然维持原先发展模式，直到春花试图与美的携手，飞利浦才中止了与春花的合作。1994年，苏州电视机厂和荷兰飞利浦合资，成立中国首家彩电合资企业，即苏州飞利浦消费电子有限公司，此后持续不断引进工艺并自主创新，生产品种和规模持续扩大，到2000年上半年，"累计销售收入179亿元，上缴各项税收11.54亿元，销售收入、利税大户均拔全市头筹"[1]。1999年至2000年度中国最大的500家外商投资企业中，苏州飞利浦消费电子有限公司跻身第16位。如果再算上飞利浦此后在苏州高新区投资设立的一系列工厂，那么苏州电视机厂和荷兰飞利浦的合资在引进先进技术和管理、扩大市场体量和经济总量方面，显然是成功的。[2]实际上，苏州这种市属工业国企与外商合资的举措，更合适的称法应该是"合资嫁接"，既可以让国有资本从一般性竞争领域逐步退出，更可以引入西方先进技术和管理理念，其效果是相当显著的。

最后，是对人才的高度重视和系统培养，使得苏州国营企业成为人才的摇篮，为后来的民营、外资企业和街道、社区部门输送了大量人才。从理论上讲，无论是全民所有制企业，还是集体所有制企业，都是人民当家作主的体现，但国营企业能够吸纳的职工数量毕竟是少数，再加上在计划经济年代，国营企业职工的平均薪资收入一般要超过政府部门，因此能够

---

[1] 樊宁：《这里的外资企业服中国"水土"》，《经济世界》，2001年第1期。
[2] 拥有名牌产品的地方国营大厂和外国跨国公司设立合资企业，在20世纪90年代中后期是一种普遍现象，有"靓女先嫁"之说，源头可追溯到1992年被批准为综合改革试验市、1993年在全国率先开展企业产权制度改革的顺德市。应该说，"靓女先嫁"之说并非重点，关键还是要看合资过程中的具体条款约定以及带来的影响。市场经济非常注重契约精神，因此西方跨国企业无一不擅长谈判，通过条约实现利益的最大化，而我国历来是中央集权国家，又刚从计划经济向市场经济过渡，因此在和西方跨国企业的谈判过程中吃亏在所难免。1995年，香雪海和三星兼并过程中，迁就外方压力，最后导致市场知名度极高的香雪海品牌被埋没和代替，是对中方不利的合资案例之一，也与春花吸尘器的合资案例形成对比。

进入国营企业工作毫无疑问是一件幸事。进入国营企业后，职工更具有一种身份上的强烈认同感和自豪感，往往能表现出全新的精神面貌和积极主动的生产态度，也就是通常所称的主人翁态度。在笔者的访谈过程中，以苏纶厂职工的"苏纶人"、东吴丝织厂职工的"东吴人"、苏州电视机厂职工的"孔雀人"意识最为典型，荣誉感和自豪感最为强烈。东吴丝织厂的翁家林先生有一段口述较为典型："那时候，我们的理念就是要争做一个好工人，没有其他想法，到年底做得好，也无非就是一张奖状，没有奖金什么的。"（参见翁家林口述）因为没有市场经济常用的物质奖励手段，职工们的心态用"单纯"来形容也不为过。当然，一旦物质奖励成为常见手段，原先心理层面的荣誉感和自豪感就难以持久了。

可以肯定地说，国营企业中汇聚了大量优秀的一线产业工人和管理人员。在笔者所进行的口述访谈中，最为生动，也是最令人感动的，应该是一线纺织女工的辛苦程度及其甘之如饴的敬业态度。东吴丝织厂的徐慈生师傅和另一位保卫科科长的妻子，都是数十年如一日地上三班制。徐师傅1933年出生，从1951年进厂到1981年退休，都一直上三班制，儿子出生56天后，徐师傅产假结束，[1]因为小孩没有老人带，只能跟着徐师傅一起按照三班制的时间到厂办托儿所（参见徐慈生口述）。东吴丝织厂另一位全国劳模江小蝶也是从1958年进厂就上三班制，一直持续到40多岁。苏纶厂也是如此，女职工产假结束就上班，一天都不会耽搁，小孩就带到同样实行三班制的厂办托儿所。三班制即俗称的"三班倒"，一般适合于人休息、机器不停的工厂采用，但工人因为休息时间不固定，生物钟紊乱，长时间持续自然不利于人的生理健康，因此，苏纶厂的女职工在80年代初由"三班三运转"改成"四班三运转"时，工作时间有所缩短，令所有一线女职工都发自内心地喜悦，视为"一次解放"（参见刘芸秋口述）。振亚丝织厂也在1981年年初，全厂实行"四班三运转"制（参见何启煌口述）。实际上，笔者所访谈的所有国营企业一线职工，在回首当年的"三班倒"工作经历时，都是既承认工作的艰辛，又普遍有着一种乐观自豪的心态。

[1]据1951年颁布的《女职工劳动保护规定》："女工人与女职员生育，产前产后共给假56日，产假期间，工资照发。"56天的产假制度一直延续到20世纪80年代末期，1988年颁布的《女职工劳动保护规定》将女职工产假天数增加至90天，2012年颁布的《女职工劳动保护特别规定》再次将产假天数上调至98天。

当然，国营企业同样有劳动纪律松弛的突出现象，东吴丝织厂在20世纪80年代初之前，就有劳动纪律松散的现象，导致生产效率低、经济效益欠佳（参见陈惠卿口述），还有新苏丝织厂的知青厂即新风厂1982年时也因为不严格执行劳动纪律而调入新任厂长（参见毛寿康口述）。政务院1954年7月就颁布过《国营企业内部劳动规则纲要》，要求各国营企业整顿和加强劳动纪律，人们也普遍认为国营企业的生产效率不尽如人意。[1]笔者认为，改革开放前我国工业部门的劳动生产率不高当是不争的事实[2]，但并不意味着一线生产部门劳动效率低下。改革开放前的中国社会重视政治思想工作，因此整个社会都不强调物质激励，但不等于忽视生产效率，恰恰相反，国营企业高度重视生产效率，通过组成劳动小组、举办各类劳动竞赛和开展职工思想工作等手段来提高劳动生产率，[3]而且是颇具成效的，因此一线生产部门的劳动效率并不低下。[4]苏州国营企业的职工群体中，不乏各个层次的生产能手和标兵，几乎每个国营企业都经常举行各种名目的劳动竞赛，纺织行业中甚至打一个结也要比速度，市级、省级劳模就是在平时的劳动竞赛中涌现的。归根结底，是职工对国营企业有着高度的政治认同，能够保持强烈的归属感、荣誉感和责任心，从而以一种积极主动的心态投入生产。曾经历过从国有到民营、原吴县服装厂的沈洪波厂长刚参加工作时，白天学装布机，晚上学保养，自觉工作达16个小时。他还举过一个印象深刻的例子，1985年苏州下大雪，他深夜12点从市

---

[1] 也有学者认为，除特殊历史时期外，对绝大多数的国营企业来说，"物质激励的缺失并未导致严重的消极怠工现象"（参见李怀印、黄英伟、狄金华：《回首"主人翁"时代——改革前三十年国营企业内部的身份认同、制度约束与劳动效率》，《开放时代》，2015年第3期）。

[2] 1952—1957年，中国的经济水平、工业部门的劳动生产率迅速提高，国家工业产值增长了1倍，年增长率达到18%，但此后的增长速度大大放缓（参见吴长青：《革命伦理与劳动纪律——20世纪50年代初国营企业的劳动激励及其后果》，《开放时代》，2012年第10期）。

[3] 劳动竞赛是提高生产效率的有效手段之一，至今依然可以看到。政治意识层面的动员和激励，在计划体制年代的效果是相当突出的，当然，改革开放以后，显然已难以适用。从心理学和管理学角度看，包括家访、政治学习等内容的政治意识层面的动员和激励不仅属于革命伦理，也属于马斯洛提出的社会需要（归属）和尊重需要（被肯定）。行为科学的奠基人梅奥则认为，现代企业的经营管理包括把科学和技术应用到物质产品上、系统地安排工序和组织持久的合作（参见梅奥：《工业文明的社会问题》，商务印书馆，1964年版，第122页）。注重职工思想工作即属于促进领导者和下属成员之间的相互了解和合作，使得企业组织的生产更具效率。

[4] 改革开放前，影响国营企业提高劳动生产率的主要因素，还是来自体制束缚和外在影响，例如国营企业为应付行政命令而不断膨胀的非生产人员和部门，承担的各类非生产性事务等。

里赶回厂区时，目睹很多工人爬到屋顶上去铲雪，而且都是主动的（参见沈洪波口述）。苏纶厂车间里的各个生产组长、工会组长，以及车间主任、工会主席等，都经常要进行家访，普通职工家里有点事，班组长都会登门了解情况，尽最大可能排忧解难，这种不计报酬、称为"思想工作"的家访，都是维系职工荣誉感和责任心，进而提高生产效率的有效手段。苏州电视机厂、长城电扇厂的营销人员在改革开放初期，为开拓市场而走南闯北、四处奔波，所得到的补助、奖励与付出并不成比例。正因为如此，原国营企业的一线职工无论是去外资企业，还是转制后进入街道、社区工作，都以能吃苦、踏实肯干、责任心强而得到新单位的一致认可。

至于原国营企业的很多管理和技术人员，有的走上政府部门的领导岗位，或者加入行业协会为依旧热爱的行业再尽一份力，更多的则在改革开放后投身于市场经济，成为其中的弄潮儿。尤其是国营企业的很多技术骨干，在改革开放初期是乡镇企业和外资企业最愿意招揽的人员，可以说炙手可热。例如，苏州电视机厂销售部门有"八大金刚"之说，振亚丝织厂有"108将"之说，都是形容人才之盛。苏州手表总厂的两任厂长丁炜柏和陈大厦，都成功应聘于苏州维德木业和迅达电气公司，最后由于行政部门的极力挽留和自身对国营工厂的情结，才留在手表总厂。东吴丝织厂计划经营处科长、总经理助理何敏苏，后出任吴江鼎盛丝绸有限公司副总经理、产品研发中心主任，原喷气车间主任翁家林，后出任盛泽恒力集团织造有限公司总经理助理，又任苏州新星织造有限公司常务经理。香雪海冰箱厂质量处处长助理马苏伟，进入与三星的合资企业后，至2014年才离开，前后任职长达19年，成为合资工厂的中方最高级管理人员之一。从春花吸尘器厂走出的人才更盛[1]，甚至业内有一种说法，称春花是"吸尘器行业的黄埔军校"（参见韩丽芳、汤松林口述），时至今日，家电行业的市场蛋糕早已经被广东、浙江、山东等地的厂家分享，唯独吸尘器苏州仍然是全球生产基地，全市拥有大大小小100多家吸尘器厂，其中不少都与原春花厂有着渊源关系。

需要进一步指出的是，国营企业人才济济的原因还是和体制有关。国营企业中的职工身份相对固定，人员流动性较低，使得企业可以立足长远

---

[1] 在吸尘器业界众所周知的是，苏州爱普集团董事长、爱普电器总经理卞庄曾任春花吸尘器厂厂长，莱克电气股份有限公司董事长、总经理倪祖根曾任春花吸尘器总厂副厂长。

发展目标,有意识、有计划地提高职工的专业技术水平,对青年骨干的培养更是倾尽全力,包括鼓励职工参加大专院校的入学考试、选派职工参加国外的专业技术培训,甚至还自办中专性质的技术学校。在笔者的访谈中,几乎所有后来走上领导岗位的技术人才,年轻时都有外出培训、脱产学习的经历。

  进入 21 世纪后,企业面临的是科技日新月异、产品生命周期不断缩短和经营竞争的国际化等动态易变环境,一旦稍稍留步于已有的产品和营销层面,就会被更富创新的企业追赶甚至取代。企业要想获得持久的竞争优势,唯有持续不断、永不止步地创新,而创新的驱动力又来自人才。因此,人才、知识产权等才是企业的核心竞争力和创新来源,换言之,人才才是企业能够持续创新的基础,人才优势才是企业的真正优势。这也正是所谓知识经济时代的特点,知识正在取代资本成为企业最核心的生产要素和第一资源,拥有知识的各类人才也相应成为企业最大的财富,所以对企业而言,"管理者的任务就是要让各人的才智、健康以及灵感得到充分发挥,从而使组织的整体效益得到成倍的增长"[1]。苏州国营企业对人才的重视和培养,正契合了上述发展趋势。

---

[1] 德鲁克著,许是祥译:《卓有成效的管理者》,机械工业出版社,2005 年版,第 100 页。

结　语

　　从经济史的角度看，人类社会发展到今天，工业革命是一个关键点，它使社会生产力得到极大的提升和解放。工业革命推动的不仅仅是西欧的经济和社会发展，对世界各个民族、各个国家同样影响深远，因为工业革命为世界真正成为一个世界提供了必要的物质和技术条件。马克思指出："世界史不是过去一直存在的；作为世界史的历史是结果。"[1]在生产力不发达的自然经济条件下，人们靠天吃饭，依赖族群生存，形成自然共同体，随着资本主义商品经济的发展，人与人之间的交往和联系日益增强，人类社会也进入世界历史发展阶段。通常认为，"直到1500年前后，各种族集团之间才第一次有了直接的交往。从那时起，它们才终于联系在一起，无论是南非的布须曼人、有教养的中国官吏，还是原始的巴塔哥尼亚人"[2]。把世界各种族、各国家联系在一起的，正是以工业化为基础的资本主义商品经济，"大工业创造了交通工具和现代的世界市场，控制了商业，把所有的资本都变为工业资本"，并且"它使每个文明国家以及这些国家中的每一个人的需要的满足都依赖于整个世界，因为它消灭了各国以往自然形成的闭关自守的状态"。[3]不仅如此，工业化意味着人类社会的生产力得到极大解放和提高，意味着人类创造物质财富的效率和总量都较以往的农业社会大大提高，也就是马克思所说的"资产阶级在它的不到一百年的阶级统治中所创造的生产力，比过去一切世代创造的全部生产力还要多，还要大"[4]。丰裕的物质财富正是率先步入近代的西欧社会区别于东

---

[1]《马克思恩格斯选集》第二卷，人民出版社，1995年版，第28页。
[2] 斯塔夫里阿诺斯著，吴象婴、梁赤民译：《全球通史——1500年以后的世界》，上海社会科学院出版社，1999年，第3页。
[3] 马克思：《德意志意识形态》，载《马克思恩格斯文集》第一卷，人民出版社，2009年版，第566页。
[4]《共产党宣言》，载《马克思恩格斯选集》第一卷，人民出版社，1995年版，第277页。

亚和其他世界各国的最大特点之一,"在过去几个世纪,西方人已经冲破了赤贫和饥饿困扰的社会束缚,实现了只有相对丰裕才可能达到的生活质量",如果剔除意识形态的因素,那么"一个有效率的经济组织在西欧的发展正是西方兴起的原因所在"。[1]

所以,当笔者先是亲耳聆听诸多受访者讲述那么多艰苦创业与努力奋进的经历,以及工业国企最后退出市场经济舞台的丝丝无奈与惆怅,此后又梳理从改革开放之初到世纪之交苏州市属工业国企的兴衰沉浮历程时,总有一个问题萦绕心头,那就是苏州市属工业国企如果生存下去,那么能否成为一个有效率的经济组织并为社会提供丰裕的商品? 更确切地说,能否像20世纪80年代和90年代那样在一定程度上成为一个有效率的经济组织? 这个问题说到底,又和公有制企业与崇尚竞争、产权界定清晰的市场经济的匹配度有关。换言之,改革开放前20年苏州市属工业国企的发展轨迹和演变过程,同样置于"世界史""大工业"的视角下加以考察,同样应置于如何才能更有效率地创造社会财富的角度加以考察。

从改革开放之初到世纪之交,苏州市属工业国企的发展历程大体上可分为20世纪80年代和90年代两个阶段,其所面临的时代背景和经济环境也截然不同。改革开放之初的中国社会,正处于消费品供应相对不足的短缺经济时代。知名经济学家亚诺什·科尔内指出,社会主义计划经济体制具有"高度集中化,垂直等级管理结构,非价格信号起支配作用"等属性,而"与这些有关联的是短缺"。[2]科尔内研究的对象是东欧国家的计划经济和国营企业,但同样适用于中国。 实际上,在20世纪90年代中期以前,我国经济一直被短缺所困扰,完全符合科尔内的论断,即"短缺是社会主义经济的基本问题之一",因此改革开放之初,苏州国营企业面临的是刚刚打破计划体制束缚、亟需大量商品的庞大市场,服装、食品、造纸和各类生活用品、家用电器等生活消费品广受市场和民众欢迎。再加上苏州国营企业凭借敏感的市场竞争意识,较为注重产品质量和美观程度,产品在市场上供不应求,受到消费者的青睐和追捧并不是偶然的。因此,苏

---

[1] 道格拉斯·诺思、罗伯特·托马斯著,厉以平、蔡磊译:《西方世界的兴起》,华夏出版社,1989年版,第1页。
[2] 亚诺什·科尔内著、张晓光等译、高鸿业校:《短缺经济学》(上卷)"中文版前言",经济科学出版社,1986年版,第3页。

州各国营工厂大都以扩大生产能力、追求数量扩张为发展目标。工厂自身的产能受到场地和人员的限制，无法满足市场需求，就以横向联营的方式拓展，开始是设立加工点，逐渐发展为联营工厂、合作工厂，典型如长城电扇厂、东吴丝织厂、苏州家具厂等，苏州国营企业的产能得到大幅提升，实现了跨越式发展。

到20世纪80年代末90年代初，我国的社会主义现代化建设事业面临着历史性机遇和严峻考验。一方面，世界性的新科技革命加快，发达国家正在进行产业和产品结构的国际性调整，一些劳动力密集的产业向第三世界国家转移，这就给我国的经济发展带来了难得的机会。另一方面，苏联解体、东欧剧变，世界社会主义运动遭受到严重挫折，再加上西方国家加紧对社会主义国家的渗透和颠覆，导致我国改革开放的步子开始放缓，社会上甚至还出现了姓"社"姓"资"的疑问。邓小平同志南方谈话，提出社会主义也可以搞市场经济，中共十四大正式提出建立社会主义市场经济体制，这是我国社会主义经济体制的一次重大变革，也是马克思主义中国化的重要成果之一。社会主义市场经济体制确立后，最大的受益者可以说是得到正名后的民营企业，相应地，此后我国的民营经济迸发出前所未有的巨大活力和生机。与此同时，进一步对外开放后，在资金、技术和管理方面占据优势的外资企业汹涌而至。因此，20世纪90年代的苏州市属工业国企是在与民营企业和外资企业同台竞争。如果从最后的结局看，苏州市属工业国企是以改制方式退出了竞争舞台，多少带有一种无奈和惋惜。但如果结合过程看，那么90年代的苏州市属工业国企仍然有诸多可圈可点之处。事实上，苏州市属工业国企同样借助于改革的春风，完成了从国营企业到国有企业的重要转型，正在从制度层面逐步理顺所有权和经营权两者关系，为其与民营企业和外资企业正面展开竞争奠定了基础。相当一部分国企如东吴丝织厂、特种纱线厂、红光造纸厂、吴县服装厂等始终保持良好的生产经营态势，之前在与民企和外企的竞争中并不落下风的长城电扇厂到1995年、苏纶纺织厂到1996年和1997年才后继乏力，孔雀电视机厂和春花吸尘器厂的后期际遇则与合资有关，造纸企业的关停则和环保方面的历史性欠账过多有关。其中最典型的是东吴丝织厂，如前所述，1994年至2004年正是东吴丝织厂从亏到盈、渐入佳境的历史时期，也是以国企身份完全融入市场经济、充分发挥技术优势的历史时期，即便是改制以后，东吴丝织厂依然是一家盈利企业。因此，苏州市属工业国企最后退出竞争舞台固然是多方面因素所造成的，但其中的关键原因，还在于苏州地方政府的决策和经济战略方向的选择。

  无论是20世纪80年代所遇到的短缺经济背景，还是20世纪90年代面临民营和外资企业的强有力竞争，还有改革开放后不断扩大的海外市场和日益频繁的对外贸易，苏州市属工业国企都表现出了积极的竞争性和良好的适应性。在笔者看来，自六朝以来，苏州地区经济和社会的迅速发展就与商品经济的日益发达密不可分，明清时期成为全国商品经济数一数二的地区，[1]《马关条约》后从陆润庠创办苏经丝厂和苏纶纱厂开始，苏州的近代民族工业真正开始起步。民国时期苏州民族工业的规模，总体上不如上海、天津、武汉、广州、无锡、青岛等工业城市，但在全国44个城市中仍然排在前15名之列。[2]1949年以后，苏州市属工业国企从无到有、从弱到强，取得了显著成就，但在中央集权的计划经济体制中，苏州城市的定位并不是工业城市[3]，因此改革开放前苏州的国营工业企业，在国内工业体系中的总体地位并不突出。但是，当我国正式开启改革开放的征程后，苏州市属工业国企对国家政策和市场变化的敏感度，绝不亚于有"苏南模式"之称的乡镇企业，正所谓春江水暖鸭先知。甚至在20世纪80年代，当计划经济的体制刚刚开始松动，苏州市属工业国企就携体制之内的政策优势和体制之外的市场优势，很快取得了先发优势。在本书上篇的访谈中，可以看到所有成功的国营企业都有一个共通点，那就是对市场的高度敏感和实行积极的市场化、多元化经营策略，均说明苏州市属工业国企

---

[1] 王卫平认为，明清苏州"城市机能远远超出了江南地区，对全国也发生了重要影响"，"是一个超区域的经济中心城市"。（参见王卫平：《明清时期江南城市史研究——以苏州为中心》，人民出版社，1999年版，第95页）。李伯重认为苏州是"全国最大的商业城市"，并赞同美国学者施坚雅教授的观点，即苏州城"是19世纪中叶以前中国唯一拥有全国性经济中心地位的城市"。〔参见李伯重：《江南的早期工业化（1550—1850）》，中国人民大学出版社，2010年版，第17页〕

[2] 据学者统计，1895—1927年，苏州拥有工厂数量26个（其中商办工厂20个、官办3个、官商合办2个、中外合办1个），与长沙、烟台并列排在第11位，按资本数计，则排在第14位。参见杜恂诚：《民族资本主义与旧中国政府（1840—1937）》附录"历年所设本国民用工业、航运及新式金融企业一览表（1840—1927年）"，上海社会科学院出版社，1991年版；隗瀛涛主编：《中国近代不同类型城市综合研究》，四川大学出版社，1998年版，第525页。

[3] 直到2016年，《国务院关于苏州市城市总体规划的批复》（国函〔2016〕134号）称："苏州是国家历史文化名城和风景旅游城市，国家高新技术产业基地，长江三角洲重要的中心城市之一。"历史文化名城、风景旅游一直是苏州城市的标签。

对市场并不排斥，反而有某种默契感和适应性。而且，越是成功的苏州市属工业国企，就越具备危机意识，例如东吴丝织厂在化纤产品订单不断增加时，就未雨绸缪攻克了在喷气织机上生产真丝的难题（参见翁家林口述）。这种危机意识在很大程度上，可以看成是苏州市属工业国企对市场的尊重和敬畏。

20世纪90年代以后，苏州地区的民营企业和外资企业迅速超过了苏州市属工业国企，但后者并非全无抗衡之力。实际上，社会主义市场经济体制的确立，对苏州市属工业国企的自身改革也是一次难得的历史机遇。此后，以股份制为核心的现代企业制度被引入，到1997年中共十五大明确股份制为公有制经济的实现形式之一，由此实现了企业所有权和经营权的分离，企业性质仍然是公有制，但经营管理权转让给另外有管理能力的人，这样国有企业就具有独立的法人身份，能够在很大程度上适应市场竞争的要求，避免了所有权对经营权的过度干预，这也是企业生产和经营社会化的必然趋势。从90年代后期开始，中央逐渐明确了国有企业适当退出一般性竞争领域的指导思想，这也是符合经济学原理和规律的。苏州地方政府在这方面的政策执行力度堪称到位。应该说，苏州市属工业国企最后退出一般性竞争领域本身不存在对错问题，与有些地区仍然保留一些国企在一般性竞争领域一样，这只是地方政府的经济发展战略不同所导致的不同结果，但在客观上导致了苏州市属工业国企的谢幕。

因此，尽管笔者也认同这样一种观点，即实现了所有权和经营权的真正分离、完成现代企业制度改造后的苏州市属工业国企，仍然有很大机会成为一个富有效率的经济组织，也就是成为符合现代市场经济竞争原则的国企，但历史是不能假设的，也不能重新来过。我们唯有在正视苏州市属工业国企已悄然离场这一现实的同时，最大限度地保存包括照片、文字和视频在内的档案资料，记录更多老职工的访谈资料，从而尽可能全面地向后人展示当年苏州市属工业国企在商品大潮中乘势而起、逐浪前行的征程，以此表达对那一辈老职工的尊重和敬意。